빅데이터 분석기사  필기

핵심요약+적중문제

유준수 · 이동근

2024

빅데이터 분석기사 필기
핵심요약+적중문제

인쇄일 2024년 1월 5일 2판 1쇄 인쇄
발행일 2024년 1월 10일 2판 1쇄 발행
등 록 제17-269호
판 권 시스컴2024

ISBN 979-11-6941-235-3 13000
정 가 20,000원

발행처 시스컴 출판사
발행인 송인식
지은이 유준수, 이동근

주소 서울시 금천구 가산디지털1로 225, 514호(가산포휴) | **홈페이지** www.nadoogong.com
E-mail siscombooks@naver.com | **전화** 02)866-9311 | **Fax** 02)866-9312

INTRO

대량의 데이터가 우리 주위에 넘쳐흐르는 현대 사회에 살아가고 있는 상황에서 다량의 데이터를 효과적으로 다루고 원하는 데이터를 신속하게 활용할 수 있도록 하는 빅데이터 전문가에 대한 수요가 높아지고 있다. 우리 책은 빅데이터 분석기사 필기시험에 대비해 아래와 같은 특징을 지니고 있다.

첫째, 기본이론

이론은 문제풀이 및 실전 시험을 치르는 데 있어 반드시 선행되어야 하는 것으로 수험생 분들이 짧은 시간에 반복적이면서 충분히 학습 가능하도록 일목요연하게 파트별 핵심내용을 구성하였다.

둘째, 예상문제

기본이론을 충분히 다지면서 동시에 해당 파트에 대한 확인학습 형태의 문제풀이를 함으로써 해당 과목 및 파트에 대한 이론을 명확히 이해하며, 문제풀이에 대한 응용력을 높이도록 하였다.

셋째, ○×문제 + 핵심요약

○×문제는 본서에서 각 이론 파트마다 다루는 내용에 대해 간단하게 옳고 그름을 판별할 수 있으며 시험 직전 마무리하는 데 도움이 될 수 있도록 구성하였다.

핵심요약은 학습한 이론에 대해 중요한 부분만을 알짜로 뽑아내어 시험 직전에 빠르게 훑어 볼 수 있도록 구성하였다.

이 책을 통해 빅데이터 분석기사 필기시험을 준비하는 모든 수험생들에게 합격의 영광이 함께 하길 바란다.

빅데이터 분석기사란?

◉ 빅데이터 분석기사

빅데이터 이해를 기반으로 빅데이터 분석 기획, 빅데이터 수집 · 저장 · 처리, 빅데이터 분석 및 시각화를 수행하는 실무자를 말함

◉ 관련 근거

국가기술자격법 및 동법 시행령

◉ 필요성

① 전 세계적으로 빅데이터가 미래성장동력으로 인식돼, 각국 정부에서는 관련 기업투자를 끌어내는 등 국가 · 기업의 주요 전략분야로 부상하고 있음
② 국가와 기업의 경쟁력 확보를 위해 빅데이터 분석 전문가의 수요는 증가하고 있으나, 수요 대비 공급 부족으로 인력 확보에 어려움이 높은 실정임
③ 이에 정부차원에서 빅데이터 분석 전문가 양성과 함께 체계적으로 역량을 검증할 수 있는 국가기술자격 수요가 높은 편임

◉ 직무

대용량의 데이터 집합으로부터 유용한 정보를 찾고 결과를 예측하기 위해 목적에 따라 분석기술과 방법론을 기반으로 정형/비정형 대용량 데이터를 구축, 탐색, 분석하고 시각화를 수행하는 업무를 수행함

👁 필기 시험 과목

과목명	주요항목	세부항목	세세항목
1과목 빅데이터 분석 기획	빅데이터의 이해	빅데이터 개요 및 활용	빅데이터의 특징, 빅데이터의 가치, 데이터 산업의 이해, 빅데이터 조직 및 인력
		빅데이터 기술 및 제도	빅데이터 플랫폼, 빅데이터와 인공지능, 개인정보법·제도, 개인정보 활용
	데이터 분석 계획	분석방안수립	분석 로드맵 설정, 분석 문제 정의, 데이터 분석 방안
		분석 작업 계획	데이터 확보 계획, 분석 절차 및 작업 계획
	데이터 수집 및 저장 계획	데이터 수집 및 전환	데이터 수집, 데이터 유형 및 속성 파악, 데이터 변환, 데이터 비식별화, 데이터 품질 검증
		데이터 적재 및 저장	데이터 적재, 데이터 저장
2과목 빅데이터 탐색	데이터 전처리	데이터 정제	데이터 정제, 데이터 결측값 처리, 데이터 이상값 처리
		분석 변수 처리	변수 선택, 차원축소, 파생변수 생성, 변수 변환, 불균형 데이터 처리
	데이터 탐색	데이터 탐색 기초	데이터 탐색 개요, 상관관계 분석, 기초통계량 추출 및 이해, 시각적 데이터 탐색
		고급 데이터 탐색	시공간 데이터 탐색, 다변량 데이터 탐색, 비정형 데이터 탐색
	통계기법 이해	기술통계	데이터요약, 표본추출, 확률분포, 표본분포
		추론통계	점추정, 구간추정, 가설검정
3과목 빅데이터 모델링	분석모형 설계	분석 절차 수립	분석모형 선정, 분석모형 정의, 분석모형 구축 절차
		분석 환경 구축	분석 도구 선정, 데이터 분할
	분석기법 적용	분석기법	회귀분석, 로지스틱 회귀분석, 의사결정나무, 인공신경망, 서포트벡터머신, 연관성분석, 군집분석
		고급 분석기법	범주형 자료 분석, 다변량 분석, 시계열 분석, 베이지안 기법, 딥러닝 분석, 비정형 데이터 분석, 앙상블 분석, 비모수 통계
4과목 빅데이터 결과 해석	분석모형 평가 및 개선	분석모형 평가	평가 지표, 분석모형 진단, 교차 검증, 모수 유의성 검정, 적합도 검정
		분석모형 개선	과대적합 방지, 매개변수 최적화, 분석모형 융합, 최종 모형 선정
	분석결과 해석 및 활용	분석결과 해석	분석모형 해석, 비즈니스 기여도 평가
		분석결과 시각화	시공간 시각화, 관계 시각화, 비교 시각화, 인포그래픽
		분석결과 활용	분석모형 전개, 분석결과 활용 시나리오 개발, 분석모형 모니터링, 분석모형 리모델링

빅데이터 분석기사 시험안내 ⚙

◉ 출제기준 및 문항수

출제기준

- 직무분야 : 정보통신
- 중직무분야 : 정보기술
- 자격종목 : 빅데이터 분석기사
- 직무내용 : 대용량의 데이터 집합으로부터 유용한 정보를 찾고 결과를 예측하기 위해 목적에 따라 분석기술과 방법론을 기반으로 정형/비정형 대용량 데이터를 구축, 탐색, 분석하고 시각화를 수행하는 업무를 수행한다.

출제문항수

구분	검정방법	문제수	시험시간
필기	객관식	80문항	10:00~12:00 (120분)
실기	통합형(필답형, 작업형)	–	별도 공고 (180분)

◉ 합격기준

필기	실기
과목당 100점을 만점으로 ① 전 과목 40점 이상 ② 전 과목 평균 60점 이상	100점을 만점으로 60점 이상

※필기시험 합격자 발표일을 기준으로 2년 내 시행되는 실기시험 응시 가능

◉ 과목별 주요 항목

구분	과목명	문제수	주요항목
필기	빅데이터 분석 기획	20	빅데이터의 이해
			데이터 분석 계획
			데이터 수집 및 저장 계획
	빅데이터 탐색	20	데이터 전처리
			데이터 탐색
			통계기법 이해
	빅데이터 모델링	20	분석모형 설계
			분석기법 적용
	빅데이터 결과 해석	20	분석모형 평가 및 개선
			분석결과 해석 및 활용
실기	빅데이터 분석실무	–	데이터 수집 작업
			데이터 전처리 작업
			데이터 모형 구축 작업
			데이터 모형 평가 작업

◉ 홈페이지 안내

① https://www.dataq.or.kr
② https://데이터자격검정.kr
③ https://데이터자격검정.한국

◉ 유효기간

빅데이터 분석기사의 유효기간은 영구함

빅데이터 분석기사 시험안내 ⚙

◉ 취득절차

응시자격 확인
빅데이터 분석기사 응시 자격을 확인

⋮

수험원서 접수
① 수험원서의 작성 및 제출 ② 검정수수료 납부

⋮

수험표 발급
수험표는 검정센터에서 공시한 날짜부터 검정센터 홈페이지를 통해 확인·출력 할 수 있음

⋮

검정시험 응시
응시자는 검정센터가 공고하는 일정 및 장소에서 자격검정시험을 치르게 됨

⋮

검정시험 합격여부 확인
① 검정센터 홈페이지를 통해 당회차 검정시험에 대한 합격 및 불합격 여부를 확인할 수 있음 ② 확인 결과 자격검정시험 합격자는 검정센터에서 합격예정자로 분류됨

⋮

실기시험 응시
필기검정 합격 후 증빙서류 제출 및 심사가 완료된 후 실기검정 응시가 가능하며, 실기검정 합격 후 최종합격이 됨

⋮

최종합격자 공고 및 확인
최종합격자는 검정센터가 공시한 최종합격자 발표일에 검정센터 홈페이지를 통해 발표되며, 자격증은 별도 배송 없이 온라인 출력을 통해 제공됨

👁 신분증 안내

신분증 규정

- 시험에 응시하는 수험자는 다음에서 안내하는 신분증 중 1개를 반드시 지참하여야 하며, 신분 미확인 등에 따른 불이익은 수험자 책임입니다.
- 신분증은 유효기간 이내의 것만 가능하며, 다음에서 정하는 신분증 외에는 인정하지 않습니다.
- 신분증은 사진, 생년월일, 성명, 발급자(직인 등)가 모두 기재된 경우에 한하여 인정합니다.
- 사진 또는 외지(코팅지)와 내지가 탈착·분리되는 변형이 없어야 합니다(훼손으로 사진·인적사항 등을 인식할 수 없는 것 등).
- 규정·대체 신분증은 일체 훼손·변형이 없는 경우만 유효·인정합니다.
- 민간자격증(국가기술자격증 제외), 대학 학생증, 사원증, 신용카드 등은 신분증으로 인정되지 않습니다.

주의! 신분증 미지참자는 응시 불가

신분증 인정범위

- 주민등록증(주민등록증발급신청확인서 포함)
- 운전면허증(경찰청에서 발행된 것)
- 여권(기간이 만료되기 전의 것)
- 공무원증(장교·부사관·군무원 신분증 포함)
- 장애인복지카드
- 국가유공자증
- 외국인등록증(외국인에 한함)
- 국가자격증(국가공인 및 민간자격 불인정)

대체 신분증

주민등록증 발급나이에 이르지 않은 자

- 학생증(사진, 성명, 생년월일, 학교장 직인이 표기·날인된 것)
- 재학증명서(NICE에서 발행(사진포함)하고 발급기관 확인·직인이 날인된 것)
- 청소년증(청소년증발급신청확인서 포함)

빅데이터 분석기사 시험안내 ⚙

◉ 응시자격 및 증빙서류

응시자격

필기 시험일 기준으로 다음 중 하나에 해당하는 사람(졸업증명서 및 경력증명서 제출 필요)

- 대학졸업자등 또는 졸업예정자(전공 무관)
- 3년제 전문대학 졸업자등으로서 졸업 후 1년 이상 직장경력이 있는 사람(전공, 직무분야 무관)
- 2년제 전문대학 졸업자등으로서 졸업 후 2년 이상 직장경력이 있는 사람(전공, 직무분야 무관)
- 기사 등급 이상의 자격을 취득한 사람(종목 무관)
- 기사 수준 기술훈련과정 이수자 또는 그 이수예정자(종목 무관)
- 산업기사 등급 이상의 자격을 취득한 후 1년 이상 직장경력이 있는 사람(종목, 직무분야 무관)
- 산업기사 수준 기술훈련과정 이수자로서 이수 후 2년 이상 직장경력이 있는 사람(종목, 직무분야 무관)
- 기능사 등급 이상의 자격을 취득한 후 3년 이상 직장경력이 있는 사람(종목, 직무분야 무관)
- 4년 이상 직장경력이 있는 사람(직무분야 무관)

    ※ 졸업증명서 및 경력증명서 제출 필요

증빙서류(제출서류)

- 경력증명서 또는 재직증명서
- 최종학력증명서
- 자격증 사본

◉ 자격검정 응시료

검정센터 홈페이지에서 [원서접수신청] 시에 선택한 결제방법(신용카드, 계좌이체)에 따라 수수료를 납부함

필기 응시료	실기 응시료
17,800원	40,800원

◉ 환불안내

기본원칙

• 접수기간 마감일 18:00까지 : 전액 환불

• 접수기간 종료부터 시행 5일전 18:00까지 : 50% 환불

• 시행 5일전 18:00 이후 : 환불 불가

• 검정 시행기관의 귀책사유로 인하여 응시하지 못한 경우 : 전액 환불

• 예외규정 외 개인적 사유 및 입실 불가 등으로 인한 시험 미응시자 : 환불 불가

예외규정

• 직계가족((외)조부모, 부모, 형제, 자매, 배우자, 배우자의 부모, 자녀에 한함) 사망으로 접수마감일 다음날부터 시험시행후 30일까지 환불요청 : 전액 환불

• 본인의 사고 및 질병으로 입원하여 접수마감일 다음날부터 시험시행 후 30일까지 환불요청 : 전액 환불

• 불가항력의 천재지변으로 시험응시가 불가능한 경우 접수마감일 다음날부터 시험시행 후 30일까지 환불요청 : 전액 환불

환불신청서류안내

• 직계가족 사망의 경우 : 본인과의 가족관계 입증서류(호적등본, 주민등록등본 등)와 사망(진단서 등)을 입증할 수 있는 서류

• 본인 사고 및 질병으로 입원한 경우 : 입원 입증 서류(진단서 등) 단 입원기간 내에 시험일이 포함되어야 함

• 불가항력의 천재지변으로 시험응시가 불가능한 경우 : 기상현상증명, 선사운항확인서, 기타 증빙 서류

※ 시험 관련 내용이 변경될 수 있으므로, 시험 주관처의 홈페이지를 통해 공고문을 반드시 확인하시기 바랍니다.

구성 및 특징

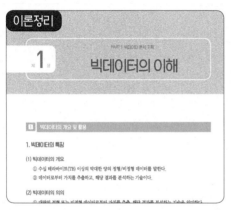

빅데이터 분석기사 자격시험에 필수적인 기본 이론을 PART별로 정리하였고 기본 이론에 '참고'를 덧붙여 충분한 기본 지식을 습득할 수 있도록 하였습니다.

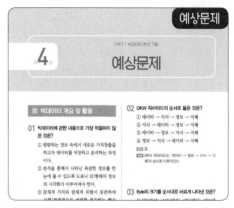

각 PART의 이론을 보다 깊이 이해할 수 있도록 핵심 이론을 분석하여 이론과 관련된 문제들을 예상문제로 수록하였습니다.

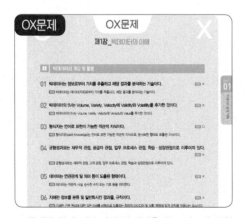

OX문제를 통해 기본 지식 및 개념을 쉽고 빠르게 익힐 수 있도록 하였습니다.

각 장에서 핵심이 되는 부분을 요약하여 중요한 부분을 한 번 더 체크할 수 있도록 하였습니다.

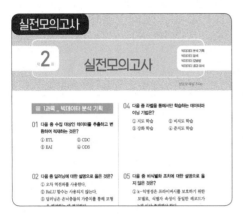

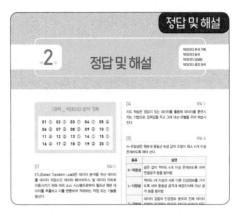

실전모의고사 3회분을 수록하여 실제 자격시험에 충분히 대비할 수 있도록 하였습니다.

실전모의고사에 대한 해설로서 빠른 정답찾기로 문제를 빠르게 채점할 수 있고, 각 문제의 해설을 상세하게 풀어내어 문제 개념을 이해하기 쉽도록 하였습니다.

실무에 유용한 통계학용어를 수록하여 전문지식을 익히는데 부족한 부분이 없도록 구성하였습니다.

목 차

Study Plan

	영역	학습예상일	학습일	학습시간
1과목 빅데이터 분석 기획	빅데이터의 이해			
	데이터분석 계획			
	데이터 수집 및 저장 계획			
2과목 빅데이터 탐색	데이터 전처리			
	데이터 탐색			
	통계기법 이해			
3과목 빅데이터 모델링	분석모형 설계			
	분석기법 적용			
4과목 빅데이터 결과 해석	분석모형 평가 및 개선			
	분석결과 해석 및 활용			
실전모의고사 3회분	1 ～ 3회 실전모의고사			

PART 1

빅데이터
분석 기획

Big Data Analysis

제 **1** 장

빅데이터의 이해

1 빅데이터의 개요 및 활용

1. 빅데이터의 특징

(1) 빅데이터의 개요

① 수십 테라바이트(TB) 이상의 막대한 양의 정형/비정형 데이터를 말한다.
② 데이터로부터 가치를 추출하고, 해당 결과를 분석하는 기술이다.

(2) 빅데이터의 의의

① 대량의 정형 또는 비정형 데이터로부터 가치를 추출, 해당 결과를 분석하는 기술을 의미한다.
② 빅데이터는 범람하는 정보 속에서 새로운 가치창출을 하고자 데이터를 저장하고 분석하는 과정으로 단순히 범람하는 정보를 처리 · 삭제하는 과정이 아니다. 또한 대용량 데이터를 보관하기 위한 시스템을 갖추는 것이지 용량을 줄이는 것이 아니다.
③ 잠재적 가치와 잠재적 위험이 공존하며 사회/경제적으로 성패를 좌우하는 핵심 원천이 될 것으로 평가된다.
④ 분석을 통해서 나타난 복잡한 정보를 한 눈에 볼 수 있도록 도표나 3D형태의 정보의 시각화가 이루어져야 한다.

(3) DIKW 피라미드

데이터 → 정보 → 지식 → 지혜

① Data(데이터) : 객관적 사실, 순수한 수치나 기호 등을 의미한다.
② Information(정보) : 데이터를 가공 및 처리 → 연관관계&의미가 도출된 데이터이다.

③ Knowledge(지식) : 정보를 구조화 → 분류 및 일반화시킨 결과물, 규칙이다.

④ Wisdom(지혜) : 근본 원리에 대한 깊은 이해를 바탕으로 도출되는 창의적 아이디어 및 상황, 맥락에 맞게 규칙을 적용하는 요소이다.

(4) Byte의 크기 비교

KB(킬로)＜MB(메가)＜GB(기가)＜TB(테라)＜PB(페타)＜EB(엑사)＜ZB(제타)＜YB(요타)

(5) 빅데이터의 특징(규모, 다양성, 속도+신뢰성, 가치+정확성, 휘발성)

① 3V : Volume, Variety, Velocity

    ㉠ Volume(규모) : 빅데이터 분석 규모

    ㉡ Variety(다양성) : 자원 유형 → 정형/반정형/비정형

    ㉢ Velocity(속도) : 수집/분석/활용속도 → 실시간성/처리속도 가속화

② 5V : 3V+Veracity, Value

    ㉠ Veracity(신뢰성) : 데이터가 가지는 신뢰 및 품질

    ㉡ Value(가치) : 데이터를 통해 얻을 수 있는 가치 (정확성, 시간성과 연관됨)

③ 7V : 5V+Validity, Volatility

    ㉠ Validity(정확성) : 데이터가 가지는 유효성 및 정확성

    ㉡ Volatility(휘발성) : 데이터가 의미가 있는 기간(장기적 관점에서 유용한 가치를 창출해야 함)

(6) 빅데이터의 유형(구조적인 관점에서 정형, 반정형, 비정형으로 구분됨)

① 정형 : 스키마 구조/고정필드(속성)/DBMS에 저장

    예 Oracle, MS-SQL 등의 관계형 데이터베이스

② 반정형: 고정필드×/메타 데이터 or 스키마 정보 포함

    예 XML, HTML, JSON 등

③ 비정형 : 고정필드×/메타 데이터×/스키마×

    ㉠ 데이터 각각이 객체로 구분됨

    ㉡ 텍스트, 문서, 이진 파일, 이미지, 동영상 등

(7) 데이터 지식경영

① 지식구분 : 암묵지, 형식지로 구분된다.

    ㉠ 암묵지(Tacit Knowledge) : 학습과 경험을 통해 개인에게 습득돼 있지만 사람의 머릿속에만 존재하고 특정한 형태로 드러나지 않은 상태의 지식이다.

    ⓛ 형식지(Explicit Knowledge) : 언어로 표현 가능한 객관적 지식으로, 문서화한 형태로 표출된 지식이다.

    ⓒ 지식의 전달과정

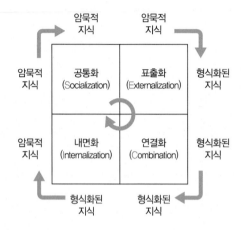

    ⓔ 형식지 및 암묵지의 비교

형식지(과거)	암묵지(최근)
• 문서화, 매뉴얼 등 • 언어로 표현 가능한 객관적인 지식 • 언어를 통해 습득된 지식 • 언어를 통해 전달 • 데이터 마이닝	• 묵시적, 개인적 경험, 노하우 등 • 언어로 표현하기 힘든 주관적인 지식 • 경험을 통해 몸에 밴 지식 • 은유를 통해 전달 • 대화, 학습공동체

② 상호작용 : 공통화, 내면화, 표출화, 연결화

    ⓐ 공통화 : 암묵지 → 암묵지, 다른 사람과 대화 등의 상호작용

    ⓒ 내면화 : 형식지 → 암묵지, 교육 등을 통해 체화

    ⓒ 표출화 : 암묵지 → 형식지, 내재된 경험을 문서화 및 매체

    ⓔ 연결화 : 형식지가 상호 결합하여 새로운 형식지를 창출

③ 데이터 지식경영의 상호작용

상호작용	내용
공통화	타인과의 대화 등 상호작용을 통해 개인이 암묵지를 습득하는 단계
내면화	행동 및 실천교육을 통해 형식지가 개인의 암묵지로 체화되는 단계
표출화	개인에게 내재된 경험을 객관적인 데이터나 문서 또는 매체 등으로 저장하는 과정
연결화	형식지가 상호결합하며 새로운 형식지를 생성하는 과정

(8) 빅데이터 분석 예산 수립 시 고려요소

    ① 하드웨어 시스템 예산

    ② 소프트웨어 시스템 예산

    ③ 외부 컨설팅 비용

    ④ 데이터 확보 비용

2. 빅데이터의 가치

(1) 빅데이터의 사회경제적 측면에서의 의미

    ① 천연자원적(Natural Resources) 의미

        ㉠ 사회적으로 현안과 위험을 해결할 수 있는 잠재력에 기대

        ㉡ 데이터에 내포된 가치와 가능성에 대해 주목

        ㉢ 새로운 경제적 가치의 원천으로 활용

        ㉣ 새로운 원유, 데이터 골드 러쉬, 데이터 금맥 찾기(Data Mining)

    ② 산업적, 도구적 의미

        ㉠ 데이터를 신속하게 처리해 실시간 의사결정에 지원

        ㉡ 데이터 분석 역량이 기업 경쟁력을 좌우함

        ㉢ 데이터의 효율적 관리와 분석을 통한 기업의 경쟁 우위 확보

        ㉣ 데이터 산업 혁명이라 불리기도 함

    ③ 새로운 재난적(Natural Disasters) 의미

        ㉠ 늘어나는 데이터로 인해 현 상태를 유지하는데 ICT 예산이 사용되어 혁신을 위한 새로운 동력에 투자의 어려움

        ㉡ 정보의 범람으로 인한 기회 파악 및 규정준수의 어려움

        ㉢ 데이터 처리의 낮은 응답 속도가 기업의 생산성 저하로까지 이어질 우려가 있음

(2) 빅데이터의 활용 가치

    ① 맥킨지 : 미국 정부는 빅데이터 활용을 통해 보건 분야에서만 연간 3,300억 달러 상당의 가치를 창출한다고 추정

    ② OECD : 빅데이터의 경제적 가치 측정을 주요 의제로 채택하고, 주요 선진국을 중심으로 빅데이터 전략이 추진되고 있는 실정

    ③ 영국의 연구기관 Policy Exchange : 빅데이터의 경제적 가치를 추정한 보고서에 따르면 영국이 공공 부문에서 빅데이터 활용을 통해 연간 160억 파운드, 최대 330억 파운드를 절감할 것으로 추정

(3) 빅데이터의 가치측정 이슈

① **데이터를 활용하는 방식** : 데이터는 본연의 목적 외에도 활용되기도 하며, 이를 통해 새로운 가치를 창출할 수가 있게 됨

② **가치를 창출하는 방식** : 데이터를 창의적으로 조합 하게 되면 기존 방식으로는 절대 풀 수 없었던 문제를 해결하는 데 큰 영향을 미침

③ **분석 기술의 발전**

　㉠ 과거 가치 없다고 판단한 데이터들도 새로운 데이터 분석 기법들의 등장으로 인해 거대한 가치가 부여되고 있음

　㉡ 최근 클라우드 분산 컴퓨팅에서 저렴한 비용으로 분석 가능하면서 점점 그 활용도도 증가하고 있음

(4) 빅데이터 가치 산정이 어려운 이유

① **데이터 활용 방식의 다양화**

　㉠ 특정 데이터를 언제, 어디서, 누가 활용할지 알 수 없다.

　㉡ 기존에 풀 수 없던 문제를 해결

② **새로운 가치 창출** : 기존에 없던 가치를 창출

③ **분석기술의 급속한 발전** : 분석 비용이 저렴해지면서 활용도가 증가한다.

(5) 빅데이터 영향

기업	정보	개인
• 비즈니스 모델 혁신 • 신사업 발굴 • 경쟁우위 확보 • 생산성 향상	• 사회변화의 추정 • 환경 탐색 • 상황 분석 • 미래 의제 도출 및 대응	• 빅데이터 서비스를 저렴하게 활용 • 적시에 필요한 정보 획득

(6) 빅데이터 위기 요인

① 사생활 침해

② 책임원칙 훼손

③ 데이터 오용

(7) 빅데이터 위기 요인에 대한 통제 방안

① 알고리즘에 대한 접근 허용

② 책임의 강조

③ 결과 기반의 책임 적용

3. 데이터 산업의 이해

(1) 산업의 투명성 증대

빅데이터를 시기적절하게 관련 부문에 제공하는 것만으로 검색 및 처리 시간의 절감

(2) 소비자 맞춤형 비즈니스를 위한 고객 세분화

기업들이 매우 구체적인 고객 분류를 통해 고객 니즈에 맞춘 맞춤형 서비스를 제공

(3) 소비자 니즈 발견 트렌드 예측성과 향상을 위한 실험

① 기업들이 더 많은 거래 데이터를 디지털형태로 축적하면서 보다 정확하고 상세한 성과 데이터 수집이 가능

② 자연적으로 일어나는 통제된 실험에 의한 성과의 변동성과 근본적 원인 및 결과 분석에 데이터 활용이 가능

(4) 비즈니스 모델, 상품, 서비스 혁신

새로운 상품 및 서비스의 개발, 기존 상품 및 서비스 향상, 새로운 비즈니스 모델 설계가 가능

(5) 자동 알고리즘을 통한 의사결정지원과 대행

정교한 분석에 의해 의사결정 향상, 위험 최소화, 가치 있는 인사이트 발굴이 가능

(6) 빅데이터 산업의 일반적 개요

① 주요국 및 글로벌 기업은 빅데이터 산업의 육성 및 활용에 주력하고 있다.

② 클라우드 컴퓨팅 기술의 발전으로 데이터 처리 비용이 급격하게 감소하며 빅데이터가 발전하고 있다.

③ 스마트폰, SNS, 사물인터넷 확산 등에 따라 데이터 활용이 증가하여 빅데이터는 신성장 동력으로 급부상하고 있다.

④ 우리나라는 데이터 생산량이 많은 산업이 발달해 잠재력이 크지만 불확실성에 따른 투자리스크 등으로 활용은 저조하다.

4. 빅데이터 조직 및 인력

(1) 빅데이터 조직의 설계

① 빅데이터 업무 프로세스 : 비데이터 도입 → 구축 → 운영

　㉠ 단계별 내용

빅데이터 도입단계	빅데이터 서비스를 제공하기 위해서는 빅데이터 시스템 구축을 위한 빅데이터 도입 기획, 기술 검토, 도입 조직 구성, 예산 확보 등을 수행한다.
빅데이터 구축단계	빅데이터 플랫폼을 구축하기 위해서는 요구사항 분석, 설계, 구현, 테스트 단계를 수행한다.
빅데이터 운영단계	• 빅데이터 시스템의 도입 및 구축이 끝나면, 이를 인수해 운영 계획을 수립한다. • 빅데이터 플랫폼의 운영, 데이터 및 빅데이터 분석 모델의 운영, 빅데이터 운영의 조직, 빅데이터 운영 예산의 고려 등을 한다.

　㉡ 통상적으로 빅데이터 도입 및 운영은 빅데이터 도입계획을 수립하고, 빅데이터 시스템을 구축하며, 빅데이터 서비스를 운영하는 단계로 진행된다.

② 조직 구조 설계 요소 : 업무 활동, 부서화, 보고 체계

(2) 조직 구조 유형

① 집중 구조 : 전사의 분석 업무를 별도 조직에서 담당

② 기능 구조 : 해당 부서에서 각자 분석 수행

③ 분산 구조 : 분석 조직 인력들을 현업 부서로 배치

④ 조직 구조의 세부 설명

집중 구조	• 전사 분석 업무를 별도의 분석 전담 조직에서 담당한다. • 현업 업무부서의 분석 업무와 중복 및 이원화의 가능성이 높다. • 전략적 중요도에 따라 분석 조직이 우선순위를 정해서 진행이 가능하다.
기능 구조	• 전사적 핵심 분석이 어려우며 과거에 국한된 분석을 수행한다. • 일반적인 형태로 별도의 분석 조직이 없고 해당 부서에서 분석을 수행한다.
분산 구조	• 전사 차원의 우선순위를 수행한다. • 분석조직 인력들을 현업 부서로 직접 배치해 분석 업무를 수행한다. • 업무 과다 및 이원화의 가능성이 존재할 수 있으므로 부서 분석 업무와 역할의 분담이 명확해야 한다. • 분석 결과에 따른 신속한 피드백이 나오고 베스트 프랙티스(효과적인 해결책 또는 문제해결방법) 공유가 가능하다.

(3) 조직 구조의 설계 특성

공식화(기준설정), 분업화, 직무 전문화, 통제 범위(인원 수), 의사소통 및 조정

공식화	업무의 수행 절차, 수행 방법, 작업 결과 등의 기준을 사전에 설정하여 공식화한다.
분업화	• 조직의 목표 달성을 위해 업무 수행 시 업무를 분할하여 수행한다. • 업무의 성격에 따라 여러 단위로 나누는 수평적인 분할과 계획, 감독, 실무 업무 실행 등의 수준에 따라 나누는 수직적인 분할로 구분한다.
직무 전문화	수행 업무에 활용되는 직무 전문성의 유형을 의미하며, 직무의 전문성에 따라 생산성이 증대되므로 전문 지식 및 경험 등이 중요한 요소이다.
통제 범위	관리자가 효율적이며 효과적으로 관리할 수 있는 조직의 인원수이다.
의사소통 및 조정	업무 수행 시 의사소통은 업무의 지시, 보고, 피드백 등의 수직적 활동 및 문제해결 등을 위한 협업 등 수평적인 활동으로 구분된다.

(4) 조직의 역량

① 기업이나 조직을 지속적으로 경영하기 위해서는 조직 역량의 확보가 필수적이다.

② 조직 역량은 조직 구성원에게 할당된 업무를 조직이 기대하는 만큼 달성해 내기 위한 중요한 요소이다.

③ **역량 모델링**

　㉠ 기업이나 조직의 목표 달성을 위해서는 우수 성과자의 기여가 중요한 요소이다.

　㉡ 우수 성과자의 행동 특성을 파악해 타 조직원에게 전달 및 공유하면 조직의 목표를 달성하기가 용이해진다.

　㉢ 우수 성과자가 행동하는 특성을 파악하여 업무 달성을 위한 지식, 스킬, 태도 등 직무 역량 요소들을 도출해 직무별 역량 모델을 만든다.

　㉣ 데이터 사이언티스트의 요구 역량에는 하드스킬과 소프트 스킬이 있다.

> **🔍 참고**　데이터 사이언티스트의 요구 역량 구분
>
> • **하드 스킬(Hard skill)** : 이론적 지식, 분석기술의 숙련도
> • **소프트 스킬(Soft skill)** : 통찰력, 협력, 전달력
> • **역량 모델 개발의 절차** : 조직의 미션, 성과목표, 핵심성공요인 검토 → 조직 구성원의 행동특성 도출 → 역량 도출 → 역량 모델 확정
> • **역량 교육 체계 설계의 절차** : 요구사항 분석 → 직무별 역량모델 검토 → 역량 차이 분석 → 직무 역량 매트릭스 → 교육 체계 설계

- 하드 스킬 및 소프트 스킬의 구분

분류	스킬	내용
하드 스킬	빅데이터 관련 이론적 지식	빅데이터 관련 기법 및 다양한 방법론 습득
	분석기술의 숙련도	목적에 맞는 최적 분석 설계, 노하우 축적 등
소프트 스킬	분석의 통찰력	논리적 비판 능력, 창의적 사고력, 호기심 등
	여러 분야의 협력 능력	커뮤니케이션 능력
	설득력 있는 전달력	스토리텔링 능력, 비주얼라이제이션 등

(5) 조직성과의 평가

① **조직성과 평가 절차** : 목표 설정 → 모니터링 → 목표 조정 → 평가 실시 → 결과의 피드백

② **균형 성과표(BSC ; Balanced Score Card)의 4가지 관점** : 균형성과표는 과거의 성과에 대한 재무적인 측정지표에 추가하여 미래성과를 창출하는 동안에 대한 측정지표인 고객, 공급자, 종업원, 프로세스 및 혁신에 대한 지표를 통하여 미래가치를 창출하도록 관리하는 시스템이다.

ㄱ **재무적 관점** : 기업의 성과가 실패에 관한 최종적인 평가를 가능하게 한다. 재무적 관점은 일반적으로 수익성과 관련된 지표를 통해 전략이 이해관계자의 지속적 성장을 창출해낼 수 있는지를 살펴볼 수 있게 한다.

ㄴ **고객 관점** : 기업이 목표로 하는 재무적 성과를 달성하기 위해서는 목표 고객층에게 차별화되고 지속적인 가치를 창출해야 한다. 고객관점은 "목표를 달성하기 위해 고객들에게 어떻게 보여야 하는가" 하는 관점에서 성과를 평가한다. 고객관점의 성공 여부는 고객만족도, 고객유지율 등으로 측정할 수 있다.

ㄷ **내부 프로세스 관점** : 이 관점은 "고객을 만족시키려면 어떤 프로세스에서 뛰어나야 하는가" 하는 관점에서 성과를 평가한다.

ㄹ **학습과 성장 관점** : 기업이 지속적으로 가치를 창출하고 성장할 수 있는 역량과 원천을 파악하는 관점이다. 성공 여부는 혁신과 학습을 통해 결과적으로 경쟁력의 원천이 되는 무형자산을 얼마나 개발하고 축적하였는가를 평가함으로써 판단할 수 있다.

2 빅데이터 기술 및 제도

1. 빅데이터 플랫폼

(1) 빅데이터 플랫폼

① 빅데이터에서 가치를 추출하기 위해 일련의 과정(수집 → 저장 → 처리 → 분석 → 시각화)을 규격화한 기술을 의미한다.

② 특화된 분석(의료, 환경, 범죄, 자동차 등)을 지원하는 빅데이터 플랫폼이 발전하는 추세이다.

(2) 빅데이터 플랫폼 구성요소

> 데이터 수집 → 저장 → 분석 → 활용

① **수집** : ETL(Extract Transform Load), 크롤러(Crawler), EAI(Enterprise Architecture Integration) 등

② **저장** : RDBMS(Relational DBMS, 관계형 데이터베이스), NoSQL(Not Only SQL) 등

③ **분석** : 텍스트 마이닝, 머신러닝, 통계, 데이터 마이닝, SNS 분석, 예측 분석 등

④ **활용** : 데이터 가시화, 비즈니스 인텔리전스(BI), Open API 연계, 히스토그램, 인포그래픽 등

(3) 빅데이터 플랫폼 데이터 형식

① HTML : 웹페이지를 만들 때 사용한다. 텍스트, 태그, 스크립트로 구성된다.

② XML

　㉠ SGML 문서 형식을 가진 다른 특수한 목적을 갖는 마크업 언어를 만드는데 사용하는 다목적 마크업 언어이다.

　㉡ 데이터 표현을 위해 태그를 사용한다.

　㉢ 엘리먼트, 속성, 처리 명령, 엔티티, 주석, CDATE 섹션 등으로 구성된다.

③ CSV : 필드를 쉼표로 구분한 텍스트 데이터 및 텍스트 파일을 말한다.

④ JSON : Key-Value로 이루어진 데이터 오브젝트를 전달하기 위해 텍스트를 사용하는 개방형 표준 포맷(dictionary)이다.

(4) 빅데이터 플랫폼 구축 소프트웨어

① R(빅데이터 분석)

　㉠ 통계 프로그래밍 언어인 S 언어를 기반으로 만들어진 오픈 소스 프로그래밍 언어이다.

　㉡ 다양한 그래프 패키지들을 통해 강력한 시각화 기능을 제공한다.

② 우지(워크플로우 관리 ; Oozie)

     ⊙ 하둡 작업을 관리하는 워크플로우 및 코디네이터 시스템(스케줄링/모니터링)이다.

     ⓛ 맵 리듀스나 피그와 같은 특화된 액션들로 구성된 워크플로우를 제어한다.

③ 플럼(데이터 수집 ; Flume)

     ⊙ Event, Agent를 활용하여 대량의 로그데이터를 수집, 집계, 이동한다.

     ⓛ 여러 서버에서 생산된 대용량 로그 데이터를 수집하여 원격 목적지에 데이터를 전송하는 기능을 지닌다.

④ HBase(분산 데이터베이스) : 컬럼 기반 저장소로 HDFS와 인터페이스를 제공한다.

⑤ 스쿱(정형 데이터 수집 ; Sqoop)

     ⊙ SQL to Hadoop의 약자이다.

     ⓛ 커넥터를 사용해 관계형 데이터베이스 시스템에서 하둡 파일 시스템(HDFS)으로 데이터를 수집하거나 하둡 파일 시스템에서 관계형 데이터베이스로 데이터를 보내는 기능을 수행한다.

(5) 분산 컴퓨팅 환경 소프트웨어 구성요소

① 맵리듀스(Map Reduce) : 맵 → 셔플 → 리듀스 순서대로 데이터 처리

     ⊙ 맵 : Key-Value로 데이터 취합 (입력된 데이터를 가공하여 Key-Value 쌍으로 변환)

     ⓛ 셔플 : 데이터를 통합하여 처리한다.

     ⓒ 리듀스 : 맵 처리된 데이터를 정리(Key를 기준으로 결과물을 모아서 집계)한다.

     ⓔ 대용량 데이터를 위한 분산 병렬 처리 소프트웨어 프레임워크

② 얀(YARN) : 자원 관리 플랫폼

     ⊙ 리소스 매니저 : 스케줄러이며, 클러스터 이용률 최적화를 수행한다.

     ⓛ 노드 매니저 : 노드 내 자원 관리를 하며, 리소스 매니저에 전달 수행 및 컨테이너를 관리한다.

     ⓒ 애플리케이션 마스터 : 리소스 매니저와 자원의 교섭을 책임지며 컨테이너를 실행한다.

     ⓔ 컨테이너 : 프로그램 구동을 위한 격리 환경을 지원하는 가상적 지원이다.

③ 아파치 스파크(Apache Spark) : 하둡 기반의 대규모 데이터 분산처리시스템

     ⊙ 실시간 데이터 처리(스트리밍 데이터, 온라인 머신러닝 등)

     ⓛ 데이터 저장이 아닌 데이터를 프로세싱하는 역할을 수행

     ⓒ 스칼라, 자바, 파이썬, R 등에 사용이 가능하다.

④ 하둡 분산 파일 시스템(HDFS) : 대용량 파일을 분산된 서버에 저장 및 처리

     ⊙ 하둡 분산파일 시스템(Hadoop Distributed File System)의 약자이다.

     ⓛ 네임 노드 : 속성(파일 이름, 권한 등)을 기록한다.

     ⓒ 데이터 노드 : 일정한 크기로 나눈 블록의 형태로 저장한다.

⑤ 아파치 하둡(Apache Hadoop)

    ㉠ 분산 파일 시스템과 맵 리듀스를 중심으로 다양한 프로그램으로 구성된 하둡 에코시스템을 지닌다.

    ㉡ 클라우드 플랫폼 위에서 클러스터를 구성해 데이터를 분석한다.

       예 Spark, Hive, YARN, Cassandra, Pig 등

(6) 하둡 에코시스템 (Hadoop Ecosystem)

① 개요

    ㉠ 하둡 프레임 워크를 이루고 있는 다양한 서브 프로젝트들의 모임을 말한다.

    ㉡ 하둡 에코시스템은 수집, 저장, 처리 기술과 분석, 실시간 및 시각화를 위한 기술로 구분이 가능하다.

② 비정형 데이터 수집 : 척와, 플럼, 스크라이브

    ㉠ 척와(Chukwa) : 분산된 서버에서 에이전트를 실행하며, 컬렉터가 데이터를 받아서 HDFS에 저장한다.

    ㉡ 플럼(Flume) : 대량의 로그데이터를 효율적으로 수집, 집계, 이동하기 위해 이벤트 및 에이전트를 활용하는 기술이다.

    ㉢ 스크라이브(Scribe)

       • 다수의 서버로부터 실시간으로 스트리밍되는 로그 데이터를 수집하여 분산 시스템에 데이터를 저장하는 대용량의 실시간 로그 수집 기술을 말한다.

       • 최종 데이터는 HDFS 외에 다양한 저장소를 활용한다.

       • HDFS에 저장하기 위해 JNI(자바 네이티브 인터페이스)를 이용한다.

③ 정형 데이터 수집 : 스쿱, 히호

    ㉠ 스쿱(Sqoop)

       • 대용량의 데이터 전송 솔루션이다.

       • 커넥터를 사용해 관계형 데이터베이스 시스템에서 하둡 파일 시스템으로 데이터를 수집하거나, 그 반대로 보내는 기능을 수행한다.

       • Oracle, MSSQL, DB2와 같은 상용 RDBMS와 MySQL과 같은 오픈 소스 RDBMS를 지원한다.

    ㉡ 히호(Hiho)

       • 스쿱과 동일한 대용량 데이터 전송 솔루션이다.

       • 현재 깃허브에 공개되어 있다.

       • 하둡에서 데이터를 가져오기 위한 SQL을 지정할 수 있으며, JDBC 인터페이스를 지원한다.

       • 현재는 Oracle, MySQL의 데이터만 전송 지원이 가능하다.

part
01
빅데이터 분석 기획

④ 분산 데이터 저장 : HDFS

   ㉠ 대용량 파일을 분산된 서버에 저장하며 저장된 데이터를 빠르게 처리할 수 있게 하는 하둡 분산 파일 시스템이다.

   ㉡ 범용 하드웨어 기반, 클러스터에서 실행되고 데이터 접근 패턴을 스트리밍 방식으로 지원한다.

   ㉢ 다중 복제, 대량 파일 저장, 온라인 변경, 범용 서버 기반, 자동 복구의 특징 등이 있다.

⑤ 분산 데이터 처리 : 맵리듀스

   ㉠ 대용량 데이터 세트를 분산 병렬 컴퓨팅에서 처리하거나 생성하기 위한 목적으로 만들어진 소프트웨어 프레임워크이다.

   ㉡ 모든 데이터를 키-값의 쌍으로 구성, 데이터를 분류한다.

⑥ 분산 데이터베이스 : HBase

   ㉠ 컬럼 기반 저장소로 HDFS와 인터페이스를 제공한다.

   ㉡ 실시간 랜덤 조회 및 업데이트를 할 수 있으며, 각각의 프로세스는 개인의 데이터를 비동기적으로 업데이트 할 수 있다.

(7) 데이터 가공, 분석, 관리를 위한 주요 기술

① 데이터 가공 : 피그, 하이브

   ㉠ 피그(Pig)

      • 대용량의 데이터 집합을 분석하기 위한 플랫폼으로 하둡을 이용해 맵 리듀스를 사용하기 위한 높은 수준의 스크립트 언어인 피그 라틴이라는 자체 언어를 제공한다.

      • 맵 리듀스 API를 매우 단순화시키고, SQL과 유사한 형태로 설계된다.

   ㉡ 하이브(Hive)

      • 하둡 기반의 DW 솔루션이다.

      • SQL과 상당히 유사한 HiveQL이라는 쿼리를 제공한다.

      • HiveQL은 내부적으로 맵리듀스로 변환되어 실행된다.

② 데이터마이닝 : 머하웃(Mahout)

   ㉠ 하둡 기반으로 데이터 마이닝 알고리즘을 구현한 오픈 소스이다.

   ㉡ 분류, 클러스터링, 추천 및 협업 필터링, 패턴 마이닝, 회귀 분석, 진화 알고리즘 등의 주요 알고리즘을 지원한다.

③ **실시간 SQL 질의 : 임팔라(Impala)**

　㉠ 하둡 기반의 실시간 SQL 질의 시스템이다.

　㉡ 데이터 조회를 위한 인터페이스로 HiveQL을 사용한다.

　㉢ 수 초 내에 SQL 질의 결과를 확인할 수 있으며 HBase와 연동이 가능하다.

　㉣ 데몬(Daemon), 카탈로그 서비스(Catalog Service), 스테이트스토어(Statestore) 등으로 구성된다.

④ **워크플로우 관리 : 우지(Oozie)**

　㉠ 하둡 작업을 관리하는 워크플로우 및 코디네이터 시스템이다.

　㉡ 자바 서블릿 컨테이너에서 실행되는 자바 웹 애플리케이션 서버이다.

　㉢ 맵 리듀스나 피그와 같은 특화된 액션들로 구성된 워크플로우를 제어한다.

⑤ **분산 코디네이션 : 주키퍼(Zookeeper)**

　㉠ 분산화 된 환경에서 서버들 간에 상호 조정이 필요한 다양한 서비스를 제공한다.

　㉡ 하나의 서버에만 서비스가 집중되지 않도록 서비스를 알맞게 분산하여 동시에 처리한다.

　㉢ 하나의 서버에서 처리한 결과를 다른 서버들과도 동기화하여 데이터의 안전성을 보장한다.

2. 빅데이터와 인공지능

(1) 개요

① 인공지능(AI : Artificial Intelligence)은 '모든 것이 연결되고 보다 지능적인 사회로의 진화'로 전망되는 제4차 산업혁명의 주역으로, 데이터와 지식이 산업의 핵심 경쟁의 원천이다.

② AI 빅데이터 기술은 컴퓨터와 초연결 디바이스에서 발생하는 데이터의 폭발적 증대와 초연결 지능화를 위하여 공통으로 소요되는 대용량, 다양성, 실시간, 지능화 기능을 플랫폼으로 제공하는 SW기술을 의미하며, 다음 두 가지 핵심 기술 분야를 범위로 하고 있다.

　㉠ **인공지능** : 인간의 인지능력, 학습능력, 추론능력, 이해능력 등과 같이 인간의 고차원적인 정보처리 능력을 구현하기 위한 ICT 기술

　㉡ **빅데이터** : 기존 데이터베이스로 처리할 수 있는 역량을 넘어서는 초대용량의 정형, 비정형 데이터를 생성, 수집, 저장, 관리 및 분석하여 가치를 추출하고 지능화 서비스의 기반을 지원하는 기술

(2) 빅데이터 처리과정

데이터 소스	데이터 수집	데이터 저장	데이터 분석	시각화
데이터 베이스 & 파일관리시스템	RDBMS	RDBMS	통계적 분석	Chart & Grid
	파일 데이터		데이터 마이닝	
IoT & 센서 데이터	정형 데이터	분산파일시스템	SNS 분석	워드 클라우드
	비정형 데이터		텍스트/웹 마이닝	
소셜 & 웹 데이터	실시간 데이터	NoSQL	감성 분석	네트워크 그래프
	소셜/웹 데이터		기계 학습	

(3) 기술분류

중분류	소분류	세분류	요소기술
인공지능	학습지능	머신러닝	베이지안 학습, 인공신경망, 딥러닝, 강화학습, 앙상블러닝, 판단근거 설명 등
		추론/지식표현	추론, 지식표현 및 온톨로지, 지식처리 등
	단일지능	언어지능	언어분석, 의미이해, 대화 이해 및 생성, 자동 통역·번역, 질의응답(Q/A), 텍스트 요약·생성 등
		시각지능	영상 처리 및 패턴 인식, 객체 인식, 객체 탐지, 행동 이해, 장소/장면 이해, 비디오 분석 및 예측, 시공간 영상 이해, 비디오 요약 등
		청각지능	음성분석, 음성인식, 화자인식/적응, 음성합성, 오디오 색인 및 검색, 잡음처리 및 음원분리, 음향인식 등
	복합지능	행동/소셜지능	공간 지능, 운동 지능, 소셜 지능, 협업 지능 등
		상황/감정이해	감정 이해, 사용자 의도 이해, 뇌신호인지, 센서 데이터 이해, 오감 인지, 다중 상황 판단 등
		지능형 에이전트	에이전트 플랫폼, 에이전트 기술, 게임 지능, 모방창작 지능 등
		범용 인공지능	상식 학습, 범용 문제해결, 평생 학습, 도덕–윤리–법 지능 등

빅데이터	빅데이터 처리 및 유통	빅데이터 수집 및 유통기술	빅데이터 수집, 정제, 융합 및 가공, 데이터 품질관리, 실시간 ETL 및 ELT, 데이터 생성 및 증강, 비식별화 및 필터링, 데이터 마켓, 데이터 레이크, 데이터 프리퍼레이션, 마스터 데이터관리 등
		빅데이터 저장, 처리, 관리기술	실시간 스트림 처리, 데이터 처리 및 관리, 데이터 라이프사이클, 가상 데이터 맵 관리, 데이터 처리 프레임워크 등
	빅데이터 분석 및 활용	빅데이터 분석 및 예측기술	심층 분석, 실시간 분석, 그래프 분석, 에지분석, 예측분석, 지시적 분석, 인지 분석, 시공간복합분석, 분석 모델링, 시뮬레이션, 데이터 기계학습 및 딥러닝, 이상치 검출 등
		빅데이터 활용 및 시각화 기술	빅데이터 서비스, 빅데이터 응용, 사회변화 예측, 데이터 시각화, 분석 시각화, 대쉬보드 등

(4) 인공지능의 분야별 활용 사례

산업	활용 사례
금융 및 핀테크	투자 및 트레이딩/신용평가 및 심사/위법행위 감지 등
의료	의료 영상 분석/환자 데이터 기반의 진단 등
법률	법률 문서 자동 분석/법률 자문시스템 등
기계	고장 예지/자율 주행 자동차/자율 배송 및 유통 등
인터넷 업체	이미지 인식/얼굴 인식/음성 인식 및 명령/검색 최적화 등
서비스	고객별 추천 상품/고객 상담/콜 센터 등

🔍 **참고** 전체 산업 및 생활의 모든 분야에 적용 가능한 인공지능 기술

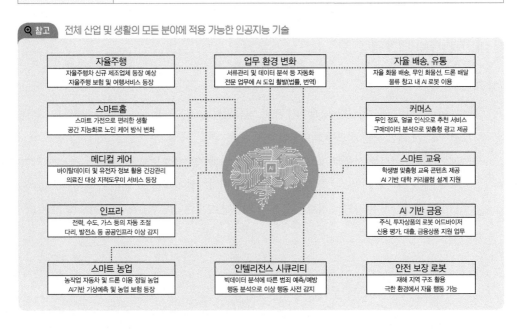

(5) 인공지능의 개요

① 인공지능(AI)은 인간의 지능적인 행동과 사고를 모방하기 위해 인간의 학습능력, 추론능력, 지각능력, 자연어 이해능력 등을 컴퓨터 프로그램으로 실현하는 기술을 의미한다.

② 딥러닝은 인공지능이 빅데이터를 학습하는 방법을 말한다.

③ 머신러닝은 인공지능(AI)의 한 분야로서 이는 컴퓨터가 여러 데이터를 활용해 학습한 내용을 기반으로 새로운 데이터에 대한 적절한 작업을 수행할 수 있도록 하는 알고리즘과 기술을 말한다.

(6) 인공지능의 분류

① 강한 인공지능은 사람과 같은 지능으로 이에는 추론, 문제해결 판단, 계획, 의사소통, 자아의식, 감정, 지혜, 신념 등 인간의 모든 지능적 요소를 포함한다.

② 약한 인공지능은 특정 문제를 해결할 수 있는 수준의 지능으로 이는 인간의 지능적인 행동을 흉내 내는 수준을 말한다.

(7) 빅데이터와 인공지능의 관계

① 관계적 측면 : 빅데이터는 신뢰성, 현실성인 반면에 인공지능은 분석력, 예측력의 관계를 보인다.

② 빅데이터는 기존의 데이터 관리 및 분석 역량을 넘어서는 대량의 정형화된 또는 비정형화된 데이터의 집합 및 이러한 데이터에서 가치를 추출하고 결과를 분석하는 기술이다.

③ 상호보완적인 관계로 빅데이터는 인공지능의 완성도를 높여주며, 빅데이터는 인공지능을 통해 문제에 대한 해결능력을 높인다.

3. 개인정보 관련법과 제도

(1) 개요

① 빅데이터에서의 개인정보란 빅데이터 서비스를 위해 수집 · 저장 및 이용되는 개인을 식별할 수 있는 개인에 대한 모든 정보를 의미한다.

② 빅데이터 환경에서는 사물의 정보화와 지능화로 인해 자기정보통제권으로서의 정보 프라이버시가 더욱 중요해지고 개인정보의 개념이 변화하고 인격화됨에 따라 그 의미도 확대되고 있다.

③ 빅데이터 환경에서 수집되는 정보는 종래의 개인정보의 개념의 범주에는 포함되지 않는 많은 정보를 수반한다.

④ 빅데이터에서의 개인정보의 개념은 개인을 식별할 수 있는 성명 · 고유식별번호 · 부호 · 문자 · 음성 · 음향 및 영상의 범주를 넘어서는 특정개인과 관련된 정보라고 할 수 있다.

⑤ 나아가 수집된 개인정보 또는 개인과 관련된 정보를 바탕으로 새로이 파생되는 정보인 물품의 구매습성, 소비패턴, 누적데이터 등을 기초로 한 미래에 대한 예측정보에 대한 정보주체의 통제권과 서비스 제공자와 정보주체 간 정보의 소유관계를 명확히 하고 이에 대한 투명한 절차를 수립하는 것이 매우 중요하다.

(2) 개인정보보호

정보 주체(개인)의 개인정보 자기 결정권을 철저히 보장하는 활동을 말한다.

(3) 빅데이터의 개인 정보 가이드라인

분류	내용
개인정보 비식별화	• 수집 시부터 개인 식별 정보에 대한 철저한 비식별화 조치 • 공개 정보 및 이용 내역 정보는 비식별화 조치를 취한 후 수집, 저장, 조합, 분석 및 제3자 제공 등 가능
개인정보 재식별 시의 조치	개인정보 재식별 시, 즉시 파기 및 비식별화 조치
민감 정보의 처리	민감 정보 및 통신비밀의 수집, 이용, 분석 등 처리 금지
투명성의 확보	빅데이터 처리 사실, 목적 등의 공개를 통한 투명성의 확보
수집정보의 보호조치	수집된 정보의 저장관리 시 기술적, 관리적 보호 조치

(4) 개인정보보호 관련 법령

관련 법규	내용
개인정보 보호법	개인정보 처리 과정상의 정보 주체와 개인정보 처리자의 권리, 의무 등의 규정
정보통신망법	정보통신망을 통하여 수집, 처리, 보관, 이용되는 개인정보의 보호에 관한 규정
신용정보법	개인 신용정보의 취급 단계별 보호조치 및 의무사항에 관한 규정
위치정보법	개인 위치정보 수집, 이용, 제공 파기 및 정보 주체의 권리 등 규정

(5) 개인정보의 비식별 조치 방법

기법	세부기술	내용
가명처리	• 휴리스틱 익명화 • 암호화 • 교환방법	개인 식별이 가능한 데이터에 대하여 직접 식별할 수 없는 다른 값으로 대체하는 기법
총계처리	• 총계처리 기본 방식 • 부분집계 • 라운딩 • 데이터 재배열	개인정보에 대하여 통계 값을 적용하여 특정 개인을 판단할 수 없도록 하는 기법
데이터의 삭제	• 속성 값 삭제 • 속성 값 부분 삭제 • 준 식별자 제거를 통한 단순 익명화	개인정보 식별이 가능한 특정 데이터 값 삭제 처리 기법
데이터 범주화	• 범주화 기본 방식 • 랜덤 올림 방법 • 범위 방법 • 세분 정보 제한 방법 • 제어 올림 방법	단일 식별 정보를 해당 그룹의 대표 값으로 변환하거나 구간 값으로 변환하여 고유 정보 추적 및 식별 방지 기법
데이터 마스킹	• 임의 잡음 추가 방법 • 공백과 대체 방법	개인 식별 정보에 대하여 전체 또는 부분적으로 대체 값(공백, '*', 노이즈 등)으로 변환하는 기법

(6) 개인정보 보호법

① 개인정보 보호 원칙

ㄱ 개인정보처리자는 개인정보의 처리 목적을 명확하게 하여야 하고 목적에 필요한 범위에서 최소한의 개인정보만을 적법하고 정당하게 수집하여야 한다.

ㄴ 개인정보처리자는 개인정보의 처리 목적에 필요한 범위에서 적합하게 개인정보를 처리하여야 하며, 목적 외의 용도로 활용하여서는 아니 된다.

ㄷ 개인정보처리자는 개인정보의 처리 목적에 필요한 범위에서 개인정보의 정확성, 완전성 및 최신성이 보장되도록 하여야 한다.

ㄹ 개인정보처리자는 개인정보의 처리 방법 및 종류 등에 따라 정보주체의 권리가 침해받을 가능성과 그 위험 정도를 고려하여 개인정보를 안전하게 관리하여야 한다.

ㅁ 개인정보처리자는 개인정보 처리방침 등 개인정보의 처리에 관한 사항을 공개하여야 하며, 열람청구권 등 정보주체의 권리를 보장하여야 한다.

ㅂ 개인정보처리자는 정보주체의 사생활 침해를 최소화하는 방법으로 개인정보를 처리하여야 한다.

ㅅ 개인정보처리자는 개인정보를 익명 또는 가명으로 처리하여도 개인정보 수집목적을 달성할

수 있는 경우 익명처리가 가능한 경우에는 익명에 의하여, 익명처리로 목적을 달성할 수 없는 경우에는 가명에 의하여 처리될 수 있도록 하여야 한다.

⊙ 개인정보처리자는 법에서 규정하고 있는 책임과 의무를 준수하고 실천함으로써 정보주체의 신뢰를 얻기 위하여 노력하여야 한다.

② 정보주체의 권리

  ㉠ 개인정보의 처리에 관한 정보를 제공받을 권리

  ㉡ 개인정보의 처리에 관한 동의 여부, 동의 범위 등을 선택하고 결정할 권리

  ㉢ 개인정보의 처리 여부를 확인하고 개인정보에 대하여 열람을 요구할 권리

  ㉣ 개인정보의 처리 정지, 정정·삭제 및 파기를 요구할 권리

  ㉤ 개인정보의 처리로 인하여 발생한 피해를 신속하고 공정한 절차에 따라 구제받을 권리

③ 보호위원회의 소관 사무

  ㉠ 개인정보의 보호와 관련된 법령의 개선에 관한 사항

  ㉡ 개인정보 보호와 관련된 정책·제도·계획 수립·집행에 관한 사항

  ㉢ 정보주체의 권리침해에 대한 조사 및 이에 따른 처분에 관한 사항

  ㉣ 개인정보의 처리와 관련한 고충처리·권리구제 및 개인정보에 관한 분쟁의 조정

  ㉤ 개인정보 보호를 위한 국제기구 및 외국의 개인정보 보호기구와의 교류·협력

  ㉥ 개인정보 보호에 관한 법령·정책·제도·실태 등의 조사·연구, 교육 및 홍보에 관한 사항

  ㉦ 개인정보 보호에 관한 기술개발의 지원·보급 및 전문 인력의 양성에 관한 사항

  ㉧ 법에 따라 보호위원회의 사무로 규정된 사항

④ 보호위원회의 기본계획 포함사항

  ㉠ 개인정보 보호의 기본목표와 추진방향

  ㉡ 개인정보 보호와 관련된 제도 및 법령의 개선

  ㉢ 개인정보 침해 방지를 위한 대책

  ㉣ 개인정보 보호 자율규제의 활성화

  ㉤ 개인정보 보호 교육·홍보의 활성화

  ㉥ 개인정보 보호를 위한 전문 인력의 양성

  ㉦ 개인정보 보호를 위하여 필요한 사항

⑤ 개인정보의 수집·이용

  ㉠ 정보주체의 동의를 받은 경우

  ㉡ 법률에 특별한 규정이 있거나 법령상 의무를 준수하기 위하여 불가피한 경우

  ㉢ 공공기관이 법령 등에서 정하는 소관 업무의 수행을 위하여 불가피한 경우

  ㉣ 정보주체와의 계약의 체결 및 이행을 위하여 불가피하게 필요한 경우

　　ⓜ 정보주체 또는 그 법정대리인이 의사표시를 할 수 없는 상태에 있거나 주소불명 등으로 사전
　　　동의를 받을 수 없는 경우로서 명백히 정보주체 또는 제3자의 급박한 생명, 신체, 재산의 이익
　　　을 위하여 필요하다고 인정되는 경우

　　ⓗ 개인정보처리자의 정당한 이익을 달성하기 위하여 필요한 경우로서 명백하게 정보주체의 권
　　　리보디 우선하는 경우. 이 경우 개인정보처리자의 정당한 이익과 상당한 관련이 있고 합리적
　　　인 범위를 초과하지 아니하는 경우에 한한다.

⑥ 개인정보 보호책임자의 수행 업무

　　㉠ 개인정보 보호 계획의 수립 및 시행

　　㉡ 개인정보 처리 실태 및 관행의 정기적인 조사 및 개선

　　㉢ 개인정보 처리와 관련한 불만의 처리 및 피해 구제

　　㉣ 개인정보 유출 및 오용·남용 방지를 위한 내부통제시스템의 구축

　　㉤ 개인정보 보호 교육 계획의 수립 및 시행

　　㉥ 개인정보파일의 보호 및 관리·감독

　　㉦ 개인정보의 적절한 처리를 위하여 대통령령으로 정한 업무

⑦ 개인정보 유출 통지

　　㉠ 유출된 개인정보의 항목

　　㉡ 유출된 시점과 경위

　　㉢ 유출로 인하여 발생할 수 있는 피해를 최소화하기 위하여 정보주체가 할 수 있는 방법 등에 관
　　　한 정보

　　㉣ 개인정보처리자의 대응조치 및 피해 구제절차

　　㉤ 정보주체에게 피해가 발생한 경우 신고 등을 접수할 수 있는 담당부서 및 연락처

🔍 참고　개인정보 활용

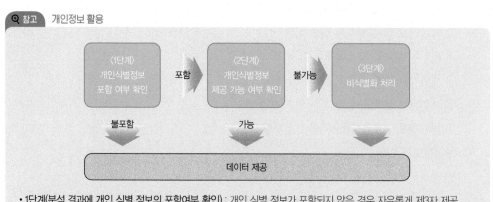

- 1단계(분석 결과에 개인 식별 정보의 포함여부 확인) : 개인 식별 정보가 포함되지 않은 경우 자유롭게 제3자 제공
- 2단계(이용자와 연락이 가능한 경우) : 이용자로부터 동의 획득하거나 비식별화 처리 후 제3자에게 제공
- 3단계(이용자와 연락이 불가능할 경우) : 이용자로부터 동의 획득이 불가능하므로 비식별화 처리 후 제3자에게 제공

제 2 장 데이터 분석계획

1 분석방안수립

1. 분석 로드맵 설정

단계	추진과제	추진목표
데이터 분석체계의 도입	• 로드맵의 수집 • 분석기회의 발굴 • 분석과제의 정의	• 분석과제를 정의하고 로드맵을 수집 • 비즈니스의 약점이 무엇인지를 식별
데이터 분석 유효성의 검증	• 아키텍처의 설계 • 분석 알고리즘의 설계 • 분석 과제 파일럿(pilot ; 사전에 검증된 기술을 기반으로 본 프로젝트를 본격적으로 실행하기 전에 시험운영을 통해 그 효과를 미리 검토하고 문제점 여부를 점검하는 소규모의 프로젝트) 수행	• 유효성 및 타당성 등을 검증 • 기술실현의 가능성을 검증 • 분석과제에 대한 파일럿을 실행 • 분석 알고리즘 및 아키텍처의 설계
데이터 분석 확산 및 고도화	• 유관 시스템의 고도화 • 시스템의 구축 • 변화관리	• 검증된 분석과제를 업무 프로세스에 내재화하기 위한 변화관리의 실시 • 빅데이터 분석, 활용 시스템 구축 및 유관시스템을 고도화

2. 분석문제 정의

(1) 하향식 접근 방식

① 분석 과제가 정해져 있고, 이에 대한 해법을 찾기 위해 체계적으로 분석한다.

② 문제 탐색(비즈니스 모델 기반) → 문제 정의(비즈니스 → 데이터) → 다양한 해결방안 탐색 → 타당성(경제, 기술, 데이터, 운영적) 검토 → 선택(최적 대안)

(2) 상향식 접근 방식

① 문제 정의 자체가 어려운 경우에 데이터를 기반으로 문제를 개선하는 방법이다.

② 디자인 사고 접근법을 사용, 객관적 데이터를 관찰하고 행동을 통해 대상을 이해한다.

③ **비지도 학습 방법** : 데이터 자체의 결합, 연관성, 유사성 등을 중심으로 데이터 상태를 분석한다.

④ **프로토 타이핑 접근법** : 시행착오를 통한 문제 해결을 위해 사용, 가설 → 실험 → 테스트 → 결과 → 통찰 및 확인

(3) 대상 및 방법에 따른 분석기획의 유형

구분	내용
최적화	• 개선을 통한 최적화의 형태로 분석을 수행 • 분석의 대상이 무엇인지를 인지하고 있는 경우 즉, 해결해야 할 문제를 인지하고 있으며 사전에 분석방법도 알고 있는 경우에 사용
솔루션	분석대상은 인지하고 있지만 방법을 모르는 경우에는 해당 분석 주제에 대한 솔루션을 찾아냄
통찰	분석대상이 명확하게 무엇인지 모르는 경우에는 이전의 분석방법을 활용해 새로운 지식인 통찰을 도출
발견	분석대상과 방법을 모르는 경우에는 발견 접근법으로 분석대상 자체를 새로이 도출

(4) 빅데이터 분석 추진 시 고려해야 하는 우선순위 평가의 기준

분류	내용
시급성	• 시급성 판단기준은 전략적 중요도가 핵심사항이다. • 목표가치 및 전략적 중요도에 부합하는지에 따른 시급성이 가장 중요한 기준이다. • 분석과제의 목표가치 및 전략적 중요도를 현재 관점에서 둘 것인지 아니면 미래의 관점으로 둘 것인지를 고려해 시급성의 여부 판단이 필요하다.
난이도	• 현 기업의 분석수준 및 데이터를 생성, 저장, 가공, 분석하는 비용을 고려한 난이도는 중요한 기준이다. • 난이도는 현 시점에서 과제를 추진하는 것이 범위 측면과 적용 비용의 측면에서 바로 적용하기 용이한 것인지 또는 어려운 것인지에 대한 판단 기준으로 데이터 분석의 적합성 여부의 기준이 된다.

① 분석과제 우선순위 선정 매트릭스

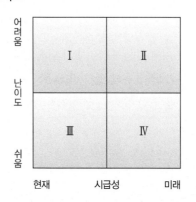

② 내용

    ㉠ Ⅰ사분면 : 전략적 중요도가 높아 경영에 많은 영향을 끼치므로 현재 시급하게 추진이 필요한 상황이지만 높은 난이도로 인해 현 수준에서 과제를 곧바로 적용하기가 어렵다.

    ㉡ Ⅱ사분면 : 현 시점에서 전략적 중요도가 높지 않으나 중장기적 관점에서 보면 반드시 추진되어야 하며 분석과제를 곧바로 적용하기에는 난이도가 높다.

    ㉢ Ⅲ사분면 : 전략적 중요도가 높아 현 시점에서 전략적 가치를 두고 있으며 과제 추진에 대한 난이도가 어렵지 않은 관계로 우선순위를 곧바로 적용가능하다.

    ㉣ Ⅳ사분면 : 전략적 중요도가 높지 않아 중장기적인 관점에서 과제 추진이 바람직하며 과제를 곧바로 적용하는 것은 어렵지 않다.

    ㉤ 사분면 영역 내에서 가장 우선적인 분석과제 적용이 필요한 것은 Ⅲ사분면 영역이다.

    ㉥ 전략적 중요도가 현 시점에는 상대적으로 낮은 편이지만 중장기적으로 보면 경영에 미치는 영향도가 높으며 분석과제를 곧바로 적용하기 어려워 우선순위가 낮은 영역은 Ⅱ사분면이다.

    ㉦ 분석과제의 적용 우선순위 기준을 난이도에 두게 될 경우에 그 순서는 Ⅲ → Ⅰ → Ⅱ사분면 순서이다.

    ㉧ 분석과제의 적용 우선순위 기준을 시급성에 두게 될 경우에 그 순서는 Ⅲ → Ⅳ → Ⅱ사분면 순서이다.

3. 데이터 분석 방안

(1) 개요

① 빅데이터 분석 방법론의 경우 빅데이터를 분석하기 위해 문제를 정의하고 답을 도출하기 위한 체계적인 절차 및 처리방법이다.

② 데이터 분석 방법론의 구성요소에는 절차, 방법, 도구 및 기법, 템플릿 및 산출물 등이 있다.

③ 빅데이터 분석 방법론의 계층

    ㉠ 단계(phrase)

      • 프로세스 그룹을 통해 완성된 단계별 산출물이 생성된다.

      • 기준선으로 관리하며 버전관리 등을 통해 통제한다.

    ㉡ 태스크(task)

      • 단계를 구성하는 단위활동이다.

      • 물리적 또는 논리적인 단위로 품질검토의 항목이 될 수 있다.

    ㉢ 스텝(step) : 입력자료, 처리 및 도구, 출력자료로 구성된 단위 프로세스

(2) 빅데이터 분석방법론 절차

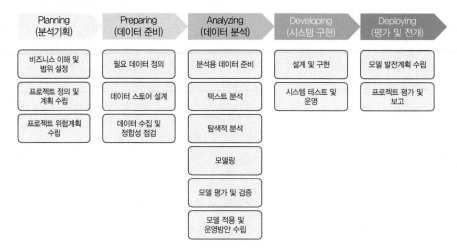

① Planning(분석기획)

  ㉠ 비즈니스 이해 및 범위의 설정

    • 프로젝트의 진행을 위해 비즈니스를 충분히 이해하고 도메인 문제점을 파악한다.

    • 업무 매뉴얼 및 업무 전문가의 도움이 필요하며, 구조화된 명세서를 작성한다.

  ㉡ 프로젝트 정의 및 계획의 수립

    • 모델의 운영 이미지의 설계, 모델평가 기준의 설정, 프로젝트의 정의를 명확하게 한다.

    • 데이터 확보계획, 빅데이터 분석방법, 예산계획, 일정계획, 의사소통계획, 인력구성계획 등을 포함하는 프로젝트 수행계획을 작성한다.

  ㉢ 프로젝트 위험계획의 수립

    • 발생가능한 모든 위험을 발굴해 사전에 대응방안을 수립함으로써 프로젝트 진행의 완전성을 높인다.

    • 위험대응 방법으로는 전가, 회피, 완화, 수용 등이 있다.

② Preparing(데이터 준비)

  ㉠ 필요 데이터의 정의

    • 정형, 반정형, 비정형의 모든 내외부 데이터 및 데이터의 속성, 오너, 담당자 등을 포함하는 데이터 정의서를 작성한다.

    • 구체적 데이터 획득방안을 자세하게 수립해 프로젝트의 지연을 방지한다.

  ㉡ 데이터 스토어의 설계 : 획득 방안이 수립되어지면 전사 차원의 데이터 스토어를 설계한다.

  ㉢ 데이터 수집 및 정합성의 검증 : 데이터 스토어에 크롤링, 실시간 처리, 배치 처리 등으로 데이터를 수집한다.

③ Analyzing(데이터 분석)

　㉠ 분석용 데이터의 준비 : 비즈니스 룰 확인, 분석용 데이터셋 준비

　㉡ 텍스트의 분석 : 어휘 및 구문 분석, 주제 분석, 감성분석, 의견분석, 소셜 네트워크 분석

　㉢ 탐색적 분석 : 기초통계량의 산출, 데이터 분포 및 변수 간의 관계 파악, 데이터 시각화

　㉣ 모델링 : 모델에 대한 자세한 알고리즘의 작성

　㉤ 모델 평가 및 검증 : 테스트 데이터 세트를 활용해 모델검증 작업의 실시, 보고서의 작성

　㉥ 모델 적용 및 운영방안의 수립 : 검증된 모델을 적용하고 이를 최적화하여 운영할 수 있는 방안
　　수립

④ Developing(시스템 구현)

　㉠ 설계 및 구현

　　• 모델링 테스트에서 만들어진 알고리즘 설명서 및 데이터 시각화 보고서를 활용해 시스템 및
　　　데이터 아키텍처의 설계, 사용자 인터페이스 설계를 진행한다.

　　• 설계서를 기반으로 패키지를 활용하거나 새로이 프로그램을 코딩하여 구축한다.

　㉡ 시스템 테스트 및 운영 : 단위테스트, 통합테스트, 시스템 테스트를 실시한다.

⑤ Deploying(평가 및 전개)

　㉠ 모델발전 계획의 수립

　　• 모델의 생명주기 설정, 주기적 평가를 통해 유지보수하거나 재구축 방안을 마련한다.

　　• 모델의 특성을 고려해 모델 업데이트를 자동화하는 방안의 수립 및 적용이 가능하다.

　㉡ 프로젝트 평가의 보고 : 기획 단계에서 설정한 기준에 의해 프로젝트의 성과를 정량적, 정성적
　　으로 평가를 하고 프로젝트 진행과정에서 지식, 프로세스, 산출자료를 지식 자산화하며 프로
　　젝트 최종 보고서를 작성한 후에 의사소통계획에 따라 프로젝트를 종료한다.

(3) 빅데이터 분석 방법론의 유형

① KDD(Knowledge Discovery in DBs) 분석 방법론

　㉠ Selection(데이터 세트 선택)

　　• 데이터베이스 또는 원시 데이터에서 선택 또는 추가적으로 생성한다.

　　• 분석 대상의 비즈니스 도메인에 관한 이해 및 프로젝트의 목표를 설정한다.

　　• 데이터 마이닝에 필요한 목표 데이터를 구성한다.

　㉡ Preprocessing(전처리)

　　• 이상값, 결측값, 노이즈 등을 제거한다.

　　• 추가로 요구되는 데이터 세트가 있을 경우에 데이터 세트 선택, 프로세스를 재실행한다.

ⓒ Transformation(데이터 변환) : 데이터마이닝이 효율적으로 적용가능하도록 데이터 세트로 변경한다.

ⓐ Data Mining(데이터 마이닝)

- 필요에 따라 데이터 전처리, 변환 프로세스의 병행이 가능하다.
- 분석 목적에 맞는 데이터 마이닝 기법, 패턴 찾기, 알고리즘의 선택, 데이터의 분류, 예측작업 등

ⓜ Interpretation/Evaluation(평가)

- 필요 시 선택에서부터 마이닝까지 프로세스의 반복 수행한다.
- 분석결과에 대한 해석 및 평가, 발견된 지식의 활용

② CRISP-DM(Cross Industry Standard Process for Data Mining) 분석 방법론

ⓖ Business Understanding(업무 이해)

- 여러 참고자료 및 현업 책임자와의 대화를 통해 비즈니스를 이해하는 단계이다.
- 목적 및 상황 파악, 데이터 마이닝의 목표 설정, 프로젝트 계획의 수립

ⓛ Data Understanding(데이터 이해)

- 분석을 위한 데이터를 수집하고 속성 등을 이해하며 문제점을 식별하여 숨겨져 있는 인사이트를 발견하는 단계이다.
- 초기 데이터 수집, 데이터 탐색, 데이터 기술 분석, 데이터 품질 확인 등

ⓒ Data Preparation(데이터 준비)

- 데이터 정제, 새로운 데이터의 생성 등 자료를 분석 가능한 상태로 만드는 단계이다.
- 데이터 준비에 있어 많은 시간이 소요된다.
- 분석용 데이터 세트 선택, 데이터 정제, 데이터 통합, 학습 및 검증 데이터 분리 등

ⓐ Modeling(모델링)

- 다양한 모델링 기법 및 알고리즘 등을 선택하고 파라미터를 최적화하는 단계이다.
- 모델 테스트 계획 설계, 모델링 기법의 선택, 모델 작성, 모델 평가를 수행

ⓜ Evaluation(평가)

- 평가에 많은 시간이 소요된다.
- 분석결과의 평가, 모델링 과정의 평가, 모델 적용성 평가를 수행

ⓗ Deployment(배포)

- 배포에 많은 시간이 소요된다.
- 배포계획의 수립, 모니터링 및 유지보수 계획의 수립, 프로젝트 종료 보고서의 작성, 프로젝트 리뷰 등

③ SEMMA(Sampling Exploration Modification Modeling Assessment) 분석 방법론의 분석 절차

　ㄱ Sampling(샘플링)

　　• 통계적 추출, 조건 추출 등을 통한 분석 데이터의 생성

　　• 비용절감, 모델평가를 위한 데이터의 준비

　　ㄴ Exploration(탐색)

　　• 데이터 조감을 통한 데이터 오류의 검색

　　• 그래프 탐색, 기초통계, 클러스터링, 요인별 분할표, 변수 유의성 및 상관 분석을 통해 분석 데이터의 탐색

　　ㄷ Modification(수정)

　　• 데이터가 지닌 정보의 표현 극대화

　　• 표준화, 수량화, 각종 변화, 그룹화 등을 통한 분석 데이터의 수정 및 변환

　　• 최적의 모델 구축이 가능하도록 여러 형태로 변수를 생성, 선택, 변형

　　ㄹ Modeling(모델링)

　　• 데이터의 숨겨진 패턴을 발견

　　• 신경망, 로지스틱 회귀분석, 의사결정트리, 전통적 통계를 활용한 모델의 구축

　　• 하나의 비즈니스 문제 해결을 위해 특수한 모델 및 알고리즘의 적용이 가능

　　ㅁ Assessment(검증)

　　• 서로 다른 모델을 동시에 비교

　　• 추가분석 수행여부를 결정

2 분석 작업 계획

1. 데이터 확보 계획

(1) 데이터 획득 방안의 수립

① 내외부의 여러 시스템으로부터 정형, 반정형, 비정형 데이터를 수집하기 위한 구체적 방안을 수립한다.

② 내부 데이터 획득에는 부서 간 업무협조, 개인정보보호 및 정보보안과 연관된 문제점을 사전에 점검하고, 외부 데이터의 획득은 시스템 간 다양한 인터페이스 및 법적인 문제점들을 고려해 자세한 데이터 획득 계획을 수립한다.

(2) 데이터 확보 계획의 수립 절차

순서	단계	업무	내용
1	목표 정의	• 성과목표의 정의 • 성과지표의 설정	• 구체적인 성과목표 정의 • 성과측정을 위한 지표의 도출 • 비즈니스 도메인 특성의 적용
2	요구사항 도출	데이터 및 기술지원 등과 연관된 요구 사항의 도출	• 기존 시스템 및 도구의 활용 여부 • 필요 데이터의 확보 및 관리 계획 • 플랫폼 구축의 여부 • 데이터정제 수준, 데이터저장 형태
3	예산안의 수립	자원 및 예산의 수립	데이터의 확보, 구축, 정비, 관리예산
4	계획 수립	• 인력 투입 방안 • 일정관리 • 위험 및 품질관리	• 프로젝트 관리 계획의 수립 • 범위, 일정, 인력, 의사소통 방안 수립

2. 분석절차 및 작업 계획

(1) 빅데이터 분석 절차

순서	절차	내용
1	문제인식	• 비즈니스 문제 및 기회를 인식하고 분석 목적을 정의 • 분석주제 정의, 문제는 가설의 형태로 정의
2	연구조사	• 목적달성을 위한 여러 문헌을 조사 • 조사 내용을 해결방안에 적용 • 중요 변화요소의 조사
3	모형화	• 복잡한 문제를 분리하고 단순화하는 과정 • 문제를 변수 간의 관계로 정의 • 많은 변수가 포함된 현실의 문제를 특징적인 변수로 정의
4	자료수집	• 데이터의 수집, 변수측정의 과정 • 기존 데이터의 수집, 분석이 가능한지의 검토 • 기존 데이터의 수집이 불가한 경우 추가 데이터의 수집
5	자료분석	• 수집된 자료에서 의미 찾기 • 수집된 자료에서 변수들 간의 관계 분석 • 기초 통계부터 데이터 마이닝 기법 활용
6	분석결과의 공유	• 변수 간의 연관성을 포함한 분석결과의 제시 • 의사결정자와 결과 공유 • 표, 그림, 차트를 활용하여 가시화

(2) 분석 작업 WBS 설정

단계	내용
데이터분석 과제 정의	• 분석목표 정의서를 기준으로 프로젝트 전체 일정에 맞게 사전 준비를 하는 단계 • 단계별 필요 산출물, 주요 보고의 시기 등으로 구분해 세부 단위별 일정 및 전체 일정이 예측 가능하도록 일정을 수립
데이터 준비 및 탐색	• 데이터 처리 엔지니어 및 데이터 분석가의 역할을 구분해 세부 일정이 만들어지는 단계 • 분석목표 정의서에 기재된 내용을 기반으로 데이터 처리 엔지니어가 필요 데이터를 수집하고 정리하는 일정을 수립
데이터분석 모델링 및 검증	• 데이터 준비 및 탐색이 완료된 이후 데이터 분석 가설이 증명된 내용을 중심으로 데이터 분석 모델링을 진행하는 단계 • 기획하고 검증하는 내용에 대해서 자세한 일정을 수립 • 데이터분석 모델링 과정에 대해서는 실험방법 및 절차 등을 구분
산출물 정리	데이터 분석단계별 산출물을 정리하고 분석 모델링 과정에서 개발된 분석 스크립트 등을 정리해서 최종 산출물로 정리하는 단계

제3장 데이터 수집 및 저장 계획

1 데이터 수집 및 전환

1. 데이터 수집

(1) 데이터 수집 프로세스

① 수집 데이터의 도출
- ㉠ 빅데이터 서비스 제공 시에 수집 데이터의 도출은 서비스의 품질을 좌우하는 핵심 업무이다.
- ㉡ 데이터 도메인의 분석 노하우가 있는 내외부의 전문가 의견을 수렴해 분석 목적에 맞는 데이터의 도출이 필요하다.

② 목록의 작성 : 보안 문제, 수집 가능성의 여부, 세부 데이터 항목 및 비용 등을 검토해 데이터 수집 목록을 작성한다.

③ 데이터 소유기관의 파악 및 협의
- ㉠ 데이터 소유자의 데이터 개발 현황 및 조건, 적용기술, 보안사항 등을 파악하고 필요한 협의를 진행한다.
- ㉡ 데이터 수집관련 보안사항, 개인정보보호 관련 문제 등의 점검은 필수이다.

④ 데이터 유형의 구분 및 확인 : 수집 대상 데이터의 유형을 구분하고 데이터 포맷 등을 확인한다.

⑤ 수집기술의 선정
- ㉠ 데이터의 유형 및 포맷 등에 맞는 수집기술을 선정한다.
- ㉡ 수집기술은 데이터 소스로부터 여러 유형의 데이터를 수집하기 위해 확장성, 안정성, 실시간성 및 유연성의 확보가 필요하다.

⑥ 수집계획서의 작성 : 수집 대상이 되는 데이터의 출처, 수집 기술, 수집 주기 및 수집 담당자의 주요 업무 등을 반영해 계획서를 작성한다.

⑦ 수집주기의 결정 : 데이터의 유형에 따라 배치 또는 실시간 방식을 적용한다.

⑧ 데이터 수집의 실행 : 사전 테스트를 진행하고 데이터의 수집을 실행한다.

(2) 수집 데이터 대상

① 내부 데이터

㉠ 내부 조직 간 협의를 통한 데이터의 수집

㉡ 주로 수집이 용이한 정형 데이터

㉢ 서비스의 수명주기 관리가 용이

㉣ 조직 내부에 데이터가 위치하며 데이터 담당자와 수집 주기 및 방법 등을 협의하여 데이터를 수집

② 외부 데이터

㉠ 수집이 어려운 비정형적인 데이터

㉡ 조직 외부에 데이터가 위치하며 특정 기관의 담당자 협의 또는 데이터 전문 업체를 통해 데이터를 수집

㉢ 공공 데이터의 경우 공공 데이터 포털을 통해 Open API 또는 파일을 통해 수집

㉣ Open API는 누구나 사용가능하도록 공개된 API를 의미하며, 개발자에게 응용 소프트웨어나 웹 서비스에 프로그래밍적인 권한을 제공

(3) 데이터 수집 방식 및 기술

① 정형 데이터 수집 방식 및 기술

㉠ ETL(Extract Transform Load) : 데이터 분석을 위한 데이터를 데이터 저장소인 데이터 웨어하우스 및 데이터 마트로 이동시키기 위해 여러 소스 시스템으로부터 필요한 원본 데이터를 추출하고 이를 변환하여 적재하는 작업 또는 기술을 말한다.

㉡ FTP(File Transfer Protocol) : TCP/IP 프로토콜을 기반으로 서버, 클라이언트 사이에서 파일 송수신을 하기 위한 프로토콜이다.

㉢ Sqoop : 커넥터를 활용해 MySQL 또는 Oracle, 메인 프레임과 같은 관계형 데이터베이스 시스템에서 하둡 파일 시스템으로 데이터를 수집하거나 하둡 파일 시스템에서 관계형 데이터베이스로 데이터를 전송할 수 있다.

㉣ API(Application Programming Interface) : 솔루션 제조사 및 3rd party 소프트웨어로 제공되는 도구로, 시스템 간 연동을 통해 이를 실시간으로 데이터를 수신 가능하도록 하기 위한 기능을 제공하는 인터페이스 기술이다.

㉤ Rsync : 서버/클라이언트 방식으로 수집 대상 시스템과 1:1로 파일과 디렉토리를 동기화하는 응용 프로그램 활용 기술이다.

② 비정형 데이터 수집 방식 및 기술

㉠ 크롤링(Crawling) : 웹상에서 제공되는 여러 사이트로부터 소셜 네트워크 정보, 뉴스, 게시판 등의 웹 문서 및 콘텐츠 수집기술이다.

      ⓒ RSS(Rich Site Summary) : 뉴스, 블로그, 쇼핑몰 등의 웹 사이트에 게시된 새로운 글을 공유하기 위해 XML 기반으로 정보를 배포하는 프로토콜을 활용해 데이터를 수집하는 기술이다.

      ⓒ Open API : 응용 프로그램을 통해 실시간으로 데이터를 수신할 수 있도록 공개된 API를 활용해 데이터를 수집하는 기술이다.

      ⓔ 스크래파이(Scrapy) : 웹 사이트를 크롤링하여 구조화된 데이터를 수집하는 파이썬 기반의 애플리케이션 프레임 워크로 데이터 마이닝, 정보처리, 이력 기록 같은 다양한 애플리케이션에 활용되는 수집기술이다.

      ⓜ 아파치 카프카(Apache Kafka) : 대용량 실시간 로그 처리를 위해 기존 메시징 시스템과 유사하게 레코드 스트림을 발행, 구독하는 방식의 분산 스트리밍 플랫폼 기술이다.

③ 반정형 데이터 수집 및 기술

      ㉠ 센싱(Sensing) : 센서로부터 수집 및 생성된 데이터를 네트워크를 통해 수집 및 활용한다.

      ㉡ 스트리밍(Streaming) : 네트워크를 통해 센서 데이터 및 오디오, 비디오 등의 미디어 데이터를 실시간으로 수집하는 기술이다.

      ㉢ 플럼(Flume)
- 스트리밍 데이터 흐름을 비동기 방식으로 처리하는 분산형의 로그수집 기술이다.
- 다량의 로그 데이터를 효율적으로 수집, 집계, 이동시키기 위해 이벤트와 에이전트를 활용하는 기술이다.

      ㉣ 스크라이브(Scribe)
- 다수의 서버로부터 실시간으로 스크리밍되는 로그 데이터를 수집해 분산 시스템에 데이터를 저장하는 대용량 실시간 로그수집 기술이다.
- 단일 중앙 스크라이브 서버와 다수의 로컬 스크라이브 서버로 구성되어 안정성 및 확장성을 제공한다.

      ㉤ 척와(Chukwa) : 대규모의 분산 시스템 모니터링을 위해 에이전트와 컬렉터 구성을 통해 데이터를 수집하고 수집된 데이터를 하둡 파일 시스템에 저장하는 기능을 제공하는 데이터 수집기술이다.

2. 데이터 유형 및 속성 파악

(1) 데이터의 유형

① 구조관점의 데이터 유형

    ㉠ 정형 데이터
- 정형화된 스키마(형태) 구조 기반의 형태를 가지고 고정된 필드에 저장되며 값과 형식에서 일관성을 갖는 데이터

- 컬럼과 로우 구조를 지니며 설계된 구조 기반 목적에 맞는 정보들을 저장하고 분석하는 데 사용한다.
- 관계형 데이터베이스 시스템의 정형 데이터는 비정형 데이터와 비교할 때 스키마를 지원하는 특징이 존재

ⓛ 반정형 데이터
- 스키마(형태) 구조 형태를 지니고 메타 데이터를 포함하며 값과 형식에서 일관성을 지니지 않는 데이터
- XML, HTML 등과 같은 웹 데이터가 노드 형태의 구조를 지닌다.
- 정형 데이터는 데이터의 스키마 정보를 관리하는 DBMS와 데이터 내용이 저장되는 데이터 저장소로 구분되지만 반정형 데이터는 데이터 내부에 정형 데이터의 스키마에 해당되는 메타데이터를 갖고 있으며 통상적으로 파일 형태로 저장된다.

ⓒ 비정형 데이터
- 스키마 구조의 형태를 지니지 않고 고정된 필드에 저장되지 않는 데이터
- 웹상에 존재하는 데이터의 경우 HTML 형태로 존재하여 반정형 데이터로 구분할 수도 있지만 특정한 경우 텍스트 마이닝을 통해 데이터를 수집하는 경우도 존재하므로 명확한 구분은 어렵다.

② 시간 관점(활용 주기)의 데이터 유형
  ㉠ 실시간 데이터 : 생성된 이후 수 초~수 분 이내에 처리되어야 의미가 있는 현재의 데이터
  ㉡ 비실시간 데이터 : 생성된 데이터가 수 시간 또는 수 주 이후에 처리되어야 의미가 있는 과거의 데이터

③ 저장 형태 관점의 데이터 유형
  ㉠ 파일 데이터 : 시스템 로그, 서비스 로그, 텍스트, 스프레드시트 등과 같이 파일 형식으로 파일 시스템에 저장되는 데이터이며, 파일 크기가 대용량이거나 파일의 개수가 다수인 데이터
  ㉡ 데이터베이스 데이터 : RDBMS, NoSQL, In-Memory 데이터베이스 등에 의해 데이터의 종류 또는 성격 등에 따라 데이터베이스의 컬럼 또는 테이블 등에 저장된 데이터
  ㉢ 콘텐츠 데이터 : 텍스트, 오디오, 이미지, 비디오 등과 같이 개별적으로 데이터 객체로 구분이 가능한 미디어 데이터
  ㉣ 스트림 데이터 : 센서 데이터, HTTP, 트랜잭션, 알람 등과 같이 네트워크를 통해 실시간으로 전송되는 데이터

(2) 데이터의 속성

① 범주형

ㄱ 조사 대상을 특성에 따라 범주로 구분해 측정된 변수이다.

ㄴ 질적 변수에 대해서 덧셈 등 수학적 연산결과는 의미가 없으므로 연산의 개념을 적용시킬 수 없다.

ㄷ 종류 : 명목형(명사형으로 변수나 변수의 크기가 순서와는 관계가 없고 의미가 없이 이름만 의미를 부여할 수 있는 경우), 순서형(변수가 어떠한 기준에 의해 순서에 의미를 부여할 수 있는 경우)

② 수치형

ㄱ 몇 개인지를 세어 측정하거나 측정 길이, 무게와 같이 양적인 수치로 측정되는 변수이다.

ㄴ 덧셈, 뺄셈 등의 연산이 가능하고 히스토그램, 시계열 그래프 등을 활용한 표현이 가능하다.

ㄷ 종류 : 이산형(변수가 취할 수 있는 값을 하나하나 셀 수 있는 경우), 연속형(변수가 구간 안의 모든 값을 가질 수 있는 경우)

(3) 데이터 속성에 대한 측정 척도

① 명목척도

ㄱ 관측 대상을 임의의 범주로 구분한 후 기호 또는 숫자 등을 부여하는 방법이다.

ㄴ 분류의 수치화이고 척도 값이 분류의 의미만을 가진다.

ㄷ 출신국가 분류, 직업 구분, 고객 구분 등을 나타낼 때 명목척도를 활용한다.

② 서열/순위척도

ㄱ 비계량적인 변수를 관측하기 위한 관측방법이다.

ㄴ 여러 관측 대상을 임의의 기준에 의해 상대적인 비교 및 순위화를 통해 관측하는 방법이다.

ㄷ 서열의 순서화로 척도 값이 분류 및 서열의 순서를 가진다.

③ 등간/간격/거리척도

ㄱ 비계량적인 변수를 정량적인 방법으로 측정하기 위해 사용한다.

ㄴ 각각의 대상을 별도로 평가하는 방법이다.

ㄷ 비계량적 변수의 경우 수치적으로 평가하기 어려우므로 상, 중, 하 등으로 평가 기준을 구분해서 측정한다.

ㄹ 동일 간격화로 크기 간의 차이를 비교할 수 있게 만든 척도이다.

ㅁ 통상적으로 비계량적 변수를 등간척도로 측정한 경우에는 계량적으로 측정한 데이터로 취급한다.

④ 비율척도

　　⊙ 균등 간격에 절대 영점이 있으며 비율 계산이 가능한 척도이다.

　　ⓒ 전형적인 양적변수로 쓰인다.

　　ⓒ 순서뿐만 아니라 해당 간격도 의미가 있다.

3. 데이터 변환

(1) 데이터 저장 전후처리 시의 고려사항

① 데이터 전처리

　　⊙ 수집된 데이터의 유형을 구분할 경우에는 구분 기준을 적용할 수 있는 기능제공이 필요하다.

　　ⓒ 데이터 유형을 구분하고 이에 대한 데이터 변환에 있어 필요한 알고리즘 함수 또는 변환 구조를 정의할 수 있는 기능제공이 필요하다.

　　ⓒ 데이터 변환 시 사용자가 지정한 변환 형식에 준하여 변환이 이루어졌는지를 확인할 수 있는 기능제공이 필요하다.

　　ⓔ 데이터 변환 실패 시에 데이터 변환 실패 부분에 대해 재시도 할 수 있는 기능을 제공하거나 신규 변환 데이터 생성을 취소할 수 있는 기능제공이 필요하다.

　　ⓜ 변환된 데이터를 저장하는 기능제공이 필요하다.

② 데이터 후처리

　　⊙ 집계 시의 데이터를 요약하는 기능제공이 필요하다.

　　ⓒ 데이터로부터 잡음을 제거하기 위해 데이터 추세에 벗어나는 데이터(이상 값)를 추세에 맞게 변환 또는 자동 추천할 수 있는 기능제공이 필요하다.

　　ⓒ 특정 구간에 분포하는 값을 추출하거나 이를 사용자가 직관적으로 확인할 수 있도록 하여 데이터 변환 시에 발생 가능한 변환, 패턴, 이벤트 등을 감시할 수 있는 기능제공이 필요하다.

　　ⓔ 데이터 변환 후 사전에 저장된 원시 데이터 세트와 변환 후 데이터 간의 변환로그를 저장 관리할 수 있는 기능제공이 필요하다.

(2) 데이터 변환기술

① 집계

　　⊙ 다양한 차원의 방법으로 데이터를 요약하는 기법이다.

　　ⓒ 복수 개의 속성을 하나로 줄이거나 또는 유사한 데이터 객체를 줄이고, 스케일을 변경하는 기법을 적용한다.

② 평활화

  ㉠ 데이터로부터 잡음을 제거하기 위해 데이터 추세에 벗어나는 값들을 변환하는 기법이다.

  ㉡ 데이터 집합에 존재하는 잡음으로 인해 거칠게 분포된 데이터를 매끄럽게 만들기 위해 구간
   화, 군집화 등의 기법을 적용한다.

③ 일반화

  ㉠ 특정한 구간에 분포하는 값으로 스케일을 변화시키는 기법이다.

  ㉡ 일부의 특정 데이터만 잘 설명하는 것이 아닌 범용적인 데이터에 적합한 모델을 만드는 기법
   이다.

  ㉢ 잘된 일반화는 이상 값이나 또는 잡음이 들어와도 크게 흔들리지 않아야 한다.

④ 정규화

  ㉠ 데이터를 정해진 구간 내에 들도록 하는 기법이다.

  ㉡ 최단 근접 분류 및 군집화 같은 거리 측정 등을 위해 특히 유용하다.

  ㉢ 데이터에 대한 최소-최대 정규화, Z-스코어 정규화, 소수 스케일링 등 통계적 기법을 적용한다.

⑤ 속성/생성

  ㉠ 데이터 통합을 위해 새로운 속성 또는 특징 등을 만드는 방법이다.

  ㉡ 주어진 여러 데이터 분포를 대표할 수 있는 새로운 속성/특징을 활용하는 기법이다.

  ㉢ 선택한 속성을 하나 이상의 새로운 속성으로 대체하여 데이터를 변경 처리한다.

4. 데이터 비식별화

(1) 데이터 보안 관리

① 수집 데이터의 보안

  ㉠ 개인정보 보안의 관점 : SNS 등 비정형 데이터의 외부 데이터 수집 시에 개인정보가 데이터에
   포함되어 있을 경우 삭제 또는 필요시에 비식별 조치가 필요하다.

  ㉡ 데이터 연계 보안의 관점 : 데이터 분석 시에 다양한 데이터와의 연계처리 시 보안의 취약점
   제거가 필요하다.

  ㉢ 빅데이터 보안의 관점

   • 빅데이터의 수집, 저장, 분석의 단계별 진행 전후의 데이터 흐름에 대한 보안을 고려한다.

   • 빅데이터 자체의 암호화를 통해 데이터 유출 시의 무결성 유지가 필요하다.

② 수명 주기별 보안

주기	분류	고려사항
수집	데이터 수집 기술의 취약성	• 데이터를 수집하는 기술인 Open API, FTP, 크롤링 등의 오픈 소스로 개발된 수집기의 보안 설정, 사용자 인증, 계정 관리 등의 취약점에 대한 검토가 필요 • 수집기를 활용한 데이터 수집 시에 데이터가 유실되지 않도록 안정성을 고려
	수집 서버 및 네트워크의 보안	데이터 수집 시에 수집 서버의 DMZ, 방화벽, 접근제어 등의 네트워크 보안에 대한 고려가 필요
	개인정보 및 기밀정보 유출의 방지	• 데이터 수집, 전송 시에 암호화 처리 및 개인정보 활용의 목적, 보유기간 등을 고려하여 보안을 강화 • 수정된 데이터에 개인정보가 포함되어 있는 경우 데이터를 파기하거나 또는 비식별 조치를 고려
저장	데이터 저장소의 취약성	• HDFS의 비활성화 데이터가 암호화 대상인지를 고려 • 사용자 보안 인증 기능 강화 및 데이터 접근 제어 등의 강화가 필요
	빅데이터 보안 등급의 분류	빅데이터를 보안 수준에 따라 기밀 수준, 민감 수준, 공개 수준 등의 보안 등급을 설정해 개인정보, 기업의 비밀 정도 등의 비공개 대상을 관리
	보안 모니터링	빅데이터 플랫폼에 구성된 시스템 관리자의 권한 설정, 사용자 계정의 관리, 보안과 연관된 사항 등을 주기적으로 모니터링 및 관리
분석	내부 사용자	빅데이터를 다루는 빅데이터 분석가를 포함해 내부 직원의 실수, 고의에 의한 외장하드 USB 메모리 등의 저장매체, 이메일 및 메신저 등을 통한 데이터 유출의 방지
	외부 침입자	외부 해커가 침입해 불법으로 데이터를 유출하거나 원격지에서 내부 시스템에 접속하여 데이터를 유출하는 행위를 차단
	보안 로그	빅데이터 시스템의 권한 통제, 사용 접근에 따라 접근기록 등의 사용자 로그 관리

③ 보안 대응 방안

분류	기능 요건	수집	저장	분석	활용
빅데이터 개인정보	수집 동의	적용			
	암호화		적용	적용	적용
	비식별화	적용	적용	적용	적용
사용자 인증		적용	적용	적용	적용
접근 제어			적용	적용	적용
암호화		적용	적용	적용	
보안 모니터링		적용	적용	적용	적용
보안 인프라		접근 통제, 방화벽, DLP, NAC 등의 보안 장비			

(2) 데이터 비식별화 적용 대상

적용 대상	대상	내용
자체로 개인을 식별할 수 있는 정보	개인을 식별할 수 있는 정보	전화번호, 이름, 사진, 주소, 생년월일
	고유식별 정보	운전면허번호, 주민등록번호, 여권 번호
	생체 정보	DNA 정보, 홍채, 지문
	기관, 단체 등의 이용자 계정	계좌번호, 등록번호, 이메일 주소
타 정보와 함께 결합해 개인을 알아볼 수 있는 정보	개인 특성	생년, 성별, 나이, 생일, 고향, 국적, 거주지, 우편번호, 결혼 여부
	신체 특성	신장, 혈액형, 혈압, 몸무게, 장애 유형, 병명, 허리둘레
	신용 특성	세금 납부액, 기부금, 신용등급
	경력 특성	학과명, 학교명, 성적, 학년, 직업
	전자적 특성	PC 사양, 비밀번호, 접속일시, 쿠키정보
	가족 특성	배우자, 부모, 자녀, 가족 정보
	위치 특성	RFI 리더 접속 기록, GPS 데이터, 휴대폰 사용기록, 인터넷 접속

5. 데이터 품질 검증

(1) 데이터 품질의 특성

품질의 특성	구분	요소	내용
유효성	데이터의 정확성	정확성	실세계에 존재하는 객체의 값이 오류 없이 저장되어 있는 특성
		사실성	데이터가 실세계의 사실과 동일한 값을 가지고 있는 특성
		적합성	데이터가 정해진 유효 범위를 충족하고 있는 특성
		필수성	필수 항목에 데이터의 누락이 발생하지 않는 특성
		연관성	연관 관계를 가지는 데이터 항목 간 논리적 오류가 없는 특성
	데이터의 일관성	정합성	정보시스템 내의 동일한 데이터 간 불일치가 발생하지 않는 특성
		일치성	의미, 기능, 성격 등이 동일한 데이터가 상호 동일한 용어와 형태 등으로 정의되어 있는 특성
		무결성	데이터 처리의 선후관계가 명확하게 준수되고 있는 특성

		충분성	제공 데이터가 사용자의 요구사항을 충분히 충족시킬 수 있는 특성
활용성	데이터의 유용성	유연성	데이터가 사용자의 다양한 요구사항을 수용할 수 있는 유연한 구조로 되어 있는 특성
		사용성	공급되는 데이터가 현장에서 유용하게 사용될 수 있는 특성
		추적성	데이터의 변경 내역이 관리되고 있는 특성
	데이터의 접근성	접근성	사용자가 원하는 데이터를 손쉽게 활용할 수 있고, 사용의 용이성 관점 및 검색의 용이성 관점에서 데이터의 접근이 제공되는 특성
	데이터의 적시성	적시성	응답시간과 같은 비기능적 요구사항, 데이터의 최신성 유지와 같은 품질요건에 잘 대처되고 있는 특성
	데이터의 보안성	보호성	변조, 훼손, 유출 등의 다양한 형태의 위협으로부터 데이터를 안전하게 보호할 수 있는 특성
		책임성	사용자 접근권한 및 책임을 명확히 부여하는 특성
		안정성	시스템의 에러 또는 장애 등을 사전에 차단하고 에러 또는 장애가 발생했을 때 중단 및 지연을 최소화할 수 있는 특성

(2) 데이터 변환 후 품질 검증 프로세스

① 데이터 유효성 여부를 검증할 수 있는 규칙 설정 기능의 개발 : 빅데이터 수집 시스템에서 실행되는 유효성 검증은 통상적으로 정형 데이터에 대해서 실행한다.

② 정규 표현식을 활용한 검증 수행 : 단순 값의 유무 또는 중복 여부 검증 외에도 데이터 양식이나 복잡한 규칙을 적용하기 위해 정규 표현식을 통해서 유효성의 검증을 할 수 있다.

정규표현식 기호	내용
\	\t(탭), \s(스페이스), \d(숫자)와 같은 특수 문자를 표기
|	| 기호 양쪽 값 중 어느 문자라도 존재하는 경우 참
^	시작 문자열
$	종료 문자열
()	그룹핑하여 묶음 처리
[]	괄호에 있는 문자열 중 1개와 매칭
*	0개 이상의 문자열 매칭
+	1개 이상의 문자열 매칭
{n}	n개 이상의 문자열 매칭

(3) 품질검증의 방안

① **빅데이터 수집 시스템의 요구사항 관련 자료의 수집** : 빅데이터 수집 시스템의 요구사항 중 수집 모델, 수집 방식, 제약사항, 기능, 수집된 데이터의 유형 등의 자료를 수집해 수집 단계에서 품질 관리를 해야 하는 요건을 도출한다.

② **데이터 변환 후 빅데이터의 품질검증 기준에 따라 검증 수행**

   ㉠ 수집된 데이터의 변환 후 빅데이터의 품질검증 기준에 의해 품질관리 시스템을 활용해 품질검 증을 수행한다.

   ㉡ 빅데이터 품질검증은 지표별 품질현황의 분석, 오류패턴의 분류, 데이터 품질 scoring 등의 기 능을 통해 수행한다.

   ㉢ 품질검증 후에 잘못된 데이터는 문제점을 개선해 다시 변환하여 저장한다.

---

2 데이터 적재 및 저장

1. 데이터 적재

(1) 데이터 적재의 특징

① 빅데이터 분석에 필요한 데이터를 수집한 후에는 수집한 데이터를 빅데이터 시스템에 적재해야 한다.

② 적재할 빅데이터의 유형과 실시간 처리 여부에 따라 RDBMS, HDFS, NoSQL 저장 시스템에 데 이터를 적재할 수 있다.

③ 여러 데이터 소스에서 데이터를 수집해 오기 위해, 데이터 소스를 처리하고, 분산된 여러 서버에 서 데이터를 수집하는 데이터 수집 플랫폼과 저장 방법의 중요성이 점점 더 확대되고 있다.

(2) 데이터 적재의 도구

수집된 데이터는 NoSQL DBMS가 제공하는 적재 도구를 이용하여 직접 적재하거나, 플루언티드, 플럼, 스크라이브, 로그스태시와 같은 데이터 수집 도구를 이용하여 적재한다.

도구	내용
플루언티드 (Fluentd)	• 트레저 데이터에서 개발된 크로스 플랫폼 오픈 소스 데이터 수집 소프트웨어이다. • 주로 루비 프로그래밍 언어로 작성된다.

플럼 (Flume)	많은 양의 로그 데이터를 효율적으로 수집, 집계 및 이동하기 위해 이벤트(Event)와 에이전트 (Agent)를 활용하는 분산형 로그 수집 기술이다.
스크라이브 (Scribe)	다수의 서버로부터 실시간으로 스트리밍되는 로그 데이터를 수집하여 분산 시스템에 데이터를 저장하는 대용량 실시간 로그 수집 기술이다.
로그스태시 (Logstash)	모든 로그 정보를 수집하여 하나의 저장소(DB, Elasticsearch 등)에 출력해주는 시스템이다.

2. 데이터 저장

(1) 빅데이터 저장 기술

① 메타데이터를 별도의 전용 서버로 관리하는 비대칭형(Asymmetric) 클러스터 파일 시스템이 개발되고 있으며, 이 시스템은 메타데이터에 접근하는 경로와 데이터에 접근하는 경로가 분리된 구조를 지닌다.

② 빅데이터 저장 시스템은 대용량의 데이터 집합을 저장하고 관리하는 시스템으로 대용량의 저장 공간, 빠른 처리 성능, 확장성, 신뢰성, 가용성 등을 보장해야 한다.

(2) 빅데이터 저장기술의 구분

① **분산 파일 시스템** : 컴퓨터 네트워크를 통해 공유하는 여러 호스트 컴퓨터의 파일에 접근할 수 있게 하는 파일 시스템이다.

② NoSQL

  ㉠ 전통적인 RDBMS와 다른 DBMS를 지칭하기 위한 용어로 데이터 저장에 고정된 테이블 스키마가 필요하지 않고 조인 연산을 사용할 수 없으며, 수평적으로 확장이 가능한 DBMS이다.

  ㉡ ACID 요건을 완화하거나 제약하는 특징이 있다.

③ **데이터베이스 클러스터** : 관계형 데이터베이스 관리 시스템으로 하나의 데이터베이스를 여러 개의 서버 상에 구축하는 시스템이다.

④ **네트워크 구성 저장 시스템** : 서로 다른 종류의 데이터 저장 장치를 하나의 데이터 서버에 연결하여 전체적으로 통합하여 데이터를 저장, 관리한다.

⑤ **병렬 DBMS** : 다수의 마이크로프로세서를 사용하여 여러 디스크에 대한 질의, 갱신, 입출력 등의 데이터베이스 처리를 동시에 수행하는 데이터베이스 시스템이다.

⑥ **클라우드 파일 저장 시스템** : 클라우드 컴퓨팅 환경에서 가상화의 기술을 활용한 분산 파일 시스템이다.

(3) 빅데이터 저장 시의 고려사항

① 빅데이터 저장 제품 검토

㉠ 빅데이터 저장을 위한 제품을 검토하기 위해 사용자 요구사항을 분석한다.

㉡ 요구사항 분석은 요구사항을 수집하고, 이를 분석하여 명세하고 검증을 통해 확정하는 아래의 4단계로 수행된다.

단계	내용	사례
요구사항 수집 (도출)	문서나 인터뷰를 통해 수집하거나 기존 시스템 분석을 통해 요구사항을 수집한다.	• 설문 • 워크숍 • 포커스 그룹 인터뷰 • 제안요청서
요구사항 분석	기능, 비기능 데이터 및 기타 요구사항을 분석한다.	• 데이터 업데이트 주기 • 데이터 유형
요구사항 명세	• 요구사항을 문서화하여 정리하는 과정이다. • 메타 정보, 변경 이력, 요구사항 목록으로 구성된다.	사용자 요구 명세서
요구사항 검증	요구사항 명세서를 배포하고 검토 회의를 통해 검증한다.	요구사항 리뷰 및 검토 회의

② 기존 시스템 기술 검토 절차의 수립

㉠ 저장대상 데이터의 유형이 대부분 테이블로 정의될 수 있는 형태이고 기존에 RDBMS 기반의 데이터 웨어하우스가 도입된 형태라면 기존 시스템을 그대로 활용하여 빅데이터를 저장한다.

㉡ 기존에 HDFS만을 활용하여 빅데이터 저장시스템이 구축되어 있으나, SQL-like 분석환경을 구축하고자 한다면 HBase를 추가로 도입하는 것을 권장한다.

③ 데이터 저장의 안정성, 신뢰성 확보 방안 수립

방법	내용
데이터 파악	저장대상이 되는 데이터의 유형, 크기, 저장방식 및 기간 등을 파악한다.
시스템 구축 방안	프라이빗 클라우드(Private Cloud), 퍼블릭 클라우드(Public Cloud)와 같이 안정성 및 신뢰성을 고려한 시스템 구축방안을 계획한다.
용량산정	• 데이터, 아카이브 및 여유율 등을 고려하여 적정 디스크 용량 계획을 산정한다. • 빅데이터 저장 시스템의 안정성 및 신뢰성을 확보하고 보장하기 위해 저장 계획 수립단계에서 용량산정이 필요하다. • 조직의 빅데이터 활용 목적에 부합하는 현재와 향후 증가 추세를 추정 반영하여 빅데이터 저장 용량을 산정하여 계획하고 전체 저장 시스템 구축계획에 반영하는 것은 필수적이다.

④ 유형별 데이터 저장방식 수립

　㉠ 빅데이터 요구사항 분석 단계에서 요구사항에 따른 수집 및 저장이 필요한 데이터를 유형별로 분류하고 수집 주기 등의 특성을 분석해야 한다.

　㉡ 요구사항에 따라 수집 및 저장관리가 필요한 데이터 종류를 데이터 유형별로 분류하고, 해당 데이터를 저장 관리하기에 적합한 저장 시스템을 선택해야 한다.

⑤ 빅데이터 저장시스템 선정 시 고려사항

　㉠ 분석 방식 및 환경

　㉡ 저장기술의 기능성

　㉢ 기존 시스템과의 연계

　㉣ 분석 대상 데이터의 유형

part
01

빅데이터 분석 기획

제**4**장

예상문제

▦ 빅데이터 개요 및 활용

01 빅데이터에 관한 내용으로 가장 적절하지 않은 것은?

① 범람하는 정보 속에서 새로운 가치창출을 하고자 데이터를 저장하고 분석하는 과정이다.

② 분석을 통해서 나타난 복잡한 정보를 한눈에 볼 수 있도록 도표나 3D형태의 정보의 시각화가 이루어져야 한다.

③ 잠재적 가치와 잠재적 위험이 공존하며 사회/경제적으로 성패를 좌우하는 핵심 원천이 될 것으로 평가된다.

④ 대량의 정형 데이터로부터 가치를 추출, 해당 결과를 분석하는 기술이다.

정답 ④

해설 빅데이터는 대량의 정형 또는 비정형 데이터로부터 가치를 추출, 해당 결과를 분석하는 기술을 의미한다.

02 DIKW 피라미드의 순서로 옳은 것은?

① 데이터 → 지식 → 정보 → 지혜

② 지식 → 데이터 → 정보 → 지혜

③ 데이터 → 정보 → 지식 → 지혜

④ 정보 → 지식 → 데이터 → 지혜

정답 ③

해설 DIKW 피라미드는 '데이터 → 정보 → 지식 → 지혜'의 순으로 이루어진다.

03 Byte의 크기를 순서대로 바르게 나타낸 것은?

① KB(킬로)＜MB(메가)＜PB(페타)＜TB(테라)＜GB(기가)＜EB(엑사)＜ZB(제타)＜YB(요타)

② KB(킬로)＜GB(기가)＜MB(메가)＜EB(엑사)＜TB(테라)＜PB(페타)＜ZB(제타)＜YB(요타)

③ KB(킬로)＜MB(메가)＜GB(기가)＜TB(테라)＜PB(페타)＜EB(엑사)＜ZB(제타)＜YB(요타)

④ KB(킬로)＜GB(기가)＜TB(테라)＜MB(메가)＜PB(페타)＜EB(엑사)＜ZB(제타)＜YB(요타)

정답 ③

해설 Byte의 크기 순서는 다음과 같다.
KB(킬로)＜MB(메가)＜GB(기가)＜TB(테라)＜PB(페타)＜EB(엑사)＜ZB(제타)＜YB(요타)

04 빅데이터의 3V가 아닌 것은?

① Victory
② Volume
③ Velocity
④ Variety

정답 ①

해설 빅데이터의 3V는 다음과 같다.
- Volume
- Variety
- Velocity

05 사람의 머릿속에만 존재하고 특정한 형태로 드러나지 않은 상태의 지식을 무엇이라고 하는가?

① 형식지
② 정보지
③ 암묵지
④ 자료지

정답 ③

해설 암묵지(Tacit Knowledge)는 학습과 경험을 통해 개인에게 습득돼 있지만 사람의 머릿속에만 존재하고 특정한 형태로 드러나지 않은 상태의 지식을 의미한다.

참고 지식의 전달과정

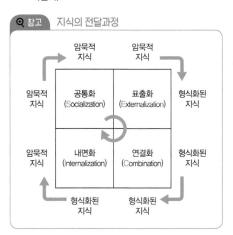

06 형식지에 관한 내용이 아닌 것은?

① 언어를 통해 습득된 지식이다.
② 객관적인 지식이다.
③ 문서화가 가능하다.
④ 은유를 통해 전달한다.

정답 ④

해설 ④는 암묵지에 관한 설명이다.

참고 형식지와 암묵지 비교

형식지(과거)	암묵지(최근)
• 문서화, 매뉴얼 등 • 언어로 표현 가능한 객관적인 지식 • 언어를 통해 습득된 지식 • 언어를 통해 전달 • 데이터 마이닝	• 묵시적, 개인적 경험, 노하우 등 • 언어로 표현하기 힘든 주관적인 지식 • 경험을 통해 몸에 밴 지식 • 은유를 통해 전달 • 대화, 학습공동체

07 빅데이터 분석 예산 수립 시의 고려요소로 가장 옳지 않은 것은?

① 내부 컨설팅 비용
② 데이터 확보 비용
③ 하드웨어 시스템 예산
④ 소프트웨어 시스템 예산

정답 ①

해설 빅데이터 분석 예산 수립 시 고려요소는 다음과 같다.
- 하드웨어 시스템 예산
- 소프트웨어 시스템 예산
- 외부 컨설팅 비용
- 데이터 확보 비용

part
01

빅데이터 분석 기획

08 빅데이터를 천연자원적(Natural Resources) 의미로 해석하기 가장 어려운 것은?

① 새로운 경제적 가치의 원천으로 활용
② 데이터를 신속하게 처리해 실시간 의사결정에 지원
③ 사회적으로 현안과 위험을 해결할 수 있는 잠재력에 기대
④ 데이터에 내포된 가치와 가능성에 대해 주목

정답 ②

해설 ②는 빅데이터의 산업적, 도구적 의미에 해당하는 내용이다.

> 참고 빅데이터의 천연자원적 의미
> - 사회적으로 현안과 위험을 해결할 수 있는 잠재력에 기대
> - 데이터에 내포된 가치와 가능성에 대해 주목
> - 새로운 경제적 가치의 원천으로 활용
> - 새로운 원유, 데이터 골드 러쉬, 데이터 금맥 찾기(Data Mining)

09 빅데이터의 산업적, 도구적 의미의 내용이 아닌 것은?

① 데이터 산업의 혁명
② 데이터의 효율적 관리와 분석을 통한 기업의 경쟁 우위 확보
③ 데이터 분석 역량이 기업 경쟁력을 좌우
④ 정보의 범람으로 인한 기회 파악 및 규정 준수의 어려움

정답 ④

해설 ④는 빅데이터의 새로운 재난적 의미에 해당하는 내용이다.

> 참고 빅데이터의 산업적, 도구적 의미
> - 데이터를 신속하게 처리해 실시간 의사결정에 지원
> - 데이터 분석 역량이 기업 경쟁력을 좌우함
> - 데이터의 효율적 관리와 분석을 통한 기업의 경쟁 우위 확보
> - 데이터 산업 혁명이라 불리기도 함

10 빅데이터가 기업에 미치는 영향이 아닌 것은?

① 신사업 발굴
② 상황 분석
③ 경쟁우위 확보
④ 비즈니스 모델 혁신

정답 ②

해설 ②는 빅데이터가 정보에 미치는 영향에 해당하는 내용이다.

> 참고 빅데이터가 기업에 미치는 영향
> - 비즈니스 모델 혁신
> - 신사업 발굴
> - 경쟁우위 확보
> - 생산성 향상

11 빅데이터 업무 프로세스를 바르게 나타낸 것은?

① 구축 → 빅데이터 도입 → 운영
② 빅데이터 도입 → 운영 → 구축
③ 빅데이터 도입 → 구축 → 운영
④ 구축 → 운영 → 빅데이터 도입

정답 ③

해설 빅데이터 업무 프로세스는 다음과 같다.
빅데이터의 도입 → 구축 → 운영

12 빅데이터 조직구조 설계의 특성으로 가장 바르지 않은 것은?

① 직무전문화

② 비공식화

③ 분업화

④ 의사소통 및 조정

정답 ②

해설 조직 구조의 설계 특성은 다음과 같다.
- 공식화(기준설정)
- 분업화
- 직무 전문화
- 통제 범위(인원 수)
- 의사소통 및 조정

13 조직의 역량 중 하드 스킬에 해당하는 것은?

① 협력

② 통찰력

③ 전달력

④ 분석기술의 숙련도

정답 ④

해설 하드 스킬(Hard skill)로는 이론적 지식(기법, 방법론 습득), 분석기술의 숙련도(노하우) 등이 있다.

14 역량 모델 개발의 절차로 가장 적절한 것은 무엇인가?

① 역량 도출 → 조직의 미션, 성과목표, 핵심성공요인 검토 → 조직 구성원의 행동특성 도출 → 역량 모델 확정

② 조직의 미션, 성과목표, 핵심성공요인 검토 → 역량 도출 → 조직 구성원의 행동특성 도출 → 역량 모델 확정

③ 역량 도출 → 역량 모델 확정 → 조직 구성원의 행동특성 도출 → 조직의 미션, 성과목표, 핵심성공요인 검토

④ 조직의 미션, 성과목표, 핵심성공요인 검토 → 조직 구성원의 행동특성 도출 → 역량 도출 → 역량 모델 확정

정답 ④

해설 역량 모델 개발의 절차는 다음과 같다.
조직의 미션 성과목표, 핵심성공요인 검토 → 조직 구성원의 행동특성 도출 → 역량 도출 → 역량 모델 확정

15 역량 교육 체계 설계의 절차로 옳은 것은?

① 직무별 역량모델 검토 → 요구사항 분석 → 역량 차이 분석 → 직무 역량 매트릭스 → 교육 체계 설계

② 요구사항 분석 → 직무별 역량모델 검토 → 역량 차이 분석 → 직무 역량 매트릭스 → 교육 체계 설계

③ 요구사항 분석 → 역량 차이 분석 → 직무별 역량모델 검토 → 직무 역량 매트릭스 → 교육 체계 설계

④ 직무별 역량모델 검토 → 역량 차이 분석 → 요구사항 분석 → 직무 역량 매트릭스 → 교육 체계 설계

정답 ②

해설 역량 교육 체계 설계의 절차는 다음과 같다.
요구사항 분석 → 직무별 역량모델 검토 → 역량 차이 분석 → 직무 역량 매트릭스 → 교육 체계 설계

16 조직성과 평가 절차로 옳은 것은?

① 목표 설정 → 모니터링 → 목표 조정 → 평가 실시 → 결과의 피드백
② 모니터링 → 목표 설정 → 평가 실시 → 목표 조정 → 결과의 피드백
③ 목표 조정 → 목표 설정 → 모니터링 → 평가 실시 → 결과의 피드백
④ 모니터링 → 목표 조정 → 목표 설정 → 평가 실시 → 결과의 피드백

정답 ①

해설 조직성과 평가 절차는 다음과 같다.
목표 설정 → 모니터링 → 목표 조정 → 평가 실시 → 결과의 피드백

17 다음 중 균형 성과표(BSC ; Balanced Score Card)의 4가지 관점이 아닌 것은?

① 고객 관점
② 재무적 관점
③ 학습과 성장 관점
④ 내부 동기화 관점

정답 ④

해설 균형성과표의 4가지 관점은 다음과 같다.
• 재무적 관점(Financial)
• 고객 관점(Customer)
• 업무 프로세스 관점(Business Process)
• 학습과 성장 관점(Learning & Growth)

18 균형성과표의 관점 중 기업의 성과가 실패에 관한 최종적 평가를 가능하게 하는 것은?

① 고객 관점
② 재무적 관점
③ 내부적 학습 관점
④ 비업무 프로세스 관점

정답 ②

해설 재무적 관점은 기업의 성과가 실패에 관한 최종적인 평가를 가능하게 한다. 재무적 관점은 일반적으로 수익성과 관련된 지표를 통해 전략이 이해관계자의 지속적 성장을 창출해낼 수 있는지를 살펴볼 수 있게 한다.

19 균형성과표의 관점 중 기업이 지속적으로 가치를 창출하고 성장할 수 있는 역량과 원천을 파악하는 관점은?

① 재무적 관점
② 외부 프로세스 관점
③ 학습과 성장관점
④ 고객 관점

정답 ③

해설 학습과 성장 관점은 기업이 지속적으로 가치를 창출하고 성장할 수 있는 역량과 원천을 파악하는 관점이다. 성공 여부는 혁신과 학습을 통해 결과적으로 경쟁력의 원천이 되는 무형자산을 얼마나 개발하고 축적하였는가를 평가함으로써 판단할 수 있다.

▓ 빅데이터 기술 및 제도

01 빅데이터 플랫폼 구성요소가 아닌 것은?

① 활용

② 삭제

③ 수집

④ 분석

정답 ②

해설 빅데이터 플랫폼 구성요소는 다음과 같다.
- **수집** : ETL(Extract Transform Load), 크롤러 (Crawler), EAI(Enterprise Architecture Integration) 등
- **저장** : RDBMS(Relational DBMS, 관계형 데이터베이스), NoSQL(Not Only SQL) 등
- **분석** : 텍스트 마이닝, 머신러닝, 통계, 데이터 마이닝, SNS 분석, 예측 분석 등
- **활용** : 데이터 가시화, 비즈니스 인텔리전스(BI), Open API 연계, 히스토그램, 인포그래픽 등

02 빅데이터에서 가치를 추출하기 위한 일련의 과정으로 옳은 것은?

① 저장 → 처리 → 수집 → 분석 → 시각화

② 수집 → 처리 → 저장 → 분석 → 시각화

③ 수집 → 저장 → 처리 → 분석 → 시각화

④ 저장 → 수집 → 처리 → 분석 → 시각화

정답 ③

해설 빅데이터에서 가치를 추출하기 위한 일련의 과정은 '수집 → 저장 → 처리 → 분석 → 시각화'의 순으로 이루어진다.

03 웹페이지를 만들 때 사용되는 빅데이터 플랫폼 데이터 형식은?

① HTML

② XML

③ CSV

④ JSON

정답 ①

해설 HTML은 웹페이지를 만들 때 사용하며 텍스트, 태그, 스크립트로 구성된다.

04 Event, Agent를 활용하여 대량의 로그데이터를 수집, 집계, 이동하는 것은?

① HBase

② Sqoop

③ Oozie

④ Flume

정답 ④

해설 플럼(Flume)은 Event, Agent 활용하여 대량의 로그 데이터를 수집, 집계, 이동하며 여러 서버에서 생산된 대용량 로그 데이터를 수집하여 원격 목적지에 데이터를 전송하는 기능을 지닌다.

05 다음 중 다양한 그래프 패키지들을 통해 강력한 시각화 기능을 제공하는 것은?

① R

② H

③ SQL

④ JSON

정답 ①

해설 R은 통계 프로그래밍 언어인 S 언어를 기반으로 만들어진 오픈 소스 프로그래밍 언어로써 다양한 그래프 패키지들을 통해 강력한 시각화 기능을 제공한다.

06 맵 리듀스나 피그와 같은 특화된 액션들로 구성된 워크플로우를 제어하는 것은?

① Mapping

② SGML

③ Oozie

④ CSV

정답 ③

해설 우지(Oozie)는 하둡 작업을 관리하는 워크플로우 및 코디네이터 시스템으로 맵 리듀스나 피그와 같은 특화된 액션들로 구성된 워크플로우를 제어한다.

07 다음 중 데이터를 수집하거나 하둡 파일 시스템에서 관계형 데이터베이스로 데이터를 보내는 기능을 수행하는 것은?

① Crawler

② HTML

③ Sqoop

④ ETL

정답 ③

해설 스쿱(Sqoop)은 커넥터를 사용해 관계형 데이터베이스 시스템에서 하둡 파일 시스템(HDFS)으로 데이터를 수집하거나 하둡 파일 시스템에서 관계형 데이터베이스로 데이터를 보내는 기능을 수행한다.

08 하둡 기반으로 데이터 마이닝 알고리즘을 구현한 오픈 소스를 무엇이라고 하는가?

① Impala

② Mahout

③ Pig

④ Hive

정답 ②

해설 머하웃(Mahout)은 하둡 기반 데이터 마이닝 알고리즘을 구현한 오픈 소스로서 분류, 클러스터링, 추천 및 협업 필터링, 패턴 마이닝, 회귀 분석, 진화 알고리즘 등의 주요 알고리즘을 지원한다.

09 하둡 기반의 실시간 SQL 질의 시스템은?

① Oozie

② Mahout

③ Impala

④ Zookeeper

정답 ③

해설 임팔라(Impala)는 하둡 기반의 실시간 SQL 질의 시스템으로 데이터 조회를 위한 인터페이스로 HiveQL을 사용하며, 수 초 내에 SQL 질의 결과를 확인할 수 있으며 HBase와의 연동이 가능하다.

10 제4차 산업혁명의 주역으로, 데이터와 지식이 산업의 핵심 경쟁의 원천인 것은?

① Zookeeper

② Artificial Intelligence

③ HiveQL

④ MSSQL

정답 ②

해설 인공지능(AI : Artificial Intelligence)은 '모든 것이 연결되고 보다 지능적인 사회로의 진화'로 전망되는 제4차 산업혁명의 주역으로, 데이터와 지식이 산업의 핵심 경쟁의 원천으로 인간의 인지능력, 학습능력, 추론능력, 이해능력 등과 같이 인간의 고차원적인 정보처리 능력을 구현하기 위한 ICT 기술이다.

11 다음 중 빅데이터 처리과정으로 옳은 것은?

① 데이터 소스 → 데이터 수집 → 데이터 저장 → 데이터 분석 → 시각화

② 데이터 소스 → 데이터 저장 → 데이터 수집 → 데이터 분석 → 시각화

③ 데이터 분석 → 데이터 수집 → 데이터 소스 → 데이터 저장 → 시각화

④ 데이터 분석 → 데이터 소스 → 데이터 수집 → 데이터 저장 → 시각화

정답 ①

해설 빅데이터 처리과정은 '데이터 소스 → 데이터 수집 → 데이터 저장 → 데이터 분석 → 시각화'이다.

12 인공지능의 구분에서 단일지능에 해당하지 않는 것은?

① 시각지능
② 소셜지능
③ 언어지능
④ 청각지능

정답 ②

해설 단일지능에는 언어지능, 시각지능, 청각지능 등이 있으며, 행동/소셜지능은 복합지능에 해당한다.

참고 단일지능의 구분

단일지능	언어지능	언어분석, 의미이해, 대화 이해 및 생성, 자동 통역 · 번역, 질의응답(Q/A), 텍스트 요약 · 생성 등
	시각지능	영상 처리 및 패턴 인식, 객체 인식, 객체 탐지, 행동 이해, 장소/장면 이해, 비디오 분석 및 예측, 시공간 영상 이해, 비디오 요약 등
	청각지능	음성분석, 음성인식, 화자인식/적응, 음성합성, 오디오 색인 및 검색, 잡음처리 및 음원분리, 음향 인식 등

13 인공지능의 구분에서 복합지능에 속하지 않는 것은 무엇인가?

① 범용 인공지능
② 상황/감정이해
③ 머신러닝
④ 지능형 에이전트

정답 ③

해설 복합지능에는 행동/소셜지능, 상황/감정이해, 지능형 에이전트, 범용 인공지능 등이 있다.

참고 복합지능의 구분

복합지능	행동/소셜지능	공간 지능, 운동 지능, 소셜 지능, 협업 지능 등
	상황/감정이해	감정 이해, 사용자 의도 이해, 뇌신호인지, 센서 데이터 이해, 오감 인지, 다중 상황 판단 등
	지능형 에이전트	에이전트 플랫폼, 에이전트 기술, 게임 지능, 모방창작 지능 등
	범용 인공지능	상식 학습, 범용 문제해결, 평생 학습, 도덕 − 윤리 − 법 지능 등

14 개인정보 보호법에 관한 내용 중 개인정보 보호원칙으로 바르지 않은 것은?

① 개인정보처리자는 개인정보의 처리 목적을 명확하게 해야 한다.
② 개인정보처리자는 정보주체의 사생활 침해를 최소화하는 방법으로 개인정보를 처리해야 한다.
③ 개인정보처리자는 개인정보 처리방침 등 개인정보의 처리에 관한 사항을 비공개해야 한다.
④ 개인정보처리자는 개인정보의 처리 목적에 필요한 범위에서 적합하게 개인정보를 처리해야 한다.

정답 ③

해설 개인정보 보호법 제3조(개인정보 보호 원칙) 제5항에 따르면 개인정보처리자는 개인정보 처리방침 등 개인정보의 처리에 관한 사항을 공개하여야 하며, 열람청구권 등 정보주체의 권리를 보장하여야 한다.

part
01

빅데이터 분석 기획

15 개인정보 보호법의 내용 중 소위원회에 관한 사항으로 바르지 않은 것은?

① 소위원회는 3명의 위원으로 구성한다.

② 소위원회가 심의·의결한 것은 보호위원회가 심의·의결한 것으로 본다.

③ 소위원회의 회의는 구성위원 $\frac{1}{2}$ 출석과 출석위원 $\frac{1}{3}$의 찬성으로 의결한다.

④ 보호위원회는 효율적인 업무 수행을 위하여 개인정보 침해 정도가 경미하거나 유사·반복되는 사항 등을 심의·의결할 소위원회를 둘 수 있다.

정답 ③

해설 개인정보 보호법 제7조의12(소위원회) 제4항에 따르면 소위원회의 회의는 구성위원 전원의 출석과 출석위원 전원의 찬성으로 의결해야 한다.

▦ 분석방안수립

01 다음 중 데이터 분석체계의 도입에서의 추진 과제가 아닌 것은?

① 분석기회의 발굴

② 분석과제의 정의

③ 로드맵의 수집

④ 아키텍처의 설계

정답 ④

해설 아키텍처의 설계는 데이터 분석 유효성의 검증의 추진과제에 해당하는 내용이다.

🔍 참고 데이터 분석체계의 도입

단계	추진과제	추진목표
데이터 분석 체계의 도입	• 로드맵의 수집 • 분석 기회의 발굴 • 분석 과제의 정의	• 분석과제를 정의하고 로드맵을 수집 • 비즈니스의 약점이 무엇인지를 식별

02 다음 중 데이터 분석 유효성의 검증의 추진 목표가 아닌 것은?

① 검증된 분석과제를 업무 프로세스에 내재화하기 위한 변환관리의 실시

② 분석과제에 대한 파일럿을 실행

③ 유효성 및 타당성 등을 검증

④ 기술실현의 가능성을 검증

정답 ①

해설 ①은 데이터 분석 확산 및 고도화의 추진목표에 해당하는 내용이다.

참고 데이터 분석 확산 및 고도화

단계	추진과제	추진목표
데이터 분석 확산 및 고도화	• 유관 시스템의 고도화 • 시스템의 구축 • 변화관리	• 검증된 분석과제를 업무 프로세스에 내재화하기 위한 변환 관리의 실시 • 빅데이터 분석, 활용 시스템 구축 및 유관시스템을 고도화

03 분석문제 정의 시의 하향식 접근 방식의 순서로 옳은 것은?

① 타당성 검토 → 문제 탐색 → 문제 정의 → 다양한 해결방안 탐색 → 선택

② 문제 탐색 → 문제 정의 → 다양한 해결방안 탐색 → 타당성 검토 → 선택

③ 문제 탐색 → 타당성 검토 → 문제 정의 → 다양한 해결방안 탐색 → 선택

④ 타당성 검토 → 문제 정의 → 문제 탐색 → 다양한 해결방안 탐색 → 선택

정답 ②

해설 분석문제 정의 시의 하향식 접근 방식의 순서는 다음과 같다.
문제 탐색(비즈니스 모델 기반) → 문제 정의(비즈니스 → 데이터) → 다양한 해결방안 탐색 → 타당성(경제, 기술, 데이터, 운영적) 검토 → 선택(최적 대안)

04 프로토 타이핑 접근법은 시행착오에 따른 문제 해결을 위해 사용하는데 이의 순서로 옳은 것은?

① 테스트 → 가설 → 실험 → 결과 → 통찰 및 확인

② 가설 → 테스트 → 실험 → 결과 → 통찰 및 확인

③ 가설 → 실험 → 테스트 → 결과 → 통찰 및 확인

④ 실험 → 가설 → 테스트 → 결과 → 통찰 및 확인

정답 ③

해설 프로토 타이핑 접근법은 시행착오에 따른 문제 해결을 위한 순서는 다음과 같다.
가설 → 실험 → 테스트 → 결과 → 통찰 및 확인

05 분석문제에 관한 내용 중 해결해야 할 문제를 인지하고 있으며 사전에 분석방법도 알고 있는 경우에 사용하는 것은?

① 통찰

② 최적화

③ 솔루션

④ 발견

정답 ②

해설 최적화는 개선을 통한 최적화의 형태로 분석을 수행하며, 분석의 대상이 무엇인지를 인지하고 있는 경우 즉, 해결해야 할 문제를 인지하고 있으며 사전에 분석방법도 알고 있는 경우에 사용한다.

06 다음 중 빅데이터 분석 추진 시 고려해야 하는 우선순위 평가의 기준에 해당하는 것은?

① 시급성

② 형평성

③ 명확성

④ 객관성

정답 ①

해설 빅데이터 분석 추진 시 고려해야 하는 우선순위 평가의 기준은 다음과 같다.

분류	내용
시급성	• 시급성 판단기준은 전략적 중요도가 핵심사항이다. • 목표가치 및 전략적 중요도에 부합하는지에 따른 시급성이 가장 중요한 기준이다. • 분석과제의 목표가치 및 전략적 중요도를 현재 관점에서 둘 것인지 아니면 미래의 관점으로 둘 것인지를 고려해 시급성의 여부 판단이 필요하다.
난이도	• 현 기업의 분석수준 및 데이터를 생성, 저장, 가공, 분석하는 비용을 고려한 난이도는 중요한 기준이다. • 난이도는 현 시점에서 과제를 추진하는 것이 범위 측면과 적용 비용의 측면에서 바로 적용하기 용이한 것인지 또는 어려운 것인지에 대한 판단 기준으로 데이터 분석의 적합성 여부의 기준이 된다.

07 분석과제 우선순위 선정 매트릭스에서 전략적 중요도가 높아 현 시점에서 전략적 가치를 두고 있는 사분면은?

① Ⅰ사분면

② Ⅱ사분면

③ Ⅲ사분면

④ Ⅳ사분면

정답 ③

해설 Ⅲ사분면은 전략적 중요도가 높아 현 시점에서 전략적 가치를 두고 있으며 과제 추진에 대한 난이도가 어렵지 않은 관계로 우선순위를 곧바로 적용가능하다.

08 분석과제 우선순위 선정 매트릭스에서 경영에 미치는 영향도가 높으며 분석과제를 곧바로 적용하기 어려운 사분면은?

① Ⅰ사분면

② Ⅱ사분면

③ Ⅲ사분면

④ Ⅳ사분면

정답 ②

해설 Ⅱ사분면은 전략적 중요도가 현 시점에는 상대적으로 낮은 편이지만 중장기적으로 보면 경영에 미치는 영향도가 높으며 분석과제를 곧바로 적용하기 어려워 우선순위가 낮은 영역이다.

09 빅데이터 분석 방법론의 계층 중 단계를 구성하는 단위활동은?

① 단계

② 스텝

③ 태스크

④ 결과

정답 ③

해설 태스크(task)는 단계를 구성하는 단위활동으로 물리적 또는 논리적인 단위로 품질검토의 항목이 될 수 있다.

10 빅데이터 분석 방법론의 계층 중 프로세스 그룹을 통해 완성된 단계별 산출물이 생성되는 것은?

① 스텝
② 태스크
③ 타입
④ 단계

정답 ④

해설 단계(phrase)는 프로세스 그룹을 통해 완성된 단계별 산출물이 생성되며 기준선으로 관리하며 버전 관리 등을 통해 통제한다.

11 다음 중 빅데이터 분석방법론 절차를 바르게 나타낸 것은?

① 분석기획 → 데이터 준비 → 데이터 분석 → 시스템 구현 → 평가 및 전개
② 분석기획 → 데이터 분석 → 데이터 준비 → 시스템 구현 → 평가 및 전개
③ 데이터 준비 → 분석기획 → 데이터 분석 → 시스템 구현 → 평가 및 전개
④ 데이터 준비 → 데이터 분석 → 분석기획 → 시스템 구현 → 평가 및 전개

정답 ①

해설 빅데이터 분석방법론의 절차는 다음과 같다.
분석기획 → 데이터 준비 → 데이터 분석 → 시스템 구현 → 평가 및 전개

12 프로젝트 위험계획 수립의 위험대응방법이 아닌 것은?

① 수용
② 강화
③ 회피
④ 전가

정답 ②

해설 프로젝트 위험계획의 수립에 대한 위험대응 방법으로는 전가, 회피, 완화, 수용 등이 있다.

▒ 분석 작업 계획

01 다음 중 데이터 확보 계획의 수립 절차로 옳은 것은?

① 예산안의 수립 → 목표정의 → 요구사항의 도출 → 계획의 수립
② 목표정의 → 예산안의 수립 → 요구사항의 도출 → 계획의 수립
③ 목표정의 → 요구사항의 도출 → 예산안의 수립 → 계획의 수립
④ 예산안의 수립 → 요구사항의 도출 → 목표정의 → 계획의 수립

정답 ③

해설 데이터 확보 계획의 수립 절차는 다음과 같다.
목표정의 → 요구사항의 도출 → 예산안의 수립 → 계획의 수립

02 데이터 확보 계획의 수립 절차에서 '목표 정의' 단계의 내용으로 보기 가장 어려운 것은?

① 성과측정을 위한 지표의 도출
② 플랫폼 구축의 여부
③ 비즈니스 도메인 특성의 적용
④ 구체적인 성과목표 정의

정답 ②

해설 ②는 '요구사항의 도출' 단계에 해당하는 내용이다.

03 다음 데이터 확보 계획의 수립 절차 중 '요구사항의 도출' 단계의 내용이 아닌 것은?

① 프로젝트 관리 계획의 수립
② 데이터정제 수준, 데이터저장 형태
③ 기존 시스템 및 도구의 활용 여부
④ 필요 데이터의 확보 및 관리 계획

정답 ①

해설 ①은 '계획 수립' 단계에 해당하는 내용이다.

04 데이터 확보 계획의 수립 절차 중 '계획 수립'의 업무가 아닌 것은?

① 일정관리
② 성과지표의 설정
③ 인력 투입 방안
④ 위험 및 품질관리

정답 ②

해설 ②는 '목표 정의' 단계의 업무에 해당하는 내용이다.

05 빅데이터 분석절차에서 '분석결과의 공유'에 관한 사항이 아닌 것은?

① 수집된 자료에서 의미 찾기
② 의사결정자와 결과 공유
③ 표, 그림, 차트를 활용하여 가시화
④ 변수 간의 연관성을 포함한 분석결과의 제시

정답 ①

해설 ①은 '자료분석'에 대한 설명이다.

06 빅데이터 분석절차에서 '자료수집'에 대한 내용이 아닌 것은?

① 수집된 자료에서 변수들 간의 관계 분석
② 기존 데이터의 수집이 불가한 경우 추가 데이터의 수집
③ 기존 데이터의 수집, 분석이 가능한지의 검토
④ 데이터의 수집, 변수측정의 과정

정답 ①

해설 ①은 '자료분석'에 관한 내용이다.

07 분석 작업 WBS 설정에서 데이터 처리 엔지니어 및 데이터 분석가의 역할을 구분해 세부 일정이 만들어지는 단계는?

① 산출물의 정리
② 데이터 분석과제의 정의
③ 데이터 분석 모델링 및 검증
④ 데이터 준비 및 탐색

정답 ④

해설 데이터 준비 및 탐색에서는 데이터 처리 엔지니어 및 데이터 분석가의 역할을 구분해 세부 일정이 만들어지는 단계로서 분석목표 정의서에 기재된 내용을 기반으로 데이터 처리 엔지니어가 필요 데이터를 수집하고 정리하는 일정을 수립한다.

08 다음 중 분석 작업 WBS 설정에서 단계별 필요 산출물, 주요 보고의 시기 등으로 구분해 세부 단위별 일정 및 전체 일정이 예측 가능하도록 일정을 수립하는 것은?

① 데이터 분석 과제의 정의
② 데이터 준비 및 탐색
③ 데이터 분석 모델링 및 검증
④ 산출물의 정리

정답 ①

해설 데이터 분석 과제의 정의에서는 분석목표 정의서를 기준으로 프로젝트 전체 일정에 맞게 사전 준비를 하는 단계로서 단계별 필요 산출물, 주요 보고의 시기 등으로 구분해 세부 단위별 일정 및 전체 일정이 예측 가능하도록 일정을 수립한다.

09 분석 작업 WBS 설정에서 기획하고 검증하는 내용에 대해서 자세한 일정을 수립하는 것은?

① 산출물의 정리
② 데이터 준비 및 탐색
③ 데이터 분석 모델링 및 검증
④ 데이터 분석 과제의 정의

정답 ③

해설 데이터 분석 모델링 및 검증에서는 데이터 준비 및 탐색이 완료된 이후 데이터 분석 가설이 증명된 내용을 중심으로 데이터 분석 모델링을 진행하는 단계로서 기획하고 검증하는 내용에 대해서 자세한 일정을 수립한다.

10 분석 작업 WBS 설정에서 분석 스크립트 등을 정리해서 최종 산출물로 정리하는 단계는?

① 데이터 준비 및 탐색
② 산출물의 정리
③ 데이터 분석 과제의 정의
④ 데이터 분석 모델링 및 검증

정답 ②

해설 산출물의 정리에서는 데이터 분석단계별 산출물을 정리하고 분석 모델링 과정에서 개발된 분석 스크립트 등을 정리해서 최종 산출물로 정리하는 단계이다.

▦ 데이터 수집 및 전환

01 데이터 수집 프로세스에서 서비스의 품질을 좌우하는 핵심 업무는?

① 도메인의 분석
② 공통어의 산출
③ 수집 데이터의 도출
④ 데이터 목록의 작성

정답 ③

해설 빅데이터 서비스 제공 시에 수집 데이터의 도출은 서비스의 품질을 좌우하는 핵심 업무이다.

02 데이터 수집기술의 선정 중 수집기술에서 필요한 사항이 아닌 것은?

① 안정성
② 객관성
③ 확장성
④ 실시간성

정답 ②

해설 수집기술은 데이터 소스로부터 여러 유형의 데이터를 수집하기 위해 확장성, 안정성, 실시간성 및 유연성의 확보가 필요하다.

03 데이터 수집기술의 선정 중 수집계획서에 작성해야 하는 사항이 아닌 것은?

① 데이터의 출처
② 수집 담당자의 주요 업무
③ 수집 시 소요되는 기간
④ 수집 기술

정답 ③

해설 수집계획서 작성 시 수집 대상이 되는 데이터의 출처, 수집 기술, 수집 주기 및 수집 담당자의 주요 업무 등을 반영해 계획서를 작성한다.

04 다음 중 내부 데이터에 관한 내용으로 가장 적절하지 않은 것은?

① 내부 조직 간 협의를 통한 데이터를 수집하는 것이다.
② 서비스의 수명주기 관리가 용이하다.
③ 개발자에게 응용 소프트웨어나 웹 서비스에 프로그래밍적인 권한을 제공한다.
④ 수집이 용이한 정형 데이터이다.

정답 ③

해설 ③은 외부 데이터에 관한 내용이다.

05 구조관점의 데이터 유형 중 정형 데이터에 관한 설명으로 가장 거리가 먼 것은?

① 고정된 필드에 저장된다.
② 관계형 데이터베이스 시스템의 정형 데이터는 스키마를 지원하지 않는다.
③ 컬럼과 로우 구조를 지닌다.
④ 값과 형식에서 일관성을 갖는 데이터이다.

정답 ②

해설 관계형 데이터베이스 시스템의 정형 데이터는 비정형 데이터와 비교할 때 스키마를 지원하는 특징이 존재한다.

06 구조관점의 데이터 유형 중 반정형 데이터에 대한 내용으로 바르지 않은 것은?

① 값과 형식에서 일관성을 지니지 않는 데이터이다.
② 웹 데이터가 노드 형태의 구조를 지닌다.
③ 스키마 구조 형태를 지니고 메타 데이터를 포함한다.
④ 데이터 내부에 정형 데이터의 스키마에 해당되는 메타데이터를 갖고 있지 않다.

정답 ④

해설 반정형 데이터는 데이터 내부에 정형 데이터의 스키마에 해당되는 메타데이터를 갖고 있으며 통상적으로 파일 형태로 저장된다.

07 저장 형태 관점의 데이터 유형에서 파일 데이터에 해당하지 않는 것은?

① 서비스 로그
② 텍스트
③ NoSQL
④ 시스템 로그

정답 ③

해설 파일 데이터는 시스템 로그, 서비스 로그, 텍스트, 스프레드시트 등과 같이 파일 형식으로 파일 시스템에 저장되는 데이터이며, 파일 크기가 대용량이거나 파일의 개수가 다수인 데이터이다.

08 저장 형태 관점의 데이터 유형에서 데이터베이스 데이터에 속하지 않는 것은?

① NoSQL
② RDBMS
③ In-Memory 데이터베이스
④ HTTP

정답 ④

해설 데이터베이스 데이터는 RDBMS, NoSQL, In-Memory 데이터베이스 등에 의해 데이터의 종류 또는 성격 등에 따라 데이터베이스의 컬럼 또는 테이블 등에 저장된 데이터이다.

09 다음 중 저장 형태 관점의 데이터 유형에서 콘텐츠 데이터에 해당하지 않는 것은?

① 스프레드시트
② 텍스트
③ 오디오
④ 이미지

정답 ①

해설 콘텐츠 데이터는 텍스트, 오디오, 이미지, 비디오 등과 같이 개별적으로 데이터 객체로 구분이 가능한 미디어 데이터이다.

10 저장 형태 관점의 데이터 유형에서 스트림 데이터에 속하지 않는 것은?

① 알람
② 텍스트
③ 트랜잭션
④ 센서 데이터

정답 ②

해설 스트림 데이터는 센서 데이터, HTTP, 트랜잭션, 알람 등과 같이 네트워크를 통해 실시간으로 전송되는 데이터이다.

11 데이터의 속성 중 조사 대상을 특성에 따라 범주로 구분해 측정된 변수는 무엇인가?

① 이산형
② 수치형
③ 도표형
④ 범주형

정답 ④

해설 범주형은 조사 대상을 특성에 따라 범주로 구분해 측정된 변수로서 질적 변수에 대해서 덧셈 등 수학적 연산결과는 의미가 없으므로 연산의 개념을 적용시킬 수 없다.

12 데이터 속성 중 무게와 같이 양적인 수치로 측정되는 변수는 무엇인가?

① 명목형
② 범주형
③ 수치형
④ 순서형

정답 ③

해설 수치형은 몇 개인지를 세어 측정하거나 측정 길이, 무게와 같이 양적인 수치로 측정되는 변수로서 덧셈, 뺄셈 등의 연산이 가능하며, 히스토그램, 시계열 그래프 등을 활용한 표현이 가능하다.

13 분류의 수치화이고 척도 값이 분류의 의미만을 지니는 척도는?

① 명목척도
② 비율척도
③ 서열척도
④ 등간척도

정답 ①

해설 명목척도는 관측 대상을 임의의 범주로 구분한 후 기호 또는 숫자 등을 부여하는 방법으로 분류의 수치화이고 척도 값이 분류의 의미만을 가진다.

14 비계량적인 변수를 관측하기 위한 척도는 무엇인가?

① 비율척도
② 서열척도
③ 명목척도
④ 등간척도

정답 ②

해설 서열/순위척도는 비계량적인 변수를 관측하기 위한 관측방법으로 여러 관측 대상을 임의의 기준에 의해 상대적인 비교 및 순위화를 통해 관측하는 방법이다.

15 다음 중 동일 간격화로 크기 간의 차이를 비교할 수 있게 만든 척도는?

① 서열척도
② 비율척도
③ 등간척도
④ 명목척도

정답 ③

해설 등간/간격/거리척도는 비계량적인 변수를 정량적인 방법으로 측정하기 위해 사용하며 각각의 대상을 별도로 평가하며 동일 간격화로 크기 간의 차이를 비교할 수 있게 만든 척도이다.

16 다음 중 균등 간격에 절대 영점이 있는 척도는?

① 등간척도
② 비율척도
③ 명목척도
④ 서열척도

정답 ②

해설 비율척도는 전형적인 양적변수로 쓰이며 균등 간격에 절대 영점이 있고 비율 계산이 가능한 척도이다.

17 다음 중 데이터 전처리에 관한 내용으로 바르지 않은 것은?

① 구분 기준을 적용할 수 있는 기능제공이 필요하다.
② 변환된 데이터를 저장하는 기능제공이 필요하다.
③ 집계 시의 데이터를 요약하는 기능제공이 필요하다.
④ 알고리즘 함수 또는 변환 구조를 정의할 수 있는 기능제공이 필요하다.

정답 ③

해설 ③은 데이터 후처리에 대한 설명이다.

18 데이터 후처리에 관한 설명으로 가장 옳지 않은 것은?

① 신규 변환 데이터의 생성을 취소할 수 있는 기능제공이 필요하다.
② 데이터 변환 시에 발생 가능한 변환, 패턴, 이벤트 등을 감시할 수 있는 기능제공이 필요하다.
③ 원시 데이터 세트와 변환 후 데이터 간의 변환로그를 저장 관리할 수 있는 기능제공이 필요하다.
④ 데이터 추세에 벗어나는 데이터를 추세에 맞게 변환 또는 자동 추천할 수 있는 기능제공이 필요하다.

정답 ①

해설 ①은 데이터 전처리에 대한 설명이다.

19 데이터 추세에 벗어나는 값들을 변환하는 기법을 무엇이라고 하는가?

① 정규화
② 집계
③ 평활화
④ 일반화

정답 ③

해설 평활화는 데이터로부터 잡음을 제거하기 위해 데이터 추세에 벗어나는 값들을 변환하는 기법으로 데이터 집합에 존재하는 잡음으로 인해 거칠게 분포된 데이터를 매끄럽게 만들기 위해 구간화, 군집화 등의 기법을 적용한다.

20 특정한 구간에 분포하는 값으로 스케일을 변화시키는 기법은?

① 평활화
② 추상화
③ 일반화
④ 정규화

정답 ③

해설 일반화는 특정한 구간에 분포하는 값으로 스케일을 변화시키는 것으로 일부의 특정 데이터만 잘 설명하는 것이 아닌 범용적인 데이터에 적합한 모델을 만드는 기법이다.

21 최단 근접 분류 및 군집화 같은 거리 측정 등을 위해 특히 유용한 기술은?

① 정규화
② 특이화
③ 평활화
④ 일반화

정답 ①

해설 정규화는 데이터를 정해진 구간 내에 들도록 하는 기법으로 최단 근접 분류 및 군집화 같은 거리 측정 등을 위해 특히 유용하게 활용된다.

22 아래의 내용은 수명 주기별 보안 중 무엇에 관한 고려 사항인가?

> 데이터를 수집하는 기술인 Open API, FTP, 크롤링 등의 오픈 소스로 개발된 수집기의 보안 설정, 사용자 인증, 계정 관리 등의 취약적에 대한 검토가 필요하다.

① 수집 – 수집 서버 및 네트워크
② 수집 – 데이터 수집 기술의 취약성
③ 저장 – 보안 모니터링
④ 저장 – 데이터 저장소의 취약성

정답 ②

해설 수명 주기별 보안은 다음과 같다.

주기	분류	고려사항
수집	데이터 수집 기술의 취약성	• 데이터를 수집하는 기술인 Open API, FTP, 크롤링 등의 오픈 소스로 개발된 수집기의 보안 설정, 사용자 인증, 계정 관리 등의 취약점에 대한 검토가 필요 • 수집기를 활용한 데이터 수집 시에 데이터가 유실되지 않도록 안정성을 고려
	수집 서버 및 네트워크의 보안	데이터 수집 시에 수집 서버의 DMZ, 방화벽, 접근제어 등의 네트워크 보안에 대한 고려가 필요
	개인정보 및 기밀정보 유출의 방	• 데이터 수집, 전송 시에 암호화 처리 및 개인정보 활용의 목적, 보유기간 등을 고려하여 보안을 강화 • 수정된 데이터에 개인정보가 포함되어 있는 경우 데이터를 파기하거나 또는 비식별 조치를 고려

23 아래의 내용은 수명 주기별 보안 중 무엇에 관한 고려 사항인가?

> 사용자 보안 인증 기능 강화 및 데이터 접근 제어 등의 강화가 필요하다.

① 저장 – 보안 모니터링
② 분석 – 내부 사용자
③ 저장 – 데이터 저장소의 취약성
④ 분석 – 외부 사용자

정답 ③

해설 수명 주기별 보안은 다음과 같다.

주기	분류	고려사항
저장	데이터 저장소의 취약성	• HDFS의 비활성화 데이터가 암호화 대상인지를 고려 • 사용자 보안 인증 기능 강화 및 데이터 접근 제어 등의 강화가 필요
	빅데이터 보안 등급의 분류	빅데이터를 보안 수준에 따라 기밀 수준, 민감 수준, 공개 수준 등의 보안 등급을 설정해 개인정보, 기업의 비밀 정도 등의 비공개 대상을 관리
	보안 모니터링	빅데이터 플랫폼에 구성된 시스템 관리자의 권한 설정, 사용자 계정의 관리, 보안과 연관된 사항 등을 주기적으로 모니터링 및 관리

▦ 데이터 적재 및 저장

01 데이터 적재에 관한 내용으로 바르지 않은 것은?

① 필요한 데이터를 수집한 후에는 수집한 데이터를 빅데이터 시스템에 적재해야 한다.
② 적재할 빅데이터의 유형과 실시간 처리 여부에 따라 RDBMS, HDFS, NoSQL 저장 시스템에 데이터를 적재가능하다.
③ 수집된 데이터는 NoSQL DBMS가 제공하는 적재 도구를 이용하여 간접적으로 적재하거나, 플루언티드, 플럼, 스크라이브, 로그스태시와 같은 데이터 수집 도구를 이용하여 적재한다.
④ 여러 데이터 소스에서 데이터를 수집해오기 위해, 데이터 소스를 처리하고, 분산된 여러 서버에서 데이터를 수집하는 데이터 수집 플랫폼과 저장 방법의 중요성이 점점 더 확대되고 있다.

정답 ③

해설 수집된 데이터는 NoSQL DBMS가 제공하는 적재 도구를 이용하여 직접 적재하거나, 플루언티드, 플럼, 스크라이브, 로그스태시와 같은 데이터 수집 도구를 이용하여 적재한다.

02 데이터 적재 도구 중 트레저 데이터에서 개발된 크로스 플랫폼 오픈 소스 데이터 수집 소프트웨어는?

① Flume
② Fluentd
③ Logstash
④ Scribe

정답 ②

해설 플루언티드(Fluentd)는 트레저 데이터에서 개발된 크로스 플랫폼 오픈 소스 데이터 수집 소프트웨어로 주로 루비 프로그래밍 언어로 작성된다.

03 데이터 적재 도구 중 이벤트(Event)와 에이전트(Agent)를 활용하는 분산형 로그 수집 기술은 무엇인가?

① Flume
② Logstash
③ Scribe
④ Fluentd

정답 ①

해설 플럼(Flume)은 많은 양의 로그 데이터를 효율적으로 수집, 집계 및 이동하기 위해 이벤트(Event)와 에이전트(Agent)를 활용하는 분산형 로그 수집 기술을 말한다.

04 다음 중 빅데이터 저장 시스템이 보장해야 하는 내용으로 가장 적절하지 않은 것은?

① 확장성
② 신뢰성
③ 가용성
④ 소용량의 저장 공간

정답 ④

해설 빅데이터 저장 시스템은 대용량 데이터 집합을 저장하고 관리하는 시스템으로 대용량의 저장 공간, 빠른 처리 성능, 확장성, 신뢰성, 가용성 등을 보장해야 한다.

05 다음 중 ACID 요건을 완화하거나 제약하는 특징이 있는 것은?

① 데이터베이스 클러스터
② NoSQL
③ 병렬 DBMS
④ 분산 파일 시스템

정답 ②

해설 NoSQL은 전통적인 RDBMS와 다른 DBMS를 지칭하기 위한 용어로 데이터 저장에 고정된 테이블 스키마가 필요하지 않고 조인 연산을 사용할 수 없으며, 수평적으로 확장이 가능한 DBMS로 ACID 요건을 완화하거나 제약하는 특징이 있다.

06 여러 디스크에 대한 질의, 갱신, 입출력 등의 데이터베이스 처리를 동시에 수행하는 데이터베이스 시스템은?

① 클라우드 파일 저장 시스템
② 직렬 DBMS
③ 병렬 DBMS
④ 분산 파일 시스템

정답 ③

해설 병렬 DBMS는 다수의 마이크로프로세서를 사용하여 여러 디스크에 대한 질의, 갱신, 입출력 등의 데이터베이스 처리를 동시에 수행하는 데이터베이스 시스템을 말한다.

07 다음 중 데이터 저장의 안정성, 신뢰성의 확보 방안으로 가장 거리가 먼 것은?

① 운영비용
② 용량 산정
③ 데이터 파악
④ 시스템 구축 방안

정답 ①

해설 데이터 저장의 안정성, 신뢰성의 확보 방안 수립 방법에는 데이터 파악, 시스템 구축 방안, 용량 산정이 있다.

> **참고** 데이터 저장의 안정성, 신뢰성 확보 방안
>
> - **데이터 파악** : 저장대상이 되는 데이터의 유형, 크기, 저장방식 및 기간 등을 파악한다.
> - **시스템 구축 방안** : 프라이빗 클라우드(Private Cloud), 퍼블릭 클라우드(Public Cloud)와 같이 안정성 및 신뢰성을 고려한 시스템 구축방안을 계획한다.
> - **용량산정**
>   - 데이터, 아카이브 및 여유율 등을 고려하여 적정 디스크 용량 계획을 산정한다.
>   - 빅데이터 저장 시스템의 안정성 및 신뢰성을 확보하고 보장하기 위해 저장 계획 수립단계에서 용량산정이 필요하다.
>   - 조직의 빅데이터 활용 목적에 부합하는 현재와 향후 증가 추세를 추정 반영하여 빅데이터 저장 용량을 산정하여 계획하고 전체 저장 시스템 구축계획에 반영하는 것은 필수적이다.

08 다음 중 빅데이터 저장시스템 선정 시 고려사항으로 가장 바르지 않은 것은?

① 저장기술의 기능성
② 분석 대상 데이터의 유형
③ 분석 방식 및 환경
④ 기존 시스템과의 비연계

정답 ④

해설 빅데이터 저장시스템 선정 시 고려사항은 다음과 같다.
- 분석 방식 및 환경
- 저장기술의 기능성
- 기존 시스템과의 연계
- 분석 대상 데이터의 유형

OX문제

제1장_빅데이터의 이해

1 빅데이터의 개요 및 활용

01 빅데이터는 정보로부터 가치를 추출하고 해당 결과를 분석하는 기술이다. 　　　정답 ×

　　해설 빅데이터는 데이터(자료)로부터 가치를 추출하고, 해당 결과를 분석하는 기술이다.

02 빅데이터의 5V는 Volume, Variety, Velocity에 Validity와 Volatility를 추가한 것이다. 　정답 ×

　　해설 빅데이터의 5V는 Volume, Variety, Velocity에 Veracity와 Value를 추가한 것이다.

03 형식지는 언어로 표현이 가능한 객관적 지식이다. 　　　정답 ○

　　해설 형식지(Explicit Knowledge)는 언어로 표현 가능한 객관적 지식으로, 문서화한 형태로 표출된 지식이다.

04 균형성과표는 재무적 관점, 공급자 관점, 업무 프로세스 관점, 학습·성장관점으로 이루어져 있다.

　　　정답 ×

　　해설 균형성과표는 재무적 관점, 고객 관점, 업무 프로세스 관점, 학습과 성장관점으로 이루어져 있다.

05 데이터는 연관관계 및 의미 등이 도출된 형태이다. 　　　정답 ×

　　해설 데이터는 객관적 사실, 순수한 수치 또는 기호 등을 의미한다.

06 지혜란 정보를 분류 및 일반화시킨 결과물, 규칙이다. 　　　정답 ×

　　해설 지혜란 근본 원리에 대한 깊은 이해를 바탕으로 도출되는 창의적 아이디어 및 상황, 맥락에 맞게 규칙을 적용하는 요소이다.

07 내부 컨설팅 비용은 빅데이터 분석 예산 수립 시 고려요소에 해당한다. 　　정답 ×

　　해설 빅데이터 분석 예산 수립 시의 고려요소에는 하드웨어 시스템, 예산, 소프트웨어 시스템 예산, 외부 컨설팅 비용, 데이터 확보 비용 등이 있다.

08 빅데이터는 정보를 처리 및 삭제하는 과정이 아니다. 　　　정답 ○

　　해설 빅데이터는 범람하는 정보 속에서 새로운 가치창출을 하고자 데이터를 저장하고 분석하는 과정으로 단순히 범람하는 정보를 처리·삭제하는 과정이 아니다. 또한 대용량 데이터를 보관하기 위한 시스템을 갖추는 것이지 용량을 줄이는 것이 아니다.

OX문제

O   X

2 빅데이터 기술 및 제도

01 인공지능은 데이터와 지식이 산업의 핵심 경쟁의 원천이다.   정답 O

　　해설 인공지능은 '모든 것이 연결되고 보다 지능적인 사회로의 진화'로 전망되는 제4차 산업혁명의 주역으로, 데이터와 지식이
　　산업의 핵심 경쟁의 원천이다.

02 HTML은 문서 형식을 가진 다른 특수한 목적을 갖는 마크업 언어를 만드는데 사용하는 다목적 언어
이다.   정답 X

　　해설 HTML은 웹페이지를 만들 때 사용하며 텍스트, 태그, 스크립트로 구성된다.

03 Flume은 다양한 그래프 패키지들을 통해 강력한 시각화 기능을 제공한다.   정답 X

　　해설 Flume은 Event, Agent를 활용하여 대량의 로그데이터를 수집, 집계, 이동한다.

04 강한 인공지능은 추론, 문제해결 판단, 계획, 의사소통, 자아의식, 감정, 지혜, 신념 등 인간의 모든 지
능적 요소를 포함한다.   정답 O

　　해설 강한 인공지능은 사람과 같은 지능으로 이에는 추론, 문제해결 판단, 계획, 의사소통, 자아의식, 감정, 지혜, 신념 등 인간의
　　모든 지능적 요소를 포함한다.

05 Sqoop은 컬럼 기반 저장소로 HDFS와 인터페이스를 제공한다.   정답 X

　　해설 Sqoop은 하둡 파일 시스템에서 관계형 DB로 데이터를 보내는 기능을 수행한다.

06 노드 매니저는 리소스 매니저에 전달 수행 및 컨테이너를 관리한다.   정답 O

　　해설 노드 매니저는 노드 내 자원관리를 하며, 리소스 매니저에 전달수행 및 컨테이너를 관리한다.

07 Apache Hadoop은 클라우드 플랫폼 위에서 클러스터를 구성해 데이터를 분석한다.   정답 O

　　해설 Apache Hadoop은 분산 파일 시스템과 맵 리듀스를 중심으로 다양한 프로그램으로 구성된 하둡 에코시스템을 지니며 클
　　라우드 플랫폼 위에서 클러스터를 구성해 데이터를 분석한다.

08 개인정보처리자는 개인정보의 처리 목적을 명확하게 해야 한다.   정답 O

　　해설 개인정보처리자는 개인정보의 처리 목적을 명확하게 하여야 하고 목적에 필요한 범위에서 최소한의 개인정보만을 적법
　　하고 정당하게 수집하여야 한다.

OX문제

제2장_ 데이터분석 계획

1 분석방안수립

01 하향식 접근 방식은 분석과제가 정해져 있다. 정답 ○

해설 하향식 접근 방식은 분석 과제가 정해져 있고, 이에 대한 해법을 찾기 위해 체계적으로 분석한다.

02 빅데이터 분석 추진 시 고려해야 하는 우선순위 평가의 기준은 일반성이다. 정답 ×

해설 빅데이터 분석 추진 시 고려해야 하는 우선순위 평가의 기준은 시급성, 난이도이다.

03 분석과제 우선순위 선정 매트릭스에서 I 사분면은 현 수준에서 과제를 곧바로 적용하기가 어렵다. 정답 ×

해설 I 사분면은 전략적 중요도가 높아 경영에 많은 영향을 끼치므로 현재 시급하게 추진이 필요한 상황이지만 높은 난이도로 인해 현 수준에서 과제를 곧바로 적용하기가 어렵다.

04 분석과제의 적용 우선순위 기준을 난이도에 두게 될 경우에 그 순서는 Ⅲ→Ⅳ→Ⅱ사분면의 순으로 이루어진다. 정답 ×

해설 분석과제의 적용 우선순위 기준을 난이도에 두게 될 경우에 그 순서는 Ⅲ→ I →Ⅱ사분면 순서를 띠게 된다.

05 상향식 접근 방식은 객관적 데이터를 관찰하고 행동을 통해 대상을 이해한다. 정답 ○

해설 상향식 접근 방식은 디자인 사고 접근법을 사용, 객관적 데이터를 관찰하고 행동을 통해 대상을 이해한다.

06 빅데이터 분석 방법론의 계층 중 단계(phrase)에서는 프로세스 그룹을 통해 완성된 단계별 산출물이 생성된다. 정답 ○

해설 단계(phrase)에서는 프로세스 그룹을 통해 완성된 단계별 산출물이 생성되며 기준선으로 관리하며 버전관리 등을 통해 통제한다.

07 프로젝트 위험계획의 수립 중 위험대응방법에는 수용, 평가, 절차 등이 있다. 정답 ×

해설 프로젝트 위험계획의 수립에서는 발생가능한 모든 위험을 발굴해 사전에 대응방안을 수립함으로써 프로젝트 진행의 완전성을 높이며 위험대응 방법으로는 전가, 회피, 완화, 수용 등이 있다.

OX문제

2 분석 작업 계획

01 내부 데이터 획득에는 부서 간 업무협조, 개인정보보호 및 정보보안과 연관된 문제점을 사전에 점검해야 한다. 정답 ○

> **해설** 내부 데이터 획득에는 부서 간 업무협조, 개인정보보호 및 정보보안과 연관된 문제점을 사전에 점검하고, 외부 데이터의 획득은 시스템 간 다양한 인터페이스 및 법적인 문제점들을 고려해 자세한 데이터 획득 계획을 수립한다.

02 데이터 확보 계획의 수립 절차는 목표 정의→예산안의 수립→요구사항 도출→계획수립의 순서를 따른다. 정답 ×

> **해설** 데이터 확보 계획의 수립 절차는 목표 정의→요구사항 도출→예산안의 수립→계획수립의 순서를 따른다.

03 빅데이터 분석 절차에서 모형화는 복잡한 문제를 분리하고 단순화하는 과정이다. 정답 ○

> **해설** 빅데이터 분석 절차에서 모형화는 복잡한 문제를 분리하고 단순화하는 과정이며 문제를 변수 간의 관계로 정의한다.

04 빅데이터 분석 절차에서 자료수집은 데이터의 수집, 변수측정의 과정이다. 정답 ○

> **해설** 빅데이터 분석 절차에서 자료수집은 데이터의 수집, 변수측정의 과정이며, 기존 데이터의 수집, 분석이 가능한지를 검토한다.

05 분석 작업 WBS 설정에서 데이터분석 과제 정의는 분석목표 정의서를 기준으로 프로젝트 전체 일정에 맞게 사전 준비를 하는 단계이다. 정답 ○

> **해설** 분석 작업 WBS 설정에서 데이터분석 과제 정의는 분석목표 정의서를 기준으로 프로젝트 전체 일정에 맞게 사전 준비를 하는 단계이며 단계별 필요 산출물, 주요 보고의 시기 등으로 구분해 세부 단위별 일정 및 전체 일정이 예측 가능하도록 일정을 수립한다.

06 분석 작업 WBS 설정에서 데이터 준비 및 탐색은 데이터 분석단계별 산출물을 정리하고 분석 모델링 과정에서 개발된 분석 스크립트 등을 정리해서 최종 산출물로 정리하는 단계이다. 정답 ×

> **해설** 분석 작업 WBS 설정에서 데이터 준비 및 탐색은 데이터 처리 엔지니어 및 데이터 분석가의 역할을 구분해 세부 일정이 만들어지는 단계이다.

OX문제

제3장_데이터 수집 및 저장 계획

1 데이터 수집 및 전환

01 내부 데이터는 수집이 어려운 비정형적인 데이터이다.　　　　　　　　　　　정답 ✕

해설 내부 데이터는 주로 수집이 용이한 정형 데이터이다.

02 외부 데이터는 특정 기관의 담당자 협의 또는 데이터 전문 업체를 통해 데이터를 수집한다.　정답 ○

해설 외부 데이터는 조직 외부에 데이터가 위치하며 특정 기관의 담당자 협의 또는 데이터 전문 업체를 통해 데이터를 수집한다.

03 빅데이터 서비스 제공 시에 수집 데이터의 도출은 서비스의 품질을 좌우하는 핵심 업무가 아니다.

정답 ✕

해설 빅데이터 서비스 제공 시에 수집 데이터의 도출은 서비스의 품질을 좌우하는 핵심 업무이다.

04 수집기술은 데이터 소스로부터 여러 유형의 데이터를 수집하기 위해 축소성, 비유연성의 확보가 중요하다.　　　　　　　　　　　　　　　　　　　　　　　　　　　　　정답 ✕

해설 수집기술은 데이터 소스로부터 여러 유형의 데이터를 수집하기 위해 확장성, 안정성, 실시간성 및 유연성의 확보가 필요하다.

05 Open API는 일부의 전문가만 사용가능하도록 허가된 API이다.　　　　　　　　정답 ✕

해설 Open API는 누구나 사용가능하도록 공개된 API를 의미하며, 개발자에게 응용 소프트웨어나 웹 서비스에 프로그래밍적인 권한을 제공한다.

06 데이터 도메인의 분석 노하우가 있는 내외부의 전문가 의견을 수렴해 분석 목적에 맞는 데이터의 도출이 필요하지 않다.　　　　　　　　　　　　　　　　　　　　　　정답 ✕

해설 데이터 도메인의 분석 노하우가 있는 내외부의 전문가 의견을 수렴해 분석 목적에 맞는 데이터의 도출이 필요하다.

07 내부 데이터는 서비스의 수명주기 관리가 어렵다.　　　　　　　　　　　　　정답 ✕

해설 내부 데이터는 서비스의 수명주기 관리가 용이하다.

OX문제

2 데이터 적재 및 저장

01 플루언티드(Fluentd)는 모든 로그 정보를 수집하여 하나의 저장소(DB, Elasticsearch 등)에 출력해주는 시스템이다.　　　정답 ✕

해설 플루언티드(Fluentd)는 트레저 데이터에서 개발된 크로스 플랫폼 오픈 소스 데이터 수집 소프트웨어이다.

02 플럼(Flume)은 이벤트(Event)와 에이전트(Agent)를 활용하는 분산형 로그 수집 기술이다.　　　정답 ○

해설 플럼(Flume)은 다량의 로그 데이터를 효율적으로 수집, 집계 및 이동하기 위해 이벤트(Event)와 에이전트(Agent)를 활용하는 분산형 로그 수집 기술이다.

03 스크라이브(Scribe)는 분산 시스템에 데이터를 저장하는 대용량 실시간 로그 수집 기술이다.　　　정답 ○

해설 스크라이브(Scribe)는 다수의 서버로부터 실시간으로 스트리밍되는 로그 데이터를 수집하여 분산 시스템에 데이터를 저장하는 대용량 실시간 로그 수집 기술이다.

04 빅데이터 저장 시스템은 대용량의 데이터 집합을 저장하고 관리하는 시스템이다.　　　정답 ○

해설 빅데이터 저장 시스템은 대용량의 데이터 집합을 저장하고 관리하는 시스템으로 대용량의 저장 공간, 빠른 처리 성능, 확장성, 신뢰성, 가용성 등을 보장해야 한다.

05 NoSQL은 수직적으로 확장이 가능한 DBMS이다.　　　정답 ✕

해설 NoSQL은 데이터 저장에 고정된 테이블 스키마가 필요하지 않고 조인 연산을 사용할 수 없으며, 수평적으로 확장이 가능한 DBMS이다.

06 병렬 DBMS는 단일의 마이크로프로세서를 사용한다.　　　정답 ✕

해설 병렬 DBMS는 다수의 마이크로프로세서를 사용하여 여러 디스크에 대한 질의, 갱신, 입출력 등의 데이터베이스 처리를 동시에 수행하는 데이터베이스 시스템이다.

07 빅데이터 저장 시스템의 안정성 및 신뢰성을 확보하고 보장하기 위해 저장 계획 수립단계에서 용량 산정이 필요하지 않다.　　　정답 ✕

해설 빅데이터 저장 시스템의 안정성 및 신뢰성을 확보하고 보장하기 위해 저장 계획 수립단계에서 용량산정이 필요하다.

핵심요약

제1장 _ 빅데이터의 이해

▓ **빅데이터의 특징**

- 3V : Volume, Variety, Velocity
- 5V : 3V+Veracity, Value
- 7V : 5V+Validity, Volatility

▓ **형식지 및 암묵지의 비교**

형식지(과거)	암묵지(최근)
• 문서화, 매뉴얼 등 • 언어로 표현 가능한 객관적인 지식 • 언어를 통해 습득된 지식 • 언어를 통해 전달 • 데이터 마이닝	• 묵시적, 개인적 경험, 노하우 등 • 언어로 표현하기 힘든 주관적인 지식 • 경험을 통해 몸에 밴 지식 • 은유를 통해 전달 • 대화, 학습공동체

▓ **균형 성과표(BSC ; Balanced Score Card)의 4가지 관점** : 재무적 관점, 고객 관점, 내부 프로세스 관점, 학습과 성장 관점

▓ **빅데이터 업무 프로세스** : 빅데이터 도입 → 구축 → 운영

▓ **역량 교육 체계 설계의 절차** : 요구사항 분석 → 직무별 역량모델 검토 → 역량 차이 분석 → 직무 역량 매트릭스 → 교육 체계 설계

▓ **조직성과 평가 절차** : 목표 설정 → 모니터링 → 목표 조정 → 평가 실시 → 결과의 피드백

제2장 _ 데이터분석 계획

▓ **하향식 접근 방식** : 문제 탐색(비즈니스 모델 기반) → 문제 정의(비즈니스 → 데이터) → 다양한 해결 방안 탐색 → 타당성(경제, 기술, 데이터, 운영적) 검토 → 선택(최적 대안)

제3장 _ 데이터 수집 및 저장 계획

▓ **데이터 적재의 도구** : 플루언티드(Fluentd), 플럼(Flume), 스크라이브(Scribe), 로그스태시(Logstash)

▓ **데이터 저장의 안정성, 신뢰성 확보 방안 수립** : 데이터 파악, 시스템 구축 방안, 용량산정

▓ **빅데이터 저장시스템 선정 시 고려사항**

- 분석 방식 및 환경
- 저장기술의 기능성
- 기존 시스템과의 연계
- 분석 대상 데이터의 유형

PART **2**

빅데이터
탐색

Big Data Analysis

제 1 장 데이터 전처리

① 데이터 정제

1. 데이터 정제

(1) 데이터 전처리 과정

① 데이터 전처리는 '데이터 정제 → 결측값 처리 → 이상값 처리 → 분석변수 처리'의 과정을 거친다.

② 데이터 전처리는 데이터 분석 결과에 직접적인 영향을 미치므로 데이터 분석 과정에서 반복적으로 수행해야 한다.

(2) 데이터 정제의 의미 및 절차

① 데이터 정제란 데이터의 신뢰도를 높이기 위해 결측값을 채우거나 이상값을 제거하는 활동을 말한다.

② 데이터 정제 절차는 '데이터 오류 원인분석 → 데이터 정제 대상 선정 → 데이터 정제 방법 결정'의 과정을 거친다.

 ㉠ 데이터 오류 원인분석

  • 결측값(Missing Value) : 필수적인 데이터가 입력되지 않고 누락된 값을 말한다.

  • 이상값(Outlier) : 데이터의 범위에서 많이 벗어난 아주 작은 값이나 아주 큰 값을 말한다.

  • 노이즈(Noise) : 실제는 입력되지 않았지만 입력되었다고 잘못 판단된 값을 말한다.

 ㉡ 데이터 정제 대상 선정

  • 모든 데이터를 대상으로 정제 활동을 하는 것이 기본이며, 특별히 데이터 품질 저하의 위험이 있는 데이터에 대해서는 더 많은 정제 활동을 수행해야 한다.

  • 원천 데이터의 위치를 기준으로 분류한다면 내부 데이터보다 외부 데이터가 품질 저하 위협에 많이 노출되어 있으며, 정형 데이터보다는 비정형과 반정형 데이터가 품질 저하 위협에 많이 노출되어 있다.

ⓒ 데이터 정제 방법 결정

- 데이터 정제는 오류 데이터값을 정확한 데이터로 수정하거나 삭제하는 과정을 말한다.
- 데이터 정제 방법에는 데이터의 삭제, 대체, 예측값 삽입 등의 방법이 있다.

(3) 데이터 정제 기술

① 다른 시스템으로부터 들어온 데이터에 대한 일관성을 부여하기 위해 변환, 파싱, 보강 등의 정제 기법을 사용한다. 특히 파싱은 데이터를 정제 규칙을 적용하기 위한 유의미한 최소 단위로 분할 하는 과정을 말한다.

② 데이터 정제 기술은 다음과 같다.

ⓖ ETL(Extract, Transform, Load)

- 동일 기종 또는 타기종의 데이터 소스로부터 데이터를 추출한다.
- 조회 또는 분석을 목적으로 적절한 포맷이나 구조로 데이터를 저장하기 위해 데이터를 변환한다.
- 최종 대상(데이터베이스, 특히 운영 데이터 스토어, 데이터 마트, 데이터 웨어하우스)으로 변환 데이터를 적재한다.

ⓛ 맵리듀스(Map Reduce)

- 맵리듀스 프레임워크는 대용량 데이터를 분산 처리하기 위한 목적으로 개발된 프로그래밍 모델로 이는 임의의 순서로 정렬된 데이터를 분산 처리(Map)하고 이를 다시 합치(Reduce) 는 과정을 거친다.
- 맵리듀스를 핵심 기반으로 두고 있는 하둡(Hadoop)은 많은 분야에서 대용량 데이터 처리를 위한 핵심 기술로 성장하였다.
- 맵리듀스의 입력과 출력에는 블록 기반 분산 파일 시스템을 이용하는데, 블록 기반 분산 파일 시스템에서 파일들은 고정 크기의 블록 단위로 관리되며 각 블록은 고장방지기능 지원을 위해 적재 시 복제되어 각 블록에 대해 기본적으로 2개의 복사본을 가진다.

ⓒ 스파크/스톰(Spark/Storm)

- 인 메모리(In-Memory) 기반 데이터 처리 방식이다.
- 스파크는 맵리듀스를 기반으로 성능을 개선한 것으로서 실시간, 배치처리 모두 가능하며 기 계학습과 라이브러리도 지원 가능하다.

ⓔ CEP(Complex Event Processing)

- CEP는 여러 이벤트 소스로부터 발생한 이벤트를 대상으로 실시간으로 의미 있는 데이터를 추출하여 이에 대응되는 기능을 수행하는 것을 의미한다. 이때 이벤트 데이터는 스트림 데 이터로서 대량으로 지속해서 입력되는 데이터, 시간 순서가 중요한 데이터, 끝이 없는 데이 터 등이다.

part
02

데이터 관리

- 스트림 데이터는 전통적인 관계형 데이터베이스에서는 실시간 처리 및 분석을 할 수 없었는데 CEP는 바로 이런 스트림 데이터를 실시간으로 분석하는 이벤트 데이터 처리 기술이다.
- CEP는 실시간으로 패턴을 분석하고 비즈니스 관련 부서에서 IT 및 서비스 부서와 더욱 원활하게 의사소통할 수 있는 새로운 길을 조직에 제공할 수 있다.

ⓗ 피그(Pig)

- 피그는 대용량 데이터 집합을 분석하기 위한 플랫폼으로 아파치 하둡(Apache Hadoop)을 이용하여 맵리듀스를 사용하기 위한 높은 수준의 스크립트 언어와 이를 위한 인프라로 구성되어 있다.
- 피그의 인프라 구조 계층은 컴파일러로 구성되어 있으며 대용량 병렬처리를 위한 맵리듀스 프로그램의 데이터 변환 순서를 만든다.
- 피그의 언어 계층은 현재 피그 라틴이라 불리는 텍스트 기반의 언어로 이루어져 있다.

ⓘ 플룸(Flume)

- 플룸은 분산 환경에서 대량의 로그 데이터를 효과적으로 수집하여 합친 후 다른 곳으로 전송할 수 있는 신뢰성을 가진 서비스이다.
- 플룸은 단순하며 유연한 스트리밍 데이터 플로우(Streaming Data Flow) 아키텍처를 기반으로 한다.
- 플룸은 장애에 쉽게 대처 가능하며, 로그 유실에 대한 신뢰 수준을 상황에 맞게 변경할 수 있을 뿐만 아니라, 장애 발생 시 다양한 복구 메커니즘을 제공한다.
- 플룸은 실시간으로 로그를 분석하는 애플리케이션을 개발할 수 있도록 간단하며 확장 가능한 데이터 모델을 사용할 수 있다.
- 플룸은 시스템 신뢰성(Reliability), 시스템 확장성(Scalability), 관리 용이성(Manageability), 기능 확장성(Extensibility)을 핵심 목표로 만들어졌다. 특히, 신뢰성은 장애가 나더라도 로그를 유실 없이 전송할 수 있는 고장방지능력(fault-tolerance)을 뜻하며 플룸이 제공하는 핵심적인 특징이다.

(4) 데이터 세분화 (Data Segmentation)

① 데이터 세분화는 데이터를 기준에 따라 나누고, 선택한 매개변수를 기반으로 유사한 데이터를 그룹화하여 효율적으로 사용할 수 있는 프로세스를 말한다.

② 계층적 방법은 사전에 군집 수를 정하지 않고 단계적으로 단계별 군집결과를 산출하는 방법으로 이에는 응집분석법과 분할분석법이 있다.

③ 비 계층적 방법은 군집을 위한 소집단의 개수를 정해놓고 각 객체 중 하나의 소집단으로 배정하는 방법으로 이에는 인공신경망 모델과 K-평균 군집화가 있다.

2. 데이터 결측값 처리

(1) 데이터 결측값의 의미 및 종류

① 결측값이란 입력이 누락된 값을 의미하며, 결측값은 NA, 999999, Null 등으로 표현한다.

② 결측값의 종류에는 완전 무작위 결측, 무작위 결측, 비 무작위 결측이 있다.

　㉠ **완전 무작위 결측** : 변수상에서 발생한 결측값이 다른 변수들과 아무런 상관이 없는 경우를 말한다.

　㉡ **무작위 결측** : 누락된 자료가 특정 변수와 관련되어 일어나지만 그 변수의 결과는 관계가 없는 경우를 말한다.

　㉢ **비 무작위 결측** : 누락된 값이 다른 변수와 연관이 있는 경우를 말한다.

(2) 데이터 결측값 처리 절차 및 방법

① 데이터 결측값 처리 절차는 '결측값 식별 → 결측값 부호화 → 결측값 대체'로 이루어진다.

② 데이터 결측값 처리 방법은 다음과 같다.

　㉠ **단순 대치법(Single Imputation)**

　　• 완전 분석법 : 불완전 자료는 모두 무시하고 완전하게 관측된 자료만 사용하여 분석하는 방법이다.

　　• 평균 대치법 : 관측 또는 실험되어 얻어진 자료의 평균값으로 결측값을 대치해서 불완전한 자료를 완전한 자료로 만드는 방법이다.

　　• 단순 확률 대치법 : 평균 대치법에서 관측된 자료를 토대로 추정된 통계량으로 결측값을 대치할 때 어떤 적절한 확률값을 부여한 후 대치하는 방법이다.

　㉡ **다중 대치법(Multiple Imputation)**

　　• 다중 대치법은 원 표본의 결측값을 한 번 이상 대치하여 여러 개의 대치된 표본을 만들어야 하므로 항상 같은 값으로 결측 자료를 대치할 수 없다.

　　• 다중 대치법은 '대치 → 분석 → 결합'의 3단계로 구성되어 있다.

참고 조건부 확률 및 베이즈의 정리

• **조건부 확률** : 사상 A가 일어났을 때, 사상 B의 조건부 확률 $P(B|A)$는 다음과 같이 정의한다.

$$P(B|A) = \frac{P(A \cap B)}{P(A)} \ (단, P(A) > 0)$$

• **베이즈의 정리** : 사상 $A_1, \cdots, A_n$이 표본공간 Ω의 분할이고 $P(A_k) > 0$이고 $P(B)$일 때, 다음이 성립한다.

$$P(A_k|B) = \frac{P(A_k)P(B|A_k)}{\sum_{i=1}^{n} P(A_i)P(B|A_i)}$$

• 베이즈의 정리에서 확률 $P(A_1), \cdots, P(A_n)$을 사전확률(prior probability)이라 하고 조건부확률 $P(A_1|B), \cdots, P(A_n|B)$을 사후확률(posterior probability)이라 한다.

3. 데이터 이상값 처리

(1) 데이터 이상값의 의미 및 발생원인

① 이상값은 입력 오류, 데이터 처리 오류 등의 이유로 특정 범위에서 벗어난 데이터 값을 의미한다.

② 이상값의 발생 원인으로는 데이터 입력 오류, 측정 오류, 실험 오류, 고의적인 이상값, 표본추출 에러 등을 들 수 있다.

(2) 데이터 이상값 검출 방법

① **통계기법 이용** : ESD(Extreme Studentized Deviation)는 평균으로부터 3 표준편차 떨어진 값으로 이상값을 판단하며, 기하평균을 활용한 방법은 기하평균으로부터 2.5 표준편차 떨어진 값으로 이상값을 판단한다. 또한 사분위 수를 이용한 방법은 제1사분위, 제3사분위를 기준으로 사분위 간 범위의 1.5배 이상 떨어진 값을 이상값으로 본다.

② **시각화 이용** : 확률 밀도 함수, 히스토그램, 시계열 차트 등을 이용한 데이터 시각화를 통해 이상값을 도출할 수 있다.

> **🔍참고 히스토그램**
>
> 표로 되어 있는 도수 분포를 정보 그림으로 나타낸 것으로, 주어진 빈도분포의 자료를 도표로 나타내는 하나의 방법이다. 즉, 도수분포표를 그래프로 나타낸 것으로 보통 가로축이 계급을, 세로축이 도수를 뜻한다. 계급은 보통 변수의 구간을 의미하고 중복되지 않는다. 또한 계급(막대기)끼리는 서로 붙어 있어야 한다.

③ 머신러닝 기법, 마할라노비스 거리(Mahalanobis Distance), LOF(Local Outlier Factor), iForest(Isolation Forest) 등이 이용된다.

> **🔍참고 iForest 기법**
>
> iForest 기법은 관측치 사이의 거리 또는 밀도에 의존하지 않고 데이터 마이닝 기법인 의사결정나무(Decision Tree)를 이용하여 이상값을 탐지하는 방법이다.

(3) 데이터 이상값 처리 방법

① **삭제(Deleting Observations)**

㉠ 이상값으로 판단되는 관측값을 제외하고 분석하는 방법으로 추정치의 분산은 작아지지만 실제보다 과소 또는 과대 추정되어 편의가 발생할 가능성이 있다.

㉡ 이상값을 제외시키기 위해 양극단의 값을 절단하기도 하지만, 이보다 극단값 조정 방법을 활용하는 것이 데이터 손실률이 적고, 설명력이 높아진다.

② 대체법(Imputation)

    ㉠ 하한값과 상한값을 결정한 후 하한값보다 작으면 하한값으로 대체하고 상한값보다 크면 상한값으로 대체한다.

    ㉡ 이상값을 평균이나 중앙값 등으로 대체하는 방법이다.

③ 변환(Transformation) : 극단적인 값으로 인해 이상값이 발생했다면 자연로그를 취해서 값을 감소시키는 방법으로 실제값을 변형하는 것이다.

④ 박스 플롯 해석 및 분류하여 처리하는 방법

    ㉠ 박스 플롯 해석을 통한 이상값 제거 방법에는 사분위 수를 이용해서 제거하는 방법을 사용한다.

    ㉡ 분류하여 처리하는 방법으로는 이상값이 많을 경우에 사용하는 방법으로 서로 다른 그룹으로 통계적인 분석을 실행하여 처리한다.

---

② 분석 변수 처리

1. 변수 선택

(1) 변수의 유형 및 개념

① 독립변수(independent variable)와 종속변수(dependent variable)

    ㉠ 독립변수와 종속변수는 실험으로 획득한 데이터를 통해 수학적 모델을 세우거나 통계적 모델을 세울 때 사용되는 변수의 두 종류다.

    ㉡ 종속변수가 독립변수에 의해 영향을 받는다고, 즉 종속되어있다고 해석하기 때문에 이러한 이름이 붙여졌다. 따라서 독립변수는 입력값이나 원인을 나타내며, 종속변수는 결과물이나 효과를 나타낸다.

    ㉢ 독립변수는 예측변수(predictor variable), 회귀자 혹은 회귀변수(regressor), 통제변수(controlled variable), 조작변수(manipulated variable), 노출변수(exposure variable), 리스크 팩터(risk factor) 등의 다양한 용어로 불리며, 기계 학습 혹은 패턴 인식에서는 특징(feature) 이라고도 한다. 또한 독립변수는 설명변수(explanatory variable) 또는 그냥 단순히 입력변수(input variable)라고도 한다.

② 범주형(categorical) 변수와 수치형(measure) 변수

    ㉠ 범주형 변수는 범위와 순서가 있는 변수로 명목형(nominal)과 순서형(ordinal)으로 분류할 수 있다.

ⓛ 수치형 변수는 수치로 표현되는 변수로 이산형(discrete)과 연속형(continuous)으로 분류할 수 있다.

③ 매개변수(mediator variable)와 조절변수(moderator variable)

㉠ 매개변수는 독립변수과 종속변수의 연결고리 역할을 하는 변수로 독립변수의 결과이면서 동시에 종속변수의 원인이 되는 변수이다.

㉡ 매개변수는 독립변수와 종속변수의 관계 이면에 숨어있는 인과적 구조를 이해하고자 할 때 이용한다.

㉢ 조절변수는 두 변수간의 관계를 결정하는 제3의 변수를 말한다.

㉣ 조절변수는 종속변수에 대한 독립변수의 영향력을 강화하기도 하고 약화하기도 한다는 가설을 검증하기 위한 변수이다.

(2) 변수 선택의 의미 및 변수 선택 기법

① 변수 선택은 데이터의 독립변수 중에서 종속변수에 가장 관련성이 높은 변수만을 선정하는 방법이다.

② 변수 선택의 장점은 사용자가 해석하기 쉽게 모델을 단순화해주고 훈련 시간 축소, 차원의 저주 방지, 과적합(Over-fitting)을 줄여 일반화를 해주며, 모델의 정확도 향상 및 성능 향상을 기대할 수 있다.

③ 변수 선택은 예측대상이 되는 분류를 참고하지 않고 변수들만으로 수행되는 비지도(Unsupervised) 방식과 분류를 참고하여 변수를 선택하는 지도(Supervised) 방식으로도 분류할 수 있다.

④ 변수 선택 기법에는 필터 기법, 래퍼 기법, 임베디드 기법 등이 있다.

> **참고** 변수 선택을 위한 알고리즘 유형
>
> • **전진 선택법** : 모형을 가장 많이 향상시키는 변수를 하나씩 점진적으로 추가하는 방법이다.
> • **후진 제거법** : 모두 포함된 상태에서 시작하여 가장 적은 영향을 주는 변수부터 하나씩 제거하는 방법이다.
> • **단계적 방법** : 전진 선택법과 후진 제거법을 함께 사용하는 방법이다.

2. 차원축소

(1) 차원축소의 개념 및 특징

① 분석 대상이 되는 여러 변수의 정보를 최대한 유지하면서 데이터 세트 변수의 개수를 줄이기 위해 목표변수는 사용하지 않고 설명변수만 사용한다.

② 변수들 사이에 내재한 특성이나 관계를 분석하여 이들을 잘 표현할 수 있는 새로운 선형 혹은 비

선형 결합을 만들어 해당 결합변수만으로도 전체변수를 적절히 설명할 수 있어야 한다.

③ 고차원 변수보다 변환된 저차원으로 학습할 경우에는 회귀나 분류, 클러스터링 등의 머신러닝 알고리즘이 더 잘 작동된다.

(2) 차원축소 기법

① 주성분 분석 (Principal Component Analysis)

㉠ 주성분 분석은 고차원의 데이터를 저차원의 데이터로 환원시키는 기법을 말하는 것으로 이때 서로 연관 가능성이 있는 고차원 공간의 표본들을 선형 연관성이 없는 저차원 공간의 표본으로 변환하기 위해 직교 변환을 사용한다.

㉡ 주성분 분석은 정준상관분석(CCA)과도 관계가 있는데 주성분 분석이 하나의 데이터 집합의 변화를 제일 잘 설명하는 새로운 직교 좌표 시스템을 의미하는 반면 정준상관분석은 두 개의 데이터 집합 간의 교차 공분산을 가장 잘 설명하는 좌표 시스템이다.

② 특잇값 분해 (Singular Value Decomposition)

㉠ 특잇값 분해는 행렬의 스펙트럼 이론을 임의의 직사각행렬에 대해 일반화한 것으로 볼 수 있는데 스펙트럼 이론을 이용하면 직교 정사각행렬을 고윳값을 기저로 하는 대각행렬로 분해할 수 있다.

㉡ 특잇값 분해는 정사각행렬만을 분해할 수 있는 고윳값 분해보다 훨씬 일반적인 행렬을 다룰 수 있지만, 두 분해는 서로 관련되어 있다.

③ 요인분석 (Factor Analysis)

㉠ 요인분석은 적은 수의 잠재 변수를 이용하여 여러 관찰변수 간의 상관관계를 설명하기 위한 방법으로 관찰변수 간의 상관은 하나 혹은 소수의 잠재 변수에 의해서 이루어진다는 가정을 한다.

㉡ 탐색적 요인분석(EFA)은 주로 데이터의 구조를 파악하기 위한 초기의 탐색적 목적으로 쓰이므로 척도 개발 및 타당화 과정에서 가장 많이 사용되는 반면, 확인적 요인분석(CFA)은 이미 연구자들이 경험적 혹은 이론적으로 구조화한 요인 구조를 확인하기 위해 쓰인다.

㉢ 탐색적 요인분석은 잠재변인의 수를 미리 정하지 않고 분석을 하는 반면, 확인적 요인분석의 경우에는 선행연구 및 이론을 바탕으로 미리 요인의 수를 결정하고 분석을 진행하게 된다.

④ 독립성분분석 (Independent Component Analysis)

㉠ 독립성분분석은 다변량의 신호를 독립적인 하부성분으로 분리하는 통계적 계산 방법으로 각 성분은 비 가우스 성(Non-Gaussianity) 신호로서 블라인드 신호를 분리하는 특별한 방법이다.

㉡ 독립성분분석의 전형적인 알고리즘은 복잡성을 줄이기 위한 전 단계로서 중심화, 백색화, 차원 감소 등의 과정이 필요하며 독립성분분석의 알고리즘으로는 Infomax, FastICA, JADE 등이 있다.

ⓒ 선형 독립성분분석은 잡음이 없는 경우와 잡음이 있는 경우로 나눌 수 있고, 잡음이 없는 독립
성분분석은 잡음이 있는 독립성분분석의 특별한 경우이다.

⑤ 다차원척도법 (Multi-Dimensional Scaling)

㉠ 개체들 사이의 유사성·비유사성을 측정하여 이를 2차원 또는 3차원 공간상에 점으로 표현함
으로써 개체들 사이의 집단화를 시각적으로 표현하는 분석 방법을 말한다.

㉡ 계량적 MDS는 데이터가 구간척도나 비율척도인 경우 활용되며, 비계량적 MDS는 데이터가
순서척도인 경우 사용된다.

3. 파생변수 생성

(1) 파생변수의 개념

파생변수(Derived Variance)는 기존 변수에 특정 조건이나 함수 등을 사용하여 새롭게 재정의한 변
수를 의미하는데 이때 변수를 생성할 때에는 논리적 타당성과 일관된 기준을 가지고 생성해야 한다.

(2) 파생변수의 생성 방법

파생변수의 생성 방법에는 단위 변환, 표현방식 변환, 요약 통계량 변환, 변수 결합 등의 방법이 있다.

4. 변수 변환

(1) 변수 변환의 개념

변수 변환(Variable Transformation)은 분석을 위해 불필요한 변수를 제거, 반환, 생성시키는 작업
을 의미한다.

(2) 변수 변환 방법

① 변수 변환 방법에는 단순 기능 변환, 비닝, 정규화, 표준화 등의 방법이 있다.

② 비닝(Binning)은 기존 데이터를 범주화하기 위해 사용하는 기술인데 데이터값을 몇 개의 Bin 혹
은 Bucket으로 분할하여 계산하는 방법으로 데이터 평활화에서도 활용되는 방법이다.

③ 정규화(Normalization)는 모든 데이터 포인트가 동일한 정도의 스케일로 반영되도록 해주는 게
목표인데 데이터를 정규화하는 방법에는 최소-최대 정규화와 Z-점수 정규화가 있다.

④ 최소-최대 정규화는 모든 feature들의 스케일이 동일하지만 이상치를 잘 처리하지 못하는 반면,
Z-점수 정규화는 이상치를 잘 처리하지만 정확히 동일한 척도로 정규화된 데이터를 생성하지는
않는다.

5. 불균형 데이터 처리

(1) 불균형 데이터의 개념

탐색하는 목표 데이터의 수가 매우 극소수인 경우에 불균형 데이터 처리를 한다.

(2) 불균형 데이터 처리 기법

① 언더 샘플링(Under-Sampling)

　　㉠ 언더 샘플링은 많은 데이터 세트를 적은 데이터 세트 수준으로 감소시키는 방법으로 CPU만 사용하여 데이터를 학습시키게 되면 매우 많은 시간이 소요되기 때문에 적은 데이터 세트의 수준으로 감소시켜 학습속도를 증가시키는 기법이다.

　　㉡ 다수 클래스의 데이터 중 일부만 선택하여 데이터 비율을 맞추는 방법으로 데이터 소실이 매우 크고, 중요한 정상 데이터를 잃을 수도 있다.

　　㉢ 언더 샘플링 기법에는 랜덤 언더 샘플링, ENN, 토멕 링크 방법, CNN, OSS 등이 있다.

② 오버 샘플링(Over-Sampling)

　　㉠ 오버 샘플링은 적은 데이터 세트를 많은 데이터 세트의 수준으로 증가시키는 방법이다.

　　㉡ 소수 클래스의 데이터를 복제 또는 생성하여 데이터 비율을 맞추는 방법으로 과대 샘플링이라고도 하며 정보가 소실되지 않는다는 장점이 있으나 과적합을 초래할 수 있다.

　　㉢ 오버 샘플링 기법에는 랜덤 오버 샘플링, SMOTE, Borderline-SMOTE, ADASYN 등이 있다.

③ 임곗값 이동(Threshold-Moving)

　　㉠ 임계 값은 검정 통계량의 분포에서 유의수준 α값에 해당하는 선 위의 값으로, 임곗값 이동은 임곗값을 데이터가 많은 쪽으로 이동시키는 방법이다.

　　㉡ 학습 단계에서는 변화 없이 학습하고 테스트 단계에서 임곗값을 이동한다.

④ 앙상블 기법(Ensemble Technique)

　　㉠ 앙상블은 같거나 서로 다른 여러 가지 모형들의 예측 및 분류 결과를 종합하여 최종적인 의사 결정에 활용하는 기법을 말한다.

　　㉡ 배깅(Bagging; Bootstrap Aggregating)은 학습 데이터에서 다수의 부트스트랩 자료를 생성하고, 각 자료를 모델링 한 후 결합하여 최종 예측 모형을 구축하는 방법을 말한다.

　　㉢ 부스팅(Boosting)은 잘못 분류된 개체들에 대해서 가중치를 적용하여 새로운 분류 규칙을 만들거나 약한 학습기를 여러 개 연결하여 강한 학습기를 만드는 앙상블 방법으로 이에는 에이다부스트와 그레이디언트 부스팅 등이 있다.

데이터 탐색

① 데이터 탐색 기초

1. 데이터 탐색 개요

(1) 데이터 탐색의 의미

수집한 데이터를 분석하기 전에 그래프나 통계적인 방법을 이용하여 다양한 각도에서 데이터의 특징을 파악하고 자료를 직관적으로 바라보는 분석 방법으로 데이터 탐색의 도구로는 그래프, 도표 등을 이용한다.

(2) 탐색적 데이터 분석(Exploratory Data Analysis)

① 탐색적 데이터 분석(EDA)은 기존의 통계학이 정보의 추출에서 가설 검정 등에 치우쳐 자료가 가지고 있는 본연의 의미를 찾는데 어려움이 있어 이를 보완하고자 주어진 자료만 가지고도 충분한 정보를 찾을 수 있도록 개발된 방법이다.

② 탐색적 데이터 분석의 대표적인 예로 박스플롯을 들 수 있는데 이러한 분석을 통하여 자료에 대한 충분한 이해를 한 후에 모형 적합 등의 좀 더 정교한 모형을 개발할 수 있다.

③ 현실 세계에서 데이터를 수집하고 전처리 및 정제된 데이터셋을 만든 뒤에 모형과 알고리즘을 개발하여 데이터 과학 결과물을 만들어 사람들을 위한 의사결정에 참고자료로 사용하는 것이 가장 중요한 목적 중 하나로 정제된 데이터셋과 모형 및 알고리즘을 개발하는 과정에서 탐색적 데이터 분석 과정은 반드시 거쳐야 할 과정이라 할 수 있다.

④ 탐색적 데이터 분석의 특징

    ㉠ **저항성 (Resistance)** : 저항성은 수집된 자료에 오류점 및 이상값이 있을 때에도 영향을 적게 받는 성질을 의미한다.

    ㉡ **잔차 해석 (Residual)** : 잔차란 관찰 값들이 주 경향으로부터 벗어난 정도를 의미하는 것으로 잔차 해석은 주 경향에서 벗어난 값이 왜 존재하는지에 대해 탐색하는 작업이다.

    ㉢ **자료 재표현 (Re-expression)** : 자료의 재표현은 데이터 분석과 해석을 단순화할 수 있도록 원래 변수를 적당한 척도로 바꾸는 것을 말한다.

    ㉣ **현시성 (Graphic Representation)** : 현시성이란 데이터 분석 결과를 쉽게 이해할 수 있도록 시각적으로 표현하고 전달하는 과정을 의미한다.

2. 상관관계 분석

(1) 상관관계 분석(Correlation Analysis)의 의미

상관관계 분석은 두 개 이상의 변수 사이에 존재하는 상호 연관성의 존재 여부와 연관성의 강도를 측정하여 분석하는 방법이다.

① **양(+)의 상관관계** : 한 변수의 값이 증가할 때 다른 변수의 값도 증가하는 경향을 보이는 상관관계를 말한다.

② **음(-)의 상관관계** : 한 변수의 값이 증가할 때 다른 변수의 값은 반대로 감소하는 경향을 보이는 상관관계를 말한다.

③ **무상관** : 한 변수의 값의 변화에 무관하게 다른 변수의 값이 변하는 상관관계를 말한다.

> 🔍 **참고**   상관계수의 성질
>
> - $Corr(X, Y) = Corr(Y, X)$
> - $-1 \leq Corr(X, Y) \leq 1$
> - $Corr(aX+b, cY+d) = \begin{cases} Corr(X, Y) & (ac > 0) \\ -Corr(X, Y) & (ac < 0) \end{cases}$ (단, a, b, c, d는 상수)

(2) 상관관계 분석의 종류

① 분석 대상이 되는 변수의 개수에 따라 단순 상관분석과 다중 상관분석으로 나눌 수 있다.

    ㉠ **단순 상관분석** : 두 개의 변수 사이의 상관성을 분석한다.

    ㉡ **다중 상관분석** : 세 개 이상의 변수 사이의 상관성을 분석한다.

② 분석 대상이 되는 변수의 속성에 따라 수치적 데이터, 순서적 데이터, 명목적 데이터로 나눌 수 있다.

　㉠ **수치적 데이터** : 수치로 표현할 수 있는 측정 가능한 데이터 변수를 말한다.

> **참고** 피어슨(Pearson) 상관계수
>
> 피어슨 상관 계수란 두 변수 X와 Y 간의 선형 상관 관계를 계량화한 수치다. 피어슨 상관 계수는 코시-슈바르츠 부등식에 의해 $+1$과 -1 사이의 값을 가지며, $+1$은 완벽한 양의 선형 상관 관계, 0은 선형 상관 관계 없음, -1은 완벽한 음의 선형 상관 관계를 의미한다. 일반적으로 상관관계는 피어슨 상관관계를 의미하는 상관계수이다.
>
> $$r_{XY} = \frac{\sum_{i=1}^{n}(X_i - \overline{X})(Y_i - \overline{Y})}{\sqrt{\sum_{i=1}^{n}(X_i - \overline{X})^2}\sqrt{\sum_{i=1}^{n}(Y_i - \overline{Y})^2}}$$

　㉡ **순서적 데이터** : 데이터의 순서에 의미를 부여한 데이터 변수를 말한다.

> **참고** 스피어먼(Spearman) 순위 상관분석
>
> 스피어먼 상관 계수는 두 변수 X와 Y간의 순위 사이의 통계적 의존성을 측정하는 비모수적인 척도이다. 이는 두 변수의 관계가 단조함수를 사용하여 얼마나 잘 설명될 수 있는지를 평가한다. 두 변수 간의 스피어먼 상관 계수는 두 변수의 순위 값 사이의 피어슨 상관 계수와 같다. 따라서 칼 피어슨의 상관 계수가 두 변수 사이의 선형 관계를 평가하는 반면 찰스 스피어먼의 상관 계수는 단조적 관계를 평가한다.

　㉢ **명목적 데이터** : 데이터의 특성을 구분하기 위하여 숫자나 기호를 할당한 데이터 변수를 말한다.

> **참고** 카이제곱 검정 (교차분석)
>
> 카이제곱 검정은 카이제곱 분포에 기초한 통계적 방법으로, 관찰된 빈도가 기대되는 빈도와 의미있게 다른지의 여부를 검정하기 위해 사용되는 검정방법이다. 자료가 빈도로 주어졌을 때, 특히 명목척도 자료의 분석에 이용된다.

3. 기초통계량 추출 및 이해

(1) 중심 경향성

① **평균(Mean)** : 변수의 값들의 합을 변수의 개수로 나누어서 구한다.

> **참고 1** 기댓값의 성질
>
> a, b는 상수, X, Y는 확률변수
> - $E(a) = 0$
> - $E(bX) = bE(X)$
> - $E(X+a) = E(X) + a$
> - $E(X+Y) = E(X) + E(Y)$
> - $E[X - E(X)] = 0$

동일자료에 의해 계산된 산술평균($\bar{x}$), 기하평균(G), 조화평균(H) 사이에 다음과 같은 관계가 있다.

$$\bar{x} \geq G \geq H$$

$$\frac{x+y}{2} \geq \sqrt{xy} \geq \frac{2xy}{x+y}$$

② **중앙값(Median)** : 모든 데이터값을 크기 순서로 정렬하였을 때 중앙에 위치한 데이터값을 말한다.

③ **최빈값(Mode)** : 주어진 데이터 중에서 가장 많이 관측되는 수를 말한다.

(2) 산포도

① **범위(Range)** : 데이터값 중에서 최대 데이터값과 최소 데이터값 사이의 차이를 말한다.

② **분산(Variance)** : 데이터가 평균으로부터 흩어진 정도를 나타낸다.

③ **표준편차(Standard Deviation)** : 표준편차는 분산의 양(+)의 제곱근의 값을 말한다.

참고 1 분산의 성질

상수 $a, b(b \neq 0)$에 대해 다음이 성립한다.
- $Var(a) = 0$
- $Var(X+a) = Var(X)$
- $Var(bX) = b^2 Var(X)$
- $Var(a+bX) = b^2 Var(X)$

참고 2 표준편차의 성질

상수 $a, b(b \neq 0)$에 대해 다음이 성립한다.
- $sd(X+a) = sd(X)$
- $sd(bX) = |b| sd(X)$
- $sd(a+bX) = |b| sd(X)$

④ **변동계수(Coefficient of Variation)** : 측정 단위가 서로 다른 자료의 흩어진 정도를 상대적으로 비교할 때 사용하는 것으로 상대 표준편차라고도 한다.

참고 변동계수의 특성

- 변동계수의 제곱($Vx)^2$을 상대분산(relative variance)이라 한다.
- 여러 다른 종류의 통계집단이나 동종의 집단일지라도 평균이 크게 다를 때 산포를 비교하기 위한 측도이다.

⑤ **사분위 수 범위(InterQuartile Range)** : 자료들의 중간 50%에 포함되는 자료의 산포도를 나타내는 것으로 사분위 수 범위는 제1사분위 수와 제3사분위 수 사이의 차이를 의미한다.

part
02

4. 시각적 데이터 탐색

(1) 히스토그램

① 도수분포표로 나타낸 자료의 분포 상태를 보기 쉽게 직사각형으로 나타낸 그래프를 히스토그램이라 한다.

② 히스토그램은 각 계급에 속하는 자료의 수가 많고 적음을 한눈에 알 수 있는 장점이 있다.

③ 히스토그램의 각 직사각형에서 가로의 길이인 계급의 크기는 일정하므로 직사각형의 넓이는 각 계급의 도수에 정비례한다.

(2) 막대 그래프

① 막대 그래프는 표현 값에 비례하여 높이와 길이를 지닌 직사각형 막대로 범주형 데이터를 표현하는 차트나 그래프를 말한다.

② 막대는 수직이나 수평으로 그릴 수 있는데 수직 막대 그래프는 선 그래프 또는 라인 그래프라고도 한다.

③ 일반적으로 가로축은 시간이나 비교할 대상 항목들이 차지하고, 세로축은 수량이나 비율 등 비교 단위가 차지한다.

④ 하나의 막대에 하위 범주들의 누적량을 표시하도록 한 막대그래프를 누적막대그래프라고 부른다.

(3) 박스 플롯

① 상자 수염그림(box-and-whisker plot) 또는 상자 그림(box plot)은 수치적 자료를 표현하는 그래프를 의미하는데 히스토그램과는 다르게 집단이 여러 개인 경우에도 한 공간에 수월하게 나타낼 수 있다.

② 박스 플롯은 가공하지 않은 자료 그대로를 이용하여 그린 것이 아니라, 자료로부터 얻어낸 통계량인 5가지 요약 수치를 가지고 그리는데 이 때 5가지 요약 수치란 최솟값, 제1사분위, 제2사분위, 제3사분위, 최댓값을 말한다.

③ 박스 플롯은 적은 공간을 차지하므로 여러 그룹 또는 데이터 세트 사이의 분포를 비교할 때 특히 유용하다.

(4) 산점도

① 산점도(scatter plot)는 직교 좌표계를 이용해 좌표상의 점들을 표시함으로써 두 개 변수 간의 관계를 나타내는 그래프 방법이다.

② 상관관계에서 산점도는 두 개 변수 간의 관계를 통해 선형이나 비선형의 형태와 같은 수학적 모델을 확인해봄으로써 그 방향성과 강도를 조사할 수 있다.

③ 이상점은 실험 또는 관찰을 통하여 데이터를 수집하였을 때, 데이터의 전반적인 흐름에서 벗어나는 관측점이다.

2 고급 데이터 탐색

1. 시공간 데이터 탐색

(1) 시공간 데이터의 의미 및 특징

① 시공간 데이터는 공간적 객체에 시간의 개념이 추가되어 시간에 따라 위치나 형상이 변하는 데이터를 말한다.

② 데이터 수집 주기가 일정하지 않은 데이터는 이산적 변화를 이용하여 표현하고, 일정한 주기로 수집되는 데이터는 연속적 변화를 사용하여 표현한다.

③ 시공간 데이터의 타입에는 포인트 타입, 라인 타입, 폴리곤 타입, 폴리라인 타입 등이 있다.

(2) 시공간 데이터 탐색 절차

① 주소를 행정구역으로 변환시 split, find, left, mid 등의 문자열 처리 함수들을 사용한다.

② 주소를 좌표계로 변환시 지오코딩(geocoding) 서비스를 이용한다. 지오코딩은 주소를 지리 좌표로 변환하는 과정이며, 이 과정을 사용하여 표식을 지도에 넣거나 지도를 배치할 수 있다. 반면, 역지오코딩은 지리 좌표를 사람이 읽을 수 있는 주소로 변환하는 프로세스이다.

③ 행정구역 및 좌표계를 지도에 표시하는 경우에 지도에는 코로플레스 지도, 카토그램, 버블 플롯 맵 등이 있다.

2. 다변량 데이터 탐색

(1) 다변량 데이터의 의미 및 유형

① 변량은 조사 대상의 특징이나 성질을 숫자 또는 문자로 나타낸 값을 말하는데, 특히 다변량 데이터란 하나의 단위에 대해 두 가지 이상의 특성을 측정하는 경우 얻어지는 변수에 대한 자료를 말한다.

② 다변량 데이터 탐색 도구로 산점도 행렬, 별 그림 등을 들 수 있다.

(2) 다변량 데이터 탐색 도구

① 산점도 행렬

ㄱ **그림 행렬** : 변수가 여러 개 있을 경우 변수 쌍 간의 관계를 보려면 그림 행렬을 사용하는 것이 효율적이다.

ㄴ **개별 Y 대 개별 X 산점도 행렬** : Y축 및 X축 변수를 사용하여 가능한 각 X, Y 조합의 그래프를 만든다.

② **별 그림** : 별 모양의 점을 각각의 변수에 대응되도록 한 뒤 각각의 변숫값에 비례하도록 반경을 나타내도록 하여 관찰 값을 그림으로 표시한 것이다.

3. 비정형 데이터 탐색

(1) 비정형 데이터의 의미 및 유형

① 비정형 데이터는 일정한 규격이나 형태를 지닌 숫자 데이터와 달리 이미지나 영상, 텍스트처럼 형태와 구조가 다른 구조화 되지 않은 데이터를 말한다.

② 비정형 데이터의 형태로는 이메일, 비디오, 오디오, 일반 텍스트 등을 들 수 있으며 문서들에 포함된 용어들이 인덱스가 되어 자신을 포함하는 문서들을 참조해주는 검색엔진의 inverted index, 역인덱싱도 비정형 데이터의 활용으로 볼 수 있다.

> 🔍 **참고** | 데이터
>
> - **정형 데이터(structured data)** : 이름 그대로 구조화된 데이터이다. 즉 미리 구조를 정하여 정해진 구조에 따라 저장되는 데이터를 말하는 것으로 흔히 관계 데이터베이스의 테이블이 담고 있는 데이터들을 말한다.
> - **반정형 데이터(semi-structured data)** : 정형 데이터처럼 구조에 따라 저장되지만 데이터 안에 구조에 대한 설명이 함께 포함되어 있다. 따라서 데이터 내용에 대한 설명, 즉 구조를 파악하는 Parsing 과정이 필요한 것으로 HTML, XML, JSON 등이 반정형 데이터에 속한다.
> - **비정형 데이터(unstructured data)** : 정해진 구조가 없이 저장된 데이터이다. SNS 이용자가 많아지면서 소셜 데이터의 텍스트, 영상, 이미지 등 다양한 형태의 데이터를 위한 데이터의 한 유형이다.

(2) 비정형 데이터 탐색 플랫폼

① **맵리듀스** : 맵 함수에서 데이터를 처리하고, 리듀스 함수에서 원하는 결과를 계산하는 데이터 탐색 엔진을 말한다.

② **Avro** : 이기종 간 데이터 타입을 교환할 수 있는 체계를 제공하는 기술을 말한다.

③ **주키퍼** : 분산 환경에서 노드 간의 정보를 공유하며 락, 이벤트 등 보조 기능을 제공하는 프레임워크를 말한다.

④ **Hive** : Hive는 HiveQL(Hive Query Language)을 사용하여 데이터를 요약하고 쿼리를 수행하여 분석할 수 있는 Hadoop용 데이터 웨어하우스(Data Warehouse) 시스템으로서 SQL과 유사한 쿼리 언어를 사용한다. 쌍방향으로 데이터를 검토하거나 다시 사용할 수 있는 일괄 처리 작업을 만드는 데 하이브를 사용할 수 있다. 하이브는 배치 기반 처리를 위해 설계되었다.

> **🔍 참고** Hive 특징
>
> 하이브는 쿼리가 발행될 때 데이터를 검증한다. 하이브에서 데이터 적재 연산(load)은 단순한 파일 이동에 불과하다. 따라서 하이브는 테이블의 디렉터리 파일과 관련된 테이블의 스키마의 정합성을 검사하지 않는다. 만약 정합성에 문제가 있다면 쿼리가 실행된 후 빠진 필드에 대해 NULL을 반환하는 방식으로 확인할 수 있다.

⑤ **HDFS** : 마스터/슬레이브 구조를 가지는 분산형 파일 시스템을 말한다.

> **🔍 참고** 하둡 분산 파일 시스템(HDFS, Hadoop distributed file system)의 목표
>
> - **하드웨어 오동작** : 하드웨어 수가 많아지면 그중에 일부 하드웨어가 오동작하는 것은 예외 상황이 아니라 항상 발생하는 일이다. 따라서 이런 상황에서 빨리 자동으로 복구하는 것은 HDFS의 중요한 목표다.
> - **스트리밍 자료 접근** : 범용 파일 시스템과 달리 반응 속도보다는 시간당 처리량에 최적화되어 있다.
> - **큰 자료 집합** : 한 파일이 기가바이트나 테라바이트 정도의 크기를 갖는 것을 목적으로 설계되었다. 자료 대역폭 총량이 높고, 하나의 클러스터에 수백 개의 노드를 둘 수 있다. 하나의 인스턴스에서 수천만여 파일을 지원한다.
> - **간단한 결합 모델** : 한번 쓰고 여러 번 읽는 모델에 적합한 구조이다. 파일이 한번 작성되고 닫히면 바뀔 필요가 없는 경우를 위한 것이다. 이렇게 함으로써 처리량을 극대화할 수 있다.
> - **비용** : 자료를 옮기는 것보다 계산 작업을 옮기는 것이 비용이 적게 든다. 자료를 많이 옮기면 대역폭이 많이 들기 때문에 네트워크 혼잡으로 인하여 전체 처리량이 감소한다. 가까운 곳에 있는 자료를 처리하게 계산 작업을 옮기면 전체적인 처리량이 더 높아진다.
> - **다른 종류의 하드웨어와 소프트웨어 플랫폼과의 호환성** : 서로 다른 하드웨어와 소프트웨어 플랫폼들을 묶어 놓아도 잘 동작한다.

⑥ **HCatalog** : 하둡 데이터용 테이블 및 스토리지 관리 서비스를 말한다.

⑦ **Pig** : 대규모 데이터 세트에 대한 분석을 위한 쿼리 인터페이스를 말한다.

제**3**장

통계기법 이해

기술통계

1. 데이터 요약

(1) 기초 통계량

① 평균(Mean)

ⓐ 데이터를 모두 더한 후 데이터 개수로 나눈 값을 말한다.

ⓑ 전부 같은 가중치를 두며, 이상값에 민감한 단점이 있다.

ⓒ 평균에는 표본평균, 모평균, 가중평균이 있다.

> **참고** 산술평균의 특징
>
> • 자료값과 평균과의 차이 $x_i - \bar{x}$를 편차(deviation)라고 하는데 자료값의 편차의 합은 0이다.
>
> $$\sum_{i=1}^{n}(x_i - \bar{x}) = 0$$
>
> • 산술평균은 극단적인 값의 영향을 많이 받는다.
> • 산술평균은 편차의 제곱의 합을 최소로 한다. 즉 산술평균에 대한 편차의 제곱의 합은 임의의 어떤 다른 수에 대한 편차의 제곱의 합보다 크지 않다.
>
> $$\sum_{i=1}^{n}(x_i - \bar{x})^2 \leq \sum_{i=1}^{n}(x_i - a)^2 \text{ (단, } a\text{는 상수)}$$
>
> • 가평균을 A라 하고 x_i의 각 편차를 $d_i = x_i - A$라 하면
>
> $$\bar{x} = A + \left(\frac{\sum u_i f_i}{N} \times c\right) \text{ (단, } c = \frac{\text{가장 큰 변량} - \text{가장 작은 변량}}{\text{계급의 수}}\text{)}$$

② 중위수(Median)

ⓐ 모든 데이터값을 크기 순서로 오름차순 정렬하였을 때 중앙에 위치한 데이터값으로 중앙값이라고도 한다.

ⓑ 특이값에 영향을 받지 않는 장점이 있다.

ⓒ 데이터 값의 수가 홀수일 경우에는 중위수가 하나가 되지만 짝수일 경우에는 중앙에 위치한 두 개의 값의 평균으로 중위수를 구한다.

- 극단적인 값의 영향을 받지 않으나 대수적 취급이 불편하다.
- 중앙값에 대한 편차의 절대값의 합을 최소로 한다. 즉 다음이 성립한다.

$$\sum_{i=1}^{n}|x_i - Me| \leq \sum_{i=1}^{n}|x_i - a| \ (\text{단, } a \text{는 상수})$$

- 좌우대칭 분포형일 때는 $\bar{x}$와 Me는 일치한다.
- 경기변동을 산출할 때 사용한다.

③ 최빈수(Mode)

㉠ 데이터 값 중에서 빈도수가 가장 높은 데이터 값을 말한다.

㉡ 주어진 데이터 중에서 가장 많이 관측되는 수를 의미한다.

- 가장 이해하기 쉬운 대푯값이다.
- 자료 중의 극단적인 값(이상값)의 영향을 받지 않은 대푯값이다.
- 최빈값은 반드시 하나만 존재하는 것은 아니다.
- 의류업계의 기성복의 치수 등을 정할 때 편리하다.

④ 범위(Range) : 최대 데이터 값에서 최소 데이터 값을 차감하여 구한다.

- 가장 간단히 구할 수 있는 산포도이다.
- 이상치에 영향을 많이 받기 때문에 불안정한 산포도이다.

⑤ 분산(Variance)

㉠ 데이터가 평균으로부터 흩어진 정도를 나타낸다.

㉡ 확률변수 X의 평균값을 μ로 할 때, $\sigma^2 = E(X-\mu)^2$을 분산이라고 한다.

㉢ 표본 분산과 모분산이 있다.

⑥ 표준편차(Standard Deviation)

㉠ 분산에 양의 제곱근을 취한 값이다.

㉡ 표본의 표준편차와 모집단의 표준편차가 있다.

- 분산이 0이면 자료는 모두 평균값에 집중되어 있다.
- 표준편차는 편차의 제곱으로 계산된 것이기 때문에 자료의 이상적인 변동의 뜻을 중시하는 산포도이다.
- 2개 집단 N_1, N_2의 산술평균이 $\bar{x}$이고 분산이 σ_1^2, σ_2^2일 때, N_1, N_2의 합동 분산은 $\dfrac{N_1\sigma_1^2 + N_2 N_2\sigma_2^2}{N_1 + N_2}$이다.
- 자료 $x_1, x_2, \cdots, x_n$의 표준편차를 σ라 할 때 이 자료에 일정한 수 k를 곱한 자료 $kx_1, kx_2, \cdots, kx_n$의 표준편차는 $|k|\sigma$가 된다.
- 자료 $x_1, x_2, \cdots, x_n$의 표준편차와 일정한 수 k를 더하거나 뺀 자료 $x_1 \pm k, x_2 \pm k, \cdots, x_n \pm k$의 표준편차는 일치한다.

⑦ 평균의 표준 오차(Standard Error of Mean)

　㉠ 표본 평균의 표본 추출 분포에 대한 표준 편차를 말한다.

　㉡ 모집단으로부터 수많은 표본들을 추출한 후 각 표본들에 대한 평균을 구하고, 각 평균들에 대한 전체 평균을 다시 구해 각 평균들이 전체 평균으로부터 평균적으로 얼마나 떨어져 있는지를 나타낸 값이다.

⑧ 분포(Distribution)

　㉠ 데이터 분포의 형태와 대칭성을 설명할 수 있는 통계량을 의미한다.

　㉡ 첨도(Kurtosis)와 왜도(Skewness)가 있다.

　　• 첨도(Kurtosis)는 데이터 분포의 중심이 어느정도 몰려 있는가를 나타내는 지표이다.

　　• 왜도(Skewness)는 데이터 분포의 좌우 비대칭도를 나타내는 지표이다.

🔍 **참고** 대표값의 비교

• 도수분포가 완전히 대칭인 경우 : $\bar{x} = Me = Mo$

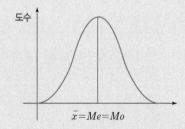

• 도수분포가 왼쪽으로 치우친 경우 : $Mo < Me < \bar{x}$

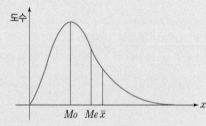

• 도수분포가 오른쪽으로 치우친 경우 : $Mo > Me > \bar{x}$

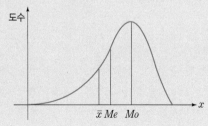

(2) 상관 분석(Correlation Analysis)

① 상관 분석은 두 개 이상의 변수 간에 존재하는 연관성의 정도를 측정하여 분석하는 방법이다.

② 수치적 데이터 변수의 상관 분석은 일반적으로 피어슨 상관계수(Pearson Correlation Coefficient)를 선형관련성 정도로 측정하는 척도로 사용한다.

③ 순서적 데이터 변수의 상관 분석은 스피어만 순위상관계수(Spearman's Rank Correlation Coefficient)를 통해서 분석을 수행한다.

(3) 회귀 분석(Regression Analysis)

① 회귀 분석은 하나 이상의 독립변수들이 종속변수에 미치는 영향을 추정할 수 있는 통계기법이다.

② 회귀분석은 시간에 따라 변화하는 데이터나 어떤 영향, 가설적 실험, 인과 관계의 모델링 등의 통계적 예측에 이용될 수 있다.

③ 회귀분석은 독립변수가 하나인 경우와 2개 이상인 경우로 구분되는데, 하나인 경우를 단순회귀분석, 2개 이상인 경우를 다중회귀분석이라고 한다.

④ 객관적으로 도출된 회귀식이 통계적으로 유의한지를 평가하기 위해 분산 분석표를 활용하며, 모형의 설명력은 결정계수로 확인한다.

⑤ 회귀 분석의 기본 가정

    ㉠ **선형성** : 독립변수와 종속변수 간에는 선형관계가 존재한다.

    ㉡ **등분산성** : 잔차(추정오차)들은 같은 분산을 가진다.

    ㉢ **독립성** : 잔차와 독립변수의 값이 관련되어 있지 않다.

    ㉣ **비상관성** : 관측치들의 잔차들끼리 상관이 없어야 한다.

    ㉤ **정규성** : 잔차는 정규 분포를 따른다.

⑥ 회귀모형의 적합도는 잔차 검정을 통해 확인한다.

> **🔍 참고**   잔차 검정
>
> 잔차 검정은 정규성과 등분산성 가정을 만족하는지에 대한 검토 과정으로 잔차의 정규성은 Shaprio-Wilk 검정 또는 Kolmogolov-Smirnov 검정을 통해서 실시하며, 회귀분석에서도 등분산성 방법으로는 Breusch-Pagan test, Goldfeld-Quandt test, Cook-Weisberg test 그리고 White test가 있다.

(4) 분산 분석(Analysis of Variance)

① 분산 분석은 두 개 이상의 집단 간 비교를 수행하고자 할 때 집단 내의 분산, 총 평균과 각 집단의 평균 차이에 의해 생긴 집단 간 분석 비교로 얻은 F-분포를 이용하여 가설 검정을 수행하는 방법이다.

② 검정 통계량인 F-검정 통계량 값은 집단 내 분산 대비 집단 간 분산이 몇 배 더 큰지를 나타내는 값으로 해석된다.

③ 복수의 집단을 비교할 때 분산을 계산함으로써 집단 간에 통계적인 차이가 있는지 판정하는 분석 방법이다.

④ 일원분산 분석은 집단을 나누는 요인인 독립변수가 1개이고 종속변수도 1개인 경우를 말하며 이원분산 분석은 독립변수가 2개이고 종속변수가 1개일 경우에서의 집단 간 종속변수의 평균 차이를 분석하는 방법이다.

⑤ 다변량 분산 분석은 종속변수가 2개 이상인 경우에 집단 간 종속변수의 평균 차이를 비교하는 방법이다.

(5) 주성분 분석(Principal Component Analysis)

① 여러 종류의 특성을 가지는 사상이 있는 경우 측정된 데이터의 상호관련을 분석하여 이것들의 특성을 서로 상관이 없는 몇 개의 총합특성값(주성분)에 합성 또는 요약하는 기법이다.

② P개의 변수가 있는 경우 이를 통해 얻은 정보를 P보다 상당히 적은 K개의 변수로 요약하는 것이다.

(6) 판별 분석(Discriminant Analysis)

① 집단에 대한 정보로부터 집단을 구별할 수 있는 판별규칙 혹은 판별함수를 만들고 다변량 기법으로 조사된 집단에 대한 정보를 활용하여 새로운 개체가 어떤 집단인지를 탐색하는 통계 기법이다.

② 분석 이전에 외적 기준이 되는 2개 이상의 그룹이 주어지고 각 그룹에 대해서 다변량의 형질을 측정한 표본이 얻어질 때, 근처 소속 불명의 새로운 표본이 어떤 군에 속하는가를 다변량의 형질을 단서로 판별하고자 하는 다변량해석의 한 방법이다.

2. 표본추출

(1) 표본추출 기법

표본추출이란 특정한 모집단으로부터 개체 또는 사건들로 이루어진 대표 집단을 추출해내는 과정이나 방법을 말한다.

🔍 참고 표본추출 방법

구분	추출 방법	내용
확률	단순무작위	가장 기초적인 표본추출 방법으로, 모집단의 각 사례의 수를 일정한 규칙에 따라 균등하게 기계적으로 뽑아내는 방법이다. 주로 컴퓨터나 난수표 등을 이용한다. 표본의 크기가 작을 경우 표본 특성이 왜곡될 우려가 있다.
	체계(적)	전체 모집단을 기준으로 번호를 부여한 뒤 일정한 간격으로 n~m번까지 기계적으로 표본을 추출하는 방법이다. 쉽고 정확하게 표본을 설정할 수 있다.
	비례층화	모집단이 여러 개의 이질적 집단으로 나뉘어 있는 경우, 각 집단을 이루는 비율에 따라 표본을 추출하는 방법이다.
	다단계층화	상위 표본 단위를 설정한 후, 그에 대한 하위 표본 단위를 설정해 추출하는 방법이다.
	군집	내부 이질적, 외부 동질적으로 구성된 군집들이 있는 모집단에서 전체를 조사하지 않고 몇 개의 군집을 선택해 조사하는 방법이다.
비확률	편의	조사자의 편의에 따라, 장소와 시간 등에 구애받지 않고 중요하다고 생각하는 표본을 임의로 추출하는 방법이다. 조사하기 쉽고 비용이 적게 드는 장점이 있으나, 표본의 대표성을 주장하기에는 의심의 여지가 있다.
	판단	조사자가 적합하다고 판단하는 구성원들을 표본으로 추출하는 방법이다.
	할당	내부 이질적, 외부 동질적인 기준인 연령, 학력, 직업 등 표본의 특성에 따라 적합하다 판단되는 기준으로 표본을 추출하는 방법이다.
	자발(적)	응답자의 자발적 의지로 조사에 응하는 사람들을 표본으로 선택하는 방법이다. 주로 관심도(관여도)가 높은 사람들이 설문에 참여하므로 결과가 왜곡될 가능성이 크다.
	눈덩이	최초의 응답자로부터 추천을 받아 표본을 구성하는 방법이다.

(2) 자료 측정

측정하는 행위는 대상의 특정한 속성을 숫자 또는 기호로 표시하는 일이며, 관계를 부여하기 위해 사용되는 규칙을 척도(Scale)라고 한다.

🔍 참고 척도

척도	기본특성	예	마케팅 예	기술 통계방법	추론 통계방법	구분	선호도	차이 정도	비율
명목	숫자로 대상을 구분함	운동선수의 등번호	점포의 형태, 성별	백분율, 최빈값	카이제곱, 이항분포검증, 교차분석	○	–	–	–
서열	측정대상의 순서를 나타냄	품질의 순위, 토너먼트의 순위	선호도, 시장점유순위, 사회계층	중앙치, 사분위수	서열 상관관계, 아노바	○	○	–	–
등간	속성대상에 순위를 부여하되 간격이 동일함	기온	태도, 의견	범위, 평균, 표준편차	상관관계, t테스트, 아노바, 회귀분석, 요인분석	○	○	○	–
비율	등간척도에 영의 개념이 있어 비율 계산이 가능함	길이, 무게	나이, 소득, 비용, 매출액, 시장점유율	기하평균, 조화평균	변동계수	○	○	○	○

3. 확률분포

(1) 개념

① 확률분포(probability distribution)는 확률변수가 특정한 값을 가질 확률을 나타내는 함수를 의미한다.

② 확률변수가 취하는 값들의 집합이 자연수의 부분 집합과 일대일 대응된다면 이산 확률분포, 확률변수가 취하는 값들의 집합이 실수의 구간을 이루면 연속 확률분포가 된다.

(2) 이산 확률분포(discrete probability distribution)

이산 확률분포는 이산 확률변수가 가지는 확률분포를 의미한다. 여기에서 확률변수가 이산 확률변수라는 말은 확률변수가 가질 수 있는 값의 개수가 가산 개 있다는 의미이다. 이산 확률분포는 확률질량 함수를 통하여 표현 가능하며, 누적 분포 함수로 표현할 경우 그 함수는 비약적 불연속으로만 증가한다.

① 이항 분포(binomial distribution) : 몇 번의 독립 시행에서 어떤 사건이 일어날 확률과 일어나지 않을 확률의 두 항을 써서 나타내는 확률 분포로 다음과 같이 구할 수 있다.

$$P(X=k)=\frac{n!}{k!(n-k)!}p^k(1-p)^{n-k}$$

- n : 전체 시행 횟수
- x : 성공횟수를 나타내는 이항확률변수
- k : 성공 횟수
- p : 성공확률
- 각각의 시행은 상호독립적이다.
- p(성공확률)는 매 시행마다 동일하다.
- n(전체 시행 횟수)은 사전에 정해져 있다.

② 이산균등분포(discrete uniform distribution)

ⓐ 이산균등분포란 확률론과 통계학에서 다루는 이산확률분포 중 확률 함수가 정의된 모든 곳에서 그 값이 일정한 분포를 말한다.

ⓑ 이산균등분포의 가장 대표적인 예는 모든 면이 나올 확률이 동등한 주사위이다. 예를 들어 1, 2, 3, 4, 5, 6의 값을 갖는 주사위라면 이를 던졌을 때 각각의 눈이 나올 확률은 1/6이다.

🔍 참고   이산균등분포와 연속균등분포

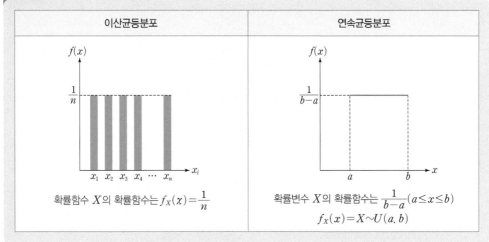

이산균등분포	연속균등분포
확률함수 X의 확률함수는 $f_X(\chi)=\dfrac{1}{n}$	확률변수 X의 확률함수는 $\dfrac{1}{b-a}(a\le x\le b)$ $f_X(x)=X{\sim}U(a, b)$

③ 푸아송 분포(Poisson distribution)

    ⊙ 푸아송 분포는 확률론에서 단위시간 안에 어떤 사건이 몇 번 발생할 것인지를 표현하는 이산 확률분포이다.

    ⊙ 푸아송 분포로 유의미한 근삿값을 얻으려면 다음 세 가지 조건을 만족시켜야 한다.

- 주어진 시간 동안 일어나는 사건의 횟수는 다른 시간에서 일어나는 사건의 횟수와 독립이어야 한다.
- 주어진 시간을 더 짧은 단위로 나눴을 때, 그 짧은 시간 내에서 사건이 두 번 이상 발생할 확률은 무시할 만큼 매우 작아야 한다.
- 주어진 시간을 더 짧은 단위로 나눴을 때, 시간의 길이와 사건이 한 번 발생할 확률은 비례한다.

$$P(X=x)=\frac{e^{-\lambda}\lambda^{x}}{x!}$$

- x : 특정 시공간 안에서 발생할 사건의 수
- e : 자연로그의 밑수(2.71828)
- λ : 특정 시공간 안에서의 평균 사건 발생 횟수

④ 기하 분포 (geometric distribution) : 어느 사상이 일어날 확률이 p이며 $(n+1)$회째의 시행으로 그 사상이 처음으로 일어나는 확률의 분포이며 다음 식으로 주어진다.

$$Pn=pq^{n-1}, (단, q=1-p)$$

⑤ 초기하 분포 (hypergeometric distribution) : 초기하분포란 비복원추출에서 N개 중에 n번 추출했을때 원하는 것 k개가 뽑힐 확률의 분포이다.

(3) 연속 확률분포(continuous probability distribution)

연속 확률분포는 확률 밀도 함수를 이용해 분포를 표현할 수 있는 경우를 의미한다. 연속 확률분포를 가지는 확률변수는 연속 확률변수라고 부른다.

① 정규 분포(normal distribution)

    ⊙ 정규분포는 2개의 매개 변수인 평균과 표준편차에 의해 분포 모양이 결정된다. 특히, 평균이 0이고 표준편차가 1인 정규분포를 표준정규분포라고 한다.

    ⊙ 일정 수($n=30$) 이상의 수집된 독립적인 확률 변수들의 평균은 중심극한정리에 의하여 정규분포에 가까워지는 성질이 있다. 가우스 분포(Gaussian distribution)라고도 한다.

🔍 **참고** 정규분포의 특성

- 평균, 중위수, 최빈수가 모두 일치한다.($\mu=Me=Mo$)
- $X=\mu$에 관해 종 모양의 좌우대칭이고, 이 점에서 최댓값 $\dfrac{1}{\sigma\sqrt{2\pi}}$ 을 갖는다.
- 정규곡선과 수평축 위의 전체 면적은 1이다. 즉

$$\int_{-\infty}^{\infty}\frac{1}{\sigma\sqrt{2\pi}}e^{-\frac{1}{2}\left(\frac{x-\mu}{\sigma}\right)^2}dx=1 \text{ 또는 } \int_{-\infty}^{\infty}\frac{1}{\sqrt{2\pi}}e^{z^2}dz=1$$

(왜도 : $a_3=0$, 첨도 : $a_4=3$)

- 평균이 μ, 분산이 σ^2인 정규분포의 밀도함수

> - $f(x)=\dfrac{1}{\sigma\sqrt{2\pi}}e^{-\frac{1}{2}\left(\frac{x-\mu}{\sigma}\right)^2}(-\infty<x<\infty)$
> - 기호 : $X\sim N(\mu,\,\sigma^2)$

- X가 정규분포 $N(\mu,\,\sigma^2)$을 따를 때

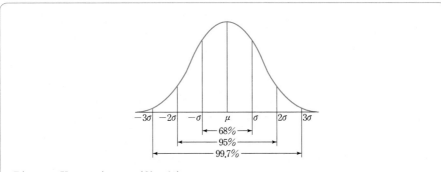

$$P(\mu-\sigma<X<\mu+\sigma)=0.683(약\ 68\%)$$
$$P(\mu-2\sigma<X<\mu+2\sigma)=0.954(약\ 95\%)$$
$$P(\mu-3\sigma<X<\mu+3\sigma)=0.997(약\ 99.7\%)$$

② 표준 정규 분포(z-분포, standard normal distribution)

   ㉠ 표준정규분포란 정규분포의 모수인 평균이 0이고 분산이 1로 표준화된 분포를 말한다.

   ㉡ 표준정규분포를 사용하는 이유는 확률 계산이 용이하고 서로 다른 산포 또는 단위를 갖는 경우 상호 비교가 가능하기 때문이다.

   ㉢ 확률변수 X가 정규분포 $N(\mu,\,\sigma^2)$을 따를 때, 확률변수 $Z=\dfrac{X-\mu}{\sigma}$은 표준정규분포 $N(0,\,1)$을 따른다.

ㄹ 정규분포 $N(\mu,\ \sigma^2)$을 따르는 확률변수 X를 표준정규분포 $N(0,\ 1)$을 따르는 확률변수 Z로 변환하는 것을 확률변수 X를 표준화한다고 한다.

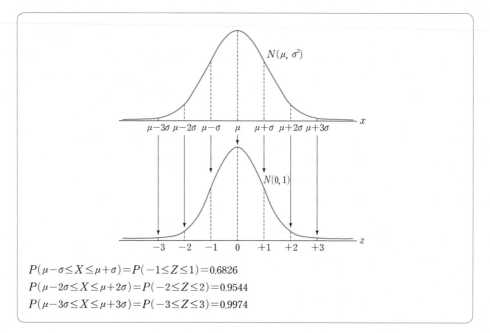

$$P(\mu-\sigma\leq X\leq\mu+\sigma)=P(-1\leq Z\leq 1)=0.6826$$
$$P(\mu-2\sigma\leq X\leq\mu+2\sigma)=P(-2\leq Z\leq 2)=0.9544$$
$$P(\mu-3\sigma\leq X\leq\mu+3\sigma)=P(-3\leq Z\leq 3)=0.9974$$

③ 스튜던트 t분포(t-분포, Student's t-distribution)

㉠ 스튜던트 t분포는 다음 확률변수의 분포로 정의된다.

$$T=\frac{Z}{\sqrt{\dfrac{V}{\nu}}}=(\overline{X}-\mu)\frac{\sqrt{n}}{S}$$

여기에서 Z는 표준정규분포, V는 자유도 ν인 카이제곱 분포이다. 이때 T에는 σ^2이 사용되지 않으므로 이 분포는 분산을 모를 때의 평균값 μ를 추정하는 데에 사용이 가능하다. 이때 T의 분포는 자유도 $n-1$인 t분포가 된다.

㉡ t분포는 종모양으로서 t=0에서 좌우대칭을 이룬다.

㉢ t분포의 모양을 결정하는 것은 자유도이며, 자유도가 커질수록 표준정규분포에 가깝게 된다.

> 🔍 참고   t분포의 성질
> • t분포는 카이제곱 분포와 같이 자유도 n에 따라 분포의 형태가 달라진다.
> • t분포는 모평균, 모평균의 차 또는 회귀계수의 추정이나 검정에 쓰인다.
> • 표본의 크기 n이 작을 때, 즉 $n<30$인 경우에 주로 t분포를 이용한다.

④ F분포(F-distribution)

㉠ F분포는 통계학에서 사용되는 연속 확률 분포로 F 검정과 분산분석 등에서 주로 사용된다.

㉡ 두 확률변수 V_1, V_2가 각각 자유도가 k_1, k_2이고 서로 독립인 카이제곱 분포를 따른다고 할 때, 다음과 같이 정의되는 확률변수 F는 자유도가 (k_1, k_2)인 F분포를 따른다고 한다.

$$F = \frac{\dfrac{V_1}{k_1}}{\dfrac{V_2}{k_2}} \sim F(k_1, k_2)$$

🔍 참고 F 분포

F분포는 추측통계학분야에서 널리 이용되는 분포로서 정규분포를 이루는 두 개의 모집단에서 추출한 서로 독립인 임의 표본을 각각 $X_1, \cdots, X_n$과 $Y_1, \cdots, Y_n$라 하고 s_1^2과 s_2^2을 각각 임의표본에서의 표본분산이라 하자. 그러면 다음 분포는 $n_1 - 1$과 $n_2 - 1$의 자유도를 갖는 F분포(F-distribution)라 한다.

$$F = \frac{\dfrac{s_1^2}{\sigma_1^2}}{\dfrac{s_2^2}{\sigma_2^2}} = \frac{S_1^2}{S_2^2} \cdot \frac{\sigma_2^2}{\sigma_1^2} = \frac{\sum_{i=1}^{n} \dfrac{(X_i - \overline{X})^2}{(n_1 - 1)\sigma_1^2}}{\sum_{i=1}^{n} \dfrac{(Y_i - \overline{Y})^2}{(n_2 - 1)\sigma_2^2}}$$

⑤ 카이-제곱 분포(χ^2 분포, chi-squared distribution)

정규분포와 달리 카이제곱 분포의 형태는 오른쪽으로 긴 꼬리를 갖는 비대칭 곡선이고 자유도 n의 크기에 따라 변하며, 이를 그림으로 나타내면 다음과 같다.

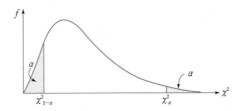

🔍 참고 카이제곱 분포의 성질

• 카이제곱 분포의 형태는 자유도 n의 크기에 따라 변한다.
• **카이제곱분포의 가법성** : $X_1, \cdots, X_n$이 자유도 $k_1, \cdots, k_n$인 카이제곱분포를 따르고 $X_1, \cdots, X_n$이 서로 독립이면 $Y = \sum_{i=1}^{n} X_i$은 자유도 $\sum_{i=1}^{n} k_i$인 카이제곱분포를 따른다.

⑥ 지수 분포(exponential distribution)

　　㉠ 지수분포는 연속 확률 분포의 일종으로 사건이 서로 독립적일 때 일정 시간동안 발생하는 사건의 횟수가 푸아송 분포를 따른다면 다음 사건이 일어날 때까지 대기 시간은 지수분포를 따른다.

　　㉡ 확률변수 X가 빈도 λ를 모수로 갖는 지수분포를 따른다면, 기댓값은 $E(X)=\dfrac{1}{\lambda}$로 단위 시간당 사건이 λ회 발생한다면 사건 사이에 평균적으로 $\dfrac{1}{\lambda}$ 시간만큼 기다릴 것이라는 것을 의미한다. 분산은 $Var(X)=\dfrac{1}{\lambda^2}$이다.

4. 표본분포

(1) 개념

표본 분포(Sampling Distribution)는 크기 n의 확률 표본의 확률 변수의 분포를 의미하는 것으로 모집단에서 추출한 크기가 일정한 표본이 가지는 추정량의 확률 분포를 말한다.

> 🔍 **참고**　오류
>
> ㉠ **표본오류** : 표본이 모집단을 대표하지 못함
> ㉡ **비표본오류** : 표본오류 이외의 오류
> 　• 관찰오류
> 　　– 조사현장오류 : 면접자가 조사에 영향을 미치는 것
> 　　– 자료기록 처리 오류 : 체크 잘못 또는 교정 잘못
> 　• 비관찰오류
> 　　– 불포함 오류 : 표본 프레임에서 누락됨
> 　　– 무응답 오류 : 무응답자의 특정 성향
> ㉢ **표본크기와 오류의 관계** : 표본수가 증가할수록 표본오류는 줄어들고 비표본오류는 증가함

(2) 표본평균의 기대값과 분산

① **표본평균의 기댓값** : 모평균이 μ인 모집단에서 크기 n인 임의표본을 뽑을 때 표본평균 $\overline{X}$에 대하여 다음이 성립한다.

$$E(\overline{X})=\mu$$

② **표본평균의 분산** : 모분산이 σ^2이고 크기가 N인 모집단에서 크기 n인 임의표본을 뽑을 때 표본평균 $\overline{X}$에 대하여 다음이 항상 성립한다.

> • **비복원 추출** : $Var(\overline{X}) = \dfrac{N-n}{N-1} \times \dfrac{\sigma^2}{n}$
>
> • **복원추출** : $Var(\overline{X}) = \dfrac{\sigma^2}{n}$

(3) 표본분포의 유형

① 통계량에 의해 모집단에 있는 모수를 추론하는 방법으로 표본 분포의 유형은 Z분포, t분포, 카이제곱 분포, F분포 등이 있다.

② 표본 분포와 관련된 법칙으로 대수의 법칙과 중심극한정리를 들 수 있다.

   ㉠ **대수의 법칙** : 적은 규모 또는 소수로는 불확정적이나 대규모 또는 다수로 관찰하면 거기에 일정한 법칙이 있게 되는데 이를 대수의 법칙이라고 하며, 데이터를 많이 뽑을수록 표본평균의 분산은 0에 가까워진다.

   ㉡ **중심극한정리 (central limit theorem)** : 동일한 확률분포를 가진 독립 확률변수 n개의 평균의 분포는 n이 적당히 크다면 정규분포에 가까워진다는 정리로, 표본의 개수가 커지면 모집단의 분포와 상관없이 표본 분포는 정규 분포에 근사해진다.

🔍 **참고**   중심극한정리

평균이 μ이고 분산이 σ^2인 임의의 모집단으로부터 충분히 큰 크기 n의 임의표본을 뽑으면 모집단의 분포에 관계없이 표본평균 $\overline{X}$는 근사적으로 정규분포 $N(\mu, \dfrac{\sigma^2}{n})$을 따른다. 즉 n이 클 때 다음과 같다.

$$Z = \frac{\overline{X} - \mu}{\frac{\sigma}{\sqrt{n}}} \sim N(0, 1)$$

2 추론통계

1. 점추정

(1) 개념

점 추정(Point Estimation)은 표본의 정보로부터 모집단의 모수를 하나의 값으로 추정하는 기법을 말한다.

(2) 조건

① **불편성(Unbiasedness)** : 모든 가능한 표본에서 얻은 추정량의 기댓값은 모집단의 모수와 차이가 없어야 한다.

② **효율성(Efficiency)** : 추정량의 분산이 작을수록 좋다.

③ **일치성(Consistency)** : 표본의 크기가 아주 커지면 추정량이 모수와 거의 같아진다.

④ **충족성(Sufficient)** : 추정량은 모수에 대하여 모든 정보를 제공해야 한다.

(3) 추정의 정확성에 대한 질적인 평가 척도

① **평균제곱오차(MSE)** : MSE는 잔차의 제곱을 평균한 값으로 잔차의 평균이 0인 경우 평균제곱오차는 잔차의 분산과 동일하다.

② **평균제곱근오차(RMSE)** : RMSE는 실험이나 관측에서 나타나는 오차를 제곱해서 평균한 값의 제곱근(root)을 뜻하는 것으로 정확도의 척도로 사용된다.

③ **최대우도추정법(ML)** : ML은 모집단의 모수(θ)의 값을 추정하기 위해 우도함수[$L(\theta)$]를 최대로 하는 모수의 값을 구하는 방법이다. 여기서 추정된 값을 최우추정량이라고 하는데 모수가 θ인 모집단에서 표집한 확률변수 X의 값의 분포로부터 최대우도값을 구하기 위해서는 먼저 주어진 샘플들로부터 우도함수 $L(\theta)$를 구하고, 그다음에 $L(\theta)$에 대수를 취한 다음 이를 최대로 하는, 즉 $\frac{\partial \ln L}{\partial \theta} = 0$을 만족하는 $\theta = \hat{\theta}$을 구한다.

2. 구간추정

(1) 개념

구간 추정(Interval Estimate)은 대부분의 매개변수가 포함되는 구간이나 값의 범위를 계산하여 모집단의 매개변수 값을 구하는 기법을 말하는 것으로, 모집단에서 취한 무작위 표본을 측정한 값으로 통계치를 계산하고, 수리확률론으로 얻을 수 있는 적합성에 대한 지식을 표본집단의 성질이 모집단 전체 성질을 나타낸다는 것에 적용하여 모집단 매개변수가 들어있는 구간을 설정하는 방법이다.

(2) 모평균의 신뢰구간

① 신뢰수준(Confidence Level)은 추정값이 존재하는 구간에 모수가 포함될 확률을 의미하며, 신뢰구간(Confidence Interval)은 신뢰수준을 기준으로 추정된 통계적으로 유의미한 모수의 범위를 말한다.

② 모집단의 표준편차를 아는 경우에는 표준오차를 이용하여 신뢰구간을 추정하고, 모집단의 표준편차를 모르는 경우에는 표본의 표준편차를 이용하여 신뢰구간을 추정한다.

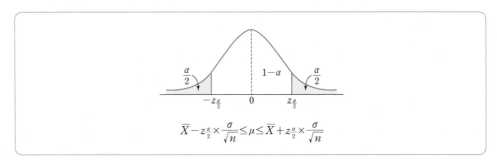

$$\overline{X} - z_{\frac{\alpha}{2}} \times \frac{\sigma}{\sqrt{n}} \leq \mu \leq \overline{X} + z_{\frac{\alpha}{2}} \times \frac{\sigma}{\sqrt{n}}$$

③ 모평균 μ의 신뢰구간

　㉠ μ의 90% 신뢰구간 : $\left(\overline{X} - 1.645 \dfrac{S}{\sqrt{n}},\ \overline{X} + 1.645 \dfrac{S}{\sqrt{n}}\right)$

　㉡ μ의 95% 신뢰구간 : $\left(\overline{X} - 1.96 \dfrac{S}{\sqrt{n}},\ \overline{X} + 1.96 \dfrac{S}{\sqrt{n}}\right)$

　㉢ μ의 99% 신뢰구간 : $\left(\overline{X} - 2.576 \dfrac{S}{\sqrt{n}},\ \overline{X} + 2.576 \dfrac{S}{\sqrt{n}}\right)$

④ 모집단 비율의 신뢰구간은 다음과 같다.

$$\hat{p} - z_{\frac{\alpha}{2}} \sqrt{\frac{\hat{p}(1-\hat{p})}{n}} \leq p \leq \hat{p} + z_{\frac{\alpha}{2}} \sqrt{\frac{\hat{p}(1-\hat{p})}{n}}$$

$$\sigma_p(\text{표준오차}) = \sqrt{\frac{\hat{p}(1-\hat{p})}{n}}$$

3. 가설검정

(1) 개념

① 가설(Hypothesis)이란 모집단의 특성, 특히 모수에 대한 가정 혹은 잠정적인 결론을 말한다.

　㉠ **귀무가설(H₀)** : 현재까지 주장되어 온 것이나 기존과 비교하여 변화 혹은 차이가 없음을 나타내는 가설을 말한다.

　㉡ **대립가설(H₁)** : 표본을 통해 확실한 근거를 가지고 입증하고자 하는 가설을 말한다.

② 가설검정(Statistical Hypothesis)은 모집단에 대한 통계적 가설을 세우고 표본을 추출한 후, 그 표본을 통해 얻은 정보를 이용하여 통계적 가설의 진위를 판단하는 과정을 말한다.

    ㉠ **양측검정** : 모수에 대해 표본자료를 바탕으로 모수가 특정 값과 통계적으로 같은지 여부를 판단한다.

    ㉡ **단측검정** : 모수에 대해 표본자료를 바탕으로 모수가 특정 값과 통계적으로 큰지 작은지 여부를 판단한다.

③ 가설검정은 표본을 활용하여 모집단에 대입해 보았을 때 새롭게 제시된 대립가설이 옳다고 판단할 수 있는지를 평가하는 과정으로 가설검정 시 p-값과 유의수준을 비교하여 귀무가설 혹은 대립가설을 채택하는 절차를 거치게 된다.

④ p-값은 귀무가설이 참이라는 전제하에서 구한 검정 통계량의 값이 나타날 가능성으로 해석할 수 있으며, p-값이 유의수준보다 작으면 귀무가설을 기각하고 대립가설을 채택하게 되며, p-값이 유의수준보다 크면 귀무가설을 채택하게 된다.

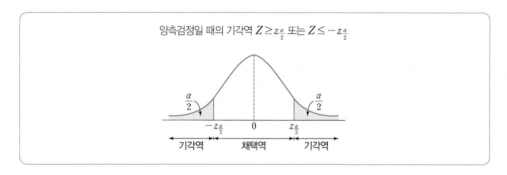

(2) 가설검정의 오류

① 통계적인 방법에 근거하여 주어진 가설을 검증하는 데 있어 모집단 전체를 통해 검증하는 것이 아닌 모집단으로부터 추출된 표본을 기반으로 모집단에 대한 결론을 내리는 것이기 때문에 다음과 같은 통계적인 오류가 발생할 가능성이 항상 존재한다.

    ㉠ **제1종 오류** : 귀무가설이 참인데 잘못하여 이를 기각하게 되는 오류를 말한다.

    ㉡ **제2종 오류** : 귀무가설이 참이 아닌데 잘못하여 이를 채택하게 되는 오류를 말한다.

실제현상 \ 검정결과	귀무가설 H_0 참	대립가설 H_1 참
귀무가설 H_0 채택	옳은 결정	제2종 오류
대립가설 H_1 채택	제1종 오류	옳은 결정

- 유의수준(Level of Significance) : 제1종 오류를 범할 최대 허용확률을 의미
- 신뢰수준(Level of Confidence) : 귀무가설이 참일 때 이를 참이라고 판단하는 확률
- 베타 수준 : 제2종 오류를 범할 최대 허용확률을 의미
- 검정력 : 귀무가설이 참이 아닌 경우 이를 기각할 수 있는 확률

② p-값 : 귀무가설이 참이라는 가정에 따라 주어진 표본 데이터를 희소 또는 극한값으로 얻을 확률 값을 p-값이라고 하는데 검정 통계량 및 이의 확률분포에 근거하여 귀무가설이 참일 때 귀무가설을 기각하게 되는 제1종 오류를 범할 확률로도 볼 수 있다.

(3) 모평균 및 모비율의 검정

① 소표본에서 모평균의 검정

㉠ 귀무가설 H_0 : $\mu = \mu_0$

㉡ 검정통계량 : $t = \dfrac{\overline{X} - \mu}{\dfrac{s}{\sqrt{n}}}$

㉢ 대립가설과 기각 역은 다음과 같다.

- $H_1 : \mu > \mu_0 \ t \geq t_a(n-1)$
- $H_1 : \mu < \mu_0 \ t \leq -t_a(n-1)$
- $H_1 : \mu \neq \mu_0 \ |t| \geq t_{\frac{a}{2}}(n-1)$

② 대표본에서 모비율의 검정

㉠ 귀무가설 H_0 : $p = p_0$

㉡ 검정통계량 : $Z = \dfrac{\hat{p} - p_0}{\sqrt{\dfrac{p_0(1-p_0)}{n}}}$

㉢ 대립가설과 기각 역은 다음과 같다.

- $H_1 : p > p_0 \ Z \geq z_a$
- $H_1 : p < p_0 \ Z \leq -z_a$
- $H_1 : p \neq p_0 \ |Z| \geq z_a$

③ 대표본에서 모비율 p의 $100(1-\alpha)\%$ 신뢰구간

$$\left(\hat{p} - z_{\frac{a}{2}} \sqrt{\frac{\hat{p}(1-\hat{p})}{n}}, \ \hat{p} + z_{\frac{a}{2}} \sqrt{\frac{\hat{p}(1-\hat{p})}{n}} \right)$$

제4장 예상문제

▦ 데이터 정제

01 데이터 전처리 과정 중 제일 먼저 행하는 것은?

① 결측값 처리
② 이상값 처리
③ 데이터 정제
④ 분석변수 처리

정답 ③

해설 데이터 전처리는 '데이터 정제 → 결측값 처리 → 이상값 처리 → 분석변수 처리'의 과정을 거친다.

02 데이터의 신뢰도를 높이기 위해 결측값을 채우거나 이상값을 제거하는 활동을 무엇이라 하는가?

① 정규화
② 데이터 정제
③ 차원축소
④ 부트스트랩

정답 ②

해설 데이터 정제란 데이터의 신뢰도를 높이기 위해 결측값을 채우거나 이상값을 제거하는 활동을 말한다.

03 실제는 입력되지 않았지만 입력되었다고 잘못 판단한 값을 무엇이라 하는가?

① 결측값
② 이상값
③ 특잇값
④ 노이즈

정답 ④

해설 노이즈란 실제는 입력되지 않았지만 입력되었다고 잘못 판단한 값을 말한다.

🔍 **참고** 데이터 오류 원인분석

- **결측값(Missing Value)** : 필수적인 데이터가 입력되지 않고 누락된 값
- **이상값(Outlier)** : 데이터의 범위에서 많이 벗어난 아주 작은 값이나 아주 큰 값
- **노이즈(Noise)** : 실제는 입력되지 않았지만 입력되었다고 잘못 판단된 값

04 데이터 정제에 대한 설명으로 옳지 않은 것은?

① 데이터 정제 절차는 '데이터 정제 대상 선정 → 데이터 오류 원인분석 → 데이터 정제 방법 결정'의 과정을 거친다.

② 모든 데이터를 대상으로 정제 활동을 하는 것이 기본이며, 특별히 데이터 품질 저하의 위험이 있는 데이터에 대해서는 더 많은 정제 활동을 수행해야 한다.

③ 데이터 정제 방법에는 데이터의 삭제, 대체, 예측값 삽입 등의 방법이 있다.

④ 정형 데이터보다는 비정형과 반정형 데이터가 품질 저하 위협에 많이 노출되어 있다.

정답 ①

해설 데이터 정제 절차는 '데이터 오류 원인분석 → 데이터 정제 대상 선정 → 데이터 정제 방법 결정'의 과정을 거친다.

05 맵리듀스에 대한 설명으로 옳지 않은 것은?

① 맵리듀스의 입력과 출력에는 블록 기반 분산 파일 시스템을 이용한다.

② 맵리듀스는 임의의 순서로 정렬된 데이터를 분산 처리하고 이를 다시 합치는 과정을 거친다.

③ 맵리듀스는 단순하며 유연한 스트리밍 데이터 플로우 아키텍처를 기반으로 한다.

④ 맵리듀스 프레임워크는 대용량 데이터를 분산 처리하기 위한 목적으로 개발된 프로그래밍 모델이다.

정답 ③

해설 플룸은 단순하며 유연한 스트리밍 데이터 플로우 아키텍처를 기반으로 한다.

06 데이터 세분화에 대한 설명으로 옳지 않은 것은?

① 데이터 세분화는 데이터를 기준에 따라 나누고, 선택한 매개변수를 기반으로 유사한 데이터를 그룹화하여 효율적으로 사용할 수 있는 프로세스를 말한다.

② 계층적 방법은 사전에 군집 수를 정하지 않고 단계적으로 단계별 군집결과를 산출하는 방법으로 이에는 K-평균 군집화가 있다.

③ 비 계층적 방법은 군집을 위한 소집단의 개수를 정해놓고 각 객체 중 하나의 소집단으로 배정하는 방법으로 이에는 인공신경망 모델이 있다.

④ 응집분석법과 분할분석법은 계층적 방법에 속한다.

정답 ②

해설 계층적 방법은 사전에 군집 수를 정하지 않고 단계적으로 단계별 군집결과를 산출하는 방법으로 이에는 응집분석법과 분할분석법이 있다.

07 피그에 대한 설명으로 옳지 않은 것은?

① 피그는 아파치 하둡을 이용하여 맵리듀스를 사용하기 위한 높은 수준의 스크립트 언어와 이를 위한 인프라로 구성되어 있다.

② 피그의 언어 계층은 현재 피그 라틴이라 불리는 텍스트 기반의 언어로 이루어져 있다.

③ 피그의 인프라 구조 계층은 컴파일러로 구성되어 있으며 대용량 병렬처리를 위한 맵리듀스 프로그램의 데이터 변환 순서를 만든다.

④ 피그는 맵리듀스를 기반으로 성능을 개선한 것으로써 실시간, 배치처리 모두 가능하며 기계학습과 라이브러리도 지원 가능하다.

정답 ④

해설 스파크는 맵리듀스를 기반으로 성능을 개선한 것으로써 실시간, 배치처리 모두 가능하며 기계학습과 라이브러리도 지원 가능하다.

08 시스템 신뢰성, 시스템 확장성, 관리 용이성, 기능 확장성을 핵심 목표로 만들어진 데이터 정제 기술은?

① 피그
② 플룸
③ 스파크
④ 스톰

정답 ②

해설 플룸은 시스템 신뢰성, 시스템 확장성, 관리 용이성, 기능 확장성을 핵심 목표로 만들어졌다.

09 데이터 결측값 처리 절차 및 방법으로 옳지 않은 것은?

① 데이터 결측값 처리 절차는 '결측값 식별 → 결측값 부호화 → 결측값 대체'로 이루어진다.
② 완전 분석법이란 불완전 자료는 모두 무시하고 완전하게 관측된 자료만 사용하여 분석하는 방법이다.
③ 다중대치법은 원 표본의 결측값을 한 번 이상 대치하여 여러 개의 대치된 표본을 만들어야 하므로 항상 같은 값으로 결측 자료를 대치할 수 없다.
④ 다중대치법은 '대치 → 결합 → 분석'의 3단계로 구성되어 있다.

정답 ④

해설 다중대치법은 '대치 → 분석 → 결합'의 3단계로 구성되어 있다.

10 데이터 이상값 검출 방법에 대한 설명으로 옳지 않은 것은?

① 확률 밀도 함수, 히스토그램 등을 이용한 데이터 시각화를 통해 이상값을 도출할 수 있다.

② 머신러닝 기법, 마할라노비스 거리, LOF, iForest 등이 이용된다.
③ 사분위 수를 이용한 방법은 제2사분위, 제4사분위를 기준으로 사분위 간 범위의 1.5배 이상 떨어진 값을 이상값으로 본다.
④ ESD는 평균으로부터 3 표준편차 떨어진 값으로 이상값을 판단한다.

정답 ③

해설 사분위 수를 이용한 방법은 제1사분위, 제3사분위를 기준으로 사분위 간 범위의 1.5배 이상 떨어진 값을 이상값으로 본다.

11 관측치 사이의 거리 또는 밀도에 의존하지 않고 데이터 마이닝 기법인 의사결정나무를 이용하여 이상값을 탐지하는 방법은?

① iForest
② ESD
③ LOF
④ 시계열 차트

정답 ①

해설 iForest 기법은 관측치 사이의 거리 또는 밀도에 의존하지 않고 데이터 마이닝 기법인 의사결정나무를 이용하여 이상값을 탐지하는 방법이다.

12 데이터 이상값 처리 방법으로 하한값과 상한값을 결정한 후 하한값보다 작으면 하한값으로 대체하고 상한값보다 크면 상한값으로 대체하는 방법은?

① 삭제
② 대체법
③ 변환
④ 분류

정답 ②

해설 대체법은 하한값과 상한값을 결정한 후 하한값보다 작으면 하한값으로 대체하고 상한값보다 크면 상한값으로 대체하는 방법이다.

▦ 분석 변수 처리

01 인과관계로 구분한 변수에 속하지 않는 것은?

① 독립변수
② 종속변수
③ 양적변수
④ 매개변수

정답 ③

해설 질적변수와 양적변수는 속성에 따른 변수의 분류이다.

> 🔍 참고 변수의 유형
>
> • **독립변수와 종속변수** : 실험으로 획득한 데이터를 통해 수학적 모델을 세우거나 통계적 모델을 세울 때 사용되는 변수
> • **매개변수** : 독립변수와 종속변수의 관계 이면에 숨어있는 인과적 구조를 이해하고자 할 때 이용
> • **조절변수** : 종속변수에 대한 독립변수의 영향력을 강화하기도 하고 약화하기도 한다는 가설을 검증하기 위한 변수

02 우체국에서 정해주는 우편번호는 다음 중 어디에 속하는가?

① 범주적 자료
② 추측통계
③ 연속적 자료
④ 수치적 자료

정답 ①

해설 우체국에서 정해주는 우편번호는 범주적 자료에 속한다.

03 다음 중 성격이 다른 하나는?

① 예측변수
② 종속변수
③ 회귀변수
④ 설명변수

정답 ②

해설 독립변수는 설명변수, 예측변수, 회귀변수, 통제변수, 조작변수, 노출변수, 리스크 팩터 등의 다양한 용어로 불리며, 기계 학습 혹은 패턴 인식에서는 특징(feature) 이라고도 한다.

04 매개변수와 조절변수에 대한 설명으로 옳지 않은 것은?

① 매개변수는 독립변수과 종속변수의 연결고리 역할을 하는 변수로 독립변수의 결과이면서 동시에 종속변수의 원인이 되는 변수이다.
② 조절변수는 독립변수와 종속변수의 관계 이면에 숨어있는 인과적 구조를 이해하고자 할 때 이용한다.
③ 조절변수는 두 변수간의 관계를 결정하는 제3의 변수를 말한다.
④ 조절변수는 종속변수에 대한 독립변수의 영향력을 강화하기도 하고 약화하기도 한다는 가설을 검증하기 위한 변수이다.

정답 ②

해설 매개변수는 독립변수와 종속변수의 관계 이면에 숨어있는 인과적 구조를 이해하고자 할 때 이용한다.

part
02

빅데이터 탐색

05 변수 선택에 대한 설명으로 옳지 않은 것은?

① 후진 제거법은 모형을 가장 많이 향상시키는 변수를 하나씩 점진적으로 추가하는 방법이다.

② 단계적 방법은 전진 선택법과 후진 제거법을 함께 사용하는 방법이다.

③ 변수 선택은 데이터의 독립변수 중에서 종속변수에 가장 관련성이 높은 변수만을 선정하는 방법이다.

④ 변수 선택 기법에는 필터 기법, 래퍼 기법, 임베디드 기법 등이 있다.

정답 ①

해설 전진 선택법은 모형을 가장 많이 향상시키는 변수를 하나씩 점진적으로 추가하는 방법이다.

06 적은 수의 잠재 변수를 이용하여 여러 관찰 변수 간의 상관관계를 설명하기 위한 차원축소 기법은 무엇인가?

① 주성분 분석

② 독립성분분석

③ 다차원척도법

④ 요인분석

정답 ④

해설 요인분석은 적은 수의 잠재 변수를 이용하여 여러 관찰변수 간의 상관관계를 설명하기 위한 방법으로 관찰변수 간의 상관은 하나 혹은 소수의 잠재 변수에 의해서 이루어진다는 가정을 한다.

07 차원축소 기법에 대한 설명으로 옳지 않은 것은?

① 고차원 변수보다 변환된 저차원으로 학습할 경우에는 회귀나 분류, 클러스터링 등의 머신러닝 알고리즘이 더 잘 작동된다.

② 탐색적 요인분석은 잠재변인의 수를 미리 정하지 않고 분석을 하는 반면, 확인적 요인분석의 경우에는 선행연구 및 이론을 바탕으로 미리 요인의 수를 결정하고 분석을 진행하게 된다.

③ 비계량적 MDS는 데이터가 구간척도나 비율척도인 경우 활용되며, 계량적 MDS는 데이터가 순서척도인 경우 사용된다.

④ 독립성분분석의 전형적인 알고리즘은 복잡성을 줄이기 위한 전 단계로서 중심화, 백색화, 차원 감소 등의 과정이 필요하며 독립성분분석의 알고리즘으로는 Infomax, FastICA, JADE 등이 있다.

정답 ③

해설 계량적 MDS는 데이터가 구간척도나 비율척도인 경우 활용되며, 비계량적 MDS는 데이터가 순서척도인 경우 사용된다.

08 기존 변수에 특정 조건이나 함수 등을 사용하여 새롭게 재정의한 변수를 의미하는 것은?

① 매개변수

② 조절변수

③ 통제변수

④ 파생변수

정답 ④

해설 파생변수는 기존 변수에 특정 조건이나 함수 등을 사용하여 새롭게 재정의한 변수를 의미하는데 이때 변수를 생성할 때에는 논리적 타당성과 일관된 기준을 가지고 생성해야 한다.

09 변수 변환 방법에 대한 설명으로 옳지 않은 것은?

① 변수 변환 방법에는 단순 기능 변환, 비닝, 정규화, 표준화 등의 방법이 있다.

② 비닝은 기존 데이터를 범주화하기 위해 사용하는 기술인데 데이터 평활화에서도 활용되는 방법이다.

③ 정규화는 모든 데이터 포인트가 동일한 정도의 스케일로 반영되도록 해주는 게 목표이다.

④ Z-점수 정규화는 모든 feature들의 스케일이 동일하지만, 이상치를 잘 처리하지 못하는 단점이 있다.

정답 ④

해설 최소-최대 정규화는 모든 feature들의 스케일이 동일하지만 이상치를 잘 처리하지 못하는 반면, Z-점수 정규화는 이상치를 잘 처리하지만 정확히 동일한 척도로 정규화된 데이터를 생성하지는 않는다.

10 불균형 데이터 처리 기법에 대한 설명으로 옳지 않은 것은?

① 토멕 링크는 잘못 분류된 개체들에 대해서 가중치를 적용하여 새로운 분류 규칙을 만들거나 약한 학습기를 여러 개 연결하여 강한 학습기를 만드는 앙상블 방법이다.

② 언더 샘플링 기법에는 랜덤 언더 샘플링, ENN, 토멕 링크 방법, CNN, OSS 등이 있다.

③ 배깅은 학습 데이터에서 다수의 부트스트랩 자료를 생성하고, 각 자료를 모델링한 후 결합하여 최종 예측 모형을 구축하는 방법을 말한다.

④ 오버 샘플링 기법에는 랜덤 오버 샘플링, SMOTE, Borderline-SMOTE, ADASYN 등이 있다.

정답 ①

해설 부스팅은 잘못 분류된 개체들에 대해서 가중치를 적용하여 새로운 분류 규칙을 만들거나 약한 학습기를 여러 개 연결하여 강한 학습기를 만드는 앙상블 방법으로 이에는 에이다부스트와 그레이디언트 부스팅 등이 있다.

11 다음 중 성격이 다른 하나는?

① CNN

② ENN

③ SMOTE

④ OSS

정답 ③

해설 CNN, ENN, OSS는 모두 언더 샘플링 기법에 속한다. 오버 샘플링 기법에는 랜덤 오버 샘플링, SMOTE, Borderline-SMOTE, ADASYN 등이 있다.

12 개체들 사이의 유사성 · 비유사성을 측정하여 이를 2차원 또는 3차원 공간상에 점으로 표현함으로써 개체들 사이의 집단화를 시각적으로 표현하는 분석 방법은?

① 주성분 분석

② 다차원척도법

③ 독립성분분석

④ 요인분석

정답 ②

해설 다차원척도법은 개체들 사이의 유사성 · 비유사성을 측정하여 이를 2차원 또는 3차원 공간상에 점으로 표현함으로써 개체들 사이의 집단화를 시각적으로 표현하는 분석 방법을 말한다.

▦ 데이터 탐색 기초

01 만약 두 변수 간 공분산이 0이면, 상관계수는 얼마가 되는가?

① -1
② 0
③ 0.5
④ 1

정답 ②

해설 만약 두 변수 간 공분산이 0이면, 상관계수도 0이 된다.

02 다음 자료 중 질적 자료인 것은?

① 매일 주식거래량
② 회사의 매출액
③ 월별 실업률
④ 2000명의 성인들이 가장 좋아하는 라면의 이름

정답 ④

해설 2000명의 성인들이 가장 좋아하는 라면의 이름은 질적 자료에 속한다.

03 코시-슈바르츠 부등식에 의해 +1과 -1 사이의 값을 가지며 수치적 데이터에 주로 쓰이는 상관계수는?

① 피어슨 상관계수
② 스피어먼 순위 상관분석
③ 카이제곱 검정
④ 크론바흐 알파 계수

정답 ①

해설 피어슨 상관계수란 두 변수 X 와 Y 간의 선형 상관관계를 계량화한 수치다. 피어슨 상관계수는 코시-슈바르츠 부등식에 의해 +1과 -1 사이의 값을 가지며, +1은 완벽한 양의 선형 상관관계, 0은 선형 상관관계 없음, -1은 완벽한 음의 선형 상관관계를 의미한다.

04 다음 중 성격이 다른 하나는?

① 중앙값
② 범위
③ 분산
④ 변동계수

정답 ①

해설 범위, 분산, 변동계수는 모두 산포도에 속한다. 중심 경향성에는 평균, 중앙값, 최빈값이 있다.

🔍 참고 중심 경향성

- **평균** : 변수의 값들의 합을 변수의 개수로 나누어서 구함
- **중앙값** : 모든 데이터 값을 크기 순서로 정렬하였을 때 중앙에 위치한 데이터 값
- **최빈값** : 주어진 데이터 중에서 가장 많이 관측되는 수

05 여러 다른 종류의 통계집단이나 동종의 집단 일지라도 평균이 크게 다를 때 산포를 비교하기 위한 측도로 사용되는 것은?

① 산점도

② 변동계수

③ 사분위 수 범위

④ 박스 플롯

정답 ②

해설 변동계수는 측정 단위가 서로 다른 자료의 흩어진 정도를 상대적으로 비교할 때 사용하는 것으로 상대 표준편차라고도 한다.

06 시각적 데이터 탐색에 대한 설명으로 옳지 않은 것은?

① 도수분포표로 나타낸 자료의 분포 상태를 보기 쉽게 직사각형으로 나타낸 그래프를 히스토그램이라 한다.

② 막대 그래프는 표현 값에 비례하여 높이와 길이를 지닌 직사각형 막대로 범주형 데이터를 표현하는 차트나 그래프를 말한다.

③ 박스 플롯은 많은 공간을 차지하므로 여러 그룹 또는 데이터 세트 사이의 분포를 비교할 때는 유용하지 않다.

④ 산점도는 직교 좌표계를 이용해 좌표상의 점들을 표시함으로써 두 개 변수 간의 관계를 나타내는 그래프 방법이다.

정답 ③

해설 박스 플롯은 적은 공간을 차지하므로 여러 그룹 또는 데이터 세트 사이의 분포를 비교할 때 특히 유용하다.

▇ 고급 데이터 탐색

01 시공간 데이터에 대한 설명으로 옳지 않은 것은?

① 시공간 데이터는 공간적 객체에 시간의 개념이 추가되어 시간에 따라 위치나 형상이 변하는 데이터를 말한다.

② 주소를 행정구역으로 변환시 split, find, left, mid 등의 문자열 처리 함수들을 사용한다.

③ 행정구역 및 좌표계를 지도에 표시하는 경우에 지도에는 코로플레스 지도, 카토그램, 버블 플롯맵 등이 있다.

④ 시공간 데이터의 타입에는 산점도 행렬, 별 그림 등을 들 수 있다.

정답 ④

해설 시공간 데이터의 타입에는 포인트 타입, 라인 타입, 폴리곤 타입, 폴리라인 타입 등이 있다. 산점도 행렬, 별 그림 등은 다변량 데이터 탐색 도구이다.

02 주소를 지리 좌표로 변환하는 과정으로 이 과정을 사용하여 표식을 지도에 넣거나 지도를 배치할 수 있는 프로세스는?

① 지오코딩

② 스플리트

③ 카토그램

④ 폴리라인

정답 ①

해설 지오코딩은 주소를 지리 좌표로 변환하는 과정이며, 이 과정을 사용하여 표식을 지도에 넣거나 지도를 배치할 수 있다. 반면, 역지오코딩은 지리 좌표를 사람이 읽을 수 있는 주소로 변환하는 프로세스이다.

part
02

빅데이터 탐색

03 다변량 데이터에 대한 설명으로 옳지 않은 것은?

① 변수가 여러 개 있을 경우 변수 쌍 간의 관계를 보려면 그림 행렬을 사용하는 것이 효율적이다.

② 별 그림은 별 모양의 점을 각각의 변수에 대응되도록 한 뒤 각각의 변숫값에 비례하도록 반경을 나타내도록 하여 관찰 값을 그림으로 표시한 것이다.

③ 다변량 데이터란 하나의 특성에 대해 두 가지 이상의 단위를 측정하는 경우 얻어지는 변수에 대한 자료를 말한다.

④ 다변량 데이터 탐색 도구로 산점도 행렬, 별 그림 등을 들 수 있다.

정답 ③

해설 다변량 데이터란 하나의 단위에 대해 두 가지 이상의 특성을 측정하는 경우 얻어지는 변수에 대한 자료를 말한다.

04 비정형 데이터 탐색 플랫폼에 대한 설명으로 옳지 않은 것은?

① Pig는 대규모 데이터 세트에 대한 분석을 위한 쿼리 인터페이스를 말한다.

② Hive는 이기종 간 데이터 타입을 교환할 수 있는 체계를 제공하는 기술을 말한다.

③ 주키퍼는 분산 환경에서 노드 간의 정보를 공유하며 락, 이벤트 등 보조 기능을 제공하는 프레임워크를 말한다.

④ HCatalog는 하둡 데이터용 테이블 및 스토리지 관리 서비스를 말한다.

정답 ②

해설 비정형 데이터는 일정한 규격이나 형태를 지닌 숫자 데이터와 달리 이미지나 영상, 텍스트처럼 형태와 구조가 다른 구조화 되지 않은 데이터를 말하는 것으로, Avro는 이기종 간 데이터 타입을 교환할 수 있는 체계를 제공하는 기술을 말한다.

05 하둡 분산 파일 시스템의 특징이 아닌 것은?

① 범용 파일 시스템과 달리 반응 속도보다는 시간당 처리량에 최적화되어 있다.

② 한번 쓰고 여러 번 읽는 모델에는 적합하지 않은 구조이다.

③ 서로 다른 하드웨어와 소프트웨어 플랫폼들을 묶어 놓아도 잘 동작한다.

④ 자료 대역폭 총량이 높고, 하나의 클러스터에 수백 개의 노드를 둘 수 있다.

정답 ②

해설 한번 쓰고 여러 번 읽는 모델에 적합한 구조이다.

🔍 참고 하둡 분산 파일 시스템

- **하드웨어 오동작** : 하드웨어 수가 많아지면 그중에 일부 하드웨어가 오동작하는 것은 예외 상황이 아니라 항상 발생하는 일이므로 이런 상황에서 빨리 자동으로 복구하는 것은 HDFS의 중요한 목표이다.
- **스트리밍 자료 접근** : 범용 파일 시스템과 달리 반응 속도보다는 시간당 처리량에 최적화되어 있다.
- **큰 자료 집합** : 한 파일이 기가바이트나 테라바이트 정도의 크기를 갖는 것을 목적으로 설계되었다. 자료 대역폭 총량이 높고, 하나의 클러스터에 수백 개의 노드를 둘 수 있다. 하나의 인스턴스에서 수천만여 파일을 지원한다.
- **간단한 결합 모델** : 한번 쓰고 여러 번 읽는 모델에 적합한 구조이다. 파일이 한번 작성되고 닫히면 바뀔 필요가 없는 경우를 위한 것이다. 이렇게 함으로써 처리량을 극대화할 수 있다.
- **비용** : 자료를 옮기는 것보다 계산 작업을 옮기는 것이 비용이 적게 든다. 자료를 많이 옮기면 대역폭이 많이 들기 때문에 네트워크 혼잡으로 인하여 전체 처리량이 감소한다. 가까운 곳에 있는 자료를 처리하게 계산 작업을 옮기면 전체적인 처리량이 더 높아진다.
- **다른 종류의 하드웨어와 소프트웨어 플랫폼과의 호환성** : 서로 다른 하드웨어와 소프트웨어 플랫폼들을 묶어 놓아도 잘 동작한다.

▥ 기술통계

01 기초 통계량에 대한 설명으로 옳지 않은 것은?

① 산술 평균은 극단적인 값의 영향을 많이 받는다.

② 데이터 값의 수가 짝수일 경우에는 중앙에 위치한 두 개의 값의 평균으로 중위수를 구한다.

③ 최빈값은 반드시 하나만 존재한다.

④ 분산이 0이면 자료는 모두 평균값에 집중되어 있다.

정답 ③

해설 최빈값은 반드시 하나만 존재하는 것은 아니다.

> 🔍 **참고** 최빈값의 특징
>
> • 가장 이해하기 쉬운 대푯값이다.
> • 자료 중의 극단적인 값(이상값)의 영향을 받지 않은 대푯값이다.
> • 최빈값은 반드시 하나만 존재하는 것은 아니다.
> • 의류업계의 기성복의 치수 등을 정할 때 편리하다.

02 다음 중 이산확률분포에 속하는 것은?

① 정규분포

② 포아송분포

③ t분포

④ F분포

정답 ②

해설 포아송분포는 이산확률분포에 속한다.

03 확률변수와 확률분포에 대한 설명 중 틀린 것은?

① 확률변수는 변수가 취할 수 있는 다양한 값이 각각 나타날 가능성이 미리 확률로 주어진 경우의 변수를 말한다.

② 확률변수는 한 개의 값만 취할 수 있는 임의의 사상으로, 그 사상이 어떤 특정값을 취할 가능성이 확률로 표시될 수 있는 사상이다.

③ 이산확률변수란 확률변수가 취할 수 있는 값이 한정되어 있는 경우이다.

④ 연속확률변수란 상한과 하한 사이에 연속해 있는 무한히 많은 값 중 아무 값이나 취할 수 있는 경우이다.

정답 ②

해설 확률변수는 두 개 이상의 값을 취할 수 있는 임의의 사상으로, 그 사상이 어떤 특정값을 취할 가능성이 확률로 표시될 수 있는 사상이다.

04 각 자료치와 기대치의 차이를 제곱한 값에 확률을 곱한 뒤 총합을 구하는 것은 확률변수의 무엇을 도출하기 위한 것인가?

① 상관계수

② 표준편차

③ 분산

④ 평균

정답 ③

해설 확률변수의 분산은 각 자료치와 기대치의 차이를 제곱한 값에 확률을 곱한 뒤 총합을 구하면 얻어진다.

05 다음 중 이항분포를 따르지 않는 것은?

① 1시간 동안 전화교환대에 걸려오는 전화 수

② 주사위를 10번 던졌을 때 짝수가 나오는 경우의 수

③ 한 농구선수가 던진 3개의 자유투 중에서 성공한 자유투의 수

④ 어떤 기계에서 만든 5개의 제품 중 불량품의 개수

정답 ①

해설 1시간 동안 전화교환대에 걸려오는 전화 수는 포아송 분포에 해당한다.

06 표본의 수가 30 이하이고 모집단의 표준편
차를 모른다고 할 때, 모집단 평균값의 구간
추정을 위하여 주로 사용하는 분포는?

① F-분포

② 표준정규분포

③ Z-분포

④ t-분포

정답 ④

해설 표본의 수가 30개 미만인 정규모집단의 모평균에
대한 신뢰구간 측정 및 가설검정에 유용한 연속확
률분포는 t-분포이다.

07 다음 중 정규분포의 특성이 아닌 것은?

① 정규분포는 평균과 분산에 따라 다양한
모양을 가질 수 있다.

② 모든 연속확률분포와 마찬가지로 곡선 아
래의 전체면적은 100%이다.

③ 곡선은 횡축에 닿는다.

④ 정규분포는 좌우대칭이며 확률곡선은 평
균치에서 최고점을 가진다.

정답 ③

해설 곡선은 횡축에 닿는 것처럼 보이나 결코 닿지는 않
는다.

08 평균이 50이고, 표준편차가 10인 어떤 분포
에 점수가 10인 6개의 사례가 더 추가되는
경우, 표준편차는 어떻게 변하게 되는가?

① 당초의 표준편차보다 더 커진다.

② 당초의 표준편차보다 더 작아진다.

③ 변하지 않는다.

④ 판단할 수 없다.

정답 ①

해설 표본의 평균이 낮아지므로 표준편차의 값은 더 커
진다.

09 환자군과 대조군의 혈압을 비교하고자 한다.
각 집단에서 혈압은 정규분포를 따른다고 한
다. 환자군 12명, 대조군 12명을 추출하여 평
균을 조사하였다. 두 표본 t-검정을 실시할
때 적절한 자유도는 얼마인가?

① 11

② 12

③ 22

④ 24

정답 ③

해설 자유도 = $n_1 + n_2 - 2 = 12 + 12 - 2 = 22$

10 다음 중 상관계수와 회귀계수와의 관계가 틀
린 것은?

① 회귀계수>0이면 상관계수>0이므로 두
변수 X와 Y는 양의 상관관계이다.

② 회귀계수<0이면 상관계수<0이므로 두
변수 X와 Y는 음의 상관관계이다.

③ 회귀계수=0이면 상관계수=0이므로 두
변수 X와 Y는 무상관이다.

④ 회귀계수와 상관계수는 아무런 관계가
없다.

정답 ④

해설 회귀계수와 상관계수는 밀접한 관계가 있다.
즉, 회귀계수 = 상관계수×(Y의 표본표준편차)/(X의
표본표준편차)의 관계가 성립한다.

11 다음 중 포아송 분포의 특징이 아닌 것은?

① 포아송 분포는 이항분포의 근사분포로서
정의할 수도 있다.

② 단위시간이나 단위공간에서 희귀하게 일
어나는 사건의 횟수 등에 유용하게 사용
된다.

③ 1주일에 자동차 공정라인에서 발견되는

불량품의 수 산정에 포아송 분포를 적용
할 수 있다.

④ 포아송 분포를 그래프로 나타내면 가운데
가 가장 높은 종모양의 분포를 보인다.

정답 ④

해설 가운데가 가장 높은 종모양의 분포를 보이는 것은
정규분포이다.

12 다음 중 분포의 비대칭 정도를 측정하는 지
수는?

① 분산
② 범위
③ 왜도
④ 첨도

정답 ③

해설 분포의 비대칭 정도를 측정하는 지수는 왜도이다.

13 회귀 분석의 기본 가정으로 옳지 않은 것은?

① 독립변수와 종속변수 간에는 선형관계가
존재한다.

② 잔차와 독립변수의 값이 관련되어 있지
않다.

③ 관측치들의 잔차들끼리 상관이 없어야
한다.

④ 잔차는 정규 분포를 따를 필요가 없다.

정답 ④

해설 잔차는 정규 분포를 따른다.

14 분산 분석에 대한 설명으로 옳지 않은 것은?

① 검정 통계량인 F-검정 통계량 값은 집단
내 분산 대비 집단 간 분산이 몇 배 더 큰
지를 나타내는 값으로 해석된다.

② 다변량 분산 분석은 독립변수 및 종속변
수가 3개 이상인 경우에 집단 간 종속변

수의 평균 차이를 비교하는 방법이다.

③ 복수의 집단을 비교할 때 분산을 계산함
으로써 집단 간에 통계적인 차이가 있는
지 판정하는 분석 방법이다.

④ 이원분산 분석은 독립변수가 2개이고 종
속변수가 1개일 경우에서의 집단 간 종속
변수의 평균 차이를 분석하는 방법이다.

정답 ②

해설 다변량 분산 분석은 종속변수가 2개 이상인 경우에
집단 간 종속변수의 평균 차이를 비교하는 방법이다.

15 다음 중 확률적 표본추출 방법이 아닌 것은?

① 단순무작위 표본추출
② 비례층화 표본추출
③ 군집 표본추출
④ 편의 표본추출

정답 ④

해설 편의 표본추출은 비확률적 표본추출 방법이다.

참고 확률적 표본추출

• **단순무작위** : 가장 기초적인 표본추출 방법으
로, 모집단의 각 사례의 수를 일정한 규칙에 따
라 균등하게 기계적으로 뽑아내는 방법이다.
주로 컴퓨터나 난수표 등을 이용한다. 표본의
크기가 작을 경우 표본 특성이 왜곡될 우려가
있다.

• **체계적** : 전체 모집단을 기준으로 번호를 부여
한 뒤 일정한 간격으로 n~m번까지 기계적으
로 표본을 추출하는 방법이다. 쉽고 정확하게
표본을 설정할 수 있다.

• **비례층화** : 모집단이 여러 개의 이질적 집단으
로 나뉘어 있는 경우, 각 집단을 이루는 비율에
따라 표본을 추출하는 방법이다.

• **다단계층화** : 상위 표본 단위를 설정한 후, 그에
대한 하위 표본 단위를 설정해 추출하는 방법
이다.

• **군집** : 내부 이질적, 외부 동질적으로 구성된 군
집들이 있는 모집단에서 전체를 조사하지 않고
몇 개의 군집을 선택해 조사하는 방법이다.

16 다음 중 비확률적 표본추출 방법이 아닌 것은?

① 판단 표본추출

② 체계적 표본추출

③ 눈덩이 표본추출

④ 할당 표본추출

정답 ②

해설 체계적 표본추출은 확률적 표본추출 방법이다.

🔍 **참고** 비확률적 표본추출

- **편의** : 조사자의 편의에 따라, 장소와 시간 등에 구애받지 않고 중요하다고 생각하는 표본을 임의로 추출하는 방법이다. 조사하기 쉽고 비용이 적게 드는 장점이 있으나, 표본의 대표성을 주장하기에는 의심의 여지가 있다.
- **판단** : 조사자가 적합하다고 판단하는 구성원들을 표본으로 추출하는 방법이다.
- **할당** : 내부 이질적, 외부 동질적인 기준인 연령, 학력, 직업 등 표본의 특성에 따라 적합하다 판단되는 기준으로 표본을 추출하는 방법이다.
- **자발적** : 응답자의 자발적 의지로 조사에 응하는 사람들을 표본으로 선택하는 방법이다. 주로 관심도(관여도)가 높은 사람들이 설문에 참여하므로 결과가 왜곡될 가능성이 크다.
- **눈덩이** : 최초의 응답자로부터 추천을 받아 표본을 구성하는 방법이다.

17 더하기, 빼기, 곱하기, 나누기 연산이 가능한 척도는 무엇인가?

① 명목척도

② 서열척도

③ 등간척도

④ 비율척도

정답 ④

해설 비율척도는 등간척도의 성질과 함께 무의 개념인 0 값도 가지는 척도를 의미한다.

18 다음 중 변수의 측정수준에 따른 집중경향치와 산포도에 관한 설명으로 틀린 것은?

① 명목척도는 집중경향치인 최빈값만 존재하고 그 밖의 기술통계치는 정의되지 않는다.

② 서열척도는 집중경향치 가운데 최빈값과 중앙값이 존재하지만, 산포도는 범위만 존재한다.

③ 등간척도는 최빈값과 중앙값, 평균이 모두 존재한다.

④ 등간척도의 산포도는 범위, 사분편차, 분산, 표준편차가 존재한다.

정답 ②

해설 서열척도에서는 평균을 구할 수 없으므로 산포도가 없다.

19 다음 중 확률분포에 대한 설명으로 옳지 않은 것은?

① 푸아송 분포는 확률론에서 단위시간 안에 어떤 사건이 몇 번 발생할 것인지를 표현하는 이산 확률분포이다.

② 초기하분포란 비복원추출에서 N개 중에 n번 추출했을때 원하는 것 k개가 뽑힐 확률의 분포이다.

③ 표준정규분포란 정규분포의 모수인 평균이 0이고 분산이 1로 표준화된 분포를 말한다.

④ 카이제곱 분포의 형태는 왼쪽으로 긴 꼬리를 갖는 비대칭 곡선이고 자유도 n의 크기에 따라 변한다.

정답 ④

해설 카이제곱 분포의 형태는 오른쪽으로 긴 꼬리를 갖는 비대칭 곡선이고 자유도 n의 크기에 따라 변한다.

20 표본크기와 오류와의 관계에 대한 설명 중 옳은 것은?

① 표본수가 증가할수록 표본오류는 감소하고 비표본오류는 증가한다.

② 표본수가 증가할수록 표본오류는 증가하고 비표본오류도 증가한다.

③ 표본수가 증가할수록 표본오류는 감소하고 비표본오류도 감소한다.

④ 표본수가 증가할수록 표본오류는 증가하고 비표본오류는 감소한다.

정답 ①

해설 표본수가 증가할수록 표본오류는 줄어들고 비표본오류는 증가한다.

21 다음 중 표본추출 관련 오류에 대한 설명이 바르지 않은 것은?

① 선정오류는 표본추출서 모집단의 일부가 체계적으로 제외되는 경향을 말하는 것으로, 선정오류를 없애기 위해서는 모든 모집단 구성원이 똑같은 확률로 표본에 뽑힐 수 있도록 해야 한다.

② 응답오류는 표본이 문제가 아니라 어떤 방식으로 질문을 하느냐, 질문을 어떻게 표현하느냐, 누가 질문하느냐 등이 문제가 되어 나타나는 현상이다.

③ 선정오류는 추출된 표본이 모집단의 대표집단일 경우를 말한다.

④ 무응답오류는 응답한 집단이 애초에 표본으로 설정한 집단과 일치하지 않아 발생하는 경우를 말한다.

정답 ③

해설 선정오류는 추출된 표본이 모집단의 대표집단이 아닐 경우를 말한다.

▦ 추론통계

01 점 추정치(point estimate)에 관한 설명으로 틀린 것은?

① 표본의 평균으로부터 모집단의 평균을 추정하는 것도 점 추정치이다.

② 점 추정치는 표본의 평균을 정밀하게 조사하여 나온 결과이기 때문에 항상 모집단의 평균치와 거의 동일하다.

③ 점 추정치를 구하기 위한 표본 평균이나 표본비율의 분포는 정규분포를 따른다.

④ 점 추정치의 통계적 속성은 일치성, 충분성, 효율성, 불편성 등 4가지 기준에 따라 분석될 수 있다.

정답 ②

해설 점 추정치는 모집단에서 추출한 표본으로 이는 모집단의 일부이므로 항상 모집단의 평균치와 동일하지 않다.

02 정규분포를 따르는 임의의 어느 집단에서 표본을 추출하여 모집단의 평균을 추정하려고 한다. 추정되는 모평균의 신뢰구간의 길이를 가능한 짧게 만들려고 할 때, 다음 중 그 크기가 커지면 신뢰구간의 길이를 줄일 수 있는 것은?

① 표본의 표준편차

② 모집단의 표준편차

③ 표본평균

④ 표본의 개수

정답 ④

해설 신뢰도에 따른 비율을 k, 모집단의 표준편차를 σ, 표본의 크기를 n이라고 하면 신뢰구간의 길이는 $2 \times k \times \dfrac{\sigma}{\sqrt{n}}$이다.

즉, k, σ의 값이 커지면 신뢰구간의 길이가 늘어나고 n의 값이 커지면 신뢰구간의 길이는 줄어든다. 따라서, 그 값이 커지면 신뢰구간의 길이가 줄어드는 것은 표본의 개수 하나뿐이다.

03 구간추정에 대한 설명으로 옳지 않은 것은?

① 신뢰수준은 추정값이 존재하는 구간에 모수가 포함될 확률을 의미한다.

② 신뢰구간은 신뢰수준을 기준으로 추정된 통계적으로 유의미한 모수의 범위를 말한다.

③ 모집단의 표준편차를 아는 경우에는 표본의 표준편차를 이용하여 신뢰구간을 추정한다.

④ 모집단의 표준편차를 모르는 경우에는 표본의 표준편차를 이용하여 신뢰구간을 추정한다.

정답 ③

해설 모집단의 표준편차를 아는 경우에는 표준오차를 이용하여 신뢰구간을 추정한다.

04 가설검정에 대한 설명으로 옳지 않은 것은?

① 귀무가설은 현재까지 주장되어 온 것이나 기존과 비교하여 변화 혹은 차이가 없음을 나타내는 가설을 말한다.

② 영가설은 표본을 통해 확실한 근거를 가지고 입증하고자 하는 가설을 말한다.

③ 양측검정은 모수에 대해 표본자료를 바탕으로 모수가 특정 값과 통계적으로 같은지 여부를 판단한다.

④ 단측검정은 모수에 대해 표본자료를 바탕으로 모수가 특정 값과 통계적으로 큰지 작은지 여부를 판단한다.

정답 ②

해설 대립가설은 표본을 통해 확실한 근거를 가지고 입증하고자 하는 가설을 말한다.

05 모분산이 알려져 있는 정규모집단의 모평균에 대한 구간 추정을 하는 경우, 표본의 수를 4배로 늘리면 신뢰구간의 길이는 어떻게 변하는가?

① 2배로 늘어난다.

② 1/2로 줄어든다.

③ 1/4로 줄어든다.

④ 신뢰구간의 길이는 표본의 수와 관계없다.

정답 ②

해설 표본의 수가 n이면 신뢰구간의 길이는 $\dfrac{1}{\sqrt{n}}$로 줄어든다. 따라서 표본의 수를 4배로 늘리면 신뢰구간의 길이는 $\dfrac{1}{\sqrt{4}}$인 $\dfrac{1}{2}$로 줄어든다.

06 가설검정의 오류에 대한 설명으로 옳지 않은 것은?

① 제1종 오류는 귀무가설이 참인데 잘못하여 이를 기각하게 되는 오류를 말한다.

② 제2종 오류는 귀무가설이 참이 아닌데 잘못하여 이를 채택하게 되는 오류를 말한다.

③ 유의수준은 제1종 오류를 범할 최대 허용확률을 의미한다.

④ 검정력은 제2종 오류를 범할 최대 허용확률을 의미한다.

정답 ④

해설 베타 수준은 제2종 오류를 범할 최대 허용확률을 의미하고, 검정력은 귀무가설이 참이 아닌 경우 이를 기각할 수 있는 확률을 의미한다.

07 다음 중 신뢰구간에 대한 설명으로 바르지 못한 것은?

① 신뢰구간의 길이도 줄이고 오차의 한계도 줄이려면 표본의 크기를 줄여야 한다.

② 신뢰수준이 높을수록 전체적으로 구간의 길이가 늘어난다.

③ 신뢰도가 높을수록 모집단평균이 표본을 통해 도출된 신뢰구간 안에 포함될 가능성이 높지만, 그 대신 구간의 길이가 길어져 의미 있는 해석을 하기가 힘들어질 가능성이 높다.

④ 신뢰구간의 길이를 결정짓는 값을 오차의 한계라고 부르며, 표본통계량이 미지의 모집단 평균에 얼마나 가까운가를 나타낸다.

정답 ①

해설 신뢰구간의 길이도 줄이고 오차의 한계도 줄이려면 표본의 크기를 늘려야 한다.

08 다음을 순서대로 나열한 것은?

> ㉠ 검정통계량의 값과 기각역을 비교하여 결론을 내린다.
> ㉡ 기각역을 설정한다.
> ㉢ 검정통계량을 계산한다.
> ㉣ 귀무가설과 대립가설을 세운다.
> ㉤ 유의수준 A를 정한다.

① ㉣ - ㉠ - ㉡ - ㉢ - ㉤

② ㉣ - ㉢ - ㉤ - ㉡ - ㉠

③ ㉡ - ㉣ - ㉠ - ㉤ - ㉣

④ ㉡ - ㉢ - ㉤ - ㉠ - ㉣

정답 ②

해설 통계적 가설검정의 절차는 다음과 같다.
귀무가설과 대립가설을 세운다. → 검정통계량을 계산한다. → 유의수준 A를 정한다. → 기각역을 설정한다. → 검정통계량의 값과 기각역을 비교하여 결론을 내린다.

09 5% 유의수준에서 가설을 기각하지 못하였다. 다음 중 바르게 기술한 것은?

① 1% 유의수준에서는 언제나 가설을 기각할 수 있다.

② 1% 유의수준에서는 가설을 기각할 수 없다.

③ 경우에 따라 1% 유의수준에서는 가설을 기각할 수도 있고 기각하지 못할 수도 있다.

④ 충분한 정보가 제공되지 않아 답할 수 없다.

정답 ②

해설 유의수준에서 가설을 기각하지 못하였으면 1% 유의수준에서도 가설을 기각할 수 없다.

10 대통령선거 지지율 조사에서 특정 후보에 대한 지지율을 조사하기 위해 300명을 임의추출하여 조사하였더니 75명이 지지하고 있었다. 후보의 실제의 지지율에 대한 95% 신뢰구간은? (단, $Z_{0.05}=1.96$, $Z_{0.025}=1.645$)

① $0.726 \leq p \leq 0.786$

② $0.136 \leq p \leq 0.184$

③ $0.025 \leq p \leq 0.029$

④ $0.201 \leq p \leq 0.299$

정답 ④

해설 $0.05 = P(|Z| \leq 1.96)$,
$$\sqrt{\frac{\bar{p}(1-\bar{p})}{n}} = \sqrt{\frac{0.25(1-0.25)}{300}}$$
$= 0.025$이고,
$0.25 - 1.96 \times 0.025 = 0.201$,
$0.25 + 1.96 \times 0.025 = 0.299$이므로
실제의 지지율 p는 $0.201 \leq p \leq 0.299$이다.

part
02

OX문제

제1장_데이터 전처리

1 | 데이터 정제

01 데이터 전처리는 '데이터 정제 → 결측값 처리 → 이상값 처리 → 분석변수 처리'의 과정을 거친다.

정답 ○

해설 데이터 전처리는 데이터 분석결과에 직접적인 영향을 미치므로 데이터 분석 과정에서 반복적으로 수행해야 하며, 그 과정은 '데이터 정제 → 결측값 처리 → 이상값 처리 → 분석변수 처리'이다.

02 이상값은 필수적인 데이터가 입력되지 않고 누락된 값을 말한다.

정답 ×

해설 이상값은 데이터의 범위에서 많이 벗어난 아주 작은 값이나 아주 큰 값을 말하고, 결측값은 필수적인 데이터가 입력되지 않고 누락된 값을 말한다.

03 맵리듀스 프레임워크는 대용량 데이터를 분산 처리하기 위한 목적으로 개발된 프로그래밍 모델로 이는 임의의 순서로 정렬된 데이터를 분산 처리하고 이를 다시 합치는 과정을 거친다.

정답 ○

해설 맵리듀스의 입력과 출력에는 블록 기반 분산 파일 시스템을 이용하는데, 블록 기반 분산 파일 시스템에서 파일들은 고정 크기의 블록 단위로 관리되며 각 블록은 고장방지기능 지원을 위해 적재 시 복제되어 각 블록에 대해 기본적으로 2개의 복사본을 가진다.

04 비 무작위 결측은 변수상에서 발생한 결측값이 다른 변수들과 아무런 상관이 없는 경우를 말한다.

정답 ×

해설 비 무작위 결측은 누락된 값이 다른 변수와 연관이 있는 경우를 말하고, 완전 무작위 결측은 변수상에서 발생한 결측값이 다른 변수들과 아무런 상관이 없는 경우를 말한다.

OX문제

05 ESD는 평균으로부터 2 표준편차 떨어진 값으로 이상값을 판단하며, 기하평균을 활용한 방법은 기하
평균으로부터 1.5 표준편차 떨어진 값으로 이상값을 판단한다.   정답 ×

> 해설 ESD는 평균으로부터 3 표준편차 떨어진 값으로 이상값을 판단하며, 기하평균을 활용한 방법은 기하평균으로부터 2.5 표준편차 떨어진 값으로 이상값을 판단한다. 또한 사분위 수를 이용한 방법은 제1사분위, 제3사분위를 기준으로 사분위 간 범위의 1.5배 이상 떨어진 값을 이상값으로 본다.

06 iForest 기법은 관측치 사이의 거리 또는 밀도에 의존하지 않고 데이터 마이닝 기법인 의사결정나무
(Decision Tree)를 이용하여 이상값을 탐지하는 방법이다.   정답 ○

> 해설 데이터 이상값 검출 방법으로 통계기법이나 시각화 이용, 머신러닝 기법, 마할라노비스 거리, LOF, iForest 등이 이용된다.

07 데이터 세분화는 데이터를 기준에 따라 나누고, 선택한 매개변수를 기반으로 유사한 데이터를 그룹
화하여 효율적으로 사용할 수 있는 프로세스를 말한다.   정답 ○

> 해설 데이터 세분화는 데이터를 기준에 따라 나누고, 선택한 매개변수를 기반으로 유사한 데이터를 그룹화하여 효율적으로 사용할 수 있는 프로세스를 말하며, 계층적 방법과 비 계층적 방법이 있다. 계층적 방법은 사전에 군집 수를 정하지 않고 단계적으로 단계별 군집결과를 산출하는 방법으로 이에는 응집분석법과 분할분석법이 있고, 비 계층적 방법은 군집을 위한 소집단의 개수를 정해놓고 각 객체 중 하나의 소집단으로 배정하는 방법으로 이에는 인공신경망 모델과 K-평균 군집화가 있다.

08 히스토그램은 표로 되어 있는 도수 분포를 정보 그림으로 나타낸 것으로, 주어진 빈도분포의 자료를
도표로 나타내는 하나의 방법이다.   정답 ○

> 해설 도수분포표를 그래프로 나타낸 것으로 보통 가로축이 계급을, 세로축이 도수를 뜻한다. 계급은 보통 변수의 구간을 의미하고 중복되지 않는다. 또한 계급(막대기)끼리는 서로 붙어 있어야 한다.

OX문제

2 분석 변수 처리

01 매개변수는 독립변수과 종속변수의 연결고리 역할을 하는 변수로 독립변수의 결과이면서 동시에 종속변수의 원인이 되는 변수이다. **정답 ○**

> **해설** 매개변수는 독립변수와 종속변수의 관계 이면에 숨어있는 인과적 구조를 이해하고자 할 때 이용한다.

02 변수 선택 기법에는 필터 기법, 래퍼 기법, 임베디드 기법 등이 있다. **정답 ○**

> **해설** 변수 선택은 데이터의 독립변수 중에서 종속변수에 가장 관련성이 높은 변수만을 선정하는 방법으로 필터 기법, 래퍼 기법, 임베디드 기법 등이 있다.

03 차원축소는 분석 대상이 되는 여러 변수의 정보를 최대한 유지하면서 데이터 세트 변수의 개수를 줄이기 위해 설명변수는 사용하지 않고 목표변수만 사용한다. **정답 ✕**

> **해설** 차원축소는 분석 대상이 되는 여러 변수의 정보를 최대한 유지하면서 데이터 세트 변수의 개수를 줄이기 위해 목표변수는 사용하지 않고 설명변수만 사용한다.

04 확인적 요인분석은 주로 데이터의 구조를 파악하기 위한 초기의 탐색적 목적으로 쓰이므로 척도 개발 및 타당화 과정에서 가장 많이 사용되는 반면, 탐색적 요인분석은 이미 연구자들이 경험적 혹은 이론적으로 구조화한 요인 구조를 확인하기 위해 쓰인다. **정답 ✕**

> **해설** 탐색적 요인분석(EFA)은 주로 데이터의 구조를 파악하기 위한 초기의 탐색적 목적으로 쓰이므로 척도 개발 및 타당화 과정에서 가장 많이 사용되는 반면, 확인적 요인분석(CFA)은 이미 연구자들이 경험적 혹은 이론적으로 구조화한 요인 구조를 확인하기 위해 쓰인다.

OX문제

05 다차원척도법은 개체들 사이의 유사성·비유사성을 측정하여 이를 2차원 또는 3차원 공간상에 점으로 표현함으로써 개체들 사이의 집단화를 시각적으로 표현하는 분석 방법을 말한다.　　　정답 O

> **해설** 다차원 척도법은 개체들 사이의 집단화를 시각적으로 표현하는 분석 방법이다. 이때 계량적 MDS는 데이터가 구간척도나 비율척도인 경우 활용되며, 비계량적 MDS는 데이터가 순서척도인 경우 사용된다.

06 파생변수의 생성 방법에는 단위 변환, 표현방식 변환, 요약 통계량 변환, 변수 결합 등의 방법이 있다.　　　정답 O

> **해설** 파생변수는 기존 변수에 특정 조건이나 함수 등을 사용하여 새롭게 재정의한 변수를 의미하는데 이때 변수를 생성할 때에는 논리적 타당성과 일관된 기준을 가지고 생성해야 한다.

07 불균형 데이터 처리 방법에는 단순 기능 변환, 비닝, 정규화, 표준화 등의 방법이 있다.　　　정답 X

> **해설** 변수 변환 방법에는 단순 기능 변환, 비닝, 정규화, 표준화 등의 방법이 있다.

08 부스팅(Boosting)은 잘못 분류된 개체들에 대해서 가중치를 적용하여 새로운 분류 규칙을 만들거나 약한 학습기를 여러 개 연결하여 강한 학습기를 만드는 앙상블 방법으로 이에는 에이다부스트와 그레디언트 부스팅 등이 있다.　　　정답 O

> **해설** 앙상블은 같거나 서로 다른 여러 가지 모형들의 예측 및 분류 결과를 종합하여 최종적인 의사결정에 활용하는 기법을 말한다.

OX문제

제2장_데이터 탐색

1 데이터 탐색 기초

01 상관관계 분석은 두 개 이상의 변수 사이에 존재하는 상호 연관성의 존재 여부와 연관성의 강도를 측정하여 분석하는 방법이다. **정답** ○

> **해설** 양(+)의 상관관계는 한 변수의 값이 증가할 때 다른 변수의 값도 증가하는 경향을 보이는 상관관계를 말한다.

02 최빈값은 모든 데이터값을 크기 순서로 정렬하였을 때 중앙에 위치한 데이터값을 말한다. **정답** ×

> **해설** 최빈값은 주어진 데이터 중에서 가장 많이 관측되는 수를 말하며, 중앙값은 모든 데이터값을 크기 순서로 정렬하였을 때 중앙에 위치한 데이터값을 말한다.

03 분산은 데이터값 중에서 최대 데이터값과 최소 데이터값 사이의 차이를 말한다. **정답** ×

> **해설** 범위는 데이터값 중에서 최대 데이터값과 최소 데이터값 사이의 차이를 말하며, 분산은 데이터가 평균으로부터 흩어진 정도를 나타낸다.

04 박스 플롯은 가공하지 않은 자료 그대로를 이용하여 그린 것이 아니라, 자료로부터 얻어낸 통계량인 5가지 요약 수치를 가지고 그리는데 이 때 5가지 요약 수치란 최솟값, 제1사분위, 제2사분위, 제3사분위, 최댓값을 말한다. **정답** ○

> **해설** 박스 플롯은 적은 공간을 차지하므로 여러 그룹 또는 데이터 세트 사이의 분포를 비교할 때 특히 유용하다.

05 산점도는 직교 좌표계를 이용해 좌표상의 점들을 표시함으로써 두 개 변수 간의 관계를 나타내는 그래프 방법이다. **정답** ○

> **해설** 상관관계에서 산점도는 두 개 변수 간의 관계를 통해 선형이나 비선형의 형태와 같은 수학적 모델을 확인해봄으로써 그 방향성과 강도를 조사할 수 있다.

06 막대 그래프는 표현 값에 비례하여 높이와 길이를 지닌 직사각형 막대로 범주형 데이터를 표현하는 차트나 그래프를 말한다. **정답** ○

> **해설** 일반적으로 가로축은 시간이나 비교할 대상 항목들이 차지하고, 세로축은 수량이나 비율 등 비교 단위가 차지한다.

OX문제

2 고급 데이터 탐색

01 시공간 데이터의 타입에는 포인트 타입, 라인 타입, 폴리곤 타입, 폴리라인 타입 등이 있다. 〔정답〕 O

> 해설 시공간 데이터는 공간적 객체에 시간의 개념이 추가되어 시간에 따라 위치나 형상이 변하는 데이터를 말한다.

02 행정구역 및 좌표계를 지도에 표시하는 경우에 지도에는 코로플레스 지도, 카토그램, 버블 플롯맵 등이 있다. 〔정답〕 O

> 해설 이때 주소를 행정구역으로 변환시 split, find, left, mid 등의 문자열 처리 함수들을 사용한다.

03 정형 데이터는 일정한 규격이나 형태를 지닌 숫자 데이터와 달리 이미지나 영상, 텍스트처럼 형태와 구조가 다른 구조화 되지 않은 데이터를 말한다. 〔정답〕 ×

> 해설 비정형 데이터는 일정한 규격이나 형태를 지닌 숫자 데이터와 달리 이미지나 영상, 텍스트처럼 형태와 구조가 다른 구조화 되지 않은 데이터를 말한다.

04 Hive는 마스터/슬레이브 구조를 가지는 분산형 파일 시스템을 말한다. 〔정답〕 ×

> 해설 HDFS는 마스터/슬레이브 구조를 가지는 분산형 파일 시스템을 말하고, Hive는 HiveQL을 사용하여 데이터를 요약하고 쿼리를 수행하여 분석할 수 있는 Hadoop용 데이터 웨어하우스 시스템을 말한다.

05 Pig는 하둡 데이터용 테이블 및 스토리지 관리 서비스를 말한다. 〔정답〕 ×

> 해설 HCatalog는 하둡 데이터용 테이블 및 스토리지 관리 서비스를 말하며, Pig는 대규모 데이터 세트에 대한 분석을 위한 쿼리 인터페이스를 말한다.

06 다변량 데이터 탐색 도구로 산점도 행렬, 별 그림 등을 들 수 있다. 〔정답〕 O

> 해설 다변량 데이터란 하나의 단위에 대해 두 가지 이상의 특성을 측정하는 경우 얻어지는 변수에 대한 자료를 말한다. 그 탐색 도구로는 산점도 행렬, 별 그림 등이 있다.

OX문제

제3장_통계기법 이해

1 기술통계

01 왜도는 데이터 분포의 중심이 어느 정도 몰려 있는가를 나타내는 지표이다. 〔정답〕 ✕

〔해설〕 왜도는 데이터 분포의 좌우 비대칭도를 나타내는 지표이고, 첨도는 데이터 분포의 중심이 어느 정도 몰려 있는가를 나타내는 지표이다.

02 순서적 데이터 변수의 상관분석은 스피어만 순위상관계수를 통해서 분석을 수행한다. 〔정답〕 ○

〔해설〕 수치적 데이터 변수의 상관분석은 일반적으로 피어슨 상관계수를 선형관련성 정도로 측정하는 척도로 사용한다.

03 회귀분석은 독립변수가 하나인 경우와 2개 이상인 경우로 구분되는데, 하나인 경우를 단순회귀분석, 2개 이상인 경우를 다중회귀분석이라고 한다. 〔정답〕 ○

〔해설〕 회귀 분석은 하나 이상의 독립변수들이 종속변수에 미치는 영향을 추정할 수 있는 통계기법이다.

04 주성분 분석은 두 개 이상의 집단 간 비교를 수행하고자 할 때 집단 내의 분산, 총 평균과 각 집단의 평균 차이에 의해 생긴 집단 간 분석 비교로 얻은 F―분포를 이용하여 가설 검정을 수행하는 방법이다. 〔정답〕 ✕

〔해설〕 분산 분석은 두 개 이상의 집단 간 비교를 수행하고자 할 때 집단 내의 분산, 총 평균과 각 집단의 평균 차이에 의해 생긴 집단 간 분석 비교로 얻은 F―분포를 이용하여 가설 검정을 수행하는 방법이다.

05 단순무작위 표본추출 방법은 비확률 표본추출 방법에 속한다. 〔정답〕 ✕

〔해설〕 단순무작위 표본추출 방법은 확률 표본추출 방법에 속한다.

06 나이나 소득은 등간 척도에 속한다. 〔정답〕 ✕

〔해설〕 나이나 소득은 비율 척도에 속한다.

07 지수분포는 연속 확률 분포의 일종으로 사건이 서로 독립적일 때 일정 시간동안 발생하는 사건의 횟수가 푸아송 분포를 따른다면 다음 사건이 일어날 때까지 대기 시간은 지수분포를 따른다. 〔정답〕 ○

〔해설〕 확률변수 X가 빈도 λ를 모수로 갖는 지수분포를 따른다면, 기댓값은 $E(X) = \frac{1}{\lambda}$로 단위 시간당 사건이 λ회 발생한다면 사건 사이에 평균적으로 $\frac{1}{\lambda}$ 시간만큼 기다릴 것이라는 것을 의미하고, 분산은 $Var(X) = \frac{1}{\lambda^2}$ 이다.

OX문제

2 추론통계

01 평균제곱오차는 잔차의 제곱을 평균한 값으로 잔차의 평균이 0인 경우 평균제곱오차는 잔차의 분산과 동일하다.   정답 ○

해설 평균제곱근오차는 실험이나 관측에서 나타나는 오차를 제곱해서 평균한 값의 제곱근을 뜻하는 것으로 정확도의 척도로 사용된다.

02 신뢰수준은 추정값이 존재하는 구간에 모수가 포함될 확률을 의미하며, 신뢰구간은 신뢰수준을 기준으로 추정된 통계적으로 유의미한 모수의 범위를 말한다.   정답 ○

해설 모집단의 표준편차를 아는 경우에는 표준오차를 이용하여 신뢰구간을 추정하고, 모집단의 표준편차를 모르는 경우에는 표본의 표준편차를 이용하여 신뢰구간을 추정한다.

03 대립가설은 현재까지 주장되어 온 것이나 기존과 비교하여 변화 혹은 차이가 없음을 나타내는 가설을 말하며, 귀무가설은 표본을 통해 확실한 근거를 가지고 입증하고자 하는 가설을 말한다.   정답 ✕

해설 귀무가설은 현재까지 주장되어 온 것이나 기존과 비교하여 변화 혹은 차이가 없음을 나타내는 가설을 말하며, 대립가설은 표본을 통해 확실한 근거를 가지고 입증하고자 하는 가설을 말한다.

04 p-값이 유의수준보다 크면 귀무가설을 기각하고 대립가설을 채택하게 되며, p-값이 유의수준보다 작으면 귀무가설을 채택하게 된다.   정답 ✕

해설 p-값은 귀무가설이 참이라는 전제하에서 구한 검정 통계량의 값이 나타날 가능성으로 해석할 수 있으며, p-값이 유의수준보다 작으면 귀무가설을 기각하고 대립가설을 채택하게 되며, p-값이 유의수준보다 크면 귀무가설을 채택하게 된다.

05 제1종 오류는 귀무가설이 참인데 잘못하여 이를 기각하게 되는 오류를 말한다.   정답 ○

해설 제1종 오류는 귀무가설이 참인데 잘못하여 이를 기각하게 되는 오류를 말하고, 제2종 오류는 귀무가설이 참이 아닌데 잘못하여 이를 채택하게 되는 오류를 말한다.

06 구간 추정은 표본의 정보로부터 모집단의 모수를 하나의 값으로 추정하는 기법을 말하는 것으로 이의 조건으로는 불편성, 효율성, 일치성, 충족성 등을 들 수 있다.   정답 ✕

해설 점 추정은 표본의 정보로부터 모집단의 모수를 하나의 값으로 추정하는 기법을 말하는 것으로 이의 조건으로는 불편성, 효율성, 일치성, 충족성 등을 들 수 있다.

PART 2 빅데이터 탐색

핵심요약

제1장 _ 데이터 전처리

▓ **데이터 전처리 과정** : 데이터 정제 → 결측값 처리 → 이상값 처리 → 분석변수 처리

▓ **데이터 정제 절차** : 데이터 오류 원인분석 → 데이터 정제 대상 선정 → 데이터 정제 방법 결정

▓ **결측값의 종류** : 완전 무작위 결측, 무작위 결측, 비무작위 결측

▓ **데이터 결측값 처리 절차** : 결측값 식별 → 결측값 부호화 → 결측값 대체

▓ **데이터 이상값** : 입력 오류, 데이터 처리 오류 등의 이유로 특정 범위에서 벗어난 데이터 값을 의미

▓ **변수 선택 기법** : 필터 기법, 래퍼 기법, 임베디드 기법 등

▓ **차원축소 기법** : 주성분 분석, 특잇값 분해, 요인분석, 독립성분분석, 다차원척도법 등이 사용됨

▓ **파생변수의 생성 방법** : 단위 변환, 표현빙식 변환, 요약 통계량 변환, 변수 결합 등

▓ **변수 변환 방법** : 단순 기능 변환, 비닝, 정규화, 표준화 등

▓ **불균형 데이터 처리 기법** : 언더 샘플링, 오버 샘플링, 임곗값 이동, 앙상블 기법 등

제2장 _ 데이터 탐색

▓ **탐색적 데이터 분석의 특징** : 저항성, 잔차 해석, 자료 재표현, 현시성 등

▓ **상관관계 분석** : 두 개 이상의 변수 사이에 존재하는 상호 연관성의 존재 여부와 연관성의 강도를 측정하여 분석하는 방법

▓ **중심 경향성** : 평균(Mean), 중앙값(Median), 최빈값(Mode) 등

▓ **산포도** : 범위(Range), 분산(Variance), 표준편차(Standard Deviation), 변동계수(Coefficient of Variation), 사분위 수 범위(InterQuartile Range) 등

■ **히스토그램** : 도수분포표로 나타낸 자료의 분포 상태를 보기 쉽게 직사각형으로 나타낸 그래프

■ **막대 그래프** : 표현 값에 비례하여 높이와 길이를 지닌 직사각형 막대로 범주형 데이터를 표현하는 차트나 그래프

■ **상자 수염그림(box-and-whisker plot) 또는 상자 그림(box plot)** : 수치적 자료를 표현하는 그래프를 의미하는데 히스토그램과는 다르게 집단이 여러 개인 경우에도 한 공간에 수월하게 나타낼 수 있음

■ **산점도(scatter plot)** : 직교 좌표계를 이용해 좌표상의 점들을 표시함으로써 두 개 변수 간의 관계를 나타내는 그래프 방법

■ **시공간 데이터의 타입** : 포인트 타입, 라인 타입, 폴리곤 타입, 폴리라인 타입 등

■ **행정구역 및 좌표계를 지도에 표시하는 지도** : 코로플레스 지도, 카토그램, 버블 플롯맵 등

■ **다변량 데이터 탐색 도구로** : 산점도 행렬(그림 행렬, 개별 Y 대 개별 X 산점도 행렬), 별 그림 등

■ **정형 데이터(structured data)** : 이름 그대로 구조화된 데이터로, 미리 구조를 정하여 정해진 구조에 따라 저장되는 데이터를 말하는 것으로 흔히 관계 데이터베이스의 테이블이 담고 있는 데이터들을 말함

■ **반정형 데이터(semi-structured data)** : 정형 데이터처럼 구조에 따라 저장되지만 데이터 안에 구조에 대한 설명이 함께 포함되어 있으므로 데이터 내용에 대한 설명, 즉 구조를 파악하는 Parsing 과정이 필요한 것으로 HTML, XML, JSON 등이 반정형 데이터에 속함

■ **비정형 데이터(unstructured data)** : 정해진 구조가 없이 저장된 데이터로, SNS 이용자가 많아지면서 소셜 데이터의 텍스트, 영상, 이미지 등 다양한 형태의 데이터를 위한 데이터의 한 유형

■ **비정형 데이터 탐색 플랫폼** : 맵리듀스, Avro, 주키퍼, Hive, HDFS, HCatalog, Pig 등

제3장 _ 통계기법 이해

■ **분산과 표준편차의 특성**

• 분산이 0이면 자료는 모두 평균값에 집중되어 있음

• 표준편차는 편차의 제곱으로 계산된 것이기 때문에 자료의 이상적인 변동의 뜻을 중시하는 산포도

• 2개 집단 N_1, N_2의 산술평균이 $\bar{x}$이고 분산이 σ_1^2, σ_2^2일 때, N_1, N_2의 합동 분산은 $\dfrac{N_1\sigma_1^2 + N_2\sigma_2^2}{N_1 + N_2}$

• 자료 x_1, x_2, $\cdots$, x_n의 표준편차를 σ라 할 때 이 자료에 일정한 수 k를 곱한 자료 kx_1, kx_2, $\cdots$, kx_n의 표준편차는 $|k|\sigma$가 됨

• 자료 x_1, x_2, $\cdots$, x_n의 표준편차와 일정한 수 k를 더하거나 뺀 자료 $x_1 \pm k$, $x_2 \pm k$, $\cdots$, $x_n \pm k$의 표준편차는 일치함

part
02

정규분포의 특성

- 평균, 중위수, 최빈수가 모두 일치 ($\mu = Me = Mo$)
- $X = \mu$에 관해 종 모양의 좌우대칭이고, 이 점에서 최대값 $\dfrac{1}{\sigma\sqrt{2\pi}}$을 가짐
- 정규곡선과 수평측 위의 전체 면적은 1임

$$\int_{-\infty}^{\infty} \frac{1}{\sigma\sqrt{2\pi}} e^{-\frac{1}{2}\left(\frac{x-\mu}{\sigma}\right)^2} dx = 1 \text{ 또는}$$

$$\int_{-\infty}^{\infty} \frac{1}{\sqrt{2\pi}} e^{z} dz = 1$$

(왜도 : $a_3 = 0$, 첨도 : $a_4 = 3$)

t분포의 성질

- t분포는 카이제곱 분포와 같이 자유도 n에 따라 분포의 형태가 달라짐
- t분포는 모평균, 모평균의 차 또는 회귀계수의 추정이나 검정에 쓰임
- 표본의 크기 n이 작을 때, 즉 $n < 30$인 경우에 주로 t분포를 이용함

오류

- 표본오류 : 표본이 모집단을 대표하지 못함
- 비표본오류 : 표본오류 이외의 오류

관찰 오류	• 조사현장오류 : 면접자가 조사에 영향을 미치는 것 • 자료기록 처리 오류 : 체크 잘못 또는 교정 잘못
비관찰 오류	• 불포함 오류 : 표본 프레임에서 누락됨 • 무응답 오류 : 무응답자의 특정 성향

- 표본크기와 오류의 관계 : 표본수가 증가할수록 표본오류는 줄어들고 비표본오류는 증가함

모평균 μ의 신뢰구간

- μ의 90% 신뢰구간 :

$$\left(\bar{x} - 1.645\frac{s}{\sqrt{n}}, \bar{x} + 1.645\frac{s}{\sqrt{n}}\right)$$

- μ의 95% 신뢰구간 :

$$\left(\bar{x} - 1.96\frac{s}{\sqrt{n}}, \bar{x} + 1.96\frac{s}{\sqrt{n}}\right)$$

- μ의 99% 신뢰구간 :

$$\left(\bar{x} - 2.576\frac{s}{\sqrt{n}}, \bar{x} + 2.576\frac{s}{\sqrt{n}}\right)$$

가설검정의 오류

- 오류의 두 가지 종류

검정결과 실제현상	귀무가설 H_0 참	대립가설 H_1 참
귀무가설 H_0 채택	옳은 결정	제2종 오류
대립가설 H_1 채택	제1종 오류	옳은 결정

- 유의수준(Level of Significance) : 제1종 오류를 범할 최대 허용확률을 의미
- 신뢰수준(Level of Confidence) : 귀무가설이 참일 때 이를 참이라고 판단하는 확률
- 베타 수준 : 제2종 오류를 범할 최대 허용확률을 의미
- 검정력 : 귀무가설이 참이 아닌 경우 이를 기각할 수 있는 확률

PART 3

빅데이터
모델링

Big Data Analysis

제 1 장 분석모형 설계

1 분석 절차 수립

1. 분석모형 선정

(1) 통계기반 분석모형의 선정

① 상관분석(correlation analysis)

ㄱ 단순상관분석 : 2가지 변수 사이의 연관관계를 분석한다.

ㄴ 다중상관분석 : 3가지 또는 그 이상의 변수들 사이에서의 연관정도를 분석한다.

ㄷ 변수 간 상관분석 : 데이터 속성에 의해 수치적, 명목적, 순서적 데이터 등을 지니는 변수 간 분석을 말한다.

② 기술통계(descriptive statistics)

ㄱ 데이터 분석의 목적으로 수집되어진 데이터를 확률, 통계적으로 이를 요약 및 정리하는 기초적 통계를 말한다.

ㄴ 분석 초기 단계에서 데이터 분포의 특징을 파악한다.

ㄷ 평균, 분산, 표준편차, 첨도, 왜도, 빈도 등의 데이터에 대한 개괄적인 통계적 수치를 계산하고 이를 도출한다.

③ 분산분석(ANOVA)

ㄱ 2개 이상의 집단 간 비교를 수행할 시에 집단 내 분산의 비교로 얻은 분포를 활용해 가설검정을 수행하는 방법을 말한다.

ㄴ 독립변수 및 종속변수의 수에 의해 일원분산분석, 이원분산분석, 다변량분산분석으로 구분한다.

ㄷ 복수 집단을 비교할 시에 분산을 계산함으로써 집단 간 통계적인 차이를 판정하는 분석이다.

④ 회귀분석(regression analysis)

ㄱ 이는 1개 이상의 독립변수들이 종속변수에 미치는 영향을 추정할 수 있는 통계기법을 말한다.

ㄴ 단순회귀분석 : 독립변수는 1개이고 종속변수와의 관계는 직선이다.

ⓒ **다중회귀분석** : 독립변수는 k개이고, 종속변수와의 관계는 선형이다.

ⓔ **곡선회귀분석** : 독립변수가 1개이고 종속변수와의 관계는 곡선이다.

ⓜ **다항회귀분석** : 독립변수 및 종속변수와의 관계가 1차 함수 이상인 관계이다.

ⓗ **로지스틱 회귀분석** : 종속변수가 범주형인 경우에 활용한다.

⑤ **판별분석(discriminant analysis)** : 집단에 대한 정보로부터 집단을 구별할 수 있는 판별규칙이나 또는 판별함수를 만들고 다변량 기법으로 조사된 집단에 관한 정보를 활용하여 새로운 개체가 어떠한 집단인지를 탐색하는 통계기법을 말한다.

⑥ **주성분 분석(PCA)**

ⓐ 많은 변수의 분산방식 패턴을 간결하게 표현하는 주성분 변수를 본래 변수의 선형 결합으로 추출하는 통계기법을 말한다.

ⓑ 일부의 주성분으로 인해 본래 변수의 변동이 충분히 설명되는지 알아보는 분석방법이다.

(2) 데이터 마이닝 기반의 분석모델의 구분

① **예측 모델** : 수치형, 범주형 등의 이전 데이터로부터 특성을 분석해 타 데이터의 결과값을 예측하는 기법을 말한다.

ⓐ **의사결정나무**

- 의사결정 규칙을 트리 구조로 도표화하여 분류 및 예측 등을 수행하는 분석 방법을 말한다.
- 회귀분석, 판별분석 등과 같은 변수 모형을 분석하기 위해 사전에 이상값을 검색할 때도 사용이 가능하다.

ⓑ **회귀분석** : 관찰되어진 연속형 변수들에 대해서 두 변수 사이의 모형을 구한 후에 적합도를 측정해내는 분석기법을 말한다.

ⓒ **인공신경망** : 인간 두뇌의 신경세포인 뉴런이 전기신호를 전달하는 형태를 모방한 예측모델이다.

ⓔ **시계열분석** : 연도별, 분기별, 월별 등의 시계열로 관측되어지는 자료를 분석해 미래를 예측하기 위한 분석기법을 말한다.

② **분류 모델** : 범수형 또는 이산형 변수 등의 범주를 예측하는 것으로서 다수의 속성이나 변수 등을 지니는 객체들을 미리 정해진 그룹 또는 범주 중의 하나로 구분하는 모델이다.

ⓐ **트리 기반의 기법**

- 의사결정의 규칙에 의해 관심 대상이 되는 집단을 몇 개의 소집단으로 구분하면서 분류하는 기법을 말한다.
- 주로 CART 알고리즘에 활용한다.

ⓛ 통계적인 기법

- 로지스틱 회귀 분석, 판별 분석과 같이 다변량 통계이론에 기반한 기법이다.
- 로지스틱 회귀 분석은 선형 회귀분석과는 다르게 종속변수가 범주형, 서열형, 명목형 데이터일 때 활용되는 기법으로서 분석대상이 2개 또는 그 이상의 집단으로 분류되는 경우에 개별 관측치들이 어떤 집단으로 분류될 수 있는지를 분석하고 이를 예측하는 모델을 개발하는데 활용된다.

ⓒ 기계학습

- 이는 인공지능 분야의 하나로써 인간의 학습능력과 같은 기능을 컴퓨터에서 실현하고자 하는 기술을 말한다.
- 오차를 출력 계층에서 입력 계층으로 역방향으로 반영하는 역전파 알고리즘을 통해 모델을 안정화하고 학습 과정을 기계적으로 단축한다.
- 기대 출력값 및 실제 출력값 간 비교를 통해서 계산된 오차를 시냅스 역할을 하는 노드에 가중치를 조정해 이를 모델에 반영하며, 이러한 과정을 신경망 구조가 안정화될 때까지 반복해서 예측 또는 분류 모델을 구축한다.
- 환경과의 상호작용에 기반한 경험적 데이터로부터 스스로의 성능을 높이는 시스템을 연구하는 기술이다.

ⓔ 최적화의 기법

- 가장 적절한 값을 찾는 기법으로 서포트 벡터 머신(SVM) 등이 있다.
- SVM은 데이터를 구분하는 초평면 중에서 데이터들과 가장 거리가 먼 초평면을 선택해 분리하는 확정적 모델 기반의 이진 선형 분류 방법이다.

③ 연관규칙 모델

ⓐ 이는 데이터에 숨어 있으면서도 동시에 발생하게 되는 사건이나 항목 간 규칙을 수치화하는 것을 말한다.

ⓑ 고객의 구매 데이터를 분석해 어떤 상품이 또 다른 어떤 상품과 함께 판매될 확률이 높은가와 같은 연관된 규칙을 도출하는 기법이다.

ⓒ 이 모델의 경우에는 장바구니 분석이라고도 하며 이는 주로 마케팅에서 활용된다.

④ 군집화 모델 : 이질적인 집단을 몇 개의 동질적인 소집단으로 세분화하는 작업을 말한다.

ⓐ 계층적인 방법

- 미리 군집 수를 정하지 않고 단계적으로 단계별 군집 결과를 산출하는 방법을 의미한다.
- 분할분석법 : 전체 집단으로 시작해 유사성이 떨어지는 객체들을 분리하는 방법을 말한다.
- 응집분석법 : 각각의 객체를 하나의 소집단으로 간주하고 단계적으로 비슷한 소집단들을 합쳐서 새로운 소집단을 구성하는 방법을 말한다.

ⓛ 비계층적인 방법

- 군집을 위한 소집단 개수를 정해 놓고 각각의 계층 중 하나의 소집단으로 배정하는 방법을 말한다.
- 비계층적인 방법의 기법으로 K 평균군집화가 있다.
- K 평균군집화는 K개 소집단의 중심좌표를 활용해 각각의 객체 및 중심좌표 간 거리를 산출하고 가장 근접한 소집단에 이를 배정한 후에 해당 소집단의 중심좌표를 업데이트하는 방식으로 군집화하는 것이다.

(3) 머신러닝 기반의 분석모형 선정

① 지도학습

ⓖ 개념 : 이는 정답인 레이블이 포함되어있는 학습 데이터를 통해서 컴퓨터를 학습시키는 방법이다. 이러한 지도학습은 목적변수 및 설명변수 간 관계성을 표현하거나 또는 미래 관측을 예측해내는 것에 초점이 맞추어져 있으며 주로 분류, 인식, 예측, 진단 등의 문제 해결에 적합하다.

ⓛ 지도학습의 유형

- 인공신경망 분석 : 사람의 뉴런 구조를 모방해 만든 기계학습 모델이다.
- 로지스틱 회귀 : 반응변수가 범주형인 경우에 적용되는 회귀분석 모형이다.
- 서포트 벡터 머신 : 데이터를 분리하는 초평면 중에서 데이터들과 가장 거리가 먼 초평면을 선택해 분리하는 지도학습 기반의 이진 선형분류모델이다.
- 의사결정나무 : 데이터가 지닌 속성으로부터 분할기준 속성을 판별하고 분할기준 속성에 의해 트리 형태로 모델링하는 분류 및 예측모델이다.
- 감성분석 : 어떠한 주제에 대한 주관적 인상, 태도, 감정, 개개인의 의견을 텍스트로부터 추출하는 분석을 말한다.
- 랜덤 포레스트 : 의사결정나무의 특징인 분산이 크다는 점을 고려해 배깅 및 부스팅보다 더욱 많은 무작위성을 주어 약한 학습기들을 생성한 후에 이를 선형결합하여 최종 학습기를 만드는 방법이다.

② 비지도학습

ⓖ 개념 : 입력된 데이터에 대한 정답인 레이블이 없는 상황에서 데이터가 어떻게 구성되었는지를 알아내는 기계학습 기법이다.

ⓛ 비지도학습의 특징

- 예측의 문제보다는 주로 현상에 대한 설명, 패턴의 도출, 특징의 도출 등의 문제에 많이 활용된다.
- 차원축소의 기법, 군집화, 연관 관계분석, 자율학습 인공신경망 등의 기법이 있다.

part

03

빅데이터 모델링

- 통상적으로 보면 명확하면서도 목적이 있는 지도학습 기법과 비교하면 비지도 학습 기법은 사전정보가 없는 상태에서 유용한 정보 또는 패턴 등을 탐색적으로 발견하고자 하는 데이터 마이닝의 성격이 더욱 강하다.

(4) 변수의 개수에 따른 분석기법의 선정

① 단일변수 분석

ⓐ 변수 하나에 대해서 기술통계 확인을 하는 단계이다.

ⓑ 범주형 변수는 막대그래프를 활용해 빈도수를 체크한다.

ⓒ 연속형 변수는 박스플롯 또는 히스토그램 등을 활용해 평균, 중위수, 최빈값 등과 함께 각 변수의 분포를 확인한다.

② 다변수 분석

ⓐ 3개 이상의 변수 간 관계를 시각화, 분석하는 방법이다.

ⓑ 3개 이상의 연속형 변수가 포함된 경우에는 연속형 변수를 범주형 변수로 변환한 후에 분석한다.

ⓒ 범주형 변수가 하나 이상 포함된 경우에는 변수를 범주에 따라 쪼갠 후에 단변수 또는 이변수 분석방법에 따라 분석한다.

③ 이변수 분석 : 변수 2개 간 관계를 분석하는 기법을 말한다.

ⓐ **범주형 × 연속형** : 그래프 – 히스토그램, 분석방법 – t-test, ANOVA

ⓑ **범주형 × 범주형** : 그래프 – 누적 막대그래프, 분석방법 – 카이제곱 분석

ⓒ **연속형 × 연속형** : 그래프 – scatter plot, 분석방법 – 상관분석

(5) 분석모형의 활용 사례

기법	내용	활용 사례
분류분석	문서를 구분하거나 조직을 그룹으로 나눌 때 또는 온라인 수강생들을 특성에 따라 구분할 때 사용한다.	예 이 사용자들은 어떠한 특성을 지닌 집단에 속하는가?
연관규칙 학습	변인 간 주목할만한 상관관계가 있는지를 알아내는 방법이다.	예 S사의 핸드폰을 구매하는 사람은 어느 통신사에서 개통을 많이 할까? 예 샐러드를 주문하는 사람이 제로콜라를 더 많이 구입하는가?
기계학습	알려진 특성을 활용해 훈련 데이터를 학습 및 예측하는 기법이다.	예 이전의 시청기록을 기반으로 현재 우리가 보유한 드라마 중에서 어떤 것을 가장 보고 싶어할까?
유전자 알고리즘	최적화가 필요한 문제의 해결책을 자연 선택, 돌연변이 등과 같은 메커니즘을 통해 점차적으로 진화시켜 나가는 방법이다.	예 응급실에서 응급 처치 프로세스를 어떻게 배치하는 것이 가장 효율적인가?

감성분석	특정한 주제에 대해서 말하거나 또는 글을 쓴 사람의 감정을 분석한다.	예 자사의 새로운 쿠폰 정책에 관한 소비자들의 평가는 어떤가?
회귀분석	독립변수의 조작에 의한 종속변수의 변화를 확인하여 두 변수 간 관계를 파악할 시에 활용한다.	예 구매자의 연령이 구매 핸드폰의 기종에 어떠한 영향을 미치는가?
소셜 네트워크 분석	타인 및 특정인이 몇 촌 정도의 관계인지를 파악할 시에 활용하며, 영향력 있는 사람을 찾아낼 때에 사용한다.	예 고객들 간 관계망은 어떻게 구성되어져 있는가?

(6) 분석모형 정의의 개요

① 분석모형을 선택하고 해당 모형에 적절한 변수를 선정해 모형의 사양을 작성하는 기법이다.

② 주로 선택한 모델에 가장 적절한 변수를 선별하기 위해 파라미터 및 하이퍼 파라미터를 선정한다.

파라미터	• 모델 내부에서 확인 가능한 변수로서 이는 데이터를 통해 산출이 가능한 값이다. • 파라미터가 모델의 성능을 결정한다. • 인간에 의해 수작업으로 측정되지 않는다. • 예측 수행 시에 모델에 의해 요구되어지는 값들이다. • 파라미터는 측정 또는 데이터로부터 학습된다. • 종종 학습된 모델의 일부로 저장된다.
하이퍼 파라미터	• 모델에서 외적 요소로 데이터 분석을 통해 산출되는 값이 아닌 사용자가 직접적으로 설정해 주는 값이다. • 주로 하이퍼 파라미터는 알고리즘 사용자에 의해 결정된다. • 모델의 파라미터 값을 측정하기 위해 알고리즘의 구현과정에서 사용한다. • 예측 알고리즘 모델링의 성능 등의 문제를 위해 조절된다.

2. 분석모형 구축 절차

(1) 분석모형 구축 절차의 도식화

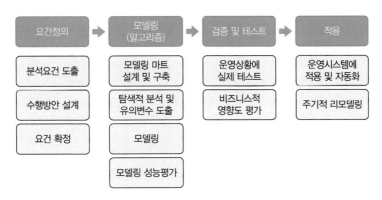

① **요건의 정의** : 기획단계 분석과제의 정의를 통해 나타난 내용을 요건 정의로 구체화시키는 과정이다.

⊙ 분석요건 도출

- 데이터 분석 업무의 배경, 기대효과, 주요 이슈, 제약사항 등을 사전에 정의하고 이해관계자
들과 협의하여 확정한다.
- 기획단계에서 보다 더 상세하게 분석요건을 추출, 분석, 명세화하고 이를 종합적으로 적합
성을 검토한다.
- 기존의 분석자료 및 정보 등을 바탕으로 분석요건 및 개인정보의 보호, 접근 통제 등의 정보
보안 정책을 빠짐없이 식별한다.

   ⓒ **수행방안 설계**

- 간단한 탐색적 분석을 실행하여 가설을 수립하여 분석 가능성을 검토한다.
- 사전에 필수 및 선택적인 분석항목을 분류해 우선순위를 부여하고 이러한 우선순위가 높은
필수 분석항목이 작업의 대상으로부터 누락되지 않도록 확인한다.
- 권한 및 계정 등을 확보해 DB 접근환경을 구축하고 분석대상 데이터의 존재 여부를 확인하
는 등의 간단한 기초분석을 수행한다.

   ⓒ **요건 확정**

- 요건 도출 및 분석 계획으로 수립된 기획안을 이해관계자와 공유하여 최종 요건을 확정한다.
- 확정된 요건을 종료 이후에 변경하는 일이 없도록 주의한다.

② **모델링** : 요건 정의에 의해 상세분석기법을 적용하여 모델을 개발하는 과정이다.

   ㉠ **모델링 마트 설계 및 구축**

- 분석 대상 데이터를 탐색, 정제, 요약 등의 전처리를 통해서 변수들을 식별한다.
- 분석 대상 데이터를 구조화하여 모델 마트를 설계한다.
- 여러 원천 데이터로부터 분석 대상 데이터를 획득한다.
- 전처리한 분석 대상 데이터를 적재하여 모델 마트를 구축한다.

   ⓒ **탐색적 분석 및 유의변수 도출**

- 사전에 시뮬레이션을 통해 수립된 분석모형의 타당성 및 적합성 등을 판단하여 이를 반복적
으로 보정한다.
- 최적화를 위해 분석모형 및 데이터의 유의성을 반복적으로 보정한다.
- 유의미한 변수를 파악하기 위해 목표값 별로 해당 변수들의 분포된 값을 확인하고 해당 변
수의 구간에서 차이가 큰지를 파악한다.
- 탐색적 분석 및 유의변수 도출 과정에서 정보가 부족하면 빠르게 추가 변수를 개발한다.
- 최소한의 시간에 탐색적 분석을 완료해 단위 분석에 대한 예상 소요시간을 추정한다.

ⓒ 모델링
- 여러 모델링 기법 중 업무의 특성에 적절한 기법을 선택 또는 여러 모델링 기법을 결합해서 적용한다.
- 경우에 따라서는 시뮬레이션 및 최적화를 결합하여 적용한다.
- 프로세스 및 자원 등에 관한 제약이 있고 입력값이 확률분포이면 시뮬레이션 기법을, 프로세스 및 자원 등에 대한 제약이 있고 상숫값을 가질 때는 최적화 기법을 사용한다.
- 데이터 마이닝 모델링은 통계적 모델링이 아니므로 지나치게 통계적 가설 또는 유의성을 적용하지 않아도 된다.

ⓓ 모델링 성능 평가
- 시뮬레이션에는 평균대기시간, 처리량 등의 지표를 활용한다.
- 데이터 마이닝에는 정밀도, 정확도, 향상도, 재현율 등의 값으로 판단한다.
- 구축된 학습용 데이터로 분석모형을 조정한다.
- 최적화에서는 최적화 이전의 객체 함수값 및 최적화 이후의 값의 차이를 구해 평가한다.
- 분석모형이 적합한지의 판단기준을 수립하고 분석모형별 학습용 데이터 집합을 구축한다.
- 학습용 데이터로 조정한 분석모형에 검증용 데이터를 적용해 학습용 데이터 기반 결과와 비교 및 분석한다.

③ 검증 및 테스트 : 분석용 데이터를 학습용 및 테스트의 2가지로 분류한 후에 분석용 데이터를 활용해 자체 검증 후 실제 테스트에서 신규 데이터 모델을 적용하여 결과를 도출하는 단계이다.

㉠ 운영상황 하에서의 실제 테스트
- 구축 및 조정된 분석모형을 테스트하기 위해 유사한 운영환경을 구축한다.
- 구축된 유사 운영환경에서 분석모형을 테스트하기 위한 절차를 설계한다.
- 운영 상황에서 실제 테스트는 분석 결과를 해당 업무 프로세스에 가상으로 적용해 이를 검증하는 실무 적용 직전의 활동이다.
- 테스트 결과를 분석모형에 반영하며 반복하여 테스트한다.
- 설계 절차에 의해 테스트하고 해당 결과를 분석한다.
- 분석 모형의 유형에 의해 과대 적합, 과소 적합이 발생하지 않도록 주의한다.
- 최종 테스트 결과를 분석모형의 실제 운영환경에 적용한다.

㉡ 비즈니스 영향도의 평가
- ROI를 산출하여 해당 분석에 대해 투자한 비용 대비 재무 효과가 200~300% 이상임을 증명한다.
- 투자 대비 효과의 정량화 기법으로 비즈니스 영향도를 평가한다.

- 모델링 성과에서의 재현율이 증가 또는 향상도가 개선되어 발생하는 정량적 효과에 대해 비즈니스적인 효과를 제시한다.
- 최적화에서는 목적함수가 증가한 만큼의 정량적인 효과를 제시한다.
- 시뮬레이션에서는 대기시간, 처리량, 대기행렬 감소 등을 통한 정량적인 효과를 제시한다.

④ **적용** : 분석한 결과를 가지고 업무 프로세스에 완전하게 통합하여 실제 일, 주, 월별 단위로 운영하는 단계이다.

　㉠ **운영시스템에 적용 및 자동화**
- 선택된 기법으로 분석 모형을 실제 운영환경에 적용하는 활동이다.
- 분석모델을 자동으로 모니터링하고 이상이 있을 시에만 확인하는 프로세스를 수립한다.
- 실시간 또는 배치 스케줄러를 실행해 이를 주기별로 분석모델의 성과를 데이터베이스 관리시스템에 기록하며, 조기경보시스템을 구성한다.

　㉡ **주기적 리모델링**
- 데이터마이닝, 최적화 모델링의 결과를 정기적으로 재평가하여 나타난 결과에 따라 필요할 시에 분석모형을 재조정한다.
- 데이터마이닝은 같은 데이터를 활용해서 학습을 다시 하거나 또는 변수 등을 추가하는 방법을 적용한다.

2 　분석 환경 구축

1. 분석 도구 선정

(1) R

① **개념** : 통계 프로그래밍 언어인 S 언어를 기초로 만들어진 오픈 소스 프로그래밍 언어이다.

② **특징**

　㉠ **기능**
- 여러 그래프 패키지들을 통해 강력한 시각화 기능을 제공한다.
- 사용자가 제작한 패키지를 직접적으로 추가해 기능확장이 가능하다.
- R의 핵심 패키지는 R과 함께 설치되며, 그 외 추가로 다운로드해서 설치 가능한 15,000개 이상의 패키지가 존재한다.

　㉡ **도구**
- R Studio는 R을 용이하고 편하게 활용하기 위해 개발된 통합개발 환경이다.

- R의 장점 중 하나는 다량의 패키지 및 즉각적으로 사용이 가능한 테스트 데이터를 CRAN을 통해 다운받을 수 있다는 것이다.

© 환경

- Mac OS, Windows, Linux 등의 여러 운영체제를 지원한다.
- 반면 인터프리터 언어라는 이유로 인해 프로세스 속도가 느리지만 상용 버전인 S-PLUS보다 많은 경우에 있어 속도가 빠르다.

(2) 파이썬

① 개념 : 이는 R과 동일한 작업 수행이 가능한 C 언어 기반의 오픈 소스 프로그래밍 언어이다.

② 특징

㉠ 문법 : 이는 타 언어와는 다르게 들여쓰기를 활용해 블록을 구분하는 문법을 사용한다.

㉡ 학습 : 프로그래밍 언어 자체가 어렵지 않으며 초보자도 쉽게 익힐 수 있다.

㉢ 도구 : 파이썬은 R과 다르게 대표적 통합 개발 환경이 없기 때문에 여러 배포 버전을 알아보고 필요에 적합한 프로그램을 사용한다.

㉣ 환경 : 파이썬의 경우에 좋은 시각화 라이브러리가 존재하지만 R과 비교했을 시에 선택의 폭이 좁다.

2. 데이터 분할

(1) 개념

① 데이터를 학습용 데이터, 검증용 데이터, 평가용 데이터를 분류하는 것이다.

② 이렇게 데이터를 분할하는 이유는 주어진 데이터에 대해서만 높은 성능을 보이는 과대 적합 문제를 예방해 2종 오류인 잘못된 귀무가설을 채택하는 오류를 방지하는 데 있다.

(2) 고려사항

① 검증용 데이터를 활용해 모형의 학습과정에서 해당 모형이 명확하게 학습되었는지를 중간에 검증을 실시하며, 과대적합 및 과소적합의 발생 여부를 확인해 모형에 튜닝하는 것에 사용한다.

② 학습용 데이터 및 검증용 데이터는 학습 과정에서 활용하며, 평가용 데이터는 학습 과정에서 활용하지 않고 오로지 모형의 평가를 위한 과정에만 활용된다.

③ 학습이 끝난 모형에 대해 한 번도 활용하지 않은 평가용 데이터를 통해 모형을 평가하고, 이때 활용된 결과가 모형의 평가 지표가 된다.

④ 통상적으로 학습용 데이터 및 검증용 데이터를 60~80% 활용하고, 평가용 데이터를 20~40%로 분할한다.

part
03

데이터 분석과 결과해석

제 **2** 장

분석기법 적용

1 분석기법

1. 회귀분석

(1) 회귀분석의 개념

① 회귀분석(regression analysis)은 관찰된 연속형 변수들에 대해 두 변수 사이의 모형을 구한 뒤 적합도를 측정해 내는 분석 방법이다.

② 회귀분석은 시간에 따라 변화하는 데이터나 어떤 영향, 가설적 실험, 인과 관계의 모델링 등의 통계적 예측에 이용될 수 있다.

(2) 회귀분석의 표준 가정

① **선형성** : 독립변수와 종속변수가 선형이어야 한다.

② **독립성** : 오차들이 서로 독립적이어야 한다.

③ **등분산성** : 잔차의 분산이 독립변수와 무관하고, 고르게 분포되어야 한다.

④ **정규성** : 오차의 분포가 정규분포를 만족해야 한다.

⑤ **비상관성** : 관측치와 잔차가 서로 무관해야 한다.

> **Q 참고** 다중공선성문제(Multicollinearity) 해결 방법
>
> 다중공선성문제는 통계학의 회귀분석에서 독립변수들 간에 강한 상관관계가 나타나는 문제이다. 독립변수들간에 정확한 선형관계가 존재하는 완전공선성의 경우와 독립변수들간에 높은 선형관계가 존재하는 다중공선성으로 구분하기도 한다. 이는 회귀분석의 전제 가정을 위배하는 것이므로 적절한 회귀분석을 위해 해결해야 하는 문제가 된다.
> • 상관관계가 높은 독립변수중 하나 혹은 일부를 제거한다.
> • 변수를 변형시키거나 새로운 관측치를 이용한다.
> • 자료를 수집하는 현장의 상황을 보아 상관관계의 이유를 파악하여 해결한다.
> • 주성분 분석(Principle Component Analysis)을 이용한 diagonal matrix의 형태로 공선성을 없애준다.

(3) 회귀모형 적합도

① 회귀모형의 적합도는 잔차 검정을 통해 확인한다.

② 잔차 검정은 정규성과 독립성, 등분산성 가정을 만족하는지에 대한 검토 과정이다.

③ 잔차의 정규성은 Shaprio-Wilk 검정 또는 Kolmogolov-Smirnov 검정을 통해서 실시하며, 회귀분석에서도 등분산성 방법으로는 Breusch-Pagan test, Goldfeld-Quandt test, Cook-Weisberg test 그리고 White test가 있다.

> **참고** 다중선형 회귀분석 (다변량 회귀분석)
>
> 표본의 개수가 n이고, 변수의 개수가 k일 때 F-통계량은 다음과 같다.
>
> | 요인 | 제곱합 | 자유도 | 제곱평균 | F-통계량 |
> |---|---|---|---|---|
> | 회귀 | SSR | k | MSR=SSR/k | $F=\dfrac{MSR}{MSE}$ |
> | 오차 | SSE | n-k-1 | MSE=SSE/(n-k-1) | |
> | 계 | SST | n-1 | MST=SST/(n-1) | |

2. 로지스틱 회귀분석

(1) 로지스틱 회귀분석의 개념 및 목적

① 로지스틱 회귀(logistic regression)는 영국의 통계학자인 D. R. Cox가 1958년에 제안한 확률 모델로서 독립변수의 선형 결합을 이용하여 사건의 발생 가능성을 예측하는데 사용되는 통계 기법이다.

② 독립변수의 선형 결합으로 종속변수를 설명한다는 관점에서는 선형 회귀분석과 유사하지만 로지스틱 회귀는 선형 회귀분석과는 다르게 종속변수가 범주형 데이터를 대상으로 하며 입력 데이터가 주어졌을 때 해당 데이터의 결과가 특정 분류로 나뉘기 때문에 일종의 분류 기법으로도 볼 수 있다.

(2) 로지스틱 회귀의 종류

① 일반적으로 로지스틱 회귀는 종속변수가 이항형 문제의 경우 즉, 유효한 범주의 개수가 두 개인 경우를 지칭할 때 사용된다.

② 두 개 이상의 범주를 가지는 문제가 대상인 경우엔 다항 로지스틱 회귀 또는 분화 로지스틱 회귀라고 하고 복수의 범주이면서 순서가 존재하면 서수 로지스틱 회귀라고 한다.

③ 이항형 로지스틱 회귀의 경우 종속변수의 결과가 2개의 카테고리로 존재하는 것을 의미하며 다항형 로지스틱 회귀는 종속형 변수가 2개 이상의 카테고리로 분류되는 것을 가리킨다.

④ 이항형 로지스틱의 회귀 분석에서 2개의 카테고리는 0과 1로 나타내어지고 각각의 카테고리로 분류될 확률의 합은 1이 된다.

⑤ 예측의 정확도를 높이기 위해 로지스틱 회귀는 연속이고 증가함수이며 [0, 1]에서 값을 갖는 연결 함수 $g(x)$를 제안하였는데 그 중 대표적인 두 개는 아래와 같다.

> • 로지스틱 모형 : $g(x) = \dfrac{e^x}{1+e^x}$
>
> • 검벨 모형 : $g(x) = e^{-e^x}$

⑥ 로지스틱 모형 식은 독립 변수가 $[-\infty, \infty]$의 어느 숫자이든 상관없이 종속변수 또는 결과값이 항상 범위 [0, 1] 사이에 있도록 한다. 이는 오즈(odds)를 로짓(logit) 변환을 수행함으로써 얻어진다.

3. 의사결정나무

(1) 의사결정나무의 개념

① 의사결정나무(decision tree)는 의사결정 규칙을 나무 구조로 나타내어 전체 자료를 몇 개의 소집 단으로 분류하거나 예측을 수행하는 분석 방법이다.

② 주어진 입력값에 대하여 출력값을 예측하는 모형으로 목표변수가 이산형인 경우의 분류나무와 목표변수가 연속형인 경우의 회귀나무로 구분된다.

③ 상위노드로부터 하위노드로 트리구조를 형성하는 매 단계마다 분류변수와 분류 기준값의 선택이 중요하다. 이때, 상위노드에서의 분류변수 및 분류 기준값은 이 기준에 의해 분기되는 하위노드에 서 집단 내에서는 동질성이 그리고 집단 간에는 이질성이 가장 커지도록 선택되는 것이 중요하다.

④ 목표변수가 이산형인 경우 상위노드에서 가지분할을 수행할 때 분류변수와 분류기준값의 선택방 법으로 카이제곱 통계량의 p-값, 지니 지수, 엔트로피 지수 등이 사용된다.

⑤ 목표변수가 연속형인 회귀나무의 경우에는 분류변수와 분류 기준값의 선택방법으로 F-통계량의 F-값, 분산의 감소량 등이 사용된다.

⑥ 나무 모형의 크기는 과대적합 또는 과소적합이 되지 않도록 합리적 기준에 의해 적당히 조절되어 야 한다.

> **참고** 불확실성 측도(uncertainty measure)
>
> • 지니 지수 : $G = 1 - \sum_i^c p_i^2 \ \left(0 \leq G \leq \dfrac{1}{2}\right)$
>
> • 엔트로피 지수 : $E = -\sum_i^c p_i \log_2 p_i \ (0 \leq E \leq 1)$

(2) 의사결정나무의 구성요소

① **뿌리마디 (Root Node)** : 나무가 시작되는 마디로 전체 자료를 포함한다.

② **중간마디 (Internal Node)** : 뿌리마디에서 나온 각 나무줄기 중간에 있는 마디로 부모마디와 자식마디가 모두 있는 마디이다.

③ **끝마디 (Terminal Node)** : 각 나무줄기의 끝에 있는 마디로 자식마디가 없는 마디이다.

④ **자식마디 (Child Node)** : 하나의 마디로부터 분리되어 나간 2개 이상의 마디들을 말한다.

⑤ **부모마디 (Parent Node)** : 자식마디의 상위에 있는 마디를 말한다.

⑥ **가지 (Branch)** : 뿌리 마디로부터 끝 마디까지 연결된 마디들을 말한다.

⑦ **깊이 (Depth)** : 뿌리 마디부터 끝 마디까지의 중간 마디들의 수로 가지를 이루는 마디의 갯수를 의미한다.

(3) 의사결정나무 알고리즘

의사결정나무분석을 위한 알고리즘에는 CHAID(Kass, 1980), CART(Breiman 등, 1984), ID3(Quinlan, 1986), C4.5(Quinlan, 1993), C5.0(Quinlan, 1998) 등과 이들의 장점을 결합한 다양한 알고리즘이 있다. 주요 알고리즘과 분류 기준변수의 선택법을 요약하면 다음과 같다.

구분	이산형 목표변수	연속형 목표변수
CHAID (다지분할)	카이제곱 통계량	ANOVA F-통계량
CART (이진분할)	지니 지수	분산감소량
C4.5	엔트로피 지수	.

(4) 의사결정나무의 장단점

① 장점으로는 그 구조가 단순하여 해석이 용이하고, 유용한 입력변수의 파악과 예측변수간의 상호작용 및 비선형성을 고려하여 분석이 수행되며, 선형성, 정규성, 등분산성 등의 수학적 가정이 불필요한 비모수적 모형이다.

② 단점으로는 분류 기준값의 경계선 근방의 자료 값에 대해서는 오차가 클 수 있으며(비연속성), 로지스틱 회귀와 같이 각 예측변수의 효과를 파악하기 어려우며, 새로운 자료에 대한 예측이 불안정할 수 있다.

part
03

4. 인공신경망

(1) 인공신경망의 개념

① 인공신경망(Artificial Neural Network)은 기계학습과 인지과학에서 생물학의 신경망에서 영감을 얻은 통계학적 학습 알고리즘이다.

② 인공신경망은 시냅스의 결합으로 네트워크를 형성한 인공 뉴런(노드)이 학습을 통해 시냅스의 결합 세기를 변화시켜, 문제 해결 능력을 가지는 모델 전반을 가리킨다.

③ 인공신경망에서 망은 각 시스템에 있는 여러 층의 뉴런 간의 연결을 의미하는데 보통 세 가지의 인자를 이용해 정의된다.

   ㉠ 다른 층의 뉴런들 사이의 연결 패턴

   ㉡ 연결의 가중치를 갱신하는 학습 과정

   ㉢ 뉴런의 가중 입력을 활성화도 출력으로 바꿔주는 활성화 함수

(2) 인공신경망의 구조

① 퍼셉트론(Perceptron)

   ㉠ 퍼셉트론은 인간의 신경망에 있는 뉴런의 모델을 모방하여 입력층, 은닉층, 출력층으로 구성한 인공신경망 모델이다.

   ㉡ 퍼셉트론의 구조는 입력값, 가중치, 순 입력함수, 활성함수, 예측값으로 되어 있다.

   ㉢ 퍼셉트론에 있어서 AND, OR 연산은 선형분리가 가능하지만 XOR 연산은 선형분리가 불가능하다.

   ㉣ 퍼셉트론의 XOR 선형분리 문제점은 다층 퍼셉트론으로 해결하였다.

② 다층 퍼셉트론(Multi-Layer Perceptron)

   ㉠ 다층 퍼셉트론은 입력층과 출력층 사이에 하나 이상의 은닉층을 두어 비선형적으로 분리되는 데이터에 대해 학습이 가능한 퍼셉트론이다.

   ㉡ 역전파 알고리즘을 통해 다층으로 만들어진 퍼셉트론의 학습이 가능하며, 활성화 함수로 시그모이드 함수를 사용한다.

   ㉢ 다층 퍼셉트론의 문제점으로는 과대 적합, 기울기 소실 등을 들 수 있다.

> **참고** 시그모이드 함수
>
> • 시그모이드 함수는 S자형 곡선 또는 시그모이드 곡선을 갖는 수학 함수를 말한다.
>
> $$S(x) = \frac{1}{1+e^{-x}} = \frac{e^x}{e^x+1}$$
>
> • 시그모이드 함수는 실수 전체를 정의역으로 가지며, 반환값은 단조증가하는 것이 일반적이지만 단조감소할 수도 있다.
>
> • 여러 종류의 시그모이드 함수는 인공 뉴런의 활성화 함수로 사용되었다.
>
> • 통계학에서도 로지스틱 분포, 정규분포, 스튜던트 t 분포 등의 누적 분포 함수로 시그모이드 곡선이 자주 등장한다.
>
> • 시그모이드 함수는 가역 함수로 그 역은 로짓 함수이다.

(3) 학습 패러다임

① 학습 패러다임에는 크게 지도 학습, 자율 학습, 준 지도 학습이 있으며, 각각이 특정한 추상적인 학습 과제에 대응된다.

② 지도 학습 패러다임에 해당하는 과제에는 패턴 인식(또는 분류)과 회귀분석(또는 함수 근사)이 있다. 지도 학습은 음성 인식이나 모션 인식 분야에 나타나는 순차적 데이터에도 적용시킬 수 있다.

③ 자율 학습 패러다임에 속하는 과제는 일반적으로 근사와 관련된 문제들이다. 클러스터링, 확률 분포의 예측, 데이터 압축, 베이지언 스팸 필터링 등에 이것을 응용할 수 있다.

④ 준 지도 학습 패러다임에 속하는 과제에는 제어 문제, 게임, 순차적 결정 문제 등이 있다.

(4) 학습 알고리즘

① 실질적으로 인공신경망을 학습시키는 것은 비용을 최소화하는 모델을 허용된 모델의 집합에서 고르는 것이다.

② 인공신경망을 학습시키는 데에는 많은 알고리즘이 존재하고, 그 중 대부분은 최적화 이론과 추정 이론을 접목해 응용한 것으로 볼 수 있다.

③ 인공신경망을 학습할 때 사용하는 대부분의 알고리즘은 역전파 기법을 이용해 실제 기울기를 계산하는 경사 하강법을 사용한다. 이는 간단하게 비용함수를 망의 인자에 대해 미분한 다음 인자를 기울기 방향으로 조금씩 바꾸는 식으로 할 수 있다.

④ 유전 알고리즘, 유전자 수식 프로그래밍, 담금질 기법, 기댓값 최대화 알고리즘, 비모수 통계, 군집 최적화와 같은 방법들이 신경망을 학습시키는데 주로 이용된다.

(5) 인공신경망의 적용

① 함수 추론, 회귀 분석, 시계열 예측, 근사 모델링

② 패턴인식 및 순서 인식 그리고 순차 결정 같은 분류 알고리즘

③ 필터링, 클러스터링, 압축 등의 데이터 처리

④ 인공 기관의 움직임 조성 같은 로봇 제어

⑤ 컴퓨터 수치 제어

(6) 인공신경망 알고리즘 종류

① 전방 전달 신경망(Feedforward neural network) : 가장 간단한 방법의 인공신경망 방법이다. 신경망 정보가 입력 노드에서 은닉 노드를 거쳐 출력 노드까지 전달되며 순환 경로가 존재하지 않는 그래프를 형성한다. 다양한 방법의 구조가 존재하는데 이진 구조, 퍼셉트론, 시그모이드 등 여러 가지 방법으로 구성할 수 있다.

② **방사 신경망(Radial basis function network)** : 방사상 인공신경망은 다차원의 공간의 보간법에 매우 강력한 능력을 가지고 있다. 방사 함수는 다 계층의 시그모이드 함수를 은닉 노드에서 사용하는 형태를 대체할 수 있다.

③ **코헨 자기조직 신경망(Kohonen self-organizing network)** : 자기조직 신경망 알고리즘은 대표적인 신경망 알고리즘 중 하나로 대부분의 신경망 알고리즘이 지도(supervised) 학습방법을 사용하는 것과는 대조적으로 자율(unsupervised) 학습방법과 경쟁(competitive) 학습방법을 사용한다. 신경망은 입력층과 경쟁층으로 나뉘고, 경쟁층의 각 뉴런은 연결강도 백터와 입력 백터가 얼마나 가까운가를 계산한다. 그리고 각 뉴런들은 학습할 수 있는 특권을 부여받으려고 서로 경쟁하는데 거리가 가장 가까운 뉴런이 승리하게 된다. 이 승자 뉴런이 출력 신호를 보낼 수 있는 유일한 뉴런이다. 또한 이 뉴런과 이와 인접한 이웃 뉴런들만이 제시된 입력 백터에 대하여 학습이 허용된다.

④ **순환 인공 신경망(Recurrent neural network)** : 순환 인공신경망은 전방 신경망과 정반대의 동작을 한다. 노드들 간의 양방향 데이터 이동이 가능하며 데이터는 선형적으로 전달이 된다. 데이터가 후방 노드에서 전방 노드로 전달하여 연산이 수행될 수도 있다.

5. 서포트벡터머신

(1) 서포트벡터머신의 개념

① 서포트 벡터 머신(Support Vector Machine)은 기계학습 분야 중 하나로 패턴인식, 자료 분석을 위한 지도 학습 모델이며, 주로 분류와 회귀 분석을 위해 사용한다.

② 두 카테고리 중 어느 하나에 속한 데이터의 집합이 주어졌을 때, SVM 알고리즘은 주어진 데이터 집합을 바탕으로 하여 새로운 데이터가 어느 카테고리에 속할지 판단하는 비확률적 이진 선형 분류 모델을 만든다.

③ 만들어진 분류 모델은 데이터가 사상된 공간에서 경계로 표현되는데 SVM 알고리즘은 그 중 가장 큰 폭을 가진 경계를 찾는 알고리즘이다.

④ SVM은 선형 분류와 더불어 비선형 분류에서도 사용될 수 있다.

⑤ 비선형 분류를 하기 위해서 주어진 데이터를 고차원 특징 공간으로 사상하는 작업이 필요한데, 이를 효율적으로 하기 위해 커널 트릭을 사용하기도 한다.

(2) 서포트벡터머신의 구성요소

① **결정경계 (Decision Boundary)** : 데이터 분류의 기준이 되는 경계를 말한다.

② **초평면 (Hyperplane)** : n 차원의 공간의 (n-1) 차원 평면을 말한다.

③ **마진 (Margin)** : 결정 경계에서 서포트 벡터까지의 거리를 말한다.

④ **서포트 벡터 (Support Vector)** : 학습 데이터 중에서 결정 경계와 가장 가까이에 있는 데이터들의 집합을 말한다.

⑤ **슬랙변수 (Slack Variables)** : 완벽한 분리가 불가능할 때 선형적으로 분류를 위해 허용된 오차를 위한 변수를 말한다.

(3) 서포트벡터머신의 적용

① SVM은 텍스트와 하이퍼텍스트를 분류하는데 있어서, 학습 데이터를 상당히 줄일 수 있게 해준다.

② 이미지를 분류하는 작업에서 SVM을 사용할 수 있다. SVM이 기존의 쿼리 개량 구조보다 상당히 높은 검색 정확도를 보인 것에 대한 실험 결과가 있다.

③ SVM은 분류된 화합물에서 단백질을 90%까지 구분하는 의학 분야에 유용하게 사용된다.

④ SVM을 통해서 손글씨의 특징을 인지할 수 있다.

6. 연관성분석

(1) 연관성분석의 개념 및 특징

① 연관성 분석(Association Analysis)은 데이터 내부에 존재하는 항목 간의 상호 관계 혹은 종속 관계를 찾아내는 분석기법이다.

② 무방향성 데이터마이닝 기법으로 목적변수가 없어 분석 방향이나 목적이 없어도 적용이 가능하다.

③ 조건 반응(if-then)으로 표현되어 결과를 쉽게 이해하기 쉽다.

④ 매우 간단하게 분석을 위한 계산이 가능하다.

(2) 주요 용어

① 지지도(Support)는 전체 거래 중 항목 A와 B를 동시에 포함하는 거래 비율로 $P(A \cap B)$로 나타낼 수 있다.

② 신뢰도(Confidence)는 A 상품을 샀을 때 B 상품을 살 조건부 확률에 대한 척도로 $\dfrac{P(A \cap B)}{P(A)}$로 나타낼 수 있다.

③ 향상도(Lift)는 규칙이 우연에 의해 발생한 것인지를 판단하기 위해 연관성의 정도를 측정하는 척도로 $\dfrac{P(B|A)}{P(B)}$로 나타낼 수 있다.

　㉠ 향상도＝1 : 서로 독립적인 관계

　㉡ 향상도＞1 : 양(＋)의 상관관계

　㉢ 향상도＜1 : 음(－)의 상관관계

(3) Apriori 알고리즘

① 데이터들의 발생빈도를 기반으로 연관규칙을 도출하는 것으로 분석대상 항목을 최소화하여 연관성 도출을 효율화한 연관분석 알고리즘을 말한다.

② 한 항목집합이 빈발하면 이 항목집합의 모든 부분집합은 빈발항목 집합이고, 한 항목집합이 빈발하지 않는다면 이 항목집합을 포함하는 모든 집합은 비 빈발항목 집합이 된다.

③ Apriori 알고리즘 계산 순서는 다음과 같다.

　㉠ 최소 지지도 경계 값을 정함

　㉡ Database에서 후보 항목 집합을 생성

　㉢ 후보 항목 집합에서 최소 지지도 경계 값을 넘는 빈발 항목 집합을 찾아냄

7. 군집분석

(1) 군집분석의 개념 및 특징

① 군집분석(Cluster Analysis)은 관측된 여러 개의 변수값들로부터 유사성에만 기초하여 n개의 군집으로 집단화하여 집단의 특성을 분석하는 다변량 분석기법이다.

② 군집의 결과는 계통도 또는 덴드로그램의 형태로 주어지며 각 개체는 하나의 군집에만 속한다.

③ 덴드로그램은 군집의 개체들이 결합되는 순서를 나타내는 트리 형태의 구조를 말한다.

(2) 군집간의 거리측정 방법 및 거리 계산

① 군집 간의 연결법에는 최단 연결법, 최장 연결법, 중심 연결법, 평균 연결법, 와드 연결법 등이 있다.

② 군집 간의 연결법에 따라 군집의 결과가 달라질 수 있다.

③ 연속형 변수 거리로는 민코프스키 거리, 맨하튼 거리, 유클리드 거리, 표준화 거리, 마할라노비스 거리 등이 있다.

④ 명목형 변수인 경우에는 단순 일치 계수, 자카드 계수 등을 이용하여 거리를 측정한다.

⑤ 순서형 자료인 경우에는 순위상관계수를 이용하여 거리를 측정한다.

(3) 군집분석의 종류

① k-평균 군집은 주어진 데이터를 k개의 군집으로 묶는 알고리즘을 말한다.

② 혼합 분포 군집은 데이터가 k개의 모수적 모형의 가중합으로 표현되는 모집단 모형으로부터 나왔다는 가정하에서 자료로부터 모수와 가중치를 추정하는 방법을 말한다.

③ 자기 조직화 지도(SOM)는 대뇌피질과 시각피질의 학습 과정을 기반으로 모델화한 인공신경망으로 자율 학습 방법에 의한 클러스터링 방법을 적용한 알고리즘을 말하며 입력층과 경쟁층으로 구성된다.

2 고급분석기법

1. 범주형 자료 분석

(1) 범주형 자료분석의 개념 및 특징

① 범주형 자료분석은 종속변수가 하나이고 범주형인 데이터를 분석하여 모형과 독립변수의 유의성을 알아보는 분석 방법이다.

② 범주형 자료분석은 독립변수와 종속변수의 척도에 따라 분석 방법이 다르다.

③ 독립변수가 범주형인 경우에는 분할표 분석, 카이제곱 검정(교차분석), 피셔의 정확 검정으로 분석한다.

④ 독립변수가 연속형인 경우에는 로지스틱 회귀분석이 사용된다.

(2) 분할표 분석

① 분할표를 이용한 범주형 자료분석은 상대위험도와 승산비를 통하여 분석한다.

② 상대위험도(Relative Risk)란 관심집단의 위험률을 비교집단의 위험률로 나누어 구하는데, 여기서 위험률은 특정 사건이 발생할 비율을 의미한다.

구분	사건발생 함	사건발생 안 함
관심집단(위험인자에 노출됨)	A	B
비교집단(위험인자에 노출 안 됨)	C	D

※ 상대위험도(RR)=관심집단의 위험률÷비교집단의 위험률=[A/(A+B)]÷[C/(C+D)]

㉠ 상대위험도가 1보다 작으면 관심집단의 특정 사건 발생 확률이 낮다고 평가한다.

㉡ 상대위험도가 1이면 관심집단과 특정 사건의 발생에는 연관성이 없다고 평가한다.

㉢ 상대위험도가 1보다 크면 관심집단의 특정 사건 발생 확률이 높다고 평가한다.

③ 승산비(Odds Ratio)는 특정 조건이 있을 때의 성공 승산을 다른 조건이 있을 때의 성공 승산으로 나누어서 구하는데, 여기서 승산(Odds)은 특정 사건이 발생할 확률과 그 사건이 발생하지 않을 확률의 비율이다.

㉠ 승산=p÷(1-p), p=특정 사건이 발생할 확률

㉡ 승산비=관심집단의 오즈÷비교집단의 오즈=[A/B]÷[C/D]=[A×D]÷[B×C]

(3) 카이제곱 검정

① 카이제곱 검정의 χ^2 값은 편차의 제곱 값을 기대빈도로 나눈 값들의 합으로 구한다.

② 교차분석은 적합도 검정, 독립성 검정, 동질성 검정 등으로 분류할 수 있다.

part
03

데이터 분석

③ 카이제곱 검정에서는 관측도수와 기대도수간의 차이를 이용하여 검정을 진행하는데, 카이제곱 검정식은 다음과 같다.

　　㉠ 기대도수 계산

$$E = n_{..} \times \frac{n_{i.}}{n_{..}} \times \frac{n_{.j}}{n_{..}} = \frac{n_{i.}n_{.j}}{n_{..}}$$

($n_{i.}$: i번째 행의 누계, $n_{.j}$: j번째 열의 누계, $n_{..}$: 총누계 = 표본의 수)

　　㉡ 카이제곱 검정식

$$\chi^2 = \sum \frac{(O-E)^2}{E} \;(O : \text{관측도수}, E : \text{기대도수})$$

χ^2 통계량의 자유도 : $(r-1)(c-1)$ (r : 행의 수, c : 열의 수)

(4) 피셔의 정확 검정

① 분할표에서 표본 수가 적거나 표본이 셀에 치우치게 분포되어 있을 경우 피셔의 정확 검정을 실시한다.

② 범주형 데이터에서 기대빈도가 5 미만인 셀이 20%를 넘는 경우 카이제곱 검정의 정확도가 떨어지므로 이때 피셔의 정확 검정을 사용할 수 있다.

2. 다변량 분석

(1) 상관 분석

① 피어슨 상관 계수(Pearson's r)

　㉠ 피어슨 상관 계수는 변수들간의 관련성을 구하는 이변량 상관분석에서 보편적으로 이용된다.

$$r = X와 Y가 \text{ 함께 변하는 정도} \div X와 Y가 \text{ 각각 변하는 정도}$$

　㉡ r값은 X와 Y가 완전히 동일하면 +1, 전혀 다르면 0, 반대방향으로 완전히 동일하면 −1 을 가진다.

　　• r이 −1.0과 −0.7 사이이면 강한 음적 선형관계를 의미한다.

　　• r이 −0.7과 −0.3 사이이면 뚜렷한 음적 선형관계를 의미한다.

　　• r이 −0.3과 −0.1 사이이면 약한 음적 선형관계를 의미한다.

　　• r이 −0.1과 +0.1 사이이면 거의 무시될 수 있는 선형관계를 의미한다.

- r이 +0.1과 +0.3 사이이면 약한 양적 선형관계를 의미한다.
- r이 +0.3과 +0.7 사이이면 뚜렷한 양적 선형관계를 의미한다.
- r이 +0.7과 +1.0 사이이면 강한 양적 선형관계를 의미한다.

ⓒ 결정계수는 r^2으로 계산하며 이것은 X로부터 Y를 예측할 수 있는 정도를 의미한다.

② 스피어만 상관 계수(Spearman correlation coefficient)

ⓐ 스피어만 상관 계수는 데이터가 서열척도인 경우에 사용하는 상관 계수로서, 데이터를 작은 것부터 차례로 순위를 매겨 서열 순서로 바꾼 뒤 순위를 이용해 상관 계수를 구한다.

ⓑ 두 변수 간의 연관 관계가 있는지 없는지를 밝혀주며 자료에 이상점이 있거나 표본크기가 작을 때 유용하다.

ⓒ 스피어만 상관 계수는 −1과 1 사이의 값을 가지는데 두 변수 안의 순위가 완전히 일치하면 +1이고, 두 변수의 순위가 완전히 반대이면 −1이 된다.

(2) 다차원 척도법 (Multidimensional Scaling)

① 객체간 근접성을 시각화하는 통계기법으로 개체들을 2차원 또는 3차원 공간상에 점으로 표현하여 개체들 사이의 집단화를 시각적으로 표현하는 분석방법이다.

② 군집분석과 같이 개체들을 대상으로 변수들을 측정한 후에 개체들 사이의 유사성 및 비유사성을 측정하는데 개체들 사이의 거리는 유클리드 거리행렬을 이용한다.

③ 관측대상들의 상대적 거리의 정확도를 높이기 위해 적합 정도를 스트레스 값(Stress Value)으로 나타낸다.

ⓐ 각 개체들을 공간상에 표현하기 위한 방법은 부적합도 기준으로 STRESS나 S-STRESS를 사용한다.

ⓑ 최적모형의 적합은 부적합도를 최소로 하는 반복알고리즘을 이용하며, 이 값이 일정 수준 이하가 될 때 최종적으로 적합된 모형으로 제시한다.

④ 스트레스 값은 0에 가까울수록 적합도 수준이 완벽하고 1에 가까울수록 나쁘다.

STRESS	적합도 수준
0	완벽(perfect)
0.05이내	매우 좋음(excellent)
0.05~0.10	만족(satisfactory)
0.10~0.15	보통(acceptable, but doubt)
0.15이상	나쁨(poor)

(3) 주성분 분석 (Principal Component Analysis)

① 주성분 분석은 개별 자료의 상관관계를 이용해서 자료의 차원을 줄이는 통계학 기법으로 요인 분석과 동일한 원리로 작동한다.

② 많은 정보를 함유하고 있는 여러 변수들에서 공통된 정보를 추출하여 자료의 차원을 줄이거나 여러 변수들을 대표하는 지표를 구성하기 위해 주성분 분석이 쓰인다.

③ 주성분 분석은 실제 고유 벡터 기반의 다변량 분석들 중 가장 간단한 방식이다.

④ 차원 감소폭의 결정은 스크린 산점도, 전체 변이의 공헌도, 평균 고유값 등을 활용하는 방법이 있다(누적 기여율이 85% 이상이면 주성분의 수로 결정할 수 있음).

⑤ 주성분 분석은 정준상관분석(CCA)과도 관계가 있는데, 주성분 분석이 하나의 데이터 집합의 변화를 제일 잘 설명하는 새로운 직교 좌표 시스템을 의미하는 반면 정준상관분석은 두 개의 데이터 집합간의 교차 공분산을 가장 잘 설명하는 좌표 시스템을 말한다.

3. 시계열 분석

(1) 시계열 분석(time series analysis)의 개념 및 특징

① 시계열 분석은 시간의 흐름에 따라 기록된 시계열 자료를 분석하고 여러 변수들간의 인과관계를 밝히는 기법을 말한다.

② 시계열분석과 횡단면분석의 성격을 결합하면 패널분석이 된다.

③ 시계열 모형에는 자기회귀 모형(auto-regressive model), 이동평균 모형(moving average model), 자기회귀 누적 이동평균 모형(auto-regressive integrated moving average model)이 있다.

④ 일변량 시계열 모형이란 한 개의 변인만을 측정하고 그 변인이 갖고 있는 데이터로만 미래시점의 어떤 값을 예측하려는 것이고, 다변량 시계열 모형이란 측정 변수를 두 개 이상 넣어서 변화를 예측하는 것이다.

> **Q 참고** 다변량 시계열 모형
>
> 단변량 시계열 모형은 그 자체로도 우수한 예측력을 나타내기도 하나, 사회 현상이란 것이 단독적으로 존재하는 경우는 거의 없고 외생 변수들의 영향을 받아 변화하는 경우가 많기 때문에 이를 고려하기 위해 다변량 시계열 모형이 개발되었다. 이 모형에는 전이함수모형에서 AR만 고려하는 모형인 VAR(벡터 자기 회귀), VECM, 다변량 GARCH 등이 있다.

⑤ 시계열 자료는 추세(trend), 순환(cycle), 계절변동(seasonal variation), 불규칙변동(irregular fluctuation) 등으로 구성되어 있다. 따라서 분석을 시작하기 전에 자료의 계절성과 주기성, 순환성 파악을 위해 분산분석(ANOVA)과 다중비교(multiple comparisons)를 통해 계절효과가 있는지 확인해야 한다.

(2) 자기회귀 모형(AR)

① AR모형은 기본적으로 회귀 분석에서 자기 자신의 과거값을 변수로 하는 회귀식을 추정하는 과정이라고 요약할 수 있다.

② 자기회귀모형은 현 시점의 자료가 p시점 전의 유한개의 과거 자료로 설명될 수 있다는 의미로 AR(p)모형은 다음과 같이 표현된다.

$$Z_t = \phi_1 Z_{t-1} + \phi_2 Z_{t-2} + \cdots + \phi_p Z_{t-p} + a_t$$

- Z_t : 현재 시점의 시계열 자료
- Z_{t-i} : i시점 이전의 시계열 자료
- ϕ_p : p 시점이 현재 시점에 미치는 영향력
- a_t : 백색잡음, 시계열 분석에 있어서 오차항

③ 자기회귀 모형인지 판단하기 위해서는 자료에서 자기상관함수(Auto-Correlation Function)와 부분자기상관함수(Partial Auto-Correlation Function)를 이용하여 식별한다.

④ 일반적으로 시차가 증가하면서 자기상관함수는 점차 감소하고, 부분자기상관함수는 p+1시차 이후로 급격히 감소하여 절단된 형태를 띤다.

(3) 이동평균 모형(MA)

① 이동평균 모형은 현 시점의 자료를 유한개의 백색잡음의 선형결합으로 표현한다. 그렇기에 항상 정상성을 만족하며, 정상성에 대한 가정이 필요하지 않다.

② 이동평균모형의 형태는 다음과 같다.

$$Z_t = a_t - \theta_1 a_{t-1} - \theta_2 a_{t-2} - \cdots - \theta_p a_{t-p}$$

③ 이동평균 모형 또한 모형식별을 위해서 자기회귀모형과 마찬가지로 자기상관함수와 부분자기상관함수를 이용한다.

④ 이동평균 모형은 자기회귀모형과 반대로 자기상관함수가 p+1시차 이후로 급격히 감소하여 절단된 형태를 띠고, 부분자기상관함수는 점차 감소하는 형태를 띤다.

(4) 자기회귀 누적 이동평균 모형(ARIMA)

① ARIMA 모형은 비정상적(nonstationary) 시계열 자료에 대해 분석하는 방법이다.

② ARIMA모형은 기본적으로 비정상 시계열 모형이기에 차분이나 변환을 통해서 AR/MA/ARMA 모형으로 정상화할 수 있다.

part
03

빅데이터 분석기법

③ ARIMA(p, d, q)모형은 p, d, q의 값에 따라서 이름이 달라지게 된다.

    ㉠ 차수 p는 AR모형과 관련이 있고, q는 MA모형과 관련이 있으며, d는 ARIMA에서 ARMA로 정상화할 때 몇 번 차분했는지를 의미한다.

    ㉡ d=0일 경우 ARMA(p, q)모형이라 부르는 것이고 이때 ARMA모형은 정상성을 만족한다. 그리고 ARMA모형은 단순하게 AR과 MA모형이 공존하는 형태이다.

    ㉢ p=0이면 IMA(d, q)모형이라 부르며 이 모형을 d번 차분하면 MA(q)모형이 된다.

    ㉣ q=0일 경우 ARI(p, d)모형이며 이를 d번 차분했을 때 시계열 모형이 AR(p)를 따른다.

    ㉤ ARIMA는 비정상 시계열로 정상시계열 자료형태인 AR/MA/ARMA로 d번 차분하여 변환시키는 모형이다.

④ 단일변량 ARIMA 분석기법의 특징은 시계열 자료 외에 다른 자료가 없더라도 그 변동 상태를 확인할 수 있다는 장점을 가지고 있으며, 어떤 시계열에도 적용이 가능하고 특히 시간의 흐름에 따라 자료의 변동이 빠를 때 민감하게 반영할 수 있다.

⑤ ARIMA모형은 크게 모형의 식별, 모수 추정, 모델 적합, 예측의 4 단계로 구분한다.

4. 베이지안 기법

(1) 조건부 확률

① 표본공간 S의 두 사건 A, B에 대하여 확률이 0이 아닌 사건 A가 일어났을 때 사건 B가 일어날 확률을 사건 A가 일어났을 때의 사건 B의 조건부확률이라 한다.

② 사상 A가 일어났을 때, 사상 B의 조건부 확률 $P(B|A)$는 다음과 같이 정의한다.

$$P(B|A) = \frac{P(A \cap B)}{P(A)} \ (단, \ P(A) > 0)$$

(2) 베이즈 정리(Bayes' theorem)

① 베이즈 정리는 두 확률 변수의 사전 확률과 사후 확률 사이의 관계를 나타내는 정리로, 어떤 사건에 대해 관측 전 원인에 대한 가능성과 관측 후의 원인 가능성 사이의 관계를 설명하는 확률이론이다.

② 사상 $A_1, \cdots, A_n$이 표본공간 Ω의 분할이고 $P(A_k) > 0$이고 $P(B) > 0$일 때, 다음이 성립한다.

$$P(A_k|B) = \frac{P(A_k)P(B|A_k)}{\sum_{i=1}^{n} P(A_i)P(B|A_i)}$$

③ 베이즈의 정리에서 확률 $P(A_1)$, ⋯, $P(A_n)$을 사전확률(prior probability)이라 하고 조건부 확률 $P(A_1|B)$, ⋯, $P(A_n|B)$을 사후확률(posterior probability)이라 한다.

④ 베이즈 정리의 수식은 다음과 같이 나타낼 수도 있다.

$$P(A|B)=\frac{P(A\cap B)}{P(B)}=\frac{P(B|A)P(A)}{P(B|A)P(A)+P(B|A^c)P(A^c)}$$

5. 딥러닝 분석

(1) 딥러닝(Deep Learning)의 개념 및 특징

① 딥러닝이란 사물이나 데이터를 분류하거나 군집하는 데 사용하는 기술을 말하는 것으로, 사람의 뇌가 사물을 구분하는 것처럼 컴퓨터가 사물을 분류하도록 훈련시키는 기계학습(Machine Learning)의 일종이다.

② 딥러닝의 기본 개념은 인공신경망(ANN, Artificial Neural Network)과 유사한 것으로, 인공신경망은 사람의 두뇌와 비슷한 방식으로 정보를 처리하는 알고리즘인데 사물의 면이나 형상 등 여러 요소의 데이터를 합치고 구분하는 과정을 반복해 정보를 학습한다.

③ 대량의 데이터를 분석할 수 있는 하드웨어의 발달과 더불어 빅 데이터(Big Data)의 등장으로 인공신경망은 한층 뛰어난 결과를 보여주게 되는데 이것을 딥러닝이라 한다.

④ 딥러닝의 특징 중 하나는 비지도 학습을 통한 데이터 분류 방식이다.

  ㉠ 일반적으로 컴퓨터의 데이터 분류 방식은 지도 학습(Supervised Learning)과 비지도 학습(Unsupervised Learning)으로 나뉜다.

  ㉡ 지도 학습은 먼저 컴퓨터에 분류 기준을 입력하는 방식으로 기존의 기계학습 알고리즘은 대개 지도 학습 방식으로 데이터를 분류해왔다.

  ㉢ 비지도 학습은 분류 기준 없이 정보를 입력하고 컴퓨터가 알아서 분류하게 하는 방식으로 컴퓨터는 스스로 비슷한 군집을 찾아 데이터를 분류하게 되는데 이를 위해 고도의 연산 능력이 필요하다.

⑤ 딥러닝은 비지도 학습 방법을 사용한 전처리과정(Pre-training)으로 데이터를 손질해 인공신경망 최적화를 수행하는데, 특징 추출부터 학습까지 알고리즘에 포함한 것이 딥러닝의 특징이다.

(2) 딥러닝 알고리즘

① 심층 신경망(Deep Neural Network)

  ㉠ 심층 신경망은 입력층과 출력층 사이에 여러 개의 은닉층들로 이뤄진 인공신경망이다.

  ㉡ 심층 신경망은 일반적인 인공신경망과 마찬가지로 복잡한 비선형 관계들을 모델링할 수 있다.

ⓒ 물체 식별 모델을 위한 심층 신경망 구조에서는 각 물체가 영상의 기본적 요소들의 계층적 구성으로 표현될 수 있고 추가 계층들은 점진적으로 모여진 하위 계층들의 특징들을 규합시킬 수 있다.

ⓔ 심층 신경망은 비슷하게 수행된 인공신경망에 비해 더 적은 수의 유닛들 만으로도 복잡한 데이터를 모델링할 수 있게 해준다.

ⓜ 심층 신경망은 표준 오류역전파 알고리즘으로 학습될 수 있는데, 가중치들은 확률적 경사 하강법(stochastic gradient descent)을 통하여 갱신될 수 있다.

② 합성곱 신경망(Convolutional Neural Network)

ⓐ 합성곱 신경망은 최소한의 전처리를 사용하도록 설계된 다계층 퍼셉트론의 한 종류이다.

ⓑ 합성곱 신경망은 하나 또는 여러개의 합성곱 계층과 그 위에 올려진 일반적인 인공 신경망 계층들로 이루어져 있으며, 가중치와 통합 계층들을 추가로 활용한다.

ⓒ 합성곱 신경망은 2차원 구조의 입력 데이터를 충분히 활용할 수 있고 표준 역전달을 통해 훈련될 수 있다.

ⓔ 합성곱 신경망은 다른 피드포워드 인공신경망 기법들보다 쉽게 훈련되는 편이고 적은 수의 매개변수를 사용한다는 이점이 있다.

③ 순환 신경망(Recurrent Neural Network)

ⓐ 순환 신경망은 입력층, 은닉층, 출력층으로 구성되며 은닉층에서 재귀적인 신경망을 갖는 알고리즘이다.

ⓑ 순환 신경망은 임의의 입력을 처리하기 위해 신경망 내부의 메모리를 활용할 수 있다.

ⓒ 순환 신경망은 확률적 경사 하강법, 시간 기반 오차 역전파를 사용해서 가중치를 업데이트한다.

ⓔ 순환 신경망은 장기 의존성 문제와 기울기 소실 문제가 발생하여 학습이 이루어지지 않을 수 있고, 많은 수의 뉴런 유닛이나 많은 수의 입력 유닛이 있는 경우에는 훈련이 쉽지 않은 스케일링 이슈를 가지고 있다.

6. 비정형 데이터 분석

(1) 비정형 데이터 분석의 개념 및 특징

① 비정형 데이터(unstructured data) 안에서 체계적인 통계적 규칙이나 패턴을 탐색하고 이를 의미 있는 정보로 변환함으로써 기업의 의사결정에 적용하는 분석기법이다.

② 비정형 데이터는 미리 정의된 데이터 모델이 없거나 미리 정의된 방식으로 정리되지 않은 정보를 말한다.

③ 대표적인 비정형 데이터에는 동영상 파일, 오디오 파일, 사진, 보고서(문서), 메일 본문 등이 있다.

④ 비정형 데이터는 데이터 구조가 없어 비정형 데이터 자체만으로는 내용에 대한 질의 처리를 할 수 없으므로 데이터의 특징을 추출하여 반정형, 또는 정형 데이터로 변환하는 전처리가 필요하다.

⑤ 데이터 분석 또는 인공지능 모델의 개발 목적과 입력 데이터의 종류에 따라 매우 다양한 방법의 전처리를 사용한다.

⑥ 텍스트 형태의 데이터는 전처리를 위해 자연어 처리 기법을 주로 사용한다.

⑦ 동영상, 오디오, 사진 등 미디어 파일은 필터를 이용하여 노이즈를 제거하거나 데이터 범위를 변환하는 방법으로 전처리하며, 주로 기계 학습을 위한 입력 데이터로 활용한다.

(2) 비정형 데이터 분석기법

① 텍스트 마이닝(text mining)

㉠ 텍스트 마이닝의 기반 기술로는 대용량 텍스트 데이터를 저장하고 처리하는 빅데이터 기술과 텍스트 데이터 구조를 분석하고 포함된 정보를 통계 처리가 가능한 형태로 변환하는 자연어 처리 기술이 있다.

㉡ 자연어 처리 기반 텍스트 마이닝은 언어학, 통계학, 기계 학습 등을 기반으로 한 자연언어 처리 기술을 활용하여 반정형 및 비정형 텍스트 데이터를 정형화하고, 특징을 추출하기 위한 기술과 추출된 특징으로부터 의미 있는 정보를 발견할 수 있도록 하는 텍스트 마이닝 기술이다.

㉢ 텍스트 마이닝은 데이터 안에서 단어의 출현 빈도를 파악하는 단어 빈도 분석, 유사한 단어 또는 비슷한 성격의 단어들을 묶어주는 군집 분석, 단어에 나타난 긍정 혹은 부정 등의 감정적 요소를 추출하여 그 정도를 판별하는 감성 분석 그리고 서로 다른 단어가 동시에 나타날 확률에 기초하여 단어 간 연관성을 추출하는 연관 분석 등의 통계적 방법들이 사용된다.

㉣ 구조화되지 않은 방대한 문헌 집단에서 주제와 토픽을 찾아내기 위하여 유사한 의미가 있는 단어들을 군집하는 방식을 사용하여 주제를 추론하는 토픽 모델링 방법으로 LDA(Latent Dirichlet Allocation) 알고리즘을 사용하기도 한다.

㉤ 데이터 마이닝이 구조화되고 사실적인 방대한 데이터베이스에서 관심 있는 패턴을 찾아내는 기술 분야라면 텍스트 마이닝은 텍스트를 분석하고 구조화하여 의미를 찾아내는 기술 분야이다.

② 웹 마이닝(Web mining)

㉠ 웹 마이닝은 웹자원으로부터 의미있는 패턴, 프로파일, 추세 등을 발견하기 위하여 데이터마이닝 기술을 응용한 것이다.

㉡ 웹 마이닝의 범주에는 웹 컨텐츠 마이닝, 웹 구조 마이닝, 웹 사용량 마이닝 등이 있다.

㉢ 웹 컨텐츠 마이닝은 웹 페이지 및 웹 문서의 컨텐츠에서 유용한 정보를 마이닝하는 프로세스로 대부분 텍스트, 이미지 및 오디오, 비디오 파일이다.

part
03

빅데이터 마이닝

ⓔ 웹 구조 마이닝은 그래프 이론을 사용하여 웹 사이트의 노드와 연결 구조를 분석하는 프로세스이다.

ⓗ 웹 사용량 마이닝은 서버 로그에서 패턴과 정보를 추출하여 사용자의 출신지, 사이트의 어떤 항목을 클릭했는지, 사이트에서 수행하는 작업의 유형을 포함한 사용자 활동에 대한 통찰력을 얻는 프로세스이다.

③ 사회연결망 분석(Social Network Analysis)

ⓐ 사회연결망 분석은 개인과 집단들 간의 관계를 노드와 링크로 모델링하여 그것의 위상구조와 확산 및 진화 과정을 계량적으로 분석하는 방법론을 말한다.

ⓑ 사회연결망 분석의 주요 속성으로는 응집력, 구조적 등위성, 명성, 범위, 중계 등이 있다.

ⓒ 사회연결망 분석에서 네트워크 구조를 파악하기 위한 기법으로는 중심성, 밀도, 구조적 틈새, 집중도 등이 있다.

> **🔍 참고** 중심성
>
> - **연결정도 중심성** : 한 점에 직접적으로 연결된 점들의 합을 말한다.
> - **근접 중심성** : 한 노드로부터 다른 노드에 도달하기까지 필요한 최소 단계의 합을 말한다.
> - **매개 중심성** : 네트워크 내에서 한 점이 담당하는 매개자 혹은 중재자 역할의 정도를 말한다.
> - **위세 중심성** : 자신의 연결 정도 중심성으로부터 발생하는 영향력과 자신과 연결된 타인의 영향력을 합하여 결정하는 것을 말한다.

7. 앙상블 분석

(1) 앙상블의 개념 및 특징

① 여러개의 예측모형을 만들고 나서 다수의 모형을 결합 및 조합을 통하여 새로운 모형을 만드는 방법이다.

② 앙상블 분석의 목적은 예측력을 높이고자 하는 것에 있다.

③ 앙상블 학습 절차는 도출 및 생성, 집합별 모델 학습, 결과 조합, 최적 의견 도출로 진행된다.

④ 앙상블 분석 방법에는 대표적으로 배깅, 부스팅, 랜덤 포레스트가 있다.

(2) 앙상블 분석 기법

① 배깅(bagging)

ⓐ 배깅은 학습 데이터에서 다수의 부트스트랩 자료를 생성하고, 각 자료를 모델링한 후 결합하여 최종 예측 모형을 만드는 알고리즘이다.

    ⓛ 부트스트랩(bootstrap)은 주어진 자료에서 동일한 크기의 표본을 랜덤 복원추출로 뽑은 자료를 의미한다.

- 앙상블 분석에서 각각의 모형을 분류기(classifier)라고 한다.
- 부트스트랩은 복원추출을 하기 때문에 미쳐 알지 못했던 모집단의 특성을 그나마 잘 반영할 가능성이 높다.

    ⓒ 보팅은 여러 개의 모형으로부터 산출된 결과를 다수결에 의해서 최종 결과를 선정하는 과정이다.

② 부스팅 (boosting)

    ㉠ 부스팅은 잘못 분류된 개체들에 가중치를 적용하고 새로운 분류 규칙을 만들며 이 과정을 반복해 최종 모형을 만드는 알고리즘이다.

    ⓛ 예측력이 약한 모형들을 결합하여 강한 예측모형을 만드는 방법이다.

    ⓒ 배깅에 비해 많은 경우 예측 오차가 향상되어 에이다 부스트(AdaBoost)의 성능이 배깅보다 뛰어난 경우가 많다.

③ 랜덤 포레스트 (random forest)

    ㉠ 랜덤 포레스트는 분류, 회귀 분석 등에 사용되는 앙상블 학습 방법의 일종으로 훈련 과정에서 구성한 다수의 결정 트리로부터 분류 또는 평균 예측치(회귀 분석)를 출력함으로써 동작한다.

    ⓛ 현재의 랜덤 포레스트의 개념은 랜덤 노드 최적화(randomized node optimization)와 배깅을 결합한 방법과 같은 CART(classification and regression tree)를 사용해 상관관계가 없는 트리들로 포레스트를 구성하는 방법이 일반적이다.

    ⓒ 랜덤 포레스트의 가장 큰 특징은 랜덤성(randomness)에 의해 트리들이 서로 조금씩 다른 특성을 갖는다는 점이고, 이 특성은 각 트리들의 예측들이 비상관화 되게 하며, 결과적으로 일반화 성능을 향상시킨다.

    ⓔ 랜덤화(randomization)는 포레스트가 노이즈가 포함된 데이터에 대해서도 강인하게 만들어 준다.

    ⓜ 랜덤화는 각 트리들의 훈련 과정에서 진행되며, 랜덤 학습 데이터 추출 방법을 이용한 앙상블 학습법인 배깅과 랜덤 노드 최적화가 서로 동시에 사용되어 랜덤화 특성을 더욱 증진 시킬 수 있다.

8. 비모수 통계

(1) 비모수 통계의 개념 및 특징

① 비모수 통계는 통계학에서 모수에 대한 가정을 전제로 하지 않고 모집단의 형태와 관계없이 주어진 데이터에서 직접 확률을 계산하여 통계학적 검정을 하는 분석법이다.

② 데이터가 모수적 분석 방법이 가정한 특성을 만족하지 못할 때에는 비모수 통계분석 방법을 사용하여야 한다.

③ 비모수 통계는 명목척도나 서열척도와 같은 질적 척도로 측정된 자료도 분석이 가능하며, 측정도구에 대한 정확성이 모수 통계분석에서처럼 높게 요구되지 않는다.

④ 표본통계량의 분포에 대한 가정이 없으므로 표본의 수가 적어도 분석이 가능하기 때문에 많은 수의 표본을 추출하기 어려운 경우에 사용하기 적합하다.

⑤ 모집단의 모수나 표본통계량의 분포에 대한 가정이 필요하지 않으므로 가정을 만족시키지 못한 상태에서 그대로 모수 통계분석함으로써 발생할 수 있는 오류를 제거할 수 있다.

⑥ 복잡한 수리분석이나 통계에 대한 지식을 필요로 하지 않으므로 비교적 신속하고도 쉽게 통계량을 계산할 수 있으며 결과에 대한 해석 및 이해 또한 용이하다.

(2) 중간값을 통한 비모수적 검정법들

① 부호검정(sign test) : 차이의 크기는 무시하고 차이의 부호만을 이용한 중위수의 위치에 대한 검정 방법으로 관측치들간에 같다 혹은 크거나 작다라는 주장이 사실인지 아닌지를 검정한다.

② 윌콕슨 부호 순위검정(Wilcoxon signed-rank test) : 단일 표본에서 중위수에 대한 검정에 사용되며 대응되는 두 표본의 중위수의 차이 검정에도 사용된다. 즉, 크거나 작음을 나타내는 부호뿐만 아니라 관측치간의 차이의 크기 순위까지를 고려하여 검정한다.

③ 만-휘트니 U 검정(Mann-Whitney U test) : 두 모집단에서 추출한 표본을 이용하여 두 모집단이 동일한 분포를 보이는지 검정하는 것으로 비모수 검정이기에 모집단에 대한 정규성 가정은 하지 않아도 된다.

④ 크루스컬-월리스 검정(Kruskal-Wallis test) : 세 집단 이상의 분포를 비교하는 검정 방법으로 그룹별 평균이 아닌 집단의 중앙값 차이를 검정하는 방법이다.

⑤ 런 검정(Run test) : 두 개의 값을 가지는 연속적인 측정값들이 어떤 패턴이나 경향이 없이 임의적으로 나타난 것인지를 검정하는 방법이다.

예상문제

제 3 장

▒ 분석 절차 수립

01 다음 중 통계기반 분석모형에 해당하지 않는 것은?

① 상관분석

② 분산분석

③ 예측모델

④ 기술통계

정답 ③

해설 통계기반 분석모형의 종류는 다음과 같다.
- 상관분석(correlation analysis)
- 기술통계(descriptive statistics)
- 분산분석(ANOVA)
- 회귀분석(regression analysis)
- 판별분석(discriminant analysis)
- 주성분 분석(PCA)

02 다음 중 상관분석에 대한 설명으로 옳지 않은 것은?

① 확실한 상황에서 주어진 정보를 단순히 보기 쉽게 정리하여 분석한다.

② 변수 간 상관분석은 수치적, 명목적, 순서적 데이터 등을 지니는 변수 간 분석이다.

③ 다중상관분석은 3가지 또는 그 이상의 변수들 사이에서의 연관정도를 분석하는 것이다.

④ 단순상관분석은 2가지 변수 사이의 연관관계를 분석하는 것이다.

정답 ①

해설 불확실한 상황에서 의사결정 수행을 위해 데이터를 분석하여 추정·예측한다.

03 다음 중 기술통계에 대한 내용으로 가장 옳지 않은 것은?

① 분석 초기 단계에서 데이터 분포의 특징을 파악한다.

② 평균, 분산, 표준편차, 첨도, 왜도, 빈도 등의 데이터에 대한 개괄적인 통계적 수치를 계산 및 도출한다.

③ 많은 변수의 분산방식 패턴을 간결하게 표현하는 주성분 변수를 본래 변수의 선형결합으로 추출하는 통계기법을 말한다.

④ 데이터 분석의 목적으로 수집되어진 데이터를 확률, 통계적으로 요약 및 정리하는 기초적 통계이다.

정답 ③

해설 ③은 주성분분석에 대한 설명이다.

04 다음 중 분산분석에 관한 설명으로 가장 바르지 않은 것은?

① 독립변수 및 종속변수의 수에 의해 일원분산분석, 이원분산분석, 다변량분산분석으로 분류한다.

② 2개 이상의 집단 간 비교를 수행할 시에 집단 내 분산의 비교로 얻은 분포를 활용해 가설검정을 수행하는 방법이다.

③ 분산분석은 복수 집단을 비교할 시에 분산을 계산함으로써 집단 간 통계적인 차이를 판정하는 분석이다.

④ 일부의 주성분으로 인해 본래 변수의 변동이 설명되는지 알아보는 방법이다.

정답 ④

해설 ④는 주성분분석에 관한 설명이다.

05 회귀분석에 대한 내용으로 가장 거리가 먼 것은?

① 회귀분석은 1개 이상의 독립변수들이 종속변수에 미치는 영향을 추정할 수 있는 통계기법이다.

② 단순회귀분석에서 독립변수는 1개이고 종속변수와의 관계는 곡선이다.

③ 다중회귀분석에서 독립변수는 k개이고, 종속변수와의 관계는 선형이다.

④ 다항회귀분석에서 독립변수 및 종속변수와의 관계가 1차 함수 이상인 관계이다.

정답 ②

해설 단순회귀분석에서 독립변수는 1개이고 종속변수와의 관계는 직선이다.

🔍 참고 회귀분석

• 회귀분석은 1개 이상의 독립변수들이 종속변수에 미치는 영향을 추정할 수 있는 통계기법을 말한다.

• 유형
  – 단순회귀분석 : 독립변수는 1개이고 종속변수와의 관계는 직선이다.
  – 다중회귀분석 : 독립변수는 k개이고, 종속변수와의 관계는 선형이다.
  – 곡선회귀분석 : 독립변수가 1개이고 종속변수와의 관계는 곡선이다.
  – 다항회귀분석 : 독립변수 및 종속변수와의 관계가 1차 함수 이상인 관계이다.
  – 로지스틱 회귀분석 : 종속변수가 범주형인 경우에 활용한다.

06 조사된 집단에 관한 정보를 활용하여 새로운 개체가 어떠한 집단인지를 탐색하는 통계기법을 무엇이라고 하는가?

① 판별분석
② 요인분석
③ 회귀분석
④ 상관분석

정답 ①

해설 판별분석은 집단에 대한 정보로부터 집단을 구별할 수 있는 판별규칙이나 또는 판별함수를 만들고 다변량 기법으로 조사된 집단에 관한 정보를 활용하여 새로운 개체가 어떠한 집단인지를 탐색하는 통계기법을 의미한다.

07 다음 데이터 마이닝 기반의 분석모델에서 예측 모델에 해당하지 않는 것은?

① 인공신경망
② 시계열 분석
③ 의사결정나무
④ 기계학습

정답 ④

해설 예측 모델의 종류는 다음과 같다.
  • 의사결정나무
  • 회귀분석
  • 인공신경망
  • 시계열분석

08 두 변수 사이의 모형을 구한 후에 적합도를 측정해내는 분석기법을 무엇이라고 하는가?

① 의사결정나무
② 시계열분석
③ 분산분석
④ 회귀분석

정답 ④

해설 회귀분석은 관찰되어진 연속형 변수들에 대해서 두 변수 사이의 모형을 구한 후에 적합도를 측정해내는 분석기법을 의미한다.

09 데이터 마이닝 기반의 분석모델에서 분류 모델에 해당하지 않는 것은?

① 최적화의 기법
② 기계학습
③ 인공신경망
④ 트리기반의 기법

정답 ③

해설 분류 모델의 종류는 다음과 같다.
- 트리기반의 기법
- 통계적인 기법
- 기계학습
- 최적화의 기법

10 다수의 속성이나 변수 등을 지니는 객체들을 미리 정해진 그룹 또는 범주 중의 하나로 구분하는 모델은 무엇인가?

① 회귀모델
② 예측모델
③ 분류모델
④ 시계열모델

정답 ③

해설 분류모델은 범주형 또는 이산형 변수 등의 범주를 예측하는 것으로서 다수의 속성이나 변수 등을 지니는 객체들을 미리 정해진 그룹 또는 범주 중의 하나로 구분하는 모델을 의미한다.

11 분류모델 중 주로 CART 알고리즘에 활용하는 것은?

① 트리기반의 기법
② 기계학습
③ 최적화의 기법
④ 통계적인 기법

정답 ①

해설 트리기반의 기법은 의사결정의 규칙에 의해 관심 대상이 되는 집단을 몇 개의 소집단으로 구분하면서 분류하는 기법을 의미하며 주로 CART 알고리즘에 활용한다.

12 분류모델 중 분석대상이 2개 또는 그 이상의 집단으로 분류되는 경우에 개별 관측치들이 어떤 집단으로 분류될 수 있는지를 분석하고 이를 예측하는 모델을 개발하는데 활용되는 기법은?

① 기계학습
② 로지스틱 회귀분석
③ 트리기반의 기법
④ 최적화의 기법

정답 ②

해설 로지스틱 회귀분석은 종속변수가 범주형, 서열형, 명목형 데이터일 때 활용되는 기법으로서 분석대상이 2개 또는 그 이상의 집단으로 분류되는 경우에 개별 관측치들이 어떤 집단으로 분류될 수 있는지를 분석하고 이를 예측하는 모델을 개발하는데 활용된다.

13 기계학습에 관한 설명으로 가장 적절하지 않은 것은?

① 기대 출력값 및 실제 출력값 간 비교를 통해서 계산된 오차를 시냅스 역할을 하는 노드에 가중치를 조정해 이를 모델에 반영한다.
② 환경과의 상호작용에 기반하지 않은 비경험적인 데이터로부터 스스로의 성능을 높이는 시스템을 연구하는 기술이다.
③ 오차를 출력 계층에서 입력 계층으로 역방향으로 반영하는 역전파 알고리즘을 통해 모델을 안정화하고 학습 과정을 기계적으로 단축한다.
④ 인간의 학습 능력과 같은 기능을 컴퓨터에서 실현하고자 하는 기술이다.

정답 ②

해설 환경과의 상호작용에 기반한 경험적 데이터로부터 스스로의 성능을 높이는 시스템을 연구하는 기술이다.

14 데이터에 숨어 있으면서도 동시에 발생하게 되는 사건이나 항목 간 규칙을 수치화하는 것을 무엇이라고 하는가?

① 예측모델

② 분류모델

③ 군집화 모델

④ 연관규칙 모델

[정답] ④

[해설] 연관규칙 모델은 데이터에 숨어 있으면서도 동시에 발생하게 되는 사건이나 항목 간 규칙을 수치화하는 것을 말하며 고객의 구매 데이터를 분석해 어떤 상품이 또 다른 어떤 상품과 함께 판매될 확률이 높은가와 같은 연관된 규칙을 도출하는 기법이다.

15 서로 다른 집단을 몇 개의 동질적인 소집단으로 세분화하는 작업을 무엇이라고 하는가?

① 분류모델

② 연관규칙 모델

③ 군집화 모델

④ 예측모델

[정답] ③

[해설] 군집화 모델은 이질적인 집단을 몇 개의 동질적인 소집단으로 세분화하는 작업을 의미한다.

🔍 참고 군집화 모델의 작업 방법

• **계층적인 방법** : 미리 군집 수를 정하지 않고 단계적으로 단계별 군집 결과를 산출하는 방법을 의미한다.

　– 분할분석법 : 전체 집단으로 시작해 유사성이 떨어지는 객체들을 분리하는 방법을 말한다.

　– 응집분석법 : 각각의 객체를 하나의 소집단으로 간주하고 단계적으로 비슷한 소집단들을 합쳐서 새로운 소집단을 구성하는 방법을 말한다.

• **비계층적인 방법**

　– 군집을 위한 소집단 개수를 정해 놓고 각각의 계층 중 하나의 소집단으로 배정하는 방법을 말한다.

　– 비계층적인 방법의 기법으로 K 평균군집화가 있다.

　– K 평균군집화는 K개 소집단의 중심좌표를 활용해 각각의 객체 및 중심좌표 간 거리를 산출하고 가장 근접한 소집단에 이를 배정한 후에 해당 소집단의 중심좌표를 업데이트하는 방식으로 군집화하는 것이다.

16 비지도학습에 관한 설명으로 적절하지 않은 것은?

① 입력된 데이터에 대한 정답인 레이블이 없는 상황에서 데이터가 어떻게 구성되었는지를 알아내는 기계학습을 말한다.

② 현상보다는 예측의 문제 등에 많이 활용된다.

③ 차원축소의 기법, 군집화, 연관 관계분석, 자율학습 인공신경망 등의 기법이 있다.

④ 명확하면서도 목적이 있는 지도학습 기법과 비교하면 비지도 학습 기법은 사전정보가 없는 상태에서 유용한 정보 또는 패턴 등을 탐색적으로 발견하고자 하는 데이터 마이닝의 성격이 더욱 강하다.

[정답] ②

[해설] 비지도학습은 예측의 문제보다는 주로 현상에 대한 설명, 패턴의 도출, 특징의 도출 등의 문제에 많이 활용된다.

17 단일변수 분석에 대한 내용으로 적절하지 않은 것은?

① 변수 하나에 대해서 기술통계 확인을 하는 단계이다.

② 연속형 변수는 박스플롯 또는 히스토그램 등을 활용해 평균, 중위수, 최빈값 등과 함께 각 변수의 분포를 확인한다.

③ 범주형 변수는 막대그래프를 활용해 빈도 수를 체크한다.

④ 3개 이상의 변수 간 관계를 시각화, 분석 한다.

정답 ④

해설 ④는 다변수 분석에 관한 내용이다.

🔍 참고 단일변수 분석과 다변수 분석

단일변수 분석	다변수 분석
• 변수 하나에 대해서 기술통계 확인을 하는 단계 • 범주형 변수는 막대 그래프를 활용해 빈도수를 체크 • 연속형 변수는 박스 플롯 또는 히스토그램 등을 활용해 평균, 중위수, 최빈값 등과 함께 각 변수의 분포를 확인	• 3개 이상의 변수 간 관계를 시각화, 분석하는 방법 • 3개 이상의 연속형 변수가 포함된 경우에는 연속형 변수를 범주형 변수로 변환한 후에 분석 • 범주형 변수가 하나 이상 포함된 경우에는 변수를 범주에 따라 쪼갠 후에 단변수 또는 이변수 분석방법에 따라 분석

18 파라미터에 관한 내용으로 가장 옳지 않은 것은?

① 파라미터가 모델의 성능을 결정하지 않는다.

② 인간에 의해 수작업으로 측정되지 않는다.

③ 예측 수행 시에 모델에 의해 요구되어지는 값들이다.

④ 파라미터는 측정 또는 데이터로부터 학습된다.

정답 ①

해설 파라미터가 모델의 성능을 결정한다.

19 다음 중 하이퍼 파라미터에 관한 설명으로 가장 바르지 않은 것은?

① 주로 하이퍼 파라미터는 알고리즘 사용자에 의해 결정된다.

② 예측 알고리즘 모델링의 성능 등의 문제를 위해 조절된다.

③ 모델에서 외적 요소로 데이터 분석을 통해 산출되는 값이 아닌 사용자가 간접적으로 설정해 주는 값이다.

④ 모델의 파라미터 값을 측정하기 위해 알고리즘의 구현과정에서 사용한다.

정답 ③

해설 모델에서 외적 요소로 데이터 분석을 통해 산출되는 값이 아닌 사용자가 직접적으로 설정해 주는 값이다.

20 분석모형 구축 절차로 옳은 것은?

① 모델링 → 검증 및 테스트 → 요건 정의 → 적용

② 요건 정의 → 검증 및 테스트 → 모델링 → 적용

③ 모델링 → 요건 정의 → 검증 및 테스트 → 적용

④ 요건 정의 → 모델링 → 검증 및 테스트 → 적용

정답 ④

해설 분석모형 구축 절차는 다음과 같다.
요건 정의 → 모델링(알고리즘) → 검증 및 테스트 → 적용

▥ 분석 환경 구축

01 S 언어를 기초로 만들어진 오픈 소스 프로그래밍 언어는?

① 파이썬　　　　② 파스칼
③ R　　　　　　④ C

정답 ③

해설 R은 통계 프로그래밍 언어인 S 언어를 기초로 만들어진 오픈 소스 프로그래밍 언어이다.

02 R에 대한 내용 중 가장 적절하지 않은 것은?

① 사용자가 제작한 패키지를 직접 추가할 수는 없다.
② 통계 프로그래밍 언어인 S 언어를 기초로 만들어진다.
③ R의 핵심 패키지는 R과 함께 설치된다.
④ 여러 그래프 패키지들을 통해 강력한 시각화 기능을 제공한다.

정답 ①

해설 사용자가 제작한 패키지를 직접적으로 추가해 기능확장이 가능하다.

03 파이썬에 관한 설명 중 가장 옳지 않은 것은?

① R과 동일한 작업 수행이 가능한 C 언어 기반의 오픈 소스 프로그래밍 언어이다.
② 파이썬은 R과 다르게 대표적 통합 개발 환경이 없기 때문에 여러 배포 버전을 알아보고 필요에 적합한 프로그램을 사용한다.
③ 타 언어와는 다르게 들여쓰기를 활용해 블록을 구분하는 문법을 사용한다.
④ 프로그래밍 언어 자체가 어렵다.

정답 ④

해설 파이썬은 프로그래밍 언어 자체가 어렵지 않으며 초보자도 쉽게 익힐 수 있다.

04 데이터 분할의 고려사항으로 바르지 않은 것은?

① 검증용 데이터를 활용해 모형의 학습과정에서 해당 모형이 명확하게 학습되었는지를 중간에 검증을 실시한다.
② 학습용 데이터 및 검증용 데이터는 판정 과정에서 활용한다.
③ 학습용 데이터 및 검증용 데이터를 60~80% 활용하고, 평가용 데이터를 20~40%로 분할한다.
④ 학습이 끝난 모형에 대해 한 번도 활용하지 않은 평가용 데이터를 통해 모형을 평가하고, 이때 활용된 결과가 모형의 평가 지표가 된다.

정답 ②

해설 학습용 데이터 및 검증용 데이터는 학습 과정에서 활용하며, 평가용 데이터는 학습 과정에서 활용하지 않고 오로지 모형의 평가를 위한 과정에만 활용된다.

05 R에 대한 설명 중 가장 옳지 않은 것은?

① R Studio는 R을 용이하고 편하게 활용하기 위해 개발된 통합개발 환경이다.
② Mac OS, Windows, Linux 등의 여러 운영체제를 지원한다.
③ 상용 버전인 S-PLUS보다 많은 경우에 있어 속도가 느리다.
④ 다량의 패키지 및 즉각적으로 사용이 가능한 테스트 데이터를 CRAN을 통해 다운 받을 수 있다.

정답 ③

해설 R은 인터프리터 언어라는 이유로 인해 프로세스 속도가 느리지만 상용 버전인 S-PLUS보다 많은 경우에 있어 속도가 빠르다.

▒ 분석기법

01 회귀분석의 표준 가정으로 옳지 않은 것은?

① 오차항은 모든 독립변수 값에 대하여 동일한 분산을 갖는다.
② 수집된 데이터의 확률 분포는 정규분포를 이루고 있다.
③ 독립변수 상호간에는 상관관계가 있어야 한다.
④ 오차항의 기대값은 0이다.

정답 ③

해설 독립변수 상호간에는 상관관계가 없어야 한다.

02 다중공선성 문제의 해결 방법으로 옳지 않은 것은?

① 변수를 변형시키거나 새로운 관측치를 이용한다.
② 상관관계가 낮은 독립변수 중 하나 혹은 일부를 제거한다.
③ 주성분 분석을 이용한 diagonal matrix 의 형태로 공선성을 없애준다.
④ 자료를 수집하는 현장의 상황을 보아 상관관계의 이유를 파악하여 해결한다.

정답 ②

해설 상관관계가 높은 독립변수 중 하나 혹은 일부를 제거한다.

참고 다중공선성 문제

다중공선성문제는 통계학의 회귀분석에서 독립변수들 간에 강한 상관관계가 나타나는 문제이다. 독립변수들간에 정확한 선형관계가 존재하는 완전공선성의 경우와 독립변수들간에 높은 선형관계가 존재하는 다중공선성으로 구분하기도 한다. 이는 회귀분석의 전제 가정을 위배하는 것이므로 적절한 회귀분석을 위해 해결해야 하는 문제가 된다.

03 로지스틱 회귀분석에 대한 설명으로 옳지 않은 것은?

① 독립변수의 선형 결합으로 종속변수를 설명한다는 관점에서는 선형 회귀분석과 유사하다.
② 이항형 로지스틱 회귀의 경우 종속변수의 결과가 2개의 카테고리로 존재하는 것을 의미한다.
③ 이항형 로지스틱의 회귀 분석에서 2개의 카테고리는 −1과 1로 나타내어지고 각각의 카테고리로 분류될 확률의 합은 0이 된다.
④ 두 개 이상의 범주를 가지는 문제가 대상인 경우엔 다항 로지스틱 회귀 또는 분화 로지스틱 회귀라고 하고 복수의 범주이면서 순서가 존재하면 서수 로지스틱 회귀라고 한다.

정답 ③

해설 이항형 로지스틱의 회귀 분석에서 2개의 카테고리는 0과 1로 나타내어지고 각각의 카테고리로 분류될 확률의 합은 1이 된다.

04 의사결정나무에 대한 설명으로 옳지 않은 것은?

① 주어진 입력값에 대하여 출력값을 예측하는 모형으로 목표변수가 연속형인 경우의 분류나무와 목표변수가 이산형인 경우의 회귀나무로 구분된다.

② 나무 모형의 크기는 과대적합 또는 과소적합이 되지 않도록 합리적 기준에 의해 적당히 조절되어야 한다.

③ 상위노드로부터 하위노드로 트리구조를 형성하는 매 단계마다 분류변수와 분류 기준값의 선택이 중요하다.

④ 목표변수가 연속형인 회귀나무의 경우에는 분류변수와 분류 기준값의 선택방법으로 F-통계량의 F-값, 분산의 감소량 등이 사용된다.

정답 ①

해설 주어진 입력값에 대하여 출력값을 예측하는 모형으로 목표변수가 이산형인 경우의 분류나무와 목표변수가 연속형인 경우의 회귀나무로 구분된다.

05 의사결정나무의 구성요소 중 뿌리 마디부터 끝 마디까지의 중간 마디들의 수로 가지를 이루는 마디의 갯수를 의미하는 것은?

① 부모마디 (Parent Node)

② 자식마디 (Child Node)

③ 가지 (Branch)

④ 깊이 (Depth)

정답 ④

해설 깊이는 뿌리 마디부터 끝 마디까지의 중간 마디들의 수로 가지를 이루는 마디의 갯수를 의미한다.

06 인공신경망에 대한 설명으로 옳지 않은 것은?

① 퍼셉트론은 인간의 신경망에 있는 뉴런의 모델을 모방하여 입력층, 은닉층, 출력층으로 구성한 인공신경망 모델이다.

② 퍼셉트론의 구조는 입력값, 가중치, 순 입력함수, 활성함수, 예측값으로 되어 있다.

③ 다층 퍼셉트론의 문제점으로는 과대 적합, 기울기 소실 등을 들 수 있다.

④ 퍼셉트론의 XOR 선형분리 문제점은 CART로 해결하였다.

정답 ④

해설 퍼셉트론의 XOR 선형분리 문제점은 다층 퍼셉트론으로 해결하였다.

07 인공신경망의 학습 패러다임 및 학습 알고리즘에 대한 설명으로 옳지 않은 것은?

① 지도 학습 패러다임에 해당하는 과제에는 패턴 인식과 회귀분석이 있다.

② 준 지도 학습 패러다임에 속하는 과제는 일반적으로 근사와 관련된 문제들이다.

③ 인공신경망을 학습시키는 데에는 많은 알고리즘이 존재하고, 그 중 대부분은 최적화 이론과 추정 이론을 접목해 응용한 것으로 볼 수 있다.

④ 인공신경망을 학습할 때 사용하는 대부분의 알고리즘은 역전파 기법을 이용해 실제 기울기를 계산하는 경사 하강법을 사용한다.

정답 ②

해설 자율 학습 패러다임에 속하는 과제는 일반적으로 근사와 관련된 문제들이다. 클러스터링, 확률 분포의 예측, 데이터 압축, 베이지언 스팸 필터링 등에 이것을 응용할 수 있다.

08 서포트벡터머신에 대한 설명으로 옳지 않은 것은?

① 서포트벡터머신은 선형 분류와 더불어 비선형 분류에서도 사용될 수 있다.

② 비선형 분류를 하기 위해서 주어진 데이터를 고차원 특징 공간으로 사상하는 작업이 필요한데, 이를 효율적으로 하기 위해 커널 트릭을 사용하기도 한다.

③ 만들어진 분류 모델은 데이터가 사상된 공간에서 경계로 표현되는데 서포트벡터머신 알고리즘은 그 중 가장 작은 폭을 가진 경계를 찾는 알고리즘이다.

④ 서포트벡터머신은 기계학습 분야 중 하나로 패턴인식, 자료 분석을 위한 지도 학습 모델이며, 주로 분류와 회귀분석을 위해 사용한다.

정답 ③

해설 만들어진 분류 모델은 데이터가 사상된 공간에서 경계로 표현되는데 서포트벡터머신 알고리즘은 그 중 가장 큰 폭을 가진 경계를 찾는 알고리즘이다.

09 서포트벡터머신의 구성요소 중 완벽한 분리가 불가능할 때 선형적으로 분류를 위해 허용된 오차를 위한 변수를 말하는 것은?

① 마진 (Margin)

② 서포트 벡터 (Support Vector)

③ 결정경계 (Decision Boundary)

④ 슬랙변수 (Slack Variables)

정답 ④

해설 슬랙변수는 완벽한 분리가 불가능할 때 선형적으로 분류를 위해 허용된 오차를 위한 변수를 말한다.

10 연관성분석에 대한 설명으로 옳지 않은 것은?

① 조건 반응(if-then)으로 표현되어 결과를 쉽게 이해하기 쉽다.

② 무방향성 데이터마이닝 기법으로 목적변수가 없어 분석 방향이나 목적이 없어도 적용이 가능하다.

③ 지지도(Support)는 전체 거래 중 항목 A와 B를 동시에 포함하는 거래 비율로 $P(A \cap B)$로 나타낼 수 있다.

④ 향상도(Lift)는 A 상품을 샀을 때 B 상품을 살 조건부 확률에 대한 척도로 $\dfrac{P(A \cap B)}{P(A)}$로 나타낼 수 있다.

정답 ④

해설 신뢰도(Confidence)는 A 상품을 샀을 때 B 상품을 살 조건부 확률에 대한 척도로 $\dfrac{P(A \cap B)}{P(A)}$로 나타낼 수 있다.

참고 연관성 분석

- **지지도(Support)** : 전체 거래 중 항목 A와 B를 동시에 포함하는 거래 비율, $P(A \cap B)$
- **신뢰도(Confidence)** : A 상품을 샀을 때 B 상품을 살 조건부 확률에 대한 척도, $\dfrac{P(A \cap B)}{P(A)}$
- **향상도(Lift)** : 규칙이 우연에 의해 발생한 것인지를 판단하기 위해 연관성의 정도를 측정하는 척도, $\dfrac{P(B \mid A)}{P(B)}$

part
03

예상문제

11 규칙이 우연에 의해 발생한 것인지를 판단하기 위해 연관성의 정도를 측정하는 척도로 $\dfrac{P(B|A)}{P(B)}$ 로 나타낼 수 있는 것은?

① 향상도(Lift)
② 신뢰도(Confidence)
③ 지지도(Support)
④ 승산비(Odds Ratio)

정답 ①

해설 향상도(Lift)는 규칙이 우연에 의해 발생한 것인지를 판단하기 위해 연관성의 정도를 측정하는 척도로 $\dfrac{P(B|A)}{P(B)}$ 로 나타낼 수 있다.

12 군집분석에 대한 설명으로 옳지 않은 것은?

① 군집의 결과는 계통도 또는 덴드로그램의 형태로 주어지며 각 개체는 하나의 군집에만 속한다.
② 덴드로그램은 군집의 개체들이 결합되는 순서를 나타내는 트리 형태의 구조를 말한다.
③ 명목형 변수인 경우에는 순위상관계수를 이용하여 거리를 측정한다.
④ 군집 간의 연결법에 따라 군집의 결과가 달라질 수 있다.

정답 ③

해설 순서형 자료인 경우에는 순위상관계수를 이용하여 거리를 측정하고, 명목형 변수인 경우에는 단순 일치 계수, 자카드 계수 등을 이용하여 거리를 측정한다.

13 대뇌피질과 시각피질의 학습 과정을 기반으로 모델화한 인공신경망으로 자율 학습 방법에 의한 클러스터링 방법을 적용한 알고리즘을 말하는 것으로 입력층과 경쟁층으로 구성되는 것은?

① Expectation-Maximization 알고리즘
② 자기 조직화 지도(SOM)
③ 혼합 분포 군집
④ K-평균 군집

정답 ②

해설 자기 조직화 지도는 대뇌피질과 시각피질의 학습 과정을 기반으로 모델화한 인공신경망으로 자율 학습 방법에 의한 클러스터링 방법을 적용한 알고리즘을 말하는 것이며 입력층과 경쟁층으로 구성된다.

■ 고급분석기법

01 범주형 자료분석에 대한 설명으로 옳지 않은 것은?

① 범주형 자료분석은 종속변수가 하나이고 범주형인 데이터를 분석하여 모형과 독립변수의 유의성을 알아보는 분석 방법이다.
② 범주형 자료분석은 독립변수와 종속변수의 척도에 따라 분석 방법이 다르다.
③ 독립변수가 범주형인 경우에는 로지스틱 회귀분석이 사용된다.
④ 분할표를 이용한 범주형 자료분석은 상대위험도와 승산비를 통하여 분석한다.

정답 ③

해설 독립변수가 연속형인 경우에는 로지스틱 회귀분석이 사용되고, 독립변수가 범주형인 경우에는 분할표 분석, 카이제곱 검정(교차분석), 피셔의 정확 검정으로 분석한다.

02 분할표 분석에 대한 설명으로 옳지 않은 것은?

① 상대위험도가 1이면 관심집단과 특정 사건의 발생에는 연관성이 없다고 평가한다.
② 상대위험도가 1보다 크면 관심집단의 특정 사건 발생 확률이 낮다고 평가한다.
③ 승산비는 관심집단의 오즈를 비교집단의 오즈로 나누어서 구한다.
④ 상대위험도는 관심집단의 위험률을 비교집단의 위험률로 나누어서 구한다.

정답 ②

해설 상대위험도가 1보다 크면 관심집단의 특정 사건 발생 확률이 높다고 평가한다.

03 피어슨 상관 계수(Pearson's r)에 대한 설명으로 옳지 않은 것은?

① r이 -1.0과 -0.7 사이이면 강한 음적 선형관계를 의미한다.
② r이 $+0.1$과 $+0.3$ 사이이면 약한 양적 선형관계를 의미한다.
③ r은 X와 Y가 함께 변하는 정도를 X와 Y가 각각 변하는 정도로 나누어서 구한다.
④ 결정계수는 $\sqrt{r}$ 로 계산하며 이것은 X로부터 Y를 예측할 수 있는 정도를 의미한다.

정답 ④

해설 결정계수는 r^2으로 계산하며 이것은 X로부터 Y를 예측할 수 있는 정도를 의미한다.

Q 참고 피어슨 상관계수

- r이 -1.0과 -0.7 사이 : 강한 음적 선형관계
- r이 -0.7과 -0.3 사이 : 뚜렷한 음적 선형관계
- r이 -0.3과 -0.1 사이 : 약한 음적 선형관계
- r이 -0.1과 $+0.1$ 사이 : 거의 무시될 수 있는 선형관계
- r이 $+0.1$과 $+0.3$ 사이 : 약한 양적 선형관계
- r이 $+0.3$과 $+0.7$ 사이 : 뚜렷한 양적 선형관계
- r이 $+0.7$과 $+1.0$ 사이 : 강한 양적 선형관계

part
03

데이터 분석

04 다차원 척도법에 대한 설명으로 옳지 않은 것은?

① 스트레스 값은 1에 가까울수록 적합도 수준이 완벽하고 0에 가까울수록 나쁘다.

② 최적모형의 적합은 부적합도를 최소로 하는 반복알고리즘을 이용하며, 이 값이 일정 수준 이하가 될 때 최종적으로 적합된 모형으로 제시한다.

③ 군집분석과 같이 개체들을 대상으로 변수들을 측정한 후에 개체들 사이의 유사성 및 비유사성을 측정하는데 개체들 사이의 거리는 유클리드 거리행렬을 이용한다.

④ 각 개체들을 공간상에 표현하기 위한 방법은 부적합도 기준으로 STREESS나 S-STRESS를 사용한다.

정답 ①

해설 스트레스 값은 0에 가까울수록 적합도 수준이 완벽하고 1에 가까울수록 나쁘다.

05 주성분 분석에 대한 설명으로 옳지 않은 것은?

① 많은 정보를 함유하고 있는 여러 변수들에서 공통된 정보를 추출하여 자료의 차원을 줄이거나 여러 변수들을 대표하는 지표를 구성하기 위해 주성분 분석이 쓰인다.

② 차원 감소폭의 결정은 스크린 산점도, 전체 변이의 공헌도, 평균 고유값 등을 활용하는 방법이 있다.

③ 정준상관 분석이 하나의 데이터 집합의 변화를 제일 잘 설명하는 새로운 직교 좌표 시스템을 의미하는 반면 주성분 분석은 두 개의 데이터 집합간의 교차 공분산을 가장 잘 설명하는 좌표 시스템을 말한다.

④ 주성분 분석은 개별 자료의 상관관계를 이용해서 자료의 차원을 줄이는 통계학 기법으로 요인 분석과 동일한 원리로 작동한다.

정답 ③

해설 주성분 분석이 하나의 데이터 집합의 변화를 제일 잘 설명하는 새로운 직교 좌표 시스템을 의미하는 반면 정준상관 분석은 두 개의 데이터 집합간의 교차 공분산을 가장 잘 설명하는 좌표 시스템을 말한다.

06 시계열 분석에 대한 설명으로 옳지 않은 것은?

① 시계열 자료는 추세, 순환, 계절변동, 불규칙변동 등으로 구성되어 있다.

② 자기회귀 모형은 기본적으로 회귀분석에서 자기 자신의 과거값을 변수로 하는 회귀식을 추정하는 과정이라고 요약할 수 있다.

③ 자기회귀 모형은 현 시점의 자료를 유한개의 백색잡음의 선형결합으로 표현한다.

④ 시계열분석과 횡단면분석의 성격을 결합하면 패널분석이 된다.

정답 ③

해설 이동평균 모형은 현 시점의 자료를 유한개의 백색잡음의 선형결합으로 표현한다. 그렇기에 항상 정상성을 만족하며, 정상성에 대한 가정이 필요하지 않다.

07 ARIMA(p, d, q)모형에 대한 설명으로 옳지 않은 것은?

① 차수 p는 AR모형과 관련이 있고, q는 MA모형과 관련이 있으며, d는 ARIMA에서 ARMA로 정상화할 때 몇 번 차분했는지를 의미한다.

② d=0일 경우 ARMA(p, q)모형이라 부르는 것이고 이때 ARMA모형은 정상성을 만족하지 못한다.

③ p=0이면 IMA(d, q)모형이라 부르며 이 모형을 d번 차분하면 MA(q)모형이 된다.

④ q=0일 경우 ARI(p, d)모형이며 이를 d번 차분했을 때 시계열 모형이 AR(p)를 따른다.

정답 ②

해설 d=0일 경우 ARMA(p, q)모형이라 부르는 것이고 이때 ARMA모형은 정상성을 만족한다. 그리고 ARMA모형은 단순하게 AR과 MA모형이 공존하는 형태이다.

---

08 우리나라 사람들 중 왼손잡이 비율은 남자가 2%, 여자가 1%라 한다. 남학생 비율이 60%인 어느 학교에서 왼손잡이 학생을 선택했을 때 이 학생이 남자일 확률은?

① 0.75

② 0.25

③ 0.05

④ 0.012

정답 ①

해설 조건부 확률=(0.6×0.02)/[(0.6×0.02)+(0.4×0.01)]
=0.012/0.016
=0.75

---

09 월요일에 주가가 상승할 확률은 0.6으로 알려져 있다. 그리고 월요일에 상승했다는 조건 아래서 그 다음 날에도 다시 상승할 확률은 0.3이 될 때 특정한 월요일과 그 다음 이틀 동안 계속 주가가 오를 확률을 구하면 얼마인가?

① 0.12

② 0.18

③ 0.28

④ 0.42

정답 ②

해설 월요일에 주가가 오른다는 사상을 A라 하고, 화요일에 주가가 오른다는 사상을 B라고 하면,
$P(A \cap B) = P(A) \times P(B|A) = (0.6) \times (0.3)$
$= 0.18$

---

10 확률변수 X와 Y가 독립일 때 다음 중 틀린 것은?

① $E(XY) = E(X)E(Y)$

② $COV(X, Y) = 0$

③ $V(X+Y) = V(X) + V(Y)$

④ $V(X-Y) = V(Y) - V(X)$

정답 ④

해설 확률변수 X와 Y가 독립일 때 $V(X-Y) = V(X) + V(Y)$이다.

---

11 두 사건 A와 B가 서로 독립인 경우 두 사건 A와 B가 동시에 발생할 확률 P(A and B)를 바르게 표현한 것은?

① $P(A \text{ and } B) = P(A)P(B)$

② $P(A \text{ and } B) = P(A) + P(B)$

③ $P(A \text{ and } B) = P(A)$

④ $P(A \text{ and } B) = P(B)$

정답 ①

해설 두 사건 A와 B가 통계적으로 독립사건인 경우 $P(A \cap B) = P(A)P(B)$가 성립한다.

12 다음 중 (   )에 들어갈 알맞은 용어는 무엇인가?

> (A)이란 처음에 추정한 사건의 확률을 말하고, (B)이란 부가적 정보에 기초하여 개정된 사건의 확률을 말한다. 여기서 베이즈 정리는 (C)을 구하는 데 사용되는 방법이다.

① (A) 사전확률, (B) 사후확률, (C) 사전확률
② (A) 사전확률, (B) 사후확률, (C) 사후확률
③ (A) 사후확률, (B) 사전확률, (C) 사후확률
④ (A) 사후확률, (B) 사전확률, (C) 사전확률

정답 ②

해설 사전확률이란 처음에 추정한 사건의 확률을 말하고, 사후확률이란 부가적 정보에 기초하여 개정된 사건의 확률을 말한다. 여기서 베이즈 정리는 사후확률을 구하는 데 사용되는 방법이다.

13 어떤 비행기의 승객 중 60%가 한국인이고 승객 중 42%가 한국인 남자이다. 한국인 중에서 임의로 한 명을 뽑을 때, 그 사람이 남자일 확률은 얼마인가?

① 0.252
② 0.42
③ 0.6
④ 0.7

정답 ④

해설 한국인일 사건을 A, 남자일 사건을 B라고 하면, 한국인 남자일 사건은 $A \cap B$이다.

그러므로 $P(A) = \frac{60}{100}$, $P(A \cap B) = \frac{42}{100}$

한국인일 조건 하에서 남자일 확률은

$$P(B|A) = \frac{P(A \cap B)}{P(A)} = \frac{7}{10} = 0.7$$

14 10명으로 구성된 연극 동아리에서 연극 공연에 필요한 배우 6명을 제비뽑기를 하여 정하기로 하였다. 서아가 가장 먼저 제비를 뽑고, 은아가 그 다음으로 제비를 뽑을 때, 2명 모두 배우로 뽑힐 확률은 얼마인가?

① $\frac{1}{3}$

② $\frac{5}{9}$

③ $\frac{6}{10}$

④ $\frac{5}{6}$

정답 ①

해설 서아가 배우로 뽑히는 사건을 A, 은아가 배우로 뽑히는 사건을 B라고 하자.

서아가 배우로 뽑힐 확률은 $P(A) = \frac{6}{10}$

서아가 배우로 뽑혔을 때, 은아가 배우로 뽑힐 확률은 $P(B|A) = \frac{5}{9}$

서아가 배우로 뽑힌 상태에서 은아가 배우로 뽑혀야 하므로 2명 모두 배우로 뽑힐 확률은

$$P(A \cap B) = P(A)P(B|A) = \frac{1}{3}$$

15 딥러닝 분석에 대한 설명으로 옳지 않은 것은?

① 딥러닝의 특징 중 하나는 비지도 학습을 통한 데이터 분류 방식이다.
② 지도 학습은 분류 기준 없이 정보를 입력하고 컴퓨터가 알아서 분류하게 하는 방식을 말한다.
③ 딥러닝이란 사물이나 데이터를 분류하거나 군집하는 데 사용하는 기술을 말하는 것으로, 컴퓨터가 사물을 분류하도록 훈련시키는 기계학습의 일종이다.

④ 딥러닝은 비지도 학습 방법을 사용한 전처리과정(Pre-training)으로 데이터를 손질해 인공신경망 최적화를 수행한다.

정답 ②

해설 비지도 학습은 분류 기준 없이 정보를 입력하고 컴퓨터가 알아서 분류하게 하는 방식으로 컴퓨터는 스스로 비슷한 군집을 찾아 데이터를 분류하게 되는데 이를 위해 고도의 연산 능력이 필요하다.

16 딥러닝 알고리즘에 대한 설명으로 옳지 않은 것은?

① 심층 신경망은 입력층과 출력층 사이에 여러 개의 은닉층들로 이뤄진 인공신경망이다.

② 합성곱 신경망은 최소한의 전처리를 사용하도록 설계된 다계층 퍼셉트론의 한 종류이다.

③ 순환 신경망은 임의의 입력을 처리하기 위해 신경망 내부의 메모리를 활용할 수 없다.

④ 심층 신경망은 일반적인 인공신경망과 마찬가지로 복잡한 비선형 관계들을 모델링할 수 있다.

정답 ③

해설 순환 신경망은 임의의 입력을 처리하기 위해 신경망 내부의 메모리를 활용할 수 있다.

17 딥러닝 알고리즘에 대한 설명으로 옳지 않은 것은?

① 심층 신경망은 표준 오류역전파 알고리즘으로 학습될 수 있는데 가중치들은 확률적 경사 하강법을 통하여 갱신될 수 있다.

② 합성곱 신경망은 2차원 구조의 입력 데이

터를 충분히 활용할 수 있고 표준 역전달을 통해 훈련될 수 있다.

③ 합성곱 신경망은 다른 피드포워드 인공신경망 기법들보다 쉽게 훈련되는 편이고 적은 수의 매개변수를 사용한다는 이점이 있다.

④ 순환 신경망은 입력층, 은닉층, 출력층으로 구성되며 출력층에서 재귀적인 신경망을 갖는 알고리즘이다.

정답 ④

해설 순환 신경망은 입력층, 은닉층, 출력층으로 구성되며 은닉층에서 재귀적인 신경망을 갖는 알고리즘이다.

18 비정형 데이터 분석에 대한 설명으로 옳지 않은 것은?

① 비정형 데이터는 비정형 데이터 자체만으로 내용에 대한 질의 처리를 할 수 있다.

② 비정형 데이터는 미리 정의된 데이터 모델이 없거나 미리 정의된 방식으로 정리되지 않은 정보를 말한다.

③ 대표적인 비정형 데이터에는 동영상 파일, 오디오 파일, 사진, 보고문서, 메일 본문 등이 있다.

④ 텍스트 형태의 데이터는 전처리를 위해 자연어 처리 기법을 주로 사용한다.

정답 ①

해설 비정형 데이터는 데이터 구조가 없어 비정형 데이터 자체만으로는 내용에 대한 질의 처리를 할 수 없으므로 데이터의 특징을 추출하여 반정형 또는 정형 데이터로 변환하는 전처리가 필요하다.

19 비정형 데이터 분석기법에 대한 설명으로 옳지 않은 것은?

① 텍스트 마이닝의 기반 기술로는 빅데이터 기술과 자연어 처리 기술이 있다.

② 구조화되지 않은 방대한 문헌 집단에서 주제와 토픽을 찾아내기 위한 토픽 모델링 방법으로 LDA 알고리즘을 사용하기도 한다.

③ 웹 마이닝의 범주에는 웹 컨텐츠 마이닝, 웹 구조 마이닝, 웹 사용량 마이닝 등이 있다.

④ 웹 사용량 마이닝은 그래프 이론을 사용하여 웹 사이트의 노드와 연결 구조를 분석하는 프로세스이다.

정답 ④

해설 그래프 이론을 사용하여 웹 사이트의 노드와 연결 구조를 분석하는 프로세스는 웹 구조 마이닝이다.

20 사회연결망 분석에 대한 설명으로 옳지 않은 것은?

① 사회연결망 분석은 개인과 집단들 간의 관계를 노드와 링크로 모델링하여 그것의 위상구조와 확산 및 진화 과정을 계량적으로 분석하는 방법론을 말한다.

② 근접 중심성이란 한 노드로부터 다른 노드에 도달하기까지 필요한 최대 단계의 합을 말한다.

③ 사회연결망 분석의 주요 속성으로는 응집력, 구조적 등위성, 명성, 범위, 중계 등이 있다.

④ 사회연결망 분석에서 네트워크 구조를 파악하기 위한 기법으로는 중심성, 밀도, 구조적 틈새, 집중도 등이 있다.

정답 ②

해설 근접 중심성이란 한 노드로부터 다른 노드에 도달하기까지 필요한 최소 단계의 합을 말한다.

21 앙상블 분석에 대한 설명으로 옳지 않은 것은?

① 앙상블 분석의 목적은 예측력을 높이고자 하는 것에 있다.

② 앙상블 분석 방법에는 대표적으로 배깅, 부스팅, 랜덤 포레스트가 있다.

③ 부트스트랩은 주어진 자료에서 동일한 크기의 표본을 랜덤 비복원추출로 뽑은 자료를 의미한다.

④ 부스팅은 잘못 분류된 개체들에 가중치를 적용하고 새로운 분류 규칙을 만들며 이 과정을 반복해 최종 모형을 만드는 알고리즘이다.

정답 ③

해설 부트스트랩(bootstrap)은 주어진 자료에서 동일한 크기의 표본을 랜덤 복원추출로 뽑은 자료를 의미한다.

22 앙상블 분석에 대한 설명으로 옳지 않은 것은?

① 부스팅은 예측력이 약한 모형들을 결합하여 강한 예측모형을 만드는 방법이다.

② 현재의 랜덤 포레스트의 개념은 랜덤 노드 최적화와 배깅을 결합한 방법과 같은 CART를 사용해 상관관계가 강한 트리들로 포레스트를 구성하는 방법이 일반적이다.

③ 배깅은 학습 데이터에서 다수의 부트스트랩 자료를 생성하고, 각 자료를 모델링한

후 결합하여 최종 예측모형을 만드는 알고리즘이다.

④ 보팅은 여러 개의 모형으로부터 산출된 결과를 다수결에 의해서 최종 결과를 선정하는 과정이다.

정답 ②

해설 현재의 랜덤 포레스트의 개념은 랜덤 노드 최적화와 배깅을 결합한 방법과 같은 CART를 사용해 상관관계가 없는 트리들로 포레스트를 구성하는 방법이 일반적이다.

23 비모수 통계에 대한 설명으로 옳지 않은 것은?

① 비모수 통계는 명목척도나 서열척도와 같은 질적 척도로 측정된 자료도 분석이 가능하다.

② 측정 도구에 대한 정확성이 모수 통계분석에서처럼 높게 요구되지 않는다.

③ 표본 통계량의 분포에 대한 가정이 없으므로 표본의 수가 많아야 분석이 가능하다.

④ 비교적 신속하고도 쉽게 통계량을 계산할 수 있으며 결과에 대한 해석이 용이하다.

정답 ③

해설 표본통계량의 분포에 대한 가정이 없으므로 표본의 수가 적어도 분석이 가능하기 때문에 많은 수의 표본을 추출하기 어려운 경우에 사용하기 적합하다.

24 세 집단 이상의 분포를 비교하는 검정 방법으로 그룹별 평균이 아닌 집단의 중앙값 차이를 검정하는 방법은?

① 부호검정(sign test)

② 윌콕슨 부호 순위검정(Wilcoxon signed-rank test)

③ 만-휘트니 U 검정(Mann-Whitney U test)

④ 크러스컬-월리스 검정(Kruskal-Wallis test)

정답 ④

해설 크러스컬-월리스 검정은 세 집단 이상의 분포를 비교하는 검정 방법으로 그룹별 평균이 아닌 집단의 중앙값 차이를 검정하는 방법이다.

25 두 개의 값을 가지는 연속적인 측정값들이 어떤 패턴이나 경향이 없이 임의적으로 나타난 것인지를 검정하는 방법은?

① 런 검정(Run test)

② 부호검정(sign test)

③ 만-휘트니 U 검정(Mann-Whitney U test)

④ 윌콕슨 부호 순위검정(Wilcoxon signed-rank test)

정답 ①

해설 런 검정은 두 개의 값을 가지는 연속적인 측정값들이 어떤 패턴이나 경향이 없이 임의적으로 나타난 것인지를 검정하는 방법이다.

OX문제

제1장_분석모형 설계

1 분석 절차 수립

01 트리기반 기법은 CART 알고리즘에 활용한다. `정답` O

> **해설** 트리기반 기법은 의사결정의 규칙에 의해 관심 대상이 되는 집단을 몇 개의 소집단으로 구분하면서 분류하는 기법이며 주로 CART 알고리즘에 활용한다.

02 다중상관분석은 2가지 변수 사이의 연관관계를 분석한다. `정답` ✕

> **해설** 다중상관분석은 3가지 또는 그 이상의 변수들 사이에서의 연관정도를 분석한다.

03 기계학습은 인공지능과는 아무런 연관관계가 없다. `정답` ✕

> **해설** 기계학습은 인공지능 분야의 하나로서 인간의 학습능력과 같은 기능을 컴퓨터에서 실현하고자 하는 기술이다.

04 의사결정나무는 지도학습의 유형에 해당한다. `정답` O

> **해설** 지도학습의 유형으로는 인공신경망 분석, 로지스틱 회귀, 서포트 벡터 머신, 의사결정나무, 감성분석, 랜덤 포레스트 등이 있다.

05 연관규칙학습은 알려진 특성을 활용해 훈련 데이터를 학습 및 예측하는 기법이다. `정답` ✕

> **해설** 연관규칙학습은 변인 간 주목할만한 상관관계가 있는지를 알아내는 방법이다.

06 파라미터는 모델의 성능을 결정한다. `정답` O

> **해설** 파라미터는 모델 내부에서 확인 가능한 변수로서 데이터를 통해 산출이 가능한 값이며 모델의 성능을 결정한다.

07 하이퍼 파라미터는 알고리즘 사용자에 의해 결정된다. `정답` O

> **해설** 하이퍼 파라미터는 모델에서 외적 요소로 데이터 분석을 통해 산출되는 값이 아닌 사용자가 직접적으로 설정해 주는 값이며 주로 알고리즘 사용자에 의해 결정된다.

08 지도학습은 분류, 인식, 예측, 진단 등의 문제 해결에 적합하지 않다. `정답` ✕

> **해설** 지도학습은 목적변수 및 설명변수 간 관계성을 표현하거나 또는 미래 관측을 예측해내는 것에 초점이 맞추어져 있으며 주로 분류, 인식, 예측, 진단 등의 문제 해결에 적합하다.

OX문제

part
03

데이터 전처리

2 분석 환경 구축

01 L은 통계 프로그래밍 언어인 S 언어를 기초로 만들어진 오픈 소스 프로그래밍 언어이다. 정답 ×

해설 R은 통계 프로그래밍 언어인 S 언어를 기초로 만들어진 오픈 소스 프로그래밍 언어를 말한다.

02 R은 Mac OS, Windows 등을 지원한다. 정답 ○

해설 R은 Mac OS, Windows, Linux 등의 여러 운영체제를 지원한다.

03 R은 S-PLUS보다 프로세스 속도가 느린 편이다. 정답 ○

해설 R은 인터프리터 언어라는 이유로 인해 프로세스 속도가 느리지만 상용 버전인 S-PLUS보다 많은 경우에 있어 속도가 빠르다.

04 R은 사용자가 제작한 패키지를 간접적으로 추가해 기능확장이 가능하다. 정답 ×

해설 R은 사용자가 제작한 패키지를 직접적으로 추가해 기능확장이 가능하다.

05 파이썬은 대표적인 통합 개발 환경이 존재한다. 정답 ×

해설 파이썬은 대표적 통합 개발 환경이 없으므로 여러 배포 버전을 알아보고 필요에 적합한 프로그램을 사용한다.

06 파이썬은 언어 자체가 어렵다. 정답 ×

해설 파이썬은 프로그래밍 언어 자체가 어렵지 않으며 초보자도 쉽게 익힐 수 있다.

07 데이터를 분할하는 이유는 주어진 데이터에 대해서만 낮은 성능을 보이는 과소 적합 문제를 예방하는 데 있다. 정답 ×

해설 데이터를 분할하는 이유는 주어진 데이터에 대해서만 높은 성능을 보이는 과대 적합 문제를 예방해 2종 오류인 잘못된 귀무가설을 채택하는 오류를 방지하는데 있다.

08 평가용 데이터는 학습과정에 활용한다. 정답 ×

해설 평가용 데이터는 학습 과정에서 활용하지 않고 오로지 모형의 평가를 위한 과정에만 활용된다.

OX문제

제2장_분석기법 적용

1 분석기법

01 회귀분석은 시간에 따라 변화하는 데이터나 어떤 영향, 가설적 실험, 인과 관계의 모델링 등의 통계적 예측에 이용될 수 있다.　　　　　　　　　　　　　　　　　　　　　　　　　정답 ○

> **해설** 회귀분석은 관찰된 연속형 변수들에 대해 두 변수 사이의 모형을 구한 뒤 적합도를 측정해 내는 분석 방법이다.

02 이항형 로지스틱 회귀의 경우 독립변수의 결과가 2개의 카테고리로 존재하는 것을 의미하며 다항형 로지스틱 회귀는 독립형 변수가 2개 이상의 카테고리로 분류되는 것을 가리킨다.　　　정답 ×

> **해설** 이항형 로지스틱 회귀의 경우 종속변수의 결과가 2개의 카테고리로 존재하는 것을 의미하며 다항형 로지스틱 회귀는 종속형 변수가 2개 이상의 카테고리로 분류되는 것을 가리킨다.

03 의사결정나무는 주어진 입력값에 대하여 출력값을 예측하는 모형으로 목표변수가 이산형인 경우의 분류나무와 목표변수가 연속형인 경우의 회귀나무로 구분된다.　　　　　　　　　　　정답 ○

> **해설** 의사결정나무는 의사결정 규칙을 나무 구조로 나타내어 전체 자료를 몇 개의 소집단으로 분류하거나 예측을 수행하는 분석 방법이다. 이때 목표변수가 이산형인 경우의 분류나무와 목표변수가 연속형인 경우의 회귀나무로 구분된다.

04 퍼셉트론에 있어서 AND, OR 연산은 선형분리가 불가능하지만 XOR 연산은 선형분리가 가능하다.　　　　　　　　　　　　　　　　　　　　　　　　　　　　　　　　　　　　　정답 ×

> **해설** 퍼셉트론에 있어서 AND, OR 연산은 선형분리가 가능하지만 XOR 연산은 선형분리가 불가능하다.

05 다층 퍼셉트론은 역전파 알고리즘을 통해 다층으로 만들어진 퍼셉트론의 학습이 가능하며, 활성화 함수로 시그모이드 함수를 사용한다. 정답 ○

> 해설 다층 퍼셉트론은 입력층과 출력층 사이에 하나 이상의 은닉층을 두어 비선형적으로 분리되는 데이터에 대해 학습이 가능한 퍼셉트론이다.

06 자율 학습 패러다임에 속하는 과제에는 제어 문제, 게임, 순차적 결정 문제 등이 있다. 정답 ✕

> 해설 준 지도 학습 패러다임에 속하는 과제에는 제어 문제, 게임, 순차적 결정 문제 등이 있다.

07 서포트 벡터 머신은 기계학습 분야 중 하나로 패턴인식, 자료 분석을 위한 지도 학습 모델이며, 주로 분류와 회귀 분석을 위해 사용한다. 정답 ○

> 해설 서포트 벡터 머신(SVM)은 패턴인식, 자료 분석을 위한 지도 학습 모델이며 주로 분류와 회귀 분석을 위해 사용한다. 또한 SVM은 선형 분류와 더불어 비선형 분류에서도 사용될 수 있다.

08 연관성 분석은 데이터 내부에 존재하는 항목 간의 상호 관계 혹은 종속 관계를 찾아내는 분석기법이다. 정답 ○

> 해설 연관성 분석은 데이터 내부에 존재하는 항목 간의 상호 관계 혹은 종속 관계를 찾아내는 분석기법이며 무방향성 데이터 마이닝 기법으로 목적변수가 없어 분석 방향이나 목적이 없어도 적용이 가능하다.

09 군집분석에 있어서 군집의 결과는 계통도 또는 덴드로그램의 형태로 주어지며 각 개체는 여러개의 군집에 중복해서 속할 수 있다. 정답 ✕

> 해설 군집분석에 있어서 군집의 결과는 계통도 또는 덴드로그램의 형태로 주어지며 각 개체는 하나의 군집에만 속한다.

OX문제

2 **고급분석기법**

01 범주형 자료분석은 종속변수가 하나이고 범주형인 데이터를 분석하여 모형과 독립변수의 유의성을 알아보는 분석 방법이다. **정답** ○

> **해설** 범주형 자료분석은 종속변수와 독립변수의 척도에 따라 분석 방법이 다르다.

02 범주형 자료 분석시 상대위험도가 1보다 크면 관심 집단의 특정 사건 발생 확률이 낮다고 평가한다. **정답** ✕

> **해설** 범주형 자료 분석시 상대위험도가 1보다 작으면 관심 집단의 특정 사건 발생 확률이 낮다고 평가한다.

03 교차분석은 적합도 검정, 독립성 검정, 동질성 검정 등으로 분류할 수 있다. **정답** ○

> **해설** 카이제곱 검정에서는 관측도수와 기대도수간의 차이를 이용하여 검정을 진행하는데, 카이제곱 검정의 x^2값은 편차의 제곱 값을 기대빈도로 나눈 값들의 합으로 구한다.

04 피어슨 상관 계수는 데이터가 서열척도인 경우에 사용하는 상관 계수로서, 데이터를 작은 것부터 차례로 순위를 매겨 서열 순서로 바꾼 뒤 순위를 이용해 상관 계수를 구한다. **정답** ✕

> **해설** 피어슨 상관 계수는 변수들간의 관련성을 구하는 이변량 상관분석에서 보편적으로 이용된다. 반면, 스피어만 상관 계수는 데이터가 서열척도인 경우에 사용하는 상관 계수로서, 데이터를 작은 것부터 차례로 순위를 매겨 서열 순서로 바꾼 뒤 순위를 이용해 상관 계수를 구한다.

05 다차원 척도법에서 관측대상들의 상대적 거리의 정확도를 높이기 위해 적합 정도를 스트레스 값으로 나타낸다. **정답** ○

> **해설** 스트레스 값은 0에 가까울수록 적합도 수준이 완벽하고 1에 가까울수록 나쁘다.

06 많은 정보를 함유하고 있는 여러 변수들에서 공통된 정보를 추출하여 자료의 차원을 줄이거나 여러 변수들을 대표하는 지표를 구성하기 위해 주성분 분석이 쓰인다. **정답** ○

> **해설** 주성분 분석은 개별 자료의 상관관계를 이용해서 자료의 차원을 줄이는 통계학 기법으로 요인 분석과 동일한 원리로 작동한다.

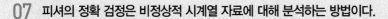

07 피셔의 정확 검정은 비정상적 시계열 자료에 대해 분석하는 방법이다. 〔정답〕 ×

〔해설〕 자기회귀 누적 이동평균 모형(ARIMA)은 비정상적 시계열 자료에 대해 분석하는 방법이다.

08 딥러닝의 특징 중 하나는 비지도 학습을 통한 데이터 분류 방식인데, 비지도 학습은 분류 기준 없이 정보를 입력하고 컴퓨터가 알아서 분류하게 하는 방식으로 컴퓨터는 스스로 비슷한 군집을 찾아 데이터를 분류하게 되는데 이를 위해 고도의 연산 능력이 필요하다. 〔정답〕 ○

〔해설〕 딥러닝은 비지도 학습 방법을 사용한 전처리과정으로 데이터를 손질해 인공신경망 최적화를 수행하는데, 특징 추출부터 학습까지 알고리즘에 포함한 것이 딥러닝의 특징이다.

09 비정형 데이터는 미리 정의된 데이터 모델이 없거나 미리 정의된 방식으로 정리되지 않은 정보를 말한다. 〔정답〕 ○

〔해설〕 대표적인 비정형 데이터에는 동영상 파일, 오디오 파일, 사진, 보고서(문서), 메일 본문 등이 있다.

10 웹 컨텐츠 마이닝은 그래프 이론을 사용하여 웹 사이트의 노드와 연결 구조를 분석하는 프로세스이다. 〔정답〕 ×

〔해설〕 웹 컨텐츠 마이닝은 웹 페이지 및 웹 문서의 컨텐츠에서 유용한 정보를 마이닝하는 프로세스로 대부분 텍스트, 이미지 및 오디오, 비디오 파일을 의미하고, 웹 구조 마이닝은 그래프 이론을 사용하여 웹 사이트의 노드와 연결 구조를 분석하는 프로세스이다.

11 앙상블 분석 방법에는 대표적으로 배깅, 부스팅, 랜덤 포레스트가 있다. 〔정답〕 ○

〔해설〕 앙상블 분석은 여러 개의 예측모형을 만들고 나서 다수의 모형을 결합 및 조합을 통하여 새로운 모형을 만드는 방법으로 배깅, 부스팅, 랜덤 포레스트 등이 있다.

12 비모수 통계는 통계학에서 모수에 대한 가정을 전제로 하지 않고 모집단의 형태와 관계없이 주어진 데이터에서 직접 확률을 계산하여 통계학적 검정을 하는 분석법이다. 〔정답〕 ○

〔해설〕 비모수 통계는 명목척도나 서열척도와 같은 질적 척도로 측정된 자료도 분석이 가능하며, 측정도구에 대한 정확성이 모수 통계분석에서처럼 높게 요구되지 않는다.

part
03

데이터 과학이해

PART 3 빅데이터 모델링

핵심요약

제1장 _ 분석모형 설계

분산분석(ANOVA) : 2개 이상의 집단 간 비교를 수행할 시에 집단 내 분산의 비교로 얻은 분포를 활용해 가설검정을 수행하는 방법

회귀분석(regression analysis) : 1개 이상의 독립변수들이 종속변수에 미치는 영향을 추정할 수 있는 통계기법

지도학습 : 정답인 레이블이 포함되어있는 학습 데이터를 통해서 컴퓨터를 학습시키는 방법

비지도학습 : 입력된 데이터에 대한 정답인 레이블이 없는 상황에서 데이터가 어떻게 구성되었는지를 알아내는 기계학습 기법

비지도학습의 특징

- 예측의 문제보다는 주로 현상에 대한 설명, 패턴의 도출, 특징의 도출 등의 문제에 많이 활용됨
- 차원축소의 기법, 군집화, 연관 관계분석, 자율학습 인공신경망 등의 기법이 있음
- 통상적으로 보면 명확하면서도 목적이 있는 지도학습 기법과 비교하면 비지도 학습 기법은 사전정보가 없는 상태에서 유용한 정보 또는 패턴 등을 탐색적으로 발견하고자 하는 데이터 마이닝의 성격이 더욱 강함

분석모형의 활용 사례

기법	내용	활용 사례
분류 분석	문서를 구분하거나 조직을 그룹으로 나눌 때 또는 온라인 수강생들을 특성에 따라 구분할 때 사용한다.	**예** 이 사용자들은 어떠한 특성을 지닌 집단에 속하는가?
연관 규칙 학습	변인 간 주목할만한 상관관계가 있는지를 알아내는 방법이다.	**예** S사의 핸드폰을 구매하는 사람은 어느 통신사에서 개통을 많이 할까? **예** 샐러드를 주문하는 사람이 제로콜라를 더 많이 구입하는가?
기계 학습	알려진 특성을 활용해 훈련 데이터를 학습 및 예측하는 기법이다.	**예** 이전의 시청기록을 기반으로 현재 우리가 보유한 드라마 중에서 어떤 것을 가장 보고 싶어할까?
유전자 알고 리즘	최적화가 필요한 문제의 해결책을 자연 선택, 돌연변이 등과 같은 메커니즘을 통해 점차적으로 진화시켜 나가는 방법이다.	**예** 응급실에서 응급 처치 프로세스를 어떻게 배치하는 것이 가장 효율적인가?
감성 분석	특정한 주제에 대해서 말하거나 또는 글을 쓴 사람의 감정을 분석한다.	**예** 자사의 새로운 쿠폰 정책에 관한 소비자들의 평가는 어떤가?
회귀 분석	독립변수의 조작에 의한 종속변수의 변화를 확인하여 두 변수 간 관계를 파악할 시에 활용한다.	**예** 구매자의 연령이 구매 핸드폰의 기종에 어떠한 영향을 미치는가?
소셜 네트 워크 분석	타인 및 특정인이 몇 촌 정도의 관계인지를 파악할 시에 활용하며, 영향력 있는 사람을 찾아낼 때에 사용한다.	**예** 고객들 간 관계망은 어떻게 구성되어져 있는가?

분석모형

파라미터	• 모델 내부에서 확인 가능한 변수로서 이는 데이터를 통해 산출이 가능한 값이다. • 파라미터가 모델의 성능을 결정한다. • 인간에 의해 수작업으로 측정되지 않는다. • 예측 수행 시에 모델에 의해 요구되어지는 값들이다. • 파라미터는 측정 또는 데이터로부터 학습된다. • 종종 학습된 모델의 일부로 저장된다.
하이퍼 파라미터	• 모델에서 외적 요소로 데이터 분석을 통해 산출되는 값이 아닌 사용자가 직접적으로 설정해 주는 값이다. • 주로 하이퍼 파라미터는 알고리즘 사용자에 의해 결정된다. • 모델의 파라미터 값을 측정하기 위해 알고리즘의 구현과정에서 사용한다. • 예측 알고리즘 모델링의 성능 등의 문제를 위해 조절된다.

분석모형 구축 절차

제2장 _ 분석기법 적용

회귀분석(regression analysis) : 관찰된 연속형 변수들에 대해 두 변수 사이의 모형을 구한 뒤 적합도를 측정해 내는 분석 방법

다중선형 회귀분석 : 표본의 개수가 n이고, 변수의 개수가 k일 때 F−통계량은 다음과 같음

요인	제곱합	자유도	제곱평균	F−통계량
회귀	SSR	k	$MSR=SSR/k$	
오차	SSE	$n-k-1$	$MSE=SSE/(n-k-1)$	$F=\dfrac{MSR}{MSE}$
계	SST	$n-1$	$MST=SST/(n-1)$	

독립변수의 선형 결합 : 독립변수의 선형 결합으로 종속변수를 설명한다는 관점에서는 선형 회귀분석과 유사하지만 로지스틱 회귀(logistic regression)는 선형 회귀분석과는 다르게 종속변수가 범주형 데이터를 대상으로 하며 입력 데이터가 주어졌을 때 해당 데이터의 결과가 특정 분류로 나누기 때문에 일종의 분류 기법으로도 볼 수 있음

의사결정나무(decision tree) : 의사결정 규칙을 나무 구조로 나타내어 전체 자료를 몇 개의 소집단으로 분류하거나 예측을 수행하는 분석 방법

의사결정나무

구분	이산형 목표변수	연속형 목표변수
CHAID (다지분할)	카이제곱 통계량	ANOVA F−통계량
CART (이진분할)	지니 지수	분산감소량
C4.5	엔트로피 지수	·

인공신경망(Artificial Neural Network) : 기계학습과 인지과학에서 생물학의 신경망에서 영감을 얻은 통계학적 학습 알고리즘

▦ **퍼셉트론(Perceptron)** : 인간의 신경망에 있는 뉴런의 모델을 모방하여 입력층, 은닉층, 출력층으로 구성한 인공신경망 모델

▦ **서포트 벡터 머신(Support Vector Machine)** : 기계학습 분야 중 하나로 패턴인식, 자료 분석을 위한 지도 학습 모델이며, 주로 분류와 회귀 분석을 위해 사용

▦ **연관성 분석(Association Analysis)** : 데이터 내부에 존재하는 항목 간의 상호 관계 혹은 종속 관계를 찾아내는 분석기법

▦ **군집분석(Cluster Analysis)** : 관측된 여러 개의 변수값들로부터 유사성에만 기초하여 n개의 군집으로 집단화하여 집단의 특성을 분석하는 다변량 분석기법

▦ **자기 조직화 지도(SOM)** : 대뇌피질과 시각피질의 학습 과정을 기반으로 모델화한 인공신경망으로 자율 학습 방법에 의한 클러스터링 방법을 적용한 알고리즘을 말하며 입력층과 경쟁층으로 구성됨

▦ **범주형 자료분석** : 종속변수가 하나이고 범주형인 데이터를 분석하여 모형과 독립변수의 유의성을 알아보는 분석 방법

▦ **독립변수가 범주형** : 분할표 분석, 카이제곱 검정(교차분석), 피셔의 정확 검정으로 분석함

▦ **독립변수가 연속형인 경우** : 로지스틱 회귀분석이 사용됨

▦ **카이제곱 검정의 χ^2** : 편차의 제곱 값을 기대빈도로 나눈 값들의 합으로 구함

▦ **교차분석** : 적합도 검정, 독립성 검정, 동질성 검정 등으로 분류할 수 있음

▦ **범주형 데이터에서 기대빈도** : 5 미만인 셀이 20%를 넘는 경우 카이제곱 검정의 정확도가 떨어지므로 이때 피셔의 정확 검정을 사용할 수 있음

▦ **스피어만 상관 계수(Spearman correlation coefficient)** : 데이터가 서열척도인 경우에 사용하는 상관 계수로서, 데이터를 작은 것부터 차례로 순위를 매겨 서열 순서로 바꾼 뒤 순위를 이용해 상관 계수를 구함

▦ **다차원 척도법 (Multidimensional Scaling)** : 객체 간 근접성을 시각화하는 통계기법으로 개체들을 2차원 또는 3차원 공간상에 점으로 표현하여 개체들 사이의 집단화를 시각적으로 표현하는 분석 방법

▦ **주성분 분석(Principal Component Analysis)** : 개별 자료의 상관관계를 이용해서 자료의 차원을 줄이는 통계학 기법으로 요인 분석과 동일한 원리로 작동함

▦ **시계열 분석(time series analysis)** : 시간의 흐름에 따라 기록된 시계열 자료를 분석하고 여러 변수들간의 인과관계를 밝히는 기법을 말함

▦ **자기회귀 모형(AR)** : 기본적으로 회귀 분석에서 자기 자신의 과거값을 변수로 하는 회귀식을 추정하는 과정이라고 요약할 수 있음

▦ **이동평균 모형(MA)** : 현 시점의 자료를 유한개의 백색잡음의 선형결합으로 표현하며 그렇기에 항상 정상성을 만족하고 정상성에 대한 가정이 필요하지 않음

▦ **자기회귀 누적 이동평균 모형(ARIMA)** : 비정상적 (nonstationary) 시계열 자료에 대해 분석하는 방법

▦ **조건부 확률** : 사상 A가 일어났을 때, 사상 B의 조건부 확률 $P(B|A)$는 $P(B|A)=\dfrac{P(A\cap B)}{P(A)}$ (단, $P(A)>0$)로 정의함

▦ **베이즈의 정리**

- 사상 $A_1,\cdots,\ A_n$이 표본공간 Ω의 분할이고 $P(A_k)>0$이고 $P(B)>0$일 때, $P(A_k|B)=\dfrac{P(A_k)P(B|A_k)}{\sum\limits_{i=1}^{n}P(A_i)P(B|A_i)}$ 이 성립함
- 베이즈의 정리에서 확률 $P(A_1),\ \cdots,\ P(A_n)$을 사전확률(prior probability)이라 하고 조건부 확률 $P(A_1|B),\ \cdots,\ P(A_n|B)$을 사후확률 (posterior probability)이라 함

▦ **딥러닝(Deep Learning)** : 사물이나 데이터를 분류하거나 군집하는 데 사용하는 기술을 말하는 것으로, 사람의 뇌가 사물을 구분하는 것처럼 컴퓨터가 사물을 분류하도록 훈련시키는 기계학습 (Machine Learning)의 일종임

▦ **딥러닝 알고리즘** : 심층 신경망(Deep Neural Network), 합성곱 신경망(Convolutional Neural Network), 순환 신경망(Recurrent Neural Network) 등이 있음

▦ **비정형 데이터** : 데이터 구조가 없어 비정형 데이터 자체만으로는 내용에 대한 질의 처리를 할 수 없으므로 데이터의 특징을 추출하여 반정형, 또는 정형 데이터로 변환하는 전처리가 필요함

▦ **텍스트 마이닝(text mining)의 기반 기술** : 대용량 텍스트 데이터를 저장하고 처리하는 빅데이터 기술과 텍스트 데이터 구조를 분석하고 포함된 정보를 통계 처리가 가능한 형태로 변환하는 자연어 처리 기술이 있음

▦ **텍스트 마이닝** : 데이터 안에서 단어의 출현 빈도를 파악하는 단어 빈도 분석, 유사한 단어 또는 비슷한 성격의 단어들을 묶어주는 군집 분석, 단어에 나타난 긍정 혹은 부정 등의 감정적 요소를 추출하여 그 정도를 판별하는 감성 분석 그리고 서로 다른 단어가 동시에 나타날 확률에 기초하여 단어 간 연관성을 추출하는 연관 분석 등의 통계적 방법들이 사용됨

▦ **웹 마이닝(Web mining)** : 웹자원으로부터 의미 있는 패턴, 프로파일, 추세 등을 발견하기 위하여 데이터마이닝 기술을 응용한 것

▦ **웹 마이닝의 범주** : 웹 컨텐츠 마이닝, 웹 구조 마이닝, 웹 사용량 마이닝 등

▦ **사회연결망 분석(Social Network Analysis)** : 개인과 집단들 간의 관계를 노드와 링크로 모델링하여 그것의 위상구조와 확산 및 진화 과정을 계량적으로 분석하는 방법론

▦ **사회연결망 분석의 주요 속성** : 응집력, 구조적 등위성, 명성, 범위, 중계 등

part
03

▓ **네트워크 구조를 파악하기 위한 기법** : 중심성, 밀도, 구조적 틈새, 집중도 등

▓ **앙상블 분석 방법** : 대표적으로 배깅, 부스팅, 랜덤 포레스트가 있음

▓ **비모수 통계** : 통계학에서 모수에 대한 가정을 전제로 하지 않고 모집단의 형태와 관계없이 주어진 데이터에서 직접 확률을 계산하여 통계학적 검정을 하는 분석법

▓ **중간값을 통한 비모수적 검정법** : 부호검정(sign test), 윌콕슨 부호 순위검정(Wilcoxon signed-rank test), 만-휘트니 U 검정(Mann-Whitney U test), 크러스컬-월리스 검정(Kruskal-Wallis test), 런 검정(Run test) 등이 있음

PART 4

빅데이터 결과 해석

Big Data Analysis

제 1 장 분석모형 평가 및 개선

1 분석모형 평가

1. 평가지표

(1) 평가지표의 개요

① 지도학습 – 회귀모델의 평가 지표

    ⊙ 정답인 Label이 포함되어 있는 학습데이터를 통해 컴퓨터를 학습시키는 방법을 말한다.

    ⓛ 설명변수 및 목적변수의 관계성을 표현하거나 또는 미래 관측을 예측하는 것에 초점을 맞춘다.

    ⓒ 주로 인식, 분류, 예측, 진단 등의 문제 해결 등에 적합하다.

    ⓔ 회귀 평가를 위한 지표는 실제 값 및 회귀 예측 값의 차이를 기초로 성능지표들을 수립 및 활용한다.

    ⓜ 지도 학습 기법의 유형으로는 다음과 같다.

- 의사결정나무
- 랜덤 포레스트
- 로지스틱 회귀
- 인공신경망 분석
- 서포트 벡터 머신

    ⓗ 지도학습 – 회귀모델의 평가지표

- SSE(Sum Squared Error) : 실제 값과 예측 값의 차이를 제곱하여 더한 값을 말한다.

$$SSE = \sum_{i=1}^{n}(y_i - \hat{y}_i)^2$$

- MSE(Mean Squared Error) : 실제 값과 예측 값의 차이의 제곱에 대한 평균을 취한 값을 말한다.

$$MSE = \frac{SSE}{n} = \frac{1}{n} \times \sum_{i=1}^{n} (y_i - \hat{y}_i)^2$$

- RMSE(Root Mean Squared Error) : MSE에 루트를 취한 값으로 평균제곱근 오차라고도 한다.

$$RMSE = \sqrt{MSE} = \sqrt{\frac{SSE}{n}} = \sqrt{\frac{1}{n} \times \sum_{i=1}^{n} (y_i - \hat{y}_i)^2}$$

- 결정계수 R^2 : 회귀모형이 실제 값에 대해서 얼마나 잘 적합하는지에 대한 비율을 말한다.

$$R^2 = \frac{SSR}{SST} = 1 - \frac{SSE}{SST} = 1 - \frac{\sum_{i=1}^{n} (y_i - \hat{y}_i)^2}{\sum_{i=1}^{n} (y_i - \overline{y})^2}$$

② 비지도학습 – 군집분석의 평가 지표

  ㉠ 정답인 Label이 없는 상태에서 데이터가 어떻게 구성되었는지를 알아내는 방법을 말한다.

  ㉡ 예측보다 현상의 설명이나 특징 도출, 패턴 도출의 문제 등에 활용한다.

  ㉢ 지도 학습기법에 비해 데이터 마이닝의 성격이 더 강하다.

  ㉣ 비지도학습의 경우에는 지도학습과는 다르게 실측자료에 대한 라벨링이 없는 관계로 모델에 따른 성능평가가 어렵다.

  ㉤ 목적변수에 관한 정보 없이 학습이 이루어진다.

  ㉥ 비지도 학습 기법의 유형으로는 다음과 같다.

    - 군집화
    - 차원축소 기법
    - 연관 관계분석
    - 자율학습 인공신경망(자기 조직화 지도, Self-Organizing Map, SOM)

  ㉦ 실루엣 계수

$$s(i) = \frac{b(i) - a(i)}{max(a(i),\ b(i))}$$

  ㉧ Dunn Index

$$DI = \frac{\min\limits_{1 \le i \le j \le m} \delta(C_i,\ C_j)}{\max\limits_{1 \le k \le m} \varDelta_k}$$

③ 오차행렬(혼동행렬 ; confusion matrix)

   ㉠ 오차행렬은 머신러닝 중 분류(classification) 모델의 정확도를 2×2 행렬로 나타내는 방법을 말한다.

   ㉡ 다시 말해 분류 알고리즘이 실제(actual) 값과 비교했을 때 이를 얼마나 정확하게 값을 예측했는지를 보기 용이하게 행렬로 나타내는 방법이다.

   ㉢ 오차행렬의 표기

구분		Predicted(예측 값)	
		True	False
Actual (실제 값)	True	TP (True Positive)	FN (False Negative)
	False	FP (False Positive)	TN (True Negative)

- TP(True Positive) : 실제 True인 정답을 True라고 예측하는 것(정답)
- FP(False Positive) : 실제 False인 정답을 True라고 예측하는 것(오답)
- FN(False Negative) : 실제 True인 정답을 False라고 예측하는 것(오답)
- TN(True Negative) : 실제 False인 정답을 False라고 예측하는 것(정답)

(2) 분류 모델의 평가 지표

① 정확도(accuracy)

   ㉠ 실제적인 데이터와 예측된 데이터를 비교해 동일한지 판단하는 것을 말한다.

   ㉡ 실제 분류 범주를 정확하게 예측한 비율이다.

   ㉢ 전체 예측에서 참 긍정(TP)와 참 부정(TN)이 차지하는 비율이다.

   ㉣ 정확도 $= \dfrac{TP+TN}{TP+TN+FP+FN}$

② 정밀도(precision)

   ㉠ Positive로 예측한 대상 중에 실제와 예측 값이 일치하는 비율을 말한다.

   ㉡ '긍정'으로 예측한 비율 중 실제로 '긍정'(TP)인 비율이다.

   ㉢ 정밀도 $= \dfrac{TP}{TP+FP}$

③ 재현율(=민감도 recall)

   ㉠ 실제 Positive인 대상 중에 실제와 예측 값이 일치하는 비율을 말한다.

   ㉡ 참 긍정률(TP Rate)라고도 한다.

ⓒ 실제 '긍정'인 범주 중 '긍정'으로 올바르게 예측(TP)한 비율이다.

ⓔ Recall, Hit Ratio, TP Rate로도 지칭한다.

ⓜ 재현율 $=\dfrac{TP}{TP+FN}$

④ F1 score

ⓐ 정밀도 및 재현도를 결합한 조화평균의 값으로 지표로 값이 커질수록 모형이 정확하다고 판단할 수 있다.

ⓑ 0~1 사이의 범위를 지닌다.

ⓒ 정밀도 및 민감도 양쪽이 모두 클 경우에 F-Measure도 큰 값을 지닌다.

ⓔ F1-score $=2\times\dfrac{Precision\times Recall}{Precision+Recall}$

⑤ 오차 비율(Error Rate)

ⓐ 실제 분류 범주를 잘못 분류한 비율이다.

ⓑ 오차비율 $=\dfrac{FP+FN}{TP+TN+FP+FN}$

⑥ 특이도(Specificity)

ⓐ 실제 '부정'인 범주 중 '부정'으로 올바르게 예측(TN)한 비율이다.

ⓑ 특이도 $=\dfrac{TN}{TN+FP}$

⑦ 거짓 긍정률(FP Rate)

ⓐ 실제 '부정'인 범주 중 '긍정'으로 잘못 예측(FP)한 비율이다.

ⓑ 거짓긍정률 $=\dfrac{FP}{TN+FP}$

2. 분석모형 진단

(1) 정규성 가정

이는 회귀분석, 통계적 검정 등의 분석을 실행하기 이전에 데이터가 정규분포를 따르고 있는지를 검정하는 것으로 데이터 자체의 정규성을 확인하는 과정을 말한다.

① 중심극한정리

ⓐ 동일한 확률분포를 지닌 독립확률변수 n개의 평균의 분포는 n이 적당히 크다면 정규분포에 가까워진다는 이론이다.

ⓑ 표본분포의 평균은 모집단의 모평균과 동일하며 표준편차는 모집단의 모표준편차를 표본 크기의 제곱근으로 나눈 것과 같다.

② 정규성 검정의 종류

    ⊙ Kolmogorove – Smirnov Test : 표본의 수(n)가 2,000개 초과인 데이터셋에 적합하다.

    ⓛ Shapiro–Wilks Test : 표본의 수(n)가 2,000개 미만인 데이터셋에 적합하다.

    ⓒ Quantile – Quantile Plot : 데이터셋이 정규분포를 따르는지 판단하는 시각적인 분석방법이며, 표본의 수(n)가 소규모일 때 적합하다.

(2) 잔차 진단

회귀분석에 독립변수 및 종속변수의 관계를 규정하게 되는 최적의 회귀선은 실측치 및 예측치 간의 차이인 잔차를 가장 작게 해 주는 선으로써 잔차의 합은 '0'이며, 잔차는 추세, 특정 패턴을 지니지 않고 있다.

① 잔차의 독립성 진단

    ⊙ 잔차의 독립성은 자기상관의 여부를 판단하는 것으로 이는 시점의 순서대로 그래프를 그리거나 Durbin-Watson 검정으로 패턴이 없다면 독립성을 충족한다고 할 수 있다.

    ⓛ 만약 독립성이 위배가 될 경우에는 시계열 분석을 통해서 회귀분석을 진행해야 한다.

② 잔차의 정규성 진단 : 신뢰구간의 추정 및 가설검증 등을 명확하게 수행하기 위해 Q-Q Plot과 같은 시각화 도표를 통해 정규분포 및 잔차의 분포를 비교한다.

③ 잔차의 등분산성 진단 : 잔차의 분산이 특정한 패턴이 없이 순서와는 무관하게 일정한지 등분산성을 진단한다.

3. 교차검증

(1) 개요

① 이는 고정된 훈련 데이터셋과 테스트 검증 데이터셋으로 평가를 하여 이를 반복적으로 튜닝하게 될 때 테스트 데이터셋에 과적합 되어버리는 결과가 발생할 수 있는데 이를 예방하고자 하는 방법이다.

② k-fold 교차검증 기법의 경우에는 전체 데이터셋을 k개의 서브셋으로 구분해 k번의 평가를 실행하는데 테스트 셋을 중복 없이 병행진행한 후에 평균을 내어 최종적인 모델의 성능을 평가한다.

③ 교차검증의 경우 전체 데이터셋을 평가에 사용해 과적합을 예방할 수 있지만 반복적인 횟수의 증가로 인해 모델 훈련 및 평가와 검증에 있어 오랜 시간이 걸릴 수 있다.

④ 머신러닝/딥러닝 평가에 필수적으로 사용되는 방법으로 데이터를 통한 모델을 설계한 후 모델을 검증하는 단계인데, 이는 다시 말해 모델을 추정하는 데 사용되지 않았던 새로운 데이터를 예측하는 일반화 능력을 테스트하는 방법이다.

(2) 교차검증의 기법

① k-fold 교차검증

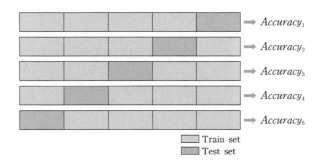

Train set
Test set

    ㉠ 집합을 체계적으로 바꾸어가면서 전체 데이터에 대해서 모형의 성과를 측정하는 검증 방식이다.

    ㉡ k-fold 교차검증은 가장 통상적으로 활용되는 교차 검증방법이다.

    ㉢ k-fold 교차검증 문제점은 불균형한 데이터에는 적용이 안 된다.

    ㉣ 일반화 성능을 만족시키는 최적의 하이퍼 파라미터를 구하기 위한 모델 튜닝에 사용된다.

    ㉤ 훈련 데이터가 유효성 검사 세트의 일부분을 포기하도록 요구하지 않는데, 이 경우 데이터 세트는 k개의 fold로 구분되며, 하나의 fold는 테스트 세트로 사용되며 나머지는 훈련 데이터 세트로 사용되며, 이는 사용자에 의해 지정된 바와 같이 n회 반복된다.

    ㉥ 회귀 분석에서 결과의 평균(예 RMSE, R-Squared 등)을 최종 결과로 사용한다. 분류 설정에서는 결과의 평균(즉, Accuracy, True Positive Rate, F1 등)을 최종 결과로 삼는다.

② 홀드아웃 기법(holdout method)

    ㉠ 초기의 데이터셋을 별도의 훈련 세트와 테스트 세트로 구분하는 방법이다.

    ㉡ 전통적이면서 널리 사용되는 머신러닝 모델의 성능 추정 방법이다.

    ㉢ 훈련 데이터를 훈련 세트 및 검증 세트로 구분하는 방법에 따라 성능 추정이 민감할 수 있다.

    ㉣ 테스트셋에 관한 검증 결과 확인 후에 모델 파라미터 튜닝을 하는 작업을 반복하게 되면 모델이 테스트셋에 대해 오버 핏(over fit)될 가능성이 높다는 것이 단점이다.

③ 리브-p-아웃 교차검증(leave-p-out cross validation)

    ㉠ 전체 데이터(서로 다른 데이터 샘플들) 중에서 p개의 샘플을 선택해 그것을 모델 검증에 활용하는 방법이다.

    ㉡ 각 데이터 폴드 세트에 대해 나온 검증 결과들을 평균을 내어 최종적인 검증 결과를 도출하는 것이 일반적이다.

    ㉢ 가능한 모든 조합에 대해 모델을 훈련하고 검증하며, p값이 크면 연산 과정에서 실현 불가능해질 수 있다.

    ㉣ 이러한 교차검증 방법에서 구성 가능한 데이터 폴드 세트의 경우의 수는 상당히 크기 때문에 계산 시간에 대한 부담이 상당히 큰 방법이다.

part
04

빅데이터 결과 해석

④ 리브-원-아웃 교차검증(leave-one-out cross validation)

㉠ 리브-p-아웃 교차검증(leave-p-out cross validation)에서 p=1일 때의 경우를 의미한다.

㉡ 리브-p-아웃 교차검증(leave-p-out cross validation) 방식보다 계산시간에 대한 부담은 줄어들고 더 좋은 결과를 얻을 수 있으므로 많이 선호되는 방식이며 데이터가 적을 때 데이터의 낭비를 막을 수 있다.

㉢ 검증에 활용되는 테스트셋의 개수가 적은 만큼 모델 훈련에 활용되는 데이터의 개수는 늘어난다.

㉣ 모델 검증에 희생되는 데이터의 개수가 단 하나이므로 나머지 모든 데이터를 모델 훈련에 활용할 수 있다는 장점이 있다.

㉤ 가능한 한 많은 데이터를 학습에 활용이 가능하지만 수행 시간 및 계산량 등이 많다.

⑤ 계층별 k-겹 교차검증(stratified k-fold cross validation)

㉠ 주로 분류(classification) 문제에서 활용되며 label의 분포가 각 클래스별로 불균형을 이룰 시에 유용하게 활용되는 방식이다.

㉡ 하지만 label의 분포가 불균형한 상황에서 샘플의 인덱스 순으로 데이터 폴드 세트를 구성하는 것은 데이터를 검증하는 데 있어 치명적 오류를 야기시킬 수 있다.

㉢ 이 방식은 label의 분포까지 고려해 주어 각 훈련 또는 검증 폴드의 분포가 전체 데이터셋이 지니고 있는 분포에 근사하게 된다.

4. 모수 유의성 검정

(1) 모집단 및 모수의 관계

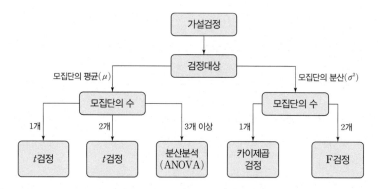

① **모집단(Population)** : 분석 및 관심 대상이 되는 전체 그룹을 말한다.

② **모수(Parameter)** : 모집단을 설명하는 어떤 값 또는 모집단의 특성을 나타내는 값이다.

③ **표본(Sample)** : 모집단의 일부 또는 모집단 분석을 위해 추출한 한 집단의 관측치이다.

④ **통계량(Statistic)** : 모집단을 설명하는 어떤 값을 표본으로부터 구한 값 또는 표본의 특성을 나타내는 값이다.

(2) 가설검정의 유형

검정 대상	모집단 수	검정 유형
모집단의 평균 μ	1개	T-검정
	2개	T-검정
	3개 이상	분산분석(ANOVA)
모집단의 분산 σ	1개	카이제곱검정(x^2)
	2개	F-검정

(3) 모집단 평균에 대한 유의성의 검정

① Z-검정

$$z = \frac{\bar{x} - \mu_0}{\sqrt{\dfrac{\sigma^2}{n}}}$$

㉠ 귀무가설에서 검정 통계량의 분포를 정규분포로 근사할 수 있는 통계 검정이다.

㉡ 정규분포를 가정하고 있으며 추출된 표본이 동일 모집단에 속하는지 가설을 검정하기 위해 활용한다.

㉢ 모집단 분산을 사전에 알고 있을 때 분포의 평균을 테스트 한다.

② T-검정

$$t = \frac{\bar{x} - \mu}{\sqrt{\dfrac{s^2}{n}}}$$

㉠ 검정하는 통계량이 귀무가설 하에서 T-분포를 따르는 통계적 가설검정이다.

㉡ 정규분포의 평균을 측정할 시에 많이 활용한다.

㉢ 두 집단 간의 평균을 비교하는 모수적 통계방법으로 표본이 정규성, 독립성, 등분산성 등을 만족할 경우에도 적용한다.

㉣ 적은 표본으로도 모집단의 평균을 추정하려고 정규 분포 대신에 활용되는 확률분포이다.

㉤ 모집단이 정규분포라는 정도만 알고 모분산을 모를 때 표본분산으로 대체해 모평균을 구할 때도 사용한다.

㉥ 표준 정규분포와 비슷하게 '0'을 중심으로 좌우대칭 또는 표준 정규분포보다 평평하면서도 기다란 꼬리를 가진다.

㉦ 자유도가 '30'이 넘게 되면 표준 정규분포와 비슷해지며 이를 중심극한정리라고 한다.

part
04

빅데이터 결과 해석

③ ANOVA

    ㉠ 개념 : 2개 이상의 집단 간 비교를 실행하고자 할 때 집단 내 분산, 총 평균과 각각의 집단에서 평균차이에 의해 나타난 집단 간 분산비교로 얻은 F-분포를 활용해 가설검정을 수행하는 방법이다.

    ㉡ 종류

종류	내용
일원분산분석	• 하나의 독립변수에 따른 집단 간 차이를 비교한다. • 하나의 독립변수의 변화가 종속변수에 미치는 영향을 분석한다.
이원분산분석	• 2개의 독립변수에 따른 집단 간 차이를 비교한다. • 하나의 독립변수의 변화가 독립변수에 미치는 영향이 타 독립변수의 수준에 의해 달라지는지 분석한다.

5. 적합도 검정

(1) 개요

① 실험에서 얻은 결과가 이론 분포와 일치하는 정도를 의미하는 것으로, 이러한 적합도 검정은 데이터가 특정 이론분포를 따르는지 검정하는 것이다.

② 이는 Goodness-of-fit 검정이라고도 하는데 데이터가 가정된 확률에 적합하게 따르고 있는지, 다시 말해 데이터의 분포가 특정한 분포함수와 얼마나 맞는지 검정하는 방법을 말한다.

③ 적합도 검정은 관측도수, O_j와 기대도수, E_j의 차이에 기초를 두고 카이제곱 값, χ^2이라는 검정통계량을 사용한다.

$$\chi^2 = \sum_{j=1}^{J} \frac{(O_j - E_j)^2}{E_j}$$

④ 적합도 검정은 모든 E_j가 5보다 큰 경우에만 적용시킬 수 있으며, 이 경우 검정 통계량은, 귀무가설이 참이라고 가정한다면, 카테고리 수-1의 자유도를 갖는 카이제곱분포를 따른다.

(2) 적합도 검정 기법의 종류

① 가정된 확률이 정해진 경우, 그렇지 않은 경우(정규성 검정)로 유형을 분리할 수 있다.

② 적합도 검정 기법에는 카이제곱 검정, 샤피로-윌크 검정, K-S 검정, Q-Q Plot이 있다.

종류	내용
가정된 확률 검정	• 가정된 확률이 정해져 있을 경우에 활용하는 검정방법이다. • 카이제곱 검정을 활용하여 검정을 수행한다. • H_0 : 데이터가 가정된 확률을 따른다. • H_1 : 데이터가 가정된 확률을 따르지 않는다.

정규성 검정	• 가정된 확률이 정해져 있지 않을 경우에 활용하는 기법이다. • 통상적으로 데이터가 정규분포를 따른다는 가정 하에 검정 통계량과 p값을 계산하기 때문에 정규성 가정을 만족하지 못하면 모형의 타당성이 떨어지고 모형의 신뢰성을 의심받게 되기 때문에 정규성 검정을 수행해야 한다. • 샤피로-윌크 검정, 콜모고로프-스미르노프 적합성 검정을 활용해서 검정을 수행한다. • 시각화를 통한 검정 기법으로는 Q-Q Plot을 활용한다.

(3) 카이제곱(chi-squared test) 검정(x^2)

① 범주형 데이터를 대상으로 관측된 값들의 빈도수와 기대 빈도수가 의미 있게 다른지를 비교하는 것을 말한다.

② 두 범주형 변수가 서로 상관이 있는지 독립인지를 판단하는 통계적 검정방법을 카이제곱 검정(Chi-Square Test)이라 한다.

③ 자료가 빈도로 주어졌을 때, 특히 명목척도 자료의 분석에 이용된다.

④ 카이제곱 검정 시 설정되는 가설의 종류

    ㉠ 귀무가설 : 변량(항목, 범주) 간에 관계가 '독립적'이라고 가정한다.

    ㉡ 대립가설 : 변량(항목, 범주) 간에 관계가 '의존적'이라고 가정한다.

⑤ 카이제곱 검정의 기본 가정

    ㉠ 변인의 제한 : 종속변인이 명목변인에 의한 질적 변인이거나 범주변인이어야 한다.

    ㉡ 무선 표집 : 표본이 모집단에서 무선으로 추출되어야 한다.

    ㉢ 기대빈도의 크기 : 각 범주에 포함할 수 있도록 기대되는 빈도를 기대빈도라고 하는데, 이 기대빈도가 5이상이어야 한다. 5보다 적으면 사례 수를 증가시켜야 한다.

    ㉣ 관찰의 독립 : 각 칸에 있는 빈도는 다른 칸의 사례와 상관없이 독립적이어야 한다.

(4) 콜모고로프 스미르노프 검정(K-S Test)

① 관측된 표본분포와 가정된 분포 사이의 적합도를 검사하는 누적분포함수의 차이를 활용한 검정 방법이다.

② 데이터의 누적 분포 함수와 비교하고자 하는 분포의 누적 분포 함수 간의 최대 거리를 통계량으로 사용하는 가설 검정 방법이다.

(5) 샤피로 윌크 Test 검정

① 샤피로 윌크 검정(Shapiro-Wilk Test)은 표본이 정규 분포로부터 추출된 것인지 테스트하기 위한 방법이다.

② 검정은 shapiro.test() 함수를 사용하며 이때 귀무가설은 주어진 데이터가 정규 분포로부터의 표본이라는 것이다.

(6) Q-Q 플롯

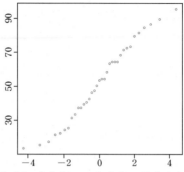

① 그래프를 활용해 정규성의 가정을 시각적으로 검정하는 방법이다.

② 대각선 참조선을 따라 값들이 분포하면 정규성을 만족한다고 할 수 있다.

③ 그래프에 대한 해석이 주관적이므로 이는 보조적으로 활용하는 것이 좋다.

④ 한 쪽으로 치우치는 모습일 경우에 정규성 가정에 위배되었다고 볼 수 있다.

> 🔍 참고   기타 검정
>
> - **디아고스티노-피어슨 검정(D'Agostino-Pearson test)** : 이 검정 방법은 왜도(skewness)와 첨도(kurtosis)를 사용해서 데이터가 정규분포와 일치하는지를 살펴본다. 표본의 크기가 20개보다 큰 경우에만 사용할 수 있다.
> - **자크-베라 검정(Jarque-Bera test)** : 이 일반적인 검정은 비교적으로 직관적이다. 디아고스티노-피어슨 검정과 마찬가지로 기본적인 아이디어는 정규분포에서 기대하는 왜도와 첨도와 데이터에서 얻은 값이 일치하는지를 살펴보는 것이다. JB 통계량이 클수록 정규분포에서 얻은 것일 확률이 높다.
> - **릴리포스 검정(Liliefors test)** : 릴리포스 검정은 임계값과 비교할 수 있는 검정 통계량 T를 계산한다. 검정 통계량이 임계값보다 크다면 데이터가 정규분포를 따르지 않는다는 신호라고 할 수 있다. 또한 유의수준과 비교할 수 있는 p-value도 계산해준다.

(7) 비모수적 검정

① 관측 값이 어느 특정한 확률분포를 따른다고 전제할 수 없거나 또는 모집단에 대한 아무런 정보가 없는 경우에 실시하는 검정방법으로 모수에 대한 언급이 없으며 분포무관 방법이라고도 한다.

② 주로 모집단의 분포가 대칭이라든가 또는 중앙값이 어디라든가 하는 정도의 가정을 하는 것이 보통이며, 자료의 관측 값은 확률변수의 실제 값을 이용하기보다는 부호나 순위 등의 형태를 이용하는 경우가 많다. 즉 자료가 관측치 자체보다 부호나 순위만이 의미가 있는 경우에 자주 이용된다.

(8) 비모수적 검정

표본		검정방법	
		서열척도	명목척도
단일 표본		Kolmogorov–Smirnov 검정	• x^2 검정 • Run 검정
종속 표본	2개	• 부호 검정 • Wilcoxon의 부호 순위검정	Mcnemar 검정
	k개	Friedman 검정	Cochran의 Q검정
독립 표본	2개	• Wilcoxon의 순위합 검정 • Mann–Whitney U 검정 • Kolmogorov–Smirnov 검정 • Moses의 극단반응 검정	• x^2 검정 • Fisher의 정확확률 검정
	k개	• 중위수 검정 • Kruskai–Wallis 검정	x^2 검정

---

② 분석모형 개선

1. 과대적합 방지

(1) 개요

① 통상적인 훈련 시의 경우에는 높은 성능이나 테스트 데이터에 대해서는 낮은 성능을 보여주는 과대적합을 방지한다.

② 제한된 학습 데이터셋에 지나치게 특화되어 새로운 데이터에 대한 오차가 상당히 커지는 현상이다.

③ 모델의 파라미터 수가 많거나 또는 학습용 데이터셋의 양이 부족한 경우에 발생한다.

(2) 과대 적합 방지하기

① 데이터의 증강

㉠ 모델은 학습용 데이터셋의 양이 적을 경우에 해당 데이터의 특정 패턴 또는 노이즈까지 분석되어 과대 적합 현상이 발생할 확률이 높으므로 충분한 데이터셋을 확보해야 한다.

㉡ 데이터의 양이 적을 경우 데이터를 변형해서 늘릴 수 있다.

② 모델의 복잡도 감소

 ⊙ 인공신경망의 복잡도는 은닉층의 수 또는 모델의 수용력 등으로 결정된다.

 ⓒ 과대 적합 현상이 발생할 시에 인공신경망의 은닉층 수를 감소시키거나 또는 모델의 수용력을 낮추어 복잡도를 감소시킬 수 있다.

③ 가중치 규제의 적용

 ⊙ 가중치 규제는 개별 가중치 값을 제한해서 복잡한 모델을 좀 더 간단하게 만드는 방법이다.

 ⓒ 복잡한 모델을 다수의 매개변수를 지닌 모델로 과대 적합될 가능성이 크다.

(3) 모델의 낮은 복잡도

① 학습을 수행하면서 계속적으로 변경되는 가중치 매개변수가 아닌 상수 값인 하이퍼 파라미터는 과대적합의 리스크를 감소시키기 위해 제약을 가하는 규제의 양을 결정하는 인수로 큰 값을 지정할수록 복잡도가 낮은 모델을 얻게 된다.

② 드롭아웃

 ⊙ 학습과정에서 신경망의 일부를 활용하지 않는 방법이다.

 ⓒ 신경망 학습 시에만 활용하고 예측 시에는 활용하지 않는다.

 ⓒ 학습 시 인공신경망이 특정 뉴런이나 또는 특정한 조합에 지나치게 의존적으로 되는 것을 방지해 주며 매번 랜덤 선택으로 뉴런들을 활용하지 않는다.

 ⓔ 서로 다른 신경망들을 앙상블하여 활용하는 것 같은 효과를 내게 되어 과대 적합을 방지한다.

 ⓜ 신경망 모델에서 은닉층의 뉴런을 임의로 삭제하면서 학습하게 되는 방식으로 훈련 시에는 삭제할 뉴런을 선택하고 테스트 시에는 전체 뉴런에 신호를 전달하고, 각각의 뉴런의 출력에 훈련할 시에는 삭제한 비율을 곱해 전달하게 된다. 하지만, 적은 수의 뉴런들로 학습을 진행할 시에 시간이 오래 걸린다는 문제점이 있다.

③ 드롭아웃의 종류

종류	내용
초기 드롭아웃	• 학습의 과정에 있어 노드들을 p의 확률로서 학습 횟수마다 임의로 생략하고 남은 노드들과 연결선들만을 활용해 추론 및 학습을 수행한다. • DNN 알고리즘에 활용한다.
시간적 드롭아웃	• 노드들을 생략하는 방법이 아닌 연결선의 일부를 생략하는 방식으로서 Drop Connection 방식의 개선 기법이다. • RNN 알고리즘에 활용한다.
공간적 드롭아웃	• 합성곱 계층에서의 드롭아웃이다. • 특징 맵 내의 노드 전체에 대해서 드롭아웃의 적용 여부를 결정하는 방법이다. • CNN 알고리즘에 활용한다

(4) 가중치의 감소

학습 과정 중 큰 가중치에 대해 커다란 패널티를 부과해 가중치의 절대 값을 가능한 한 작게 만든다. 규제는 과대적합이 되지 않도록 하기 위해 모델을 강제로 제한하는 것으로 이에는 L1, L2 규제가 있다.

① L1 규제

$$L1 : ||w||_1 = \sum_{j=1}^{m} |w_j|$$

ㄱ L1 규제는 L2 규제의 가중치 제곱을 절대 값으로 바꾸는 것으로 손실 함수에 가중치의 절대 값인 L1 노름(norm)을 추가 적용해 희소한 특성 벡터가 되어 대부분의 특성 가중치를 '0'으로 만든다.

ㄴ 회귀 모델에서 L1 규제를 적용한 것이 라쏘(Lasso) 모델이다.

② L2 규제

ㄱ 손실함수에 가중치에 대한 L2 노름(norm)의 제곱을 더한 패널티를 부여해 가중치 값을 비용 함수 모델에 비해 작게 만들어낸다.

ㄴ 손실함수가 최소가 되는 가중치 값인 중심점을 찾아 큰 가중치를 제한하는데 람다로 규제의 강도를 크게 하게 되면 가중치는 '0'에 가까워지게 된다.

ㄷ 회귀 모델에서 L2 규제를 적용한 것은 릿지(Ridge) 모델이다.

(5) 편향-분산 트레이드 오프

과대적합 및 과소적합 사이의 적절한 편향-분산 트레이드 오프, 절충점을 찾는다.

2. 매개변수 최적화

(1) 개요

① 최적화(Optimization)는 학습 모델과 실제 레이블과의 차이는 손실 함수로 표현되며, 학습의 목적은 오차 및 손실 함수의 값을 최대한으로 작게 하도록 하는 매개변수(가중치, 편향)를 찾는 것이다. 다시 말해, 매개변수의 최적값을 찾는 문제이며, 이러한 문제를 푸는 것을 최적화라 한다.

② 손실 함수를 최소화하는 매개변수를 찾는 방법에는 여러 가지가 있는데 가장 간단하게는 손실 함수의 그래프에서 가장 낮은 지점을 찾아가도록 손실 함수의 기울기를 구해 최적값을 찾아가는 확률적 경사 하강법(SGD)과 이 방법의 단점을 보완한 모멘텀 및 AdaGrad, Adam 방법 등이 있다.

③ 매개변수의 종류

종류	내용	예
가중치	각각의 입력 값에 각각 다르게 곱해지는 수치이다.	y=ax+b라고 할 시에 a가 가중치
편향	하나의 뉴런에 입력된 모든 값을 모두 더한 값(가중합)에 더해주는 상수이다.	y=ax+b라고 할 시에 b가 편향

part
04

빅데이터 결과 해석

231

(2) 확률적 경사 하강법(Stochastic Gradient Descent)

- 확률적 경사 하강 법 수식 : $W \leftarrow W - \eta \dfrac{\partial L}{\partial W}$
- 최적점 탐색 경로

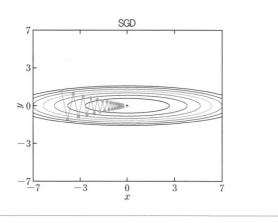

① 학습 최적화에 있어서 가장 간단한 방식이다.

② 손실 함수의 기울기를 구하여, 그 기울기를 따라 조금씩 아래로 내려가 최종적으로는 손실 함수가 가장 작은 지점에 도달하도록 하는 알고리즘이다.

③ 수식적으로는 위에 제시된 수식과 같이, 손실 함수(L)를 가중치로 미분한 값(기울기)에 η(학습률, Learning Rate)를 곱하여 그것을 현재의 매개변수(가중치)에서 뺀다. 그리고 이 값이 새로운 가중치가 되어 다시 손실 함수를 구하고, 그것을 토대로 가중치를 갱신하는 과정을 반복한다.

④ 확률적 경사 하강법(SGD)은 단순하며 구현이 용이하다.

⑤ 하지만 문제에 따라서는 비효율적일 때가 많은데 손실함수 그래프에서 지역 최적점(local minimum)에 갇혀 전역 최적점(global minimum)을 찾지 못하는 경우가 많고, 손실 함수가 비등방성 함수(방향에 따라 기울기가 달라지는 함수)일 때에서는 최적화에 있어 위와 같이 매우 비효율적이고 오래 걸리는 탐색 경로를 보여준다.

⑥ 기울기가 감소하는 최적점 근처에서 느리게 진행된다.

⑦ 탐색 경로가 지그재그로 크게 변한다.

(3) 모멘텀(Momentum)

- 모멘텀 수식

$$V \leftarrow \alpha V - \eta \frac{\partial L}{\partial W}$$

$$W \leftarrow W + v$$

- 최적점 탐색 경로

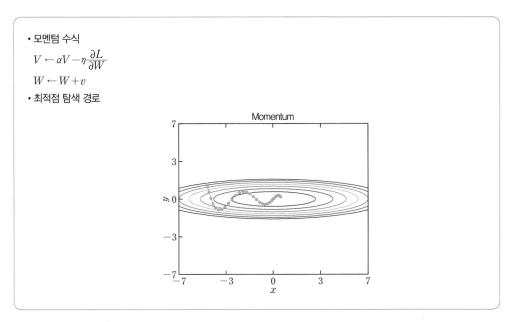

① 모멘텀은 '운동량'을 뜻하는데, 이 기법은 경사 하강법의 한 종류이다.

② 모멘텀이라고 하는 이유는 확률적 경사 하강법(SGD)에 '속도'라는 개념을 적용했기 때문인데 이는 다시 말해 기울기 방향으로 힘을 받으면 물체가 가속된다는 물리 법칙을 알고리즘에 적용한 것이다.

③ v라는 속도 항에 기울기 값이 누적되고, 그 누적된 값이 가중치 갱신에 영향을 줌으로써 기울기가 줄어드는 최적점 근처에서 느리게 진행하는 확률적 경사 하강법(SGD)와는 다르게, 모멘텀 알고리즘은 기울기가 줄어들더라도 누적된 기울기 값으로 인해 빠르게 최적점으로 수렴하게 된다.

④ 모멘텀 알고리즘의 최적점 탐색 경로를 보면 알 수 있듯이, 공이 구르는 듯한 모습을 보여주는데 이는 탐색 경로가 지그재그로 크게 변하는 확률적 경사 하강법(SGD)보다 탐색 경로의 변위가 줄어들어 빠르게 최적점으로 수렴한다.

⑤ SGD에 '속도'라는 개념을 적용한다.

⑥ 관성의 방향을 고려하여 진동 및 폭을 감소시키는 효과가 있다.

⑦ x축의 한 방향으로 일정하게 가속하고 y축의 방향의 속도는 일정하지 않다.

(4) AdaGrad(Adaptive Gradient) Algorithm

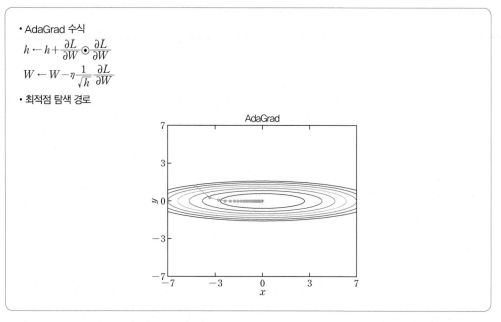

- AdaGrad 수식

$$h \leftarrow h + \frac{\partial L}{\partial W} \odot \frac{\partial L}{\partial W}$$

$$W \leftarrow W - \eta \frac{1}{\sqrt{h}} \frac{\partial L}{\partial W}$$

- 최적점 탐색 경로

① 학습을 진행하면서 학습률을 점차적으로 감소시켜 나가는 학습률 감소 기법을 적용한 최적화 알고리즘이다.

② 손실 함수의 기울기가 큰 첫 부분에서는 크게 학습하다가 점차적으로 최적점에 가까워질수록 학습률을 줄여서 조금씩 적게 학습하는 방식이다.

③ 처음엔 큰 폭으로 움직이지만 그러한 큰 움직임에 비례해서 갱신 정도도 큰 폭으로 작아진다.

④ 일괄적으로 매개변수 전체의 학습률 값을 낮추는 것이 아닌 각각의 매개변수에 맞는 학습률 값을 만드는 방식이다.

⑤ y축 방향을 기울기가 커서 처음엔 크게 움직이지만 그러한 큰 움직임에 비례해서 갱신의 정도도 큰 폭으로 작아지도록 조정된다.

(5) Adam

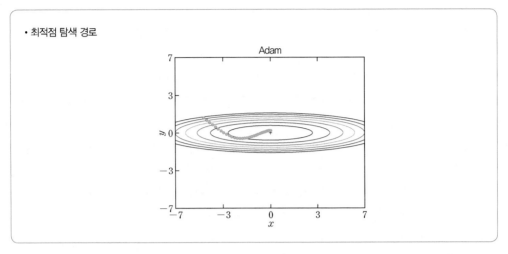

• 최적점 탐색 경로

① Adam 기법의 이론은 복잡하지만, 직관적으로는 모멘텀과 AdaGrad를 융합한 방법이다.

② 이 기법을 사용하기 위해서는 학습률, 일차 모멘텀 계수, 이차 모멘텀 계수 이 세 개의 하이퍼 파라미터를 설정해야 한다.

③ 모멘텀 방식과 AdaGrad 방식을 합친 알고리즘이므로, 최적점 탐색 경로 또한 이 두 방식을 합친 것과 비슷한 양상으로 나타난다.

④ 탐색 경로의 전체적인 경향은 모멘텀 방식처럼 공이 굴러가는 듯하고, AdaGrad로 인해 갱신 강도가 조정되므로 모멘텀 방식보다 좌우 흔들림이 덜 한 것을 알 수 있다.

(6) 초 매개변수(하이퍼 파라미터 ; Hyper Parameter) 최적화

① 초 매개변수는 사람이 직접적으로 설정해야 하는 매개변수로서 뉴런의 수, 학습률, 배치 크기, 가중치 감소 시의 규제 강도 등이 있다.

② 초 매개변수의 최적화를 위해서 값의 범위를 10의 거듭제곱 단위, 로그 스케일로 대략적으로 설정한 후에 무작위 샘플링한 초 매개변수 값을 활용해 학습하고 검증데이터로 이를 반복하면서 정확도를 평가, 초 매개변수를 최적화한다.

3. 분석모형 융합

(1) 앙상블(Ensemble) 학습

① **개념** : 이는 주어진 자료를 활용해서 여러 가지 분석 예측모형들을 만들고 해당 예측모형들을 결합하여 최종적인 하나의 예측모형을 만드는 방법을 의미한다.

② 앙상블(ensemble) 모형은 서로 다른 특성을 갖는 이질적인 모형(heterogeneous model)을 분류 문제(classification)에 대해서 투표(voting)를 통해 예측모형을 개발하거나 평균을 내서 구축한 모형이 단일 모형을 사용하는 경우보다 훨씬 더 좋은 예측성능을 내고 있다.

③ **이점**

㉠ 치우침이 있는 여러 모형의 평균을 취할 시에 균형적인 결과(평균)를 얻는다.

㉡ 여러 모형의 분석 결과를 결합하면 변동성 및 과적합의 여지가 줄어든다.

(2) 취합방법론

① **부스팅(Boosting)**

㉠ 이는 예측력이 약한 모형들을 결합해 예측력이 강한 모형을 만드는 방법을 말한다.

㉡ 부스팅 방법 중 Freund & Schapire가 제안한 Adaboost는 이진분류 문제에서 랜덤 분류기 보다 조금 더 좋은 분류기 n개에 각각의 가중치를 부여하고 n개의 분류기를 결합해 최종적인 분류기를 만드는 방법을 제안하였다.

㉢ 훈련오차를 빠르면서도 용이하게 해결할 수 있다.

㉣ 배깅에 비해 많은 경우 예측오차가 올라가 Adaboost의 성능이 배깅보다 뛰어난 경우가 많다.

② **배깅(Bagging)**

㉠ Breiman에 의해 제안된 방법으로 주어진 자료에서 여러 개의 부스트랩 자료를 생성하며 각 부스트랩 자료에 예측모형을 만든 후에 이를 혼합하여 최종적인 예측모형을 만드는 형식이다. 부스트랩은 주어진 자료에서 동일한 크기의 표본을 랜덤 복원추출로 뽑은 자료를 말한다.

㉡ 보팅(voting)은 여러 모형으로부터 산출된 결과를 다수결에 따라 최종적인 결과를 선택하는 과정이다.

㉢ 최적의 의사결정나무를 구축할 시에 가지치기가 가장 힘든 부분이지만 배깅에서는 이러한 가지치기 과정을 거치지 않고 최대한으로 성장한 의사결정나무들을 활용한다.

㉣ 배깅은 반복추출 방법을 사용하기 때문에 같은 데이터가 한 표본에 여러 번 추출될 수 있고, 어떤 데이터는 추출되지 않을 수도 있다.

㉤ 훈련 자료의 모집단 분포를 알 수 없는 상태이므로 실제 문제에서의 평균 예측 모형을 구할 수 없다. 그러므로 배깅은 훈련자료를 모집단으로 특정하고 평균예측모형을 구해서 분산을 감소시키고 예측력을 향상시키는 것이다.

　　ⓑ 데이터 샘플링(random sampling of Bootstrap)을 통해 모델을 학습시키고 결과를 집계한다.

　　ⓢ 범주형(categorical) 데이터의 경우 투표로 집계되고, 연속형(continuous) 데이터의 경우 평균으로 집계된다.

　③ 랜덤 포레스트(Random Forest)

　　㉠ 의사결정나무의 분산이 크다는 문제점을 고려해서 배깅과 부스팅보다 더욱 많은 무작위성을 제시하여 약한 학습기들을 생성한 후에 이를 선형결합해서 최종적인 학습기를 만드는 방법을 말한다.

　　㉡ 랜덤 포레스트 패키지는 랜덤 인풋에 따른 forest of tree를 활용한 분류방법이다.

　　㉢ 랜덤한 포레스트에는 많은 트리들이 형성된다.

　　㉣ 수천 개의 변수를 통해 변수의 제거 없이 실행되기 때문에 정확도가 높다.

　　㉤ 이론적 설명 또는 결과에 대한 해석이 어렵다는 문제점이 있는 반면에 예측력은 상당히 높다는 이점이 있다.

　　㉥ 특히, 입력변수가 많은 경우에 배깅과 부스팅과 비슷하거나 조금 더 좋은 예측력을 보이게 된다.

　④ 다수결

　　㉠ 여러 모형에서 나타난 결과를 종합해 다수결로 나온 모형을 최종 모형으로 설정하는 방법이다.

　　㉡ 여러 분류기로 학습시킨 후에 투표를 통해 최종 모형을 선택한다.

　　㉢ 직접 투표와 간접 투표가 있다.

　⑤ 랜덤 서브스페이스

　　㉠ 다차원 독립변수 중에서 일부 차원을 선택한다.

　　㉡ 학습 데이터를 모두 사용하고 특성은 샘플링하는 방식이다.

(3) 결합분석 모형

결합분석 모형은 두 종류 이상의 결과변수를 동시에 분석할 수 있는 방법으로, 각 결과변수에 대한 모형을 임의효과를 공유하는 형태로 결합하는 것이 가장 일반적이다.

4. 최종모형 선정

(1) 최종모형 평가기준의 선정

　① 빅데이터의 개선 모형에 대한 개발이 완료되어지면 분석 알고리즘의 실행결과를 검토해 최종적인 모형을 선정한다.

　② 재현율(recall), 정밀도(precision), 정확도 등의 평가지표를 활용한다.

(2) 최종 모형 분석결과의 검토

① 최종적인 모형 선정 시에는 이에 관련되는 여러 이해관계자들이 모여서 분석 모형에 관한 결과를 공유하고 검토회의를 통해 최적의 분석모형을 선정한다.

② 최적의 분석모형의 선정을 위해 분석모형에 대한 평가기준 및 해당 모델의 실제적인 활용 가능성에 대해서도 검토한다.

(3) 알고리즘별 결과의 비교

① 분석 알고리즘별로 파라미터를 변경해 알고리즘을 실행한다.

② 파라미터 변경 전후에 관한 차이점을 비교하고 실행 결과를 기록한다.

제 2 장 분석결과 해석 및 활용

1 분석결과 해석

1. 분석모형 해석

(1) 데이터 시각화

① 데이터에 관한 이해를 돕기 위한 도형, 그림 등의 요소를 활용해 데이터를 표현하고 묘사하는 것을 말한다.

② 막대, 원, 선 등의 기하 또는 도형 등을 활용해 데이터의 특징을 나타낼 수 있는 형태로 표현하거나 레이블, 색상 등의 특성을 이용해 데이터를 표현한다.

(2) 데이터 시각화의 목적

① **설득** : 데이터를 통해 전달하고자 하는 메시지에 대한 설득 및 공감 등의 반응을 이끌어내는 추상적이면서 예술적인 측면의 목적이다.

② **정보의 전달** : 데이터의 사실을 명확하게 분석 및 전달할 수 있는 실용적이면서 과학적인 측면의 목적이다.

(3) 데이터 시각화의 기능

① **탐색기능**

㉠ 데이터의 유의미하고 흥미로운 요소들을 사용자가 직접적으로 탐색

㉡ 데이터에 숨겨져 있는 관계 및 패턴 등을 찾기 위한 시각적인 분석 기능

② **표현기능** : 데이터를 활용한 개인 작품 또는 예술적 표현 등을 통한 이야기 전달 및 공감 등을 불러일으키기 위한 기능

③ **설명기능**

㉠ 데이터의 유의미하고 흥미로운 요소들을 정확하게 나타내야 함

㉡ 데이터의 시각화를 통해 전달하고자 하는 메시지 및 주요 분석결과를 설명하기 위한 기능

part
04

빅데이터 결과 해석

(4) 데이터 시각화의 종류

① 분포시각화

ㄱ 개념 : 구분에 따른 변화를 최대, 최소, 전체 분포 등으로 분류하고 전체에서 부분 간의 관계를 설명한다.

ㄴ 기법 : 도넛 차트, 파이 차트, 트리맵 등

② 시간시각화

ㄱ 개념 : 시간의 흐름에 의한 변화를 통해 트렌드를 파악한다.

ㄴ 기법 : 점 그래프, 막대 그래프 등

③ 비교시각화

ㄱ 개념 : 각 데이터 간 차이점 및 유사성의 관계가 확인 가능하다.

ㄴ 기법 : 평행 좌표그래프, 히트 맵, 체르노프 페이스 등

④ 관계시각화

ㄱ 개념 : 집단 간 상관관계를 확인해 타 수치의 변화를 예측한다.

ㄴ 기법 : 버블 차트, 산점도, 히스토그램 등

⑤ 공간시각화

ㄱ 개념 : 지도 등을 통해 시점에 의한 경향이나 차이 등을 확인한다.

ㄴ 기법 : 도트맵, 등치선도, 카토그램 등

(5) 데이터 시각화의 과정

과정	내용	세부 단계
구조화	• 시각화를 위한 조건의 정의 후에 사용자에 따른 시나리오의 작성 및 스토리를 구성 • 데이터 시각화 목표를 설정한 후에 해당 분석결과를 기반으로 데이터 표현규칙 및 패턴 등을 탐색	• 시각화 목표의 설정 • 데이터 표현규칙, 패턴 탐색 및 도출 • 시각화 조건의 정의 • 사용자 시나리오 시각화 스토리의 작성
시각화	• 구조화 단계로부터 정의된 시각화의 조건, 스토리를 기반으로 적절한 시각화 도구 및 기술 등을 선택해 데이터 분석정보에 대한 시각화를 구현하는 단계 • 단순하면서도 명료한 메시지의 전달을 위해 시각화 과정을 반복적으로 수행하여 시각화	• 시각화 도구, 기술의 선택 • 시각화의 구현
시각표현	• 시각화의 단계에서 나타난 결과물을 보정 • 정보의 표현을 위한 그래픽적인 요소를 반영해 그래픽의 품질을 향상시킴 • 최종 시각화 결과물이 구조화 단계에서 정한 목적 및 의도 등에 맞게 구현되었는지 확인	• 그래프의 보정 • 전달요소의 강조 • 그래프 품질의 향상 • 인터랙션 기능의 적용 • 시각화 결과물의 검증

(6) 빅데이터의 시각화 도구

① 인포그램

⊙ 실시간으로 인포그래픽을 연동해주는 시각화 도구를 의미한다.

ⓒ 강의, 교육, 미디어 등의 자료 제작에 유용하다.

② 태블로

⊙ 그래프, 차트, 지도 등을 포함한 여러 가지 그래픽 기능을 제공하는 시각화 도구를 의미한다.

ⓒ 클라우드 기반으로 데이터를 클라우드에 저장한다.

③ 데이터 래퍼

⊙ 용이하게 데이터를 업로드하고 맵 또는 차트 등으로 변환하는 시각화 도구를 의미한다.

ⓒ 사용자의 목적에 따라 제작이 가능한 레이아웃을 제공한다.

④ 차트 블록

⊙ 코딩 없이 스프레드시트, 데이터베이스 형태의 데이터를 용이하게 가시화하는 시각화 도구를 의미한다.

ⓒ 웹 기반의 차트를 구현한다.

(7) 시각화 분석을 하기 위한 데이터의 구분

데이터 종류	구분	분석수행의 내용
범주, 비율	범위	값의 범위 파악
	분포	각 개별 변수들, 변수 조합이 지니는 분포의 형태를 파악
	순위	크기를 기반으로 데이터의 순서 파악(최댓값, 최솟값, 사분위수, 중위수 등)
	측정	값이 지니는 중요성의 파악, 숫자 자체보다 깊이 있는 조사를 수행
추세, 패턴	추세방향	값의 증가, 감소 등의 변화를 확인
	추세패턴	선형 또는 지수형 등으로 변화하는지, 변화하지 않는지 등을 확인
	추세속도	추세가 어느 정도로 급한지를 파악
	변동패턴	반복되는 패턴, 변동, 폭, 무작위 패턴 등의 확인
	중요도	확인한 패턴이 중요한 신호인지 아니면 잡음인지를 파악
	교차	변수 사이의 교차, 중첩발생의 여부, 교차점이 발생하는지의 확인
관계, 연결	예외	이상값과 같은 정상범위를 벗어난 변수의 파악
	상관성	변수 간 연관성이 강하거나 또는 약한 상관관계의 존재 확인
	연관성	변수 및 값의 조합 간 의미 있는 관계의 파악
	계층관계	데이터 범주의 구성 및 분포, 관련성의 파악

2. 비즈니스 기여도 평가

(1) 개요

① 사업의 수행에 있어 영향을 미치는 요소를 수치화 된 자료의 형태로 산출하는 평가방법을 의미한다.

② 의미 있는 분석결과를 확보하기 위한 비즈니스 기여도의 산출이 가능해야 한다.

(2) 비즈니스 기여도의 평가지표

기법	내용
투자 대비 효과 (ROI)	자본 투자에 따른 순 효과 비율을 의미한다.
총 소유 비용 (TCO)	하나의 자산을 획득할 시에 주어진 기간 동안 모든 연관비용을 고려 가능하도록 확인하기 위해 사용한다.
내부수익률 (IRR)	순현재가치를 "0"으로 만드는 할인율이다.
순현재가치 (NPV)	• 어떤 특정 시점의 투자금액 및 매출금액의 차이를 이자율을 고려해 계산한 값이다. • 예상 투자비용의 할인가치를 예상 수익의 할인가치에서 공제했을 시에 나온 값을 합한 금액이다.
투자회수기간 (PP)	• 누적 투자금액 및 매출금액의 합이 동일해지는 시간을 말한다. • 프로젝트의 시작 시점에서부터 누적 현금흐름이 흑자로 돌아서는 시점까지의 기간이다.

(3) 비즈니스 기여도의 평가 시 고려사항

검증 항목	고려사항
성능 검증	시뮬레이션을 통한 처리량, 대기시간, 대기행렬의 감소를 통한 성능 측면의 효과를 제시
효과 검증	데이터 모델링 과정을 통한 검출율의 증가, 향상도 개선 등의 효과를 제시
중복 검증	타 모델링과의 중복에 의한 효과를 통제 및 제시 가능해야 하며 단위 프로젝트별 수익 및 비용 등으로 평가하는 것이 원칙
최적화 검증	최적화를 통해 목적함수가 증가한 만큼의 효과를 제시

2 분석결과 시각화

1. 시공간 시각화

(1) 시간 시각화의 개요

① 시간의 흐름에 따른 데이터의 변화를 나타낸 시각화 방법을 말한다.

② 시계열 데이터에서 주요 관심 요소는 경향성(trend)으로, 추세선 및 산점도의 경우에 시간의 흐름에 따른 추세를 파악할 수 있다.

(2) 시간 시각화의 종류

① 막대그래프

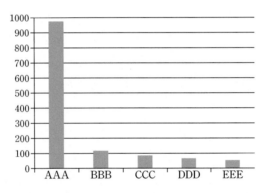

㉠ 막대그래프는 범주 데이터를 요약하는 방법으로 막대그래프에서는 동일한 너비의 여러 막대를 사용하여 데이터를 표시하며, 각 막대는 특정 범주를 나타낸다.

㉡ 각 막대의 높이는 특정 집계(나타내는 범주에 있는 값의 합계)에 비례한다.

㉢ 값들이 눈으로 보기에 뚜렷한 차이를 보이는 경우에 활용하면 효과적이다.

㉣ 막대그래프는 다양한 데이터 유형에 적용 가능한데 시간에 따라 변화하는 양을 비교하기 위해 사용할 수 있다.

㉤ 데이터 값은 막대의 높이로 표시되고 값이 클수록 막대 길이가 길어지며, x축(가로축)은 시간축, y축(세로축)은 값을 나타내는 축으로 '0'부터 시작해야 한다.

㉥ '0'이 아닌 다른 값으로 표현할 경우 숫자 비례를 왜곡하게 된다.

㉦ 막대에 다양한 색상을 줄 수 있는데, 색상은 특정 상태나 범위를 나타내기 위해 사용할 경우 효과적이다.

② 누적 막대그래프

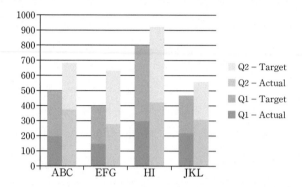

㉠ 나열된 막대의 크기에 의해 카테고리(데이터 구분 범주)별 데이터를 비교해서 각 범주의 차이를 한 눈에 파악할 수 있게 이를 시각화한 차트를 말한다.

㉡ 특히 각 카테고리(category)에 하위 카테고리가 있는 경우에 유용하다.

㉢ 막대그래프와 거의 비슷하나 한 구간에 해당하는 막대가 누적되는 것이 다르다.

㉣ 한 구간이 몇 개의 세부 항목으로 구분되면서 전체 합이 의미가 있을 때 사용한다.

㉤ 한 구간의 세부 항목별로 색상이나 질감을 다르게 구분하여 값의 크기를 표시할 수 있다.

③ 영역 차트

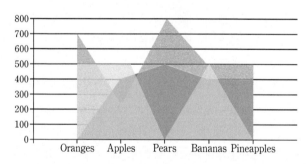

㉠ 영역형 차트는 시간에 따른 변화를 보여 주며 합계 값을 추세와 함께 살펴볼 때 활용이 가능한 그래프이다.

㉡ 영역형 차트에서는 각 값의 합계를 표시해 전체에 대한 부분의 관계도 나타내 준다.

④ 선 그래프

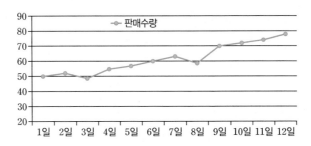

ⓐ 어떤 그래프의 변들을 꼭짓점으로 삼고, 원래 그래프의 변의 인접 여부를 변으로 삼는 그래프를 말한다.

ⓑ 선 그래프는 시간별 추세를 표시하는 데 적합하다.

ⓒ 선 그래프는 시간 데이터를 나타내는 산점도에서 점 사이를 직선으로 연결한 경우와 동일하다.

ⓓ 선분의 기울기가 급할수록 변화가 큼을 의미하며, 점을 제거하여 선분으로만 표시할 수도 있다.

ⓔ 데이터의 상대적 패턴을 보기 위한 경우 y축은 '0'에서 시작하지 않아도 된다.

⑤ 계단식 그래프

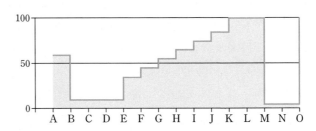

ⓐ 이 그래프는 다음 값으로 변하는 지점에서 급격하게 뛰어오르는 계단형으로 그리는 그래프이다.

ⓑ 두 지점 사이를 하나의 선분으로 연결하기 보다는 변화가 생길 때까지 x축과 평행하게 일정한 선을 유지한다.

(3) 공간 시각화의 개요

① 지도상에 해당하는 정보를 나타내는 시각화 방법을 말한다.

② 지도상에 위치를 표기하기 위해 대부분의 위도 및 경도를 사용한다.

part
04

빅데이터 결과 해석

(4) 공간 시각화의 종류

① 등치선도(Isarithmic map)

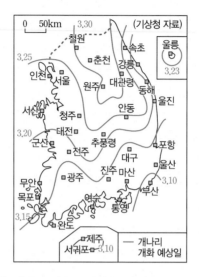

ㄱ 일정 간격으로 동일한 값을 가지는 점을 등치선으로 이은 지도를 말한다.

ㄴ 등고선, 등온선, 등압선과 같이 동일한 통계 값을 갖는 지점을 선으로 연결하여 나타낸다.

ㄷ 등치선상의 모든 지점들은 동일한 통계 값을 가지며, 통계 값의 간격을 어떻게 정하느냐에 따라 선의 조밀도가 다르게 나타나게 된다.

ㄹ 등치선도를 제작하는 데 있어 고려해야 하는 요소는 관측점의 수 및 관측 지점의 선정으로 관측점이 특정 지역에 편중된다든지, 관측 점의 수를 너무 적게 하면 좋은 지도가 될 수 없다.

ㅁ 등치 지역도가 갖는 지리적 단위별로 인구밀도가 상이할 경우 데이터 왜곡을 줄 수 있는 결점을 극복하기 위해 색상의 농도를 활용하여 표현한 방법이다.

② 등치지역도(Choropleth map)

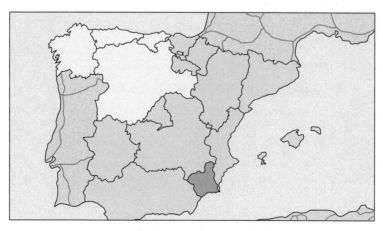

㉠ 등치 지역도는 음영 또는 색조 또는 패턴을 사용하여 특정 값이 특정 지리 또는 지역을 기준으로 어떻게 다른지 표시하는 것을 말한다.

㉡ 밝게(낮은 빈도/낮음)부터 어둡게(높은 빈도/높음)까지 다양한 음영으로 이러한 상대적 차이를 신속하게 표시한다.

㉢ 등치 지역도는 지리적 단위별로 인구가 균등하게 배분되지 않으면 단점이 되는데 이는 데이터가 나타내는 값에 의해서가 아니라 지리적으로 차지하는 면적이 큰 경우 실제 값을 왜곡시킬 수 있기 때문이다.

㉣ 시간에 따라 증가하는 값을 표현할 경우에는 색상을 더욱 더 신중히 선택해야 한다.

③ 버블 맵(=버블 플롯 맵 ; Bubble plot map)

㉠ 수치화된 데이터 값의 크기를 표현하는 서로 다른 크기의 원형으로 나타낸 것을 말한다.

㉡ 도트 플롯 맵이 지리적 산점도라면 버블 플롯 맵은 지리적 버블 차트에 가깝다.

④ 도트 맵(=도트 플롯 맵 ; Dot plot map)

㉠ 지도 상 위도 및 경도에 해당하는 좌표 점을 산점도와 같이 점을 찍어서 표현하는 것을 말한다.

㉡ 시간의 흐름에 따라 점진적으로 확산을 나타내는 경우에 활용한다.

⑤ 카토그램(Cartogram)

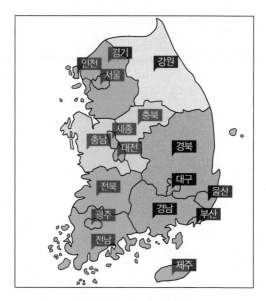

ⓐ 지역의 값을 나타내기 위해 지리적인 형상 크기를 조절한 것을 말한다.

ⓑ 재구성된 지도로 왜곡되고 삐뚤어진 화면으로 나타난다.

ⓒ 국가의 위치나 형태, 크기를 사전에 익숙하게 알고 있는 것을 이용하여 해당 정보를 전달하는 효과를 주고 있으며, 인터랙션 디자인을 적용한 경우 가장 효과적이다.

2. 관계 시각화

(1) 관계 시각화의 개요

① 다변량 데이터 사이에서 존재하고 있는 변수 사이의 연관성, 분포 및 패턴 등을 찾는 시각화 방법을 말한다.

② 변수 사이의 연관성인 상관관계는 한 가지 요소의 변화가 타 요소의 변화와 연관이 있는지를 나타내는 시각화 기법이다.

(2) 관계 시각화의 종류

① 산점도(scatter plot)

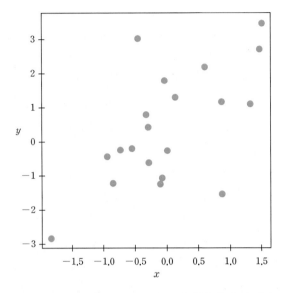

ⓐ 두 변수의 관계를 보여주는 자료 표시 방법으로 자료 집합의 각 측정 점은 두 변수를 의미하는 x, y의 점으로 나타낸다.

ⓑ 좌표상의 점들을 표시함으로써 두 개 변수 간의 관계를 나타내는 그래프 방법으로 도표 위에 두 변수 X와 Y 값이 만나는 지점을 표시한 그림이다. 즉, 두 변수간의 관계를 시각적으로 표현하는 산점도는 두 변수 간의 함수 관계를 보여준다.

ⓒ 상관관계, 군집화, 이상치 패턴을 파악하기에 유용한 그래프이다.

part
04

빅데이터 결과 해석

② 산점도 행렬(Scatter plot matrix)

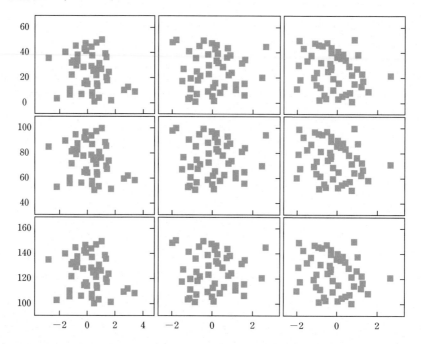

㉠ 다변량 변수를 갖는 데이터에서 가능한 모든 변수 쌍에 대한 산점도들을 행렬 형태로 표현한 그래프이다.

㉡ 데이터 탐색 과정에서 유용한 그래프이기도 하다.

㉢ 산점도 행렬의 대각선 위치는 동일한 변수에 대한 산점도 위치이므로 비워두거나 변수 이름을 표기한 레이블을 표시한다.

③ 히스토그램(histogram)

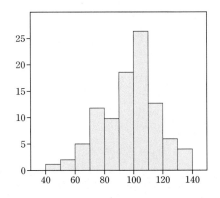

　㉠ 자료 분포의 형태를 직사각형의 형태로 시각화하여 보여주는 그래프 즉, 표로 되어 있는 도수
　　분포를 정보 그림으로 표현한 것이다.
　㉡ 자료의 분포 상태를 한 눈에 알아볼 수 있다.
　㉢ 특정 변수에 대해 구간별 빈도수를 표현한다.
　㉣ 구간의 범위를 조정하거나 막대의 수를 변경함으로써 히스토그램의 모양이 달라지는데, 이는
　　데이터 분포를 탐색하는 주요한 방법이 된다.

④ 버블 차트(Bubble chart)

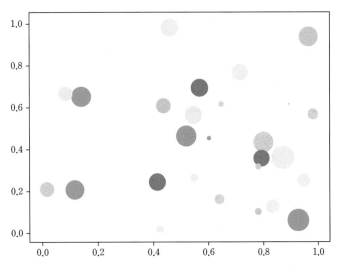

　㉠ 산점도에서 데이터 값을 나타내는 점 또는 마크에 여러 가지 의미를 부여하여 확장된 차트이다.
　㉡ 데이터 값에 대한 비율에 따라 원형 버블의 크기를 달리하여 표시하기도 하지만, 요즘은 세 번
　　째 변수로서 버블의 크기를 사용하는 버블 차트를 더 많이 활용하고 있다.

3. 비교 시각화

(1) 비교 시각화의 개요

① 여러 변수의 데이터 값들을 비교하는 방법을 의미한다.

② 다변량 변수를 지니는 자료를 제한된 2차원에 효과적으로 나타낸 시각화 방법이다.

(2) 비교 시각화의 종류

① 히트 맵(heat-map)

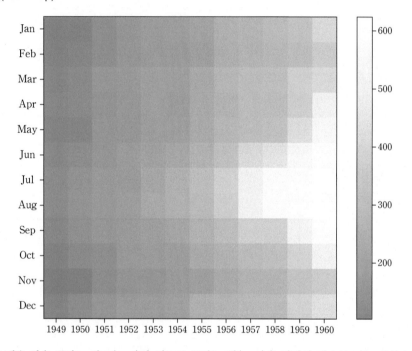

ⓒ 히트 맵은 열을 뜻하는 히트(heat)와 지도를 뜻하는 맵(map)을 결합한 것으로 이는 색상으로 표현할 수 있는 다양한 정보를 일정한 이미지 위에 열 분포 형태의 비주얼한 그래픽으로 출력되는 것 즉, 색상 코딩 시스템을 사용해 다양한 값을 나타내는 데이터의 그래픽 표현을 의미한다.

ⓒ 통상적으로 다양한 형태의 분석에 사용되지만 특정 웹페이지 및 웹 템플릿에서 사용자 행동을 표시하는 데 많이 활용된다.

ⓒ 특히, 사용자가 페이지를 클릭한 위치, 페이지를 아래로 내린 거리 또는 페이지 내에서 어디를 중점적으로, 어떠한 순서로 보았는지 아이 트래킹(eye-tracking) 결과까지 나타낸다.

ⓒ 여러 가지 변수들을 비교해 볼 수 있는 시각화 방법 중 가장 많이 사용되는 유용한 그래프이다.

ⓒ 데이터가 지나치게 많은 경우 더 혼란스러울 수 있으므로 적당한 색상을 선택하고, 정렬을 통해 데이터에 대한 가독성을 높일 수 있다.

② 플로팅 바(Floating Bar) 차트

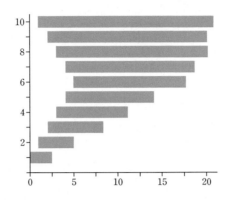

㉠ 간트 차트(Gantt Chart)라고도 한다.

㉡ 막대가 가장 낮은 수치에서부터 가장 높은 수치까지 걸쳐 있는 것으로 표현된다.

㉢ 축의 시작점은 0점이 아닐 수 있다.

㉣ 범주 내 값의 다양성의 파악이 가능하다.

㉤ 범주 간 중복 또는 이상치의 파악도 가능하다.

③ 스타 차트(Star Chart)

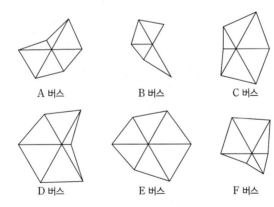

A 버스   B 버스   C 버스

D 버스   E 버스   F 버스

㉠ 스타 차트는 다변량 데이터 변수의 수만큼 축을 생성하고, 변수마다 축 하나씩을 대응시켜 해당 변수의 크기에 따라 축의 길이를 만들며, 각 축의 끝을 연결하여 별 모양의 다각형을 만든다.

㉡ 이 때 각 축의 시작과 끝은 해당 변수의 최솟값과 최댓값으로 한다.

㉢ 스타 차트는 레이더 차트, 거미 차트라 부르기도 한다.

④ 체르노프 페이스

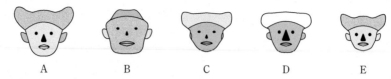

A   B   C   D   E

㉠ 체르노프 페이스(Chernoff Faces)는 데이터의 다양한 변수를 얼굴 모양의 눈, 귀, 코, 눈썹, 입, 머리카락 등의 길이, 너비, 모양 등과 일대일 대응시켜 데이터 개체 하나를 얼굴 하나로 표현하는 방법이다.

㉡ 데이터를 얼굴로 이해함에 따라 데이터가 의미하는 바와 거리가 멀게 해석될 수 있는 단점이 있다.

㉢ 예를 들어, 100개의 데이터는 100개의 얼굴을 생성시켜 얼굴 모양의 유사성 등을 관찰함으로써 데이터를 비교하는 것이다.

⑤ 평행 좌표 그래프(=평행 좌표계 ; Parallel Coordinates)

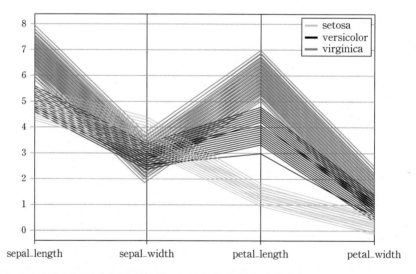

㉠ 다변량 데이터를 2차원 평면에 표현하는데 매우 효율적인 방법이다.

㉡ 하나의 축이 하나의 변수를 나타내며 각각의 축을 평행하게 배치하고, 한 축에서 윗부분은 변수 값의 최댓값을 아래는 최솟값을 나타내도록 한다.

㉢ 한 데이터의 여러 변수마다 주어진 값을 해당 축의 위치로 대응시키고 이 지점들을 선으로 연결하며, 연결선 하나는 데이터 하나를 의미하며 데이터 수만큼 연결선이 생성된다.

㉣ 연결선들이 변수에 해당하는 각 축에서 띠는 모양을 통해 데이터의 집단적인 경향성 및 변수 간의 관련성을 파악할 수 있게 해 준다.

4. 인포 그래픽(Info-graphics)

(1) 인포 그래픽의 개요

① 인포 그래픽(Info-graphics)은 정보를 빠르고 분명하게 표현하기 위해 정보, 자료, 지식을 그래픽 시각적으로 표현한 것을 의미한다.

② 정보를 구체적, 표면적, 실용적으로 전달한다는 점에서 일반적인 그림이나 사진 등과는 엄연히 구별된다.

③ 복잡한 정보를 빠르고 명확하게 설명해야 하는 기호, 지도, 기술 문서 등에서 사용된다.

④ 차트, 사실박스, 지도, 다이어그램, 흐름도, 로고, 달력, 일러스트레이션, 텔레비전 프로그램 편성표 등이 인포 그래픽에 포함된다.

(2) 인포 그래픽의 종류

① 지도형 인포 그래픽

㉠ 세계지도, 또는 특정 국가나 지역의 지도를 메인 비주얼로 삼아 정보를 담는 방식의 인포 그래픽을 의미한다.

㉡ 국가별 · 지역별로 다른 통계수치나 미디어 이용 행태 등을 보여주기에 용이하다.

㉢ 주로 국가별 소셜미디어 이용 현황, 선거 출마 후보의 지역별 선호도, 매장 분포도 등에 적용되는 방식이다.

② 도표형 인포 그래픽

㉠ 파이차트, 벤다이어그램, 막대그래프 등 다양한 도표를 사용하여 정보를 보여주는 방식의 인포 그래픽을 의미한다.

㉡ 모든 종류의 수치 데이터의 표현이 가능하다.

③ 타임라인형 인포 그래픽

㉠ 특정 주제를 선정하여 그와 관련된 히스토리나 전개 양상을 타임라인 형태로 나타내는 방식의 인포 그래픽을 의미한다.

㉡ 한 가지 키워드를 집중적으로 연구한 결과를 보여주기에 적절하다.

㉢ 타임라인형 인포 그래픽을 제작할 때에는 '동선' 설계가 우선인데, 시간의 순서대로 시선이 따라가게 마련이므로, 하나의 이미지 속에서 시선이 움직이는 경로를 어떻게 설계하는지가 관건이 된다.

㉣ 역사, 유래, 진화 등과 관련된 정보 전달에 용이하다.

④ 스토리텔링형 인포 그래픽

　　㉠ 비록 눈에 띄는 수치나 도표는 없지만 하나의 사건이나 주제에 대해 이야기를 들려주듯 구성한 인포 그래픽을 의미한다.

　　㉡ 이 방식은 줄거리라고 보일만한 요소들이 갖추어져 있으며 특정 인물이 등장하여 사건에 대한 이야기를 펼치기도 한다.

⑤ 만화형 인포 그래픽

　　㉠ 귀여운 캐릭터나 일러스트를 이용해서 내용의 이해를 돕는 방법의 인포 그래픽을 의미한다.

　　㉡ 주로 일상생활과 관련된 흥미성 자료에 적용이 가능하다.

　　㉢ 행동, 직업, 심리 등과 관련된 정보표현에 용이하다.

⑥ 비교분석형 인포 그래픽

　　㉠ 두 개 이상의 경쟁사 또는 대척점에 있는 개념들을 비교하는 방법으로 정보를 전달하는 방식의 인포 그래픽을 의미한다.

　　㉡ 특히, 페이스 북과 트위터를 비교하거나, 코카콜라와 펩시콜라를 비교하는 등의 경쟁 관계에 있는 미디어나 브랜드의 비교와 관련하여 활용하기 좋은 유형이다.

(3) 인포 그래픽의 활용

① **퍼블릭 데이터의 활용** : 구글 인사이트, 세계은행으로부터 추출된 데이터 등을 효과적으로 사용

② **그래픽과 데이터와의 균형** : 인포 그래픽에 포함된 정보는 깔끔하면서도 군더더기가 없어야 함

③ **무료 툴의 활용** : Many Eyes, Stat Silk, Visually 등의 인포 그래픽 제작 툴의 활용

④ **템플릿과 아이콘의 배치** : 단순한 아이콘을 사용해서 데이터 설명에 도움을 제공

⑤ **인포 그래픽스의 홍보** : 트위터, 페이스 북 등의 SNS의 적극적인 활용

⑥ **저작권의 설정** : 홍보를 제한하는 정도에서 인포 그래픽스에 CCL을 생성하여 게재

3　**분석결과 활용**

1. 분석모형 전개

(1) 빅데이터 모형의 운영시스템 적용방안

① 빅데이터 모형의 운영시스템 적용방안

　　㉠ 분석 모형의 도출을 위해 통계 패키지 툴(SAS, R 등) 또는 개발언어(자바, 파이썬 등)가 활용되었는지의 여부에 의해 이를 운영시스템과 통합하는 작업의 난이도가 결정된다.

ⓛ 수집되어진 빅데이터 기반으로 도출된 분석 모형을 의사결정에 활용하기 위해 운영 시스템과의 통합이 요구된다.

ⓒ 운영시스템의 분석모형 및 개발언어의 도출을 위해 활용된 언어가 동일한 경우 분석모형의 운영시스템 내의 통합과정이 상대적으로 용이한 반면에 대부분의 통계 패키지들을 통해 분석모형이 개발된 경우에 운영시스템 및 통계패키지를 호환하기 위한 인터페이스 개발이 추가로 필요하게 된다.

ⓔ 운영 시스템 상 분석모형을 호출해 예측결과 등의 의사결정을 위해 필요로 하는 데이터들을 전달받기 위해 인터페이스를 통해 개발언어 또는 통계패키지로 구현된 모듈을 구동하며 해당 결과 값을 인터페이스를 통해 직접적으로 전달받거나 또는 파일, 데이터베이스 관리시스템을 통해서 간접적으로 전달받아 활용하는 방법도 가능하다.

② 빅데이터 모형의 개발 및 운영단계

프로세스	내용
분석목적의 정의	• 문제해결을 위한 분석기법으로 빅데이터 모형의 적용가능성을 판단해야 함 • 분석을 위해서 문제가 무엇인지, 어떤 방식으로 분석하고 문제를 해결해야 하는지에 대해 목적을 명확하게 해야 됨
가설의 검토	• 통계적으로 어떠한 유의미한 결론을 도출해 해당 결과를 어떻게 활용해 문제를 해결할 것인지에 대한 구체적인 검토를 수행 • 분석 목적을 명확하게 한 후에 빅데이터 모형 개발을 통해 문제 해결에 적절한 가설을 수립
데이터 준비 및 처리	• 빅데이터 모형의 구축과 이를 활용한 분석을 위한 데이터를 파악하며 이들을 수집 및 저장해야 함 • 변수에 대한 정의, 단위 및 수집과 측정기간에 대한 일관성의 점검, 데이터 정제 등의 데이터 전처리 과정을 수행 • 데이터마이닝 기반 분석모형을 개발할 시에는 학습 데이터 셋, 평가 데이터 셋, 검증 데이터 셋으로 수집된 데이터를 나누는 작업을 수행 • 불필요한 변수는 제거하고 변수 변환, 새로운 파생 변수를 생성하는 등의 작업을 통해서 각 변수별 분석모형에 포함하는 것이 타당한지 확인
모델링 및 분석	• 분석목적, 가설의 검토 등을 구체적인 통계 질문으로 변환하는 단계 • 준비된 데이터를 활용해 분석모형을 도출 • 분석목적에 부합하는 빅데이터 분석 유형 및 이에 적합한 모형의 선택
정확도 및 성능의 평가	도출되어진 빅데이터 분석모형에 대해 검증 데이터 셋을 활용해 분석모형의 성능을 평가하는 단계
운영	• 분석모형과 운영시스템과의 통합 • 분석 목적에 맞게 도출되어진 빅데이터 분석 모형의 활용

③ 빅데이터 모형의 운영시스템 적용 단계

㉠ 분석모형 적용 모듈의 결정

• 빅데이터 분석모형을 운영시스템에 적용할 시에 운영시스템의 구성을 이해하고 어떠한 모듈에 도출된 분석모형을 적용할지에 대해 판단

- 초기 단계부터 분석모형에 활용될 독립변수들에 해당하는 데이터를 어떠한 방식으로 운영 시스템으로부터 전달을 받고 분석모형 결과물은 전체 비즈니스 프로세스 및 운영 시스템 상에 어떠한 방식으로 활용할 것인지에 대해 명확하게 정의해야 됨
- 통계기반 빅데이터 분석 모형의 개발은 분석 목적에 맞게 개발되어야 됨

ⓛ **분석모형 통합의 결정 및 구현**

- 분석모형이 개발되고 성능평가가 이루어진 후에 운영시스템과의 통합을 위한 통합방식을 결정
- 분석모형 개발언어, 패키지 등을 고려해 운영시스템 내 모듈과 어떠한 방식으로 통합할지를 결정한 후에 구현
- 분석모형에 해당하는 모듈 및 운영시스템상의 모듈 간 인터페이스를 위한 추가 작업을 통해 분석모형 및 운영시스템 간의 통합작업을 추진

(2) 빅데이터 모형의 운영 및 개선방안의 수립

① 빅데이터 모형의 개선방안

ⓐ **예측모형에 관한 성능 추적**

- 예측모형에 대한 예측오차를 계속적으로 추적해 예측오차가 지속적으로 증가하는지 또는 감소하는지의 확인이 필요
- 예측 오차의 추적을 통한 예측 모형의 타당성을 지속적으로 확인
- 통상적으로 예측 오차의 추적은 추적 신호 값을 활용해 계속적으로 추적하게 됨

ⓑ **예측모형에 관한 개선 방안**

- 통상적으로 동일한 분석모형을 활용하되 새로운 데이터를 수집해 재학습을 위한 해당 분석모형에 적용해 수정된 분석모형을 도출
- 아예 다른 분석기법을 적용해 분석모형 자체를 변경

② 빅데이터 모형의 운영 및 개선방안의 수립

ⓐ **예측오차의 계산** : 예측 모형에 대한 성능을 계속적으로 추적하기 위해 매회 예측모형의 수행 시에 해당 결과 값으로 실제 값과의 차이인 예측 오차를 계산하고 기록함

ⓑ **예측 모형의 점검 여부의 결정**

- 새로 계산된 예측 오차를 지니고 추적 신호를 재계산하고 관리도를 활용해 추적 신호를 추적함
- 추적 신호가 추적 신호의 상한 또는 추적 신호의 하한을 벗어나게 될 시에 예측 모델의 성능이 저하되고 있음을 의미하고 예측 모델에 대한 점검이 필요함

ⓒ **예측모형 개선 방향의 결정** : 예측 모형이 추적 신호의 상한 또는 하한을 벗어나서 필요할 경우에 예측 모형 개선방안을 모색해야 됨

2. 분석결과 활용 시나리오 개발

(1) 분석 결과에 의한 활용 분야의 구분

① 직접 활용 분야의 도출

㉠ 통상적으로 빅데이터 서비스를 위해 분석모형을 구상하여 모형을 개발할 시에 활용 방안이 정의되어 있다.

㉡ 빅데이터 분석모형의 분석결과를 활용해서 해당 업무의 가치 사슬에서 직접적으로 활용 가능한 분야를 파악한다.

② 파생 활용 분야의 도출

㉠ 분석모형 정의서에 기재되어 있는 활용 방안을 확대하거나 해당 분석모형과의 유사 또는 연관이 있는 업무의 가치 사슬에서 분석결과를 활용할 수 있는 분야를 파악한다.

㉡ 빅데이터 분석 결과를 직접적으로 활용할 수 있는 분야를 기반으로 파생 활용이 가능한 분야를 파악한다.

(2) 분류 결과를 기반으로 적용 가능한 서비스 영역의 도출

① 직접적인 활용이 가능한 서비스 영역의 도출 : 분석모형의 분석결과를 활용해 해당 업무 또는 프로세스에 직접적으로 사용 가능한 서비스를 도출해 가치사슬에 매핑한다.

② 파급 활용이 가능한 서비스 영역의 도출 : 파급 활용을 하는 경우 2개 이상의 영역에 대한 융합 활용을 전제로 하므로 융합 활용 영역의 상호 작용을 파악하는 것이 필요하다.

(3) 분류 결과를 기반으로 한 적합한 신규 서비스 모형의 도출

① 신규 서비스 모형에 대한 개념의 도출

㉠ 초기 아이디어 개발의 경우

구분	내용
제공 가치를 통한 신규 서비스 모형의 도출	• 제공 가치를 통해 사용자를 정의하여 새로운 서비스 모형 개념을 도출하는 경우 • 새로운 서비스 모형의 경우에는 사용자는 동일하지만 제공되는 가치는 달라질 수 있음 • 분석 결과를 활용해서 현재 제공되는 서비스를 개선할 수 있는 경우에 적합한 방법
사용자 정의 후 신규 서비스 모형의 도출	• 사용자를 정의한 후에 제공되는 가치를 정의하여 서비스 모형 개념을 도출하는 경우 • 기존의 서비스와 비교할 시에 사용자 및 제공되는 가치가 모두 달라질 수 있음 • 나타난 분석결과를 활용해 새로운 사용자 그룹 또는 유형 등을 찾고자 할 때 적용 가능한 방법 • 사용자/고객분류는 비즈니스 도메인에 의해 다르지만 통상적으로 성별, 연령 등의 인구통계적 관점에서 접근하거나 취미 및 주된 활동지역 등의 라이프스타일을 고려하여 구분하는 것이 일반적임 • 영역을 확장해 시장 전체의 관점에서 소비자들을 구분하는 경우도 있는데 이런 경우에는 주로 타겟팅 시장을 고려하면서 서비스 모형을 도출할 시에 활용

ⓛ 서비스 품질 관점의 제공 가치(서브퀄 ; SERVQUAL 모형의 기준)

- 유형성 : 서비스를 제공하는 물리적 시설(점포, 건물, 인테리어 등), 장비, 구성원들의 외양
- 신뢰성 : 약속된 서비스를 믿을 수 있으며 정확하게 수행 가능한 구성원들의 능력
- 반응성 : 즉각적인 서비스를 제공해줄 수 있는 구성원들의 능력
- 확신성 : 구성원들의 지식, 예절 등 고객들에게 신뢰 및 자신감을 심어줄 수 있는 능력
- 공감성 : 고객 각각에 대한 개인적인 관심 및 배려

② 신규 서비스 모형의 정의

ⓗ ITQ 프로세스 관점에서의 서비스 모형의 정의 : 이는 프로세스 관점으로 서비스 모형을 작성하게 되면 청사진 관점에서의 서비스 모형에 비해서 구체적으로 접근이 가능하다는 이점이 있다.

ⓛ 서비스 개념 관점에서의 서비스 모형의 정의

- 이는 서비스 청사진의 빅데이터 서비스 모형을 정의한다.
- 서비스 모형을 정의할 시에 통상적으로 서비스의 명칭, 서비스 개념의 설명, 사용자, 제공되는 가치 및 주요 기능 등의 항목을 정의해야 한다.

③ 사업화 추진을 위한 비즈니스 모형 활용 방안의 수립

ⓗ 빅데이터 비즈니스 모형의 사용자 및 제공가치의 파악

분류	내용
서비스 모형 사용자 및 소비자가 동일한 경우	사용자 또는 소비자에게 서비스를 제공하는 대가로 수익창출이 가능
서비스 모형 사용자 및 소비자가 동일하지 않은 경우	서비스를 제공받는 사용자 또는 소비자에 대해 이해관계자 분석이 필요

ⓛ 빅데이터 비즈니스의 핵심 성공 요인

분류	내용
목적 및 참여요소의 측면	• 데이터 볼륨보다는 가치 창출 관점에서의 검토가 필요 • 빅데이터 분석의 목적, 사용자, 활용의 목적에 대해 명확하게 정의 • 업무 전문가의 참여가 필수적임
프로세스의 측면	• 분석 목적에 따른 분석 모형을 정의한 후에 분석 인프라 요건의 검토 • 작은 규모로 시작하고 성공 사례를 공유하며 확장하는 형태로의 추진

ⓒ 빅데이터 비즈니스의 주요 실패 요인

분류	내용
분석 대상 데이터 품질의 저하	분석 대상인 데이터의 저품질로 인해 분석결과의 신뢰도가 저하되어 효용성이 낮거나 또는 상반된 분석결과를 제시할 수 있음
빅데이터 분석의 목적 및 서비스 목적의 불명확화	빅데이터 분석의 목적 및 서비스 목적이 명확치 않은 상태에서 분석모형을 개발할 경우에 산출되어진 분석결과의 효용성은 낮으며 제공할 가치 또한 불분명해질 수 있음
빅데이터 분석 결과를 활용할 사용자 및 활용방안의 불명확화	빅데이터 분석 결과를 활용할 사용자 및 활용 방안이 명확치 않은 상태에서 분석 모형을 개발할 경우에 실제적인 비즈니스에 활용하지 않을 수 있음
분석모형에 대한 정의 없이 인프라 우선 도입	인프라를 먼저 도입할 경우, 분석모형에서 활용할 데이터를 분석할 인프라가 없는 경우에 발생

3. 분석모형 모니터링

(1) 개요

① 분석모형을 운영시스템에 적용하게 되면 실시간 또는 스케줄러가 정상적으로 실행되며 주기별로 성과가 예상했던 수준으로 나오고 있는지를 모니터링하게 된다.

② 만약, 수작업으로 모니터링을 하게 되면 개발된 모델이 늘어날수록 과업이 증가될 수 있지만 데이터베이스 관리시스템에 성과자료를 누적해 자동으로 모니터링하며 이상이 있을 시에만 확인하는 프로세스를 수립한다.

(2) 주기별 성능분석 및 모니터링의 종류

분석 주기	내용
일간 성능분석	측정 항목의 시간대별 성능의 추이 및 특성 등을 기준으로 플랫폼의 안정성 및 품질 등을 판단해야 하는 경우
주간 성능분석	측정 항목의 주간 단위 데이터 수집 및 관리 등을 통해 주간 단위의 성능 변화 추이를 분석해야 하는 경우

| 월간 성능분석 | 일간, 주간 성능 수집 데이터를 취합해 월간 성능추이를 집계해 분석하는 경우에 활용 |
| 연간 성능분석 | 연간 업무계획 및 성능현황을 기반으로 플랫폼의 용량 확장 및 개선 필요 영역을 도출해서 업무에 반영하고자 하는 경우 |

(3) 응용 프로그램의 주요 성능측정 항목

대상	측정 항목	측정 주기
메모리 사용	• 시간 당 또는 일별 메모리 증가량 및 증가율 • 응용 프로그램 코드 및 라이브러리의 메모리 크기	정기
오류 및 예외	오류 및 예외의 발생 여부, 유형 및 패턴	실시간
데이터베이스 처리	사용된 SQL의 처리 시간	실시간
배치실행 환경	배치 프로그램 수행 시간, 선후행 작업 결과 및 자원 사용량	실시간
응답시간 및 트랜잭션 처리량	• 부하량에 의한 응용 프로그램의 초당 트랜잭션 처리 건수, 처리시간 및 처리량의 추이 • 타임아웃 발생 건수, 타임아웃 발생 시의 응답시간	실시간

(4) 측정 항목별 영향을 미치는 요소 및 측정 방법

측정 항목	내용	영향 요소
사용률	정보시스템 자원의 일정시간 동안 정상적으로 사용한 비율	네트워크 자원을 일정시간 동안에 사용하는 정도
정확성	정보시스템 처리 결과의 정확성에 영향을 주는 요인	하드웨어 장애, 잘못된 환경설정, 데이터 이상 값
가용성	서비스 장애 없이 정상적으로 계속하여 제공할 수 있는 능력	소프트웨어 버그, 하드웨어 장애, 장비 가용성, 운영자의 실수, 전기적인 문제, 서비스 가용성 등
응답시간	서비스 요청 시점에서부터 사용자의 응답시점까지 걸리는 시간	정보시스템 처리 성능, 정보시스템 자원 용량, 네트워크 구간의 처리용량

(5) 응용 솔루션 성능 측정의 항목 및 주기

대상	측정 항목	측정 주기
구간 별 수행시간	대기시간, 평균응답시간, 데이터베이스 처리시간, 로드 시간 등	실시간 및 정기
대기 큐	대기 큐에 존재하는 평균요청개수, 대기시간 등	실시간
메모리 및 버퍼	메모리 영역 및 버퍼 사용량, 미스율, 히트율 등	실시간 및 정기
오류 및 예외	응용 솔루션의 오류 및 예외발생 건수, 유형 및 패턴 등	실시간

4. 분석모형 리모델링

(1) 분석모형 리모델링의 개념

① 빅데이터 모형의 계속적인 성과 모니터링을 통한 편차가 일정수준 이상으로 계속 하락하는 경우에는 기존 빅데이터 모형에 대해 시뮬레이션, 데이터 마이닝, 최적화를 적용하는 개조작업이다.

② 분석모형 리모델링은 분기, 반기, 연 단위를 실행되며 일, 주 단위 리모델링은 특수적인 분야를 제외하고는 바람직하지 않다.

(2) 분석모형 리모델링 시 수행업무 및 기법

기법	리모델링 시에 수행하는 업무	리모델링 주기
데이터 마이닝	동일 데이터를 활용해 학습을 다시 실행하거나 변수를 추가하여 학습을 다시 수행	분기별
시뮬레이션	시간 지연의 변화, 이벤트 발생 패턴의 변화, 큐잉 우선순위, 이벤트를 처리하는 리소스의 증가, 자원 할당 규칙의 변화 등을 처리	주요 변경이 이루어지는 시점
최적화	오브젝트 함수의 계수 변경 또는 제약조건 등에 활용되는 제약 값의 변화와 추가	1년에 한 번

(3) 분석모형 리모델링의 절차

개선용 데이터 수집 및 처리 → 분석모델의 개선 → 분석결과평가 및 분석모델의 등록

제 **3** 장

예상문제

▦ 분석모형 평가

01 다음 중 지도 학습 기법의 유형에 해당하지 않는 것은?

① 로지스틱 회귀
② 시계열 분석
③ 랜덤 포레스트
④ 의사결정나무

정답 ②

해설 지도 학습 기법의 유형은 다음과 같다.
  • 의사결정나무
  • 랜덤 포레스트
  • 로지스틱 회귀
  • 인공신경망 분석
  • 서포트 벡터 머신

02 지도학습 – 회귀모델의 평가 지표에 대한 내용으로 적절하지 않은 것은?

① 인식, 분류, 예측, 진단 등의 문제 해결 등에 적합하다.
② 정답인 Label이 포함되어 있는 학습데이터를 통해 컴퓨터를 학습시키는 방법이다.
③ 현재 관측을 예측하는 것에 초점을 맞춘다.
④ 회귀 평가를 위한 지표는 실제 값 및 회귀 예측 값의 차이를 기초로 성능지표들을 수립 및 활용한다.

정답 ③

해설 지도학습 – 회귀모델의 평가 지표는 설명변수 및 목적변수의 관계성을 표현하거나 또는 미래 관측을 예측하는 것에 초점을 맞춘다.

03 지도학습 – 회귀모델의 평가지표 중 SSE(Sum Squared Error)을 바르게 나타낸 것은?

① $SSE = \sum_{i=1}^{n}(y-\hat{y}_i)^2$

② $SSE = \sum_{i=1}^{n}(y_i+\hat{y}_i)^2$

③ $SSE = \sum_{i=1}^{n}(y_i-\hat{y}_i)$

④ $SSE = \sum_{i=1}^{n}(y_i+\hat{y}_i)$

정답 ①

해설 SSE(Sum Squared Error)는 실제 값과 예측 값의 차이를 제곱하여 더한 값을 말하며 $SSE = \sum_{i=1}^{n}(y_i-\hat{y}_i)^2$으로 나타낸다.

04 지도학습 – 회귀모델의 평가지표 중 MSE (Mean Squared Error)로 옳은 것은?

① $MSE = \dfrac{SSE}{n} = \dfrac{1}{n} \times \sum_{i=1}^{n}(y_i+\hat{y}_i)^2$

② $MSE = \dfrac{SSE}{n} = \dfrac{1}{n} \times \sum_{i=1}^{n}(y_i+\hat{y}_i)^2$

③ $MSE = \dfrac{SSE}{n^2} = \dfrac{1}{n^2} \times \sum_{i=1}^{n}(y_i+\hat{y}_i)^3$

④ $MSE = \dfrac{SSE}{n^3} = \dfrac{1}{n^3} \times \sum_{i=1}^{n}(y_i+\hat{y}_i)^3$

정답 ②

해설 MSE(Mean Squared Error)는 실제 값과 예측 값의 차이의 제곱에 대한 평균을 취한 값을 말하며 $MSE = \dfrac{SSE}{n} = \dfrac{1}{n} \times \sum_{i=1}^{n}(y_i-\hat{y}_i)^2$으로 나타낸다.

05 비지도학습 – 군집분석의 평가 지표에 관한 설명으로 가장 적절하지 않은 것은?

① 정답인 Label이 없는 상태에서 데이터가 어떻게 구성되었는지를 알아내는 방법이다.

② 목적변수에 관한 정보 없이 학습이 이루어진다.

③ 지도 학습기법에 비해 데이터 마이닝의 성격이 더 약하다.

④ 비지도학습의 경우에는 지도학습과는 다르게 실측자료에 대한 라벨링이 없는 관계로 모델에 따른 성능평가가 어렵다.

정답 ③

해설 지도 학습기법에 비해 데이터 마이닝의 성격이 더 강하다.

> 🔍 **참고** 비지도학습 – 군집분석의 평가 지표
>
> • 정답인 Label이 없는 상태에서 데이터가 어떻게 구성되었는지를 알아내는 방법을 말한다.
> • 예측보다 현상의 설명이나 특징 도출, 패턴 도출의 문제 등에 활용한다.
> • 지도 학습기법에 비해 데이터 마이닝의 성격이 더 강하다.
> • 비지도학습의 경우에는 지도학습과는 다르게 실측자료에 대한 라벨링이 없는 관계로 모델에 따른 성능평가가 어렵다.
> • 목적변수에 관한 정보 없이 학습이 이루어진다.
> • 비지도 학습 기법의 유형으로는 다음과 같다.
>   – 군집화
>   – 차원축소 기법
>   – 연관 관계분석
>   – 자율학습 인공신경망(자기 조직화 지도, Self-Organizing Map, SOM)

06 분류 모델의 평가 지표 중 정확도(accuracy)를 바르게 나타낸 것은?

① $정확도 = \dfrac{(TP+TN)^2}{TP-TN+FP-FN}$

② $정확도 = \dfrac{TP-TN}{TP+TN-FP+FN}$

③ $정확도 = \dfrac{TP+TN}{TP+TN+FP+FN}$

④ $정확도 = \dfrac{(TP-TN)^2}{(TP \times TN)^2 + FP \times FN}$

정답 ③

해설 정확도(accuracy)는 실제적인 데이터와 예측된 데이터를 비교해 동일한지 판단하는 것을 의미하는 것으로 전체 예측에서 참 긍정(TP)와 참 부정(TN)이 차지하는 비율이며, $정확도 = \dfrac{TP+TN}{TP+TN+FP+FN}$으로 나타낸다.

07 분류 모델의 평가 지표 중 정밀도(precision)를 옳게 표현한 것은?

① $정밀도 = \dfrac{TP}{TP+FP}$

② $정밀도 = \dfrac{TP}{TP-FP}$

③ $정밀도 = \dfrac{FP^2}{TP+TP}$

④ $정밀도 = \dfrac{FP^2}{TP-TP}$

정답 ①

해설 정밀도(precision)는 Positive로 예측한 대상 중에 실제와 예측 값이 일치하는 비율을 말하며 $정밀도 = \dfrac{TP}{TP+FP}$로 나타낸다.

08 교차검증에 대한 내용으로 가장 거리가 먼 것은?

① 고정된 훈련 데이터셋과 테스트 검증 데이터셋으로 평가를 하여 이를 반복적으로 튜닝하게 될 때 테스트 데이터셋에 과적합 되어버리는 결과가 발생할 수 있는데 이를 예방하고자 하는 방법을 말한다.

② 전체 데이터셋을 평가에 사용해 과적합을 예방할 수 없지만 반복적인 횟수의 증가로 인해 모델 훈련 및 평가와 검증에 있어 오랜 시간이 걸리지 않는다.

③ 모델을 추정하는 데 사용되지 않았던 새로운 데이터를 예측하는 일반화 능력을 테스트하는 방법이다.

④ k-fold 교차검증 기법의 경우에는 전체 데이터셋을 k개의 서브셋으로 구분해 k번의 평가를 실행하는데 테스트 셋을 중복 없이 병행진행한 후에 평균을 내어 최종적인 모델의 성능을 평가한다.

정답 ②

해설 교차검증의 경우 전체 데이터셋을 평가에 사용해 과적합을 예방할 수 있지만 반복적인 횟수의 증가로 인해 모델 훈련 및 평가와 검증에 있어 오랜 시간이 걸릴 수 있다.

09 지도학습 – 회귀모델의 평가지표 중 RMSE(Root Mean Squared Error)로 옳은 것은?

① $RMSE = \sqrt{MSE} = \sqrt{\dfrac{SSE}{n}}$
$= \sqrt{\dfrac{1}{n} \times \sum\limits_{i=1}^{n}(y_i + \hat{y}_i)^3}$

② $RMSE = \sqrt{MSE} = \sqrt{\dfrac{SSE}{n}}$
$= \sqrt{\dfrac{1}{n} + \sum\limits_{i=1}^{n}(y_i - \hat{y}_i)^3}$

③ $RMSE = \sqrt{MSE} = \sqrt{\dfrac{SSE}{n}}$
$= \sqrt{\dfrac{1}{n} - \sum\limits_{i=1}^{n}(y_i - \hat{y}_i)^2}$

④ $RMSE = \sqrt{MSE} = \sqrt{\dfrac{SSE}{n}}$
$= \sqrt{\dfrac{1}{n} \times \sum\limits_{i=1}^{n}(y_i - \hat{y}_i)^2}$

정답 ④

해설 RMSE(Root Mean Squared Error)는 MSE에 루트를 취한 값으로 평균제곱근 오차라고도 하며
$RMSE = \sqrt{MSE} = \sqrt{\dfrac{SSE}{n}}$
$= \sqrt{\dfrac{1}{n} \times \sum\limits_{i=1}^{n}(y_i - \hat{y}_i)^2}$
으로 나타낸다.

10 k-fold 교차검증의 내용으로 옳지 않은 것은?

① 가장 통상적으로 활용되는 교차 검증방법이다.

② 훈련 데이터가 유효성 검사 세트의 일부분을 포기하도록 요구하지 않는데, 이 경우 데이터 세트는 k개의 fold로 구분되며, 하나의 fold는 테스트 세트로 사용되며 나머지는 훈련 데이터 세트로 사용되며, 이는 사용자에 의해 지정된 바와 같이 n회 반복된다.

③ 회귀 분석에서 결과의 평균(예 RMSE, R-Squared 등)을 중간 결과로 사용한다.

④ 불균형한 데이터에는 적용이 안 된다.

정답 ③

해설 k-fold 교차검증은 집합을 체계적으로 바꾸어가면서 전체 데이터에 대해서 모형의 성과를 측정하는 검증 방식으로 회귀 분석에서 결과의 평균(예 RMSE, R-Squared 등)을 최종 결과로 사용한다. 분류 설정에서는 결과의 평균(즉, Accuracy, True Positive Rate, F1 등)을 최종 결과로 삼는다.

11 홀드아웃 기법(holdout method)에 대한 설명으로 바르지 않은 사항은?

① 초기의 데이터셋을 별도의 훈련 세트와 테스트 세트로 구분하는 방법이다.

② 테스트셋에 관한 검증 결과 확인 후에 모델 파라미터 튜닝을 하는 작업을 반복하게 되면 모델이 테스트셋에 대해 오버 핏(over fit)될 가능성이 상당히 낮아지는 이점을 얻게 된다.

③ 널리 사용되는 머신러닝 모델의 성능 추정 방법이다.

④ 훈련 데이터를 훈련 세트 및 검증 세트로 구분하는 방법에 따라 성능 추정이 민감할 수 있다.

정답 ②

해설 홀드아웃 기법(holdout method)은 테스트셋에 관한 검증 결과 확인 후에 모델 파라미터 튜닝을 하는 작업을 반복하게 되면 모델이 테스트셋에 대해 오버 핏(over fit)될 가능성이 높다는 것이 단점이다.

12 리브-p-아웃 교차검증(leave-p-out cross validation)의 설명으로 가장 거리가 먼 것은?

① 전체 데이터 중에서 p개의 샘플을 선택해 그것을 모델 검증에 활용하는 방법이다.

② 이 방식은 구성 가능한 데이터 폴드 세트의 경우의 수는 상당히 크기 때문에 계산 시간에 대한 부담이 상당히 큰 방법이다.

③ 각 데이터 폴드 세트에 대해 나온 검증 결과들을 평균을 내어 최종적인 검증 결과를 도출하는 것이 일반적이다.

④ 가능한 모든 조합에 대해 모델을 훈련하고 검증하며, p값이 작으면 연산 과정에서 실현 불가능해질 수 있다.

정답 ④

해설 리브-p-아웃 교차검증(leave-p-out cross validation)은 가능한 모든 조합에 대해 모델을 훈련하고 검증하며, p값이 크면 연산 과정에서 실현 불가능해질 수 있다.

13 다음 리브-원-아웃 교차검증(leave-one-out cross validation)에 대한 설명으로 가장 옳지 않은 것을 고르면?

① 리브-p-아웃 교차검증(leave-p-out cross validation)에서 p=1일 때의 경우를 의미한다.

② 가능한 한 많은 데이터를 학습에 활용이 가능하지만 수행 시간 및 계산량 등이 많다.

③ 모델 검증에 희생되는 데이터의 개수가 여러 개이므로 나머지 모든 데이터를 모델 훈련에 활용할 수 있다는 장점이 있다.

④ 리브-p-아웃 교차검증(leave-p-out cross validation) 방식보다 계산시간에 대한 부담은 줄어들고 더 좋은 결과를 얻을 수 있으므로 많이 선호되는 방식이며 데이터가 적을 때 데이터의 낭비를 막을 수 있다.

정답 ③

해설 리브-원-아웃 교차검증(leave-one-out cross validation)은 모델 검증에 희생되는 데이터의 개수가 단 하나이므로 나머지 모든 데이터를 모델 훈련에 활용할 수 있다는 장점이 있다.

part
04

빅데이터 결과 해석

14 다음 중 계층별 k-겹 교차검증(stratified k-fold cross validation)에 대해서 잘못 설명하고 있는 것은?

① label의 분포가 각 클래스별로 균형을 이룰 시에 유용하게 활용되는 방식이다.

② 분류(classification) 문제에서 활용된다.

③ 이 방식은 label의 분포까지 고려해 주어 각 훈련 또는 검증 폴드의 분포가 전체 데이터셋이 지니고 있는 분포에 근사하게 된다.

④ label의 분포가 불균형한 상황에서 샘플의 인덱스 순으로 데이터 폴드 세트를 구성하는 것은 데이터를 검증하는 데 있어 치명적 오류를 야기시킬 수 있다.

정답 ①

해설 계층별 k-겹 교차검증(stratified k-fold cross validation)은 주로 분류(classification) 문제에서 활용되며 label의 분포가 각 클래스별로 불균형을 이룰 시에 유용하게 활용되는 방식이다.

15 다음 설명 중 옳지 않은 것은 무엇인가?

① 표본은 모집단 분석을 위해 추출한 한 집단의 관측치이다.

② 모집단은 분석 및 관심의 대상이 되는 일부 개체를 의미한다.

③ 모수는 모집단의 특성을 나타내는 값이다.

④ 통계량은 모집단을 설명하는 어떤 값을 표본으로부터 구한 값 또는 표본의 특성을 나타내는 값이다.

정답 ②

해설 모집단(Population)은 분석 및 관심 대상이 되는 전체 그룹을 의미한다.

16 Z-검정에 관한 내용으로 가장 거리가 먼 것은?

① 귀무가설에서 검정 통계량의 분포를 정규분포로 근사할 수 있는 통계 검정이다.

② 비정규분포를 가정하고 있다.

③ 모집단 분산을 사전에 알고 있을 때 분포의 평균을 테스트 한다.

④ $z = \dfrac{\overline{x} - \mu_0}{\sqrt{\dfrac{\sigma^2}{n}}}$ 로 나타낸다.

정답 ②

해설 Z-검정은 정규분포를 가정하고 있으며 추출된 표본이 동일 모집단에 속하는지 가설을 검정하기 위해 활용한다.

17 다음 중 T-검정에 관한 내용으로 가장 옳지 않은 것은?

① $t = \dfrac{\overline{x} - \mu}{\sqrt{\dfrac{s^2}{n}}}$ 로 나타낸다.

② 정규분포의 평균을 측정할 시에 많이 활용한다.

③ 표준 정규분포와 비슷하게 '1'을 중심으로 좌우비대칭 또는 표준 정규분포보다 평평하면서도 기다란 꼬리를 가진다.

④ 적은 표본으로도 모집단의 평균을 추정하려고 정규 분포 대신에 활용되는 확률분포이다.

정답 ③

해설 T-검정은 표준 정규분포와 비슷하게 '0'을 중심으로 좌우대칭 또는 표준 정규분포보다 평평하면서도 기다란 꼬리를 가진다.

참고 T-검정

- 검정하는 통계량이 귀무가설 하에서 T–분포를 따르는 통계적 가설검정이다.
- 정규분포의 평균을 측정할 시에 많이 활용한다.
- 두 집단 간의 평균을 비교하는 모수적 통계방법으로 표본이 정규성, 독립성, 등분산성 등을 만족할 경우에도 적용한다.
- 적은 표본으로도 모집단의 평균을 추정하려고 정규 분포 대신에 활용되는 확률분포이다.
- 모집단이 정규분포라는 정도만 알고 모분산을 모를 때 표본분산으로 대체해 모평균을 구할 때도 사용한다.
- 표준 정규분포와 비슷하게 '0'을 중심으로 좌우 대칭 또는 표준 정규분포보다 평평하면서도 기다란 꼬리를 가진다.
- 자유도가 '30'이 넘게 되면 표준 정규분포와 비슷해지며 이를 중심극한정리라고 한다.

18 다음 설명 중 가장 옳지 않은 것은?

① ANOVA는 2개 이상의 집단 간 비교를 실행하고자 할 때 집단 내 분산, 총 평균과 각각의 집단에서 평균차이에 의해 나타난 집단 간 분산비교로 얻은 F–분포를 활용해 가설검정을 수행하는 방법이다.

② 일원분산분석은 하나의 독립변수에 따른 집단 간 차이를 비교한다.

③ 일원분산분석은 하나의 종속변수의 변화가 독립변수에 미치는 영향을 분석한다.

④ 이원분산분석은 2개의 독립변수에 따른 집단 간 차이를 비교한다.

정답 ③

해설 일원분산분석은 하나의 독립변수의 변화가 종속변수에 미치는 영향을 분석한다.

19 다음 중 적합도 검정에 대한 설명으로 가장 바르지 않은 내용은 무엇인가?

① 데이터가 특정 이론분포를 따르는지 검정하는 것이다.

② Goodness–of–fit 검정이라고도 한다.

③ $\chi^2 = \sum\limits_{j=1}^{J} \dfrac{(O_j - E_j)^2}{E_j}$으로 나타낸다.

④ 적합도 검정은 모든 E_j가 1보다 큰 경우에만 적용시킬 수 있다.

정답 ④

해설 적합도 검정은 모든 E_j가 5보다 큰 경우에만 적용시킬 수 있으며, 이 경우 검정 통계량은, 귀무가설이 참이라고 가정한다면, 카테고리 수-1의 자유도를 갖는 카이제곱분포를 따른다.

20 다음은 적합도 검정 기법 중 하나인 정규성 검정에 관한 내용이다. 이에 관련한 설명으로 가장 옳지 않은 것을 고르면?

① 샤피로–윌크 검정, 콜모고로프–스미르노프 적합성 검정을 활용해서 검정을 수행한다.

② 시각화를 통한 검정 기법으로는 Q–Q Plot을 활용한다.

③ 정규성 가정을 만족하지 못하면 모형의 타당성이 떨어지고 모형의 신뢰성을 의심받게 되므로 정규성 검정을 수행해야 한다.

④ 가정된 확률이 정해져 있을 경우에 활용한다.

정답 ④

해설 정규성 검정은 가정된 확률이 정해져 있지 않을 경우에 활용하는 기법이다.

21 아래 그림에 대한 분석으로 가장 옳지 않은 것은?

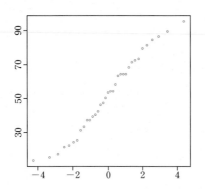

① 그래프를 활용해 정규성의 가정을 시각적으로 검정하는 방법이다.
② 대각선 참조선을 따라 값들이 분포하면 정규성을 만족한다고 할 수 있다.
③ 그래프에 대한 해석은 객관적이다.
④ 한 쪽으로 치우치는 모습일 경우에 정규성 가정에 위배되었다고 볼 수 있다.

정답 ③

해설 문제에서는 Q-Q 플롯을 나타내고 있다. Q-Q 플롯은 그래프에 대한 해석이 주관적이므로 이는 보조적으로 활용하는 것이 좋다.

22 유의수준과 비교할 수 있는 p-value도 계산해주는 검정방법은?

① 자크-베라 검정
② 디아고스티노-피어슨 검정
③ 콜모고로프 스미르노프 검정
④ 릴리포스 검정

정답 ④

해설 릴리포스 검정(Lilietors test)은 임계값과 비교할 수 있는 검정 통계량 T를 계산한다. 검정 통계량이 임계값보다 크다면 데이터가 정규분포를 따르지 않는다는 신호라고 할 수 있으며 유의수준과 비교할 수 있는 p-value도 계산해준다.

23 표본의 크기가 20개보다 큰 경우에만 사용 가능한 검정방법은?

① 디아고스티노-피어슨 검정
② 카이제곱 검정
③ 샤피로 월크 Test 검정
④ 자크-베라 검정

정답 ①

해설 디아고스티노-피어슨 검정(D'Agostino-Pearson test)은 왜도(skewness)와 첨도(kurtosis)를 사용해서 데이터가 정규분포와 일치하는지를 살펴보는 것이며 표본의 크기가 20개보다 큰 경우에만 사용할 수 있다.

24 비모수적 검정에 관한 내용으로 가장 거리가 먼 것은?

① 모집단에 대한 아무런 정보가 없는 경우에 실시하는 검정방법이다.
② 모집단의 분포가 비대칭이라든가 또는 중앙값이 어디라든가 하는 정도의 가정을 하는 것이 보통이다.
③ 자료의 관측 값은 확률변수의 실제 값을 이용하기 보다는 부호나 순위 등의 형태를 이용하는 경우가 많다.
④ 모수에 대한 언급이 없으며 분포무관 방법이라고도 한다.

정답 ②

해설 비모수적 검정은 모집단의 분포가 대칭이라든가 또는 중앙값이 어디라든가 하는 정도의 가정을 하는 것이 보통이다.

25 다음 중 카이제곱 검정의 기본 가정으로 옳지 않은 것은?

① 기대빈도의 크기
② 관찰의 독립
③ 유선 표집
④ 변인의 제한

정답 ③

해설 카이제곱 검정의 기본 가정은 다음과 같다.
- **기대빈도의 크기** : 각 범주에 포함할 수 있도록 기대되는 빈도를 기대빈도라고 하는데, 이 기대빈도가 5이상이어야 한다. 5보다 적으면 사례 수를 증가시켜야 한다.
- **관찰의 독립** : 각 칸에 있는 빈도는 다른 칸의 사례와 상관없이 독립적이어야 한다.
- **무선 표집** : 표본이 모집단에서 무선으로 추출되어야 한다.
- **변인의 제한** : 종속변인이 명목변인에 의한 질적 변인이거나 범주변인이어야 한다.

▥ 분석모형 개선

01 다음 중 드롭아웃에 관한 내용으로 가장 바르지 않은 것은?

① 학습과정에서 신경망의 일부를 활용하지 않는다.
② 예측 시에 주로 활용한다.
③ 서로 다른 신경망들을 앙상블하여 활용하는 것 같은 효과를 내게 되어 과대 적합을 방지한다.
④ 학습 시 인공신경망이 특정 뉴런이나 또는 특정한 조합에 지나치게 의존적으로 되는 것을 방지해준다.

정답 ②

해설 드롭아웃은 신경망 학습 시에만 활용하고 예측 시에는 활용하지 않는다.

02 드롭아웃 중 CNN 알고리즘에 활용하는 드롭아웃은?

① 공간적 드롭아웃
② 시간적 드롭아웃
③ 초기 드롭아웃
④ 후기 드롭아웃

정답 ①

해설 공간적 드롭아웃은 특징 맵 내의 노드 전체에 대해서 드롭아웃의 적용 여부를 결정하는 방법이며 CNN 알고리즘에 활용한다.

part
04

빅데이터 결과 해석

03 확률적 경사 하강법(Stochastic Gradient Descent)에 관한 내용으로 적절한 것은?

① 학습 최적화에 있어서 가장 복잡한 방식이다.

② 손실 함수가 비등방성 함수일 때에서는 최적화에 있어 위와 같이 매우 비효율적이고 오래 걸리는 탐색 경로를 보여준다.

③ 탐색 경로가 지그재그로 크게 변한다.

④ 기울기가 감소하는 최적점 근처에서 느리게 진행된다.

정답 ①

해설 확률적 경사 하강법(Stochastic Gradient Descent)은 확률적 경사 하강법은 단순하며 구현이 용이하다. 즉 학습 최적화에 있어서 가장 간단한 방식이다.

04 아래 그림에 대한 설명으로 적절하지 않은 것은?

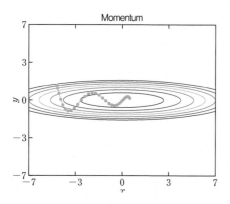

① 이 기법은 '거리'라는 개념을 적용한다.

② 위 그림은 기울기가 줄어들더라도 누적된 기울기 값으로 인해 빠르게 최적점으로 수렴하게 된다.

③ 관성의 방향을 고려하여 진동 및 폭을 감소시키는 효과가 있다.

④ 경사 하강법의 한 종류이다.

정답 ①

해설 문제에 제시된 그림은 모멘텀(Momentum)이다. 모멘텀은 '운동량'을 뜻하는데, 이 기법은 경사 하강법의 한 종류인데 모멘텀이라고 하는 이유는 확률적 경사 하강법(SGD)에 '속도'라는 개념을 적용했기 때문인데 이는 다시 말해 기울기 방향으로 힘을 받으면 물체가 가속된다는 물리 법칙을 알고리즘에 적용한 것이다.

05 AdaGrad(Adaptive Gradient) Algorithm에 대한 내용으로 적절하지 않은 것은?

① 학습을 진행하면서 학습률을 점차적으로 감소시켜 나가는 학습률 감소 기법을 적용한 최적화 알고리즘이다.

② 일괄적으로 매개변수 전체의 학습률 값을 낮추는 것이 아닌 각각의 매개변수에 맞는 학습률 값을 만드는 방식이다.

③ 점차적으로 최적점에 가까워질수록 학습률을 높여서 조금씩 많게 학습하는 방식이다.

④ 처음엔 큰 폭으로 움직이지만 그러한 큰 움직임에 비례해서 갱신 정도도 큰 폭으로 작아진다.

정답 ③

해설 AdaGrad(Adaptive Gradient) Algorithm은 손실 함수의 기울기가 큰 첫 부분에서는 크게 학습하다가 점차적으로 최적점에 가까워질수록 학습률을 줄여서 조금씩 적게 학습하는 방식이다.

06 드롭아웃 중 DNN 알고리즘에 활용하는 것은?

① 초기 드롭아웃

② 후기 드롭아웃

③ 시간적 드롭아웃

④ 공간적 드롭아웃

정답 ①

해설 초기 드롭아웃은 학습의 과정에 있어 노드들을 p의 확률로서 학습 횟수마다 임의로 생략하고 남은 노드들과 연결선들만을 활용해 추론 및 학습을 수행하며 DNN 알고리즘에 활용한다.

🔍 참고 드롭아웃

- 학습과정에서 신경망의 일부를 활용하지 않는 방법이다.
- 신경망 학습 시에만 활용하고 예측 시에는 활용하지 않는다.
- 학습 시 인공신경망이 특정 뉴런이나 또는 특정한 조합에 지나치게 의존적으로 되는 것을 방지해 주며 매번 랜덤 선택으로 뉴런들을 활용하지 않는다.
- 서로 다른 신경망들을 앙상블하여 활용하는 것 같은 효과를 내게 되어 과대 적합을 방지한다.
- 신경망 모델에서 은닉층의 뉴런을 임의로 삭제하면서 학습하게 되는 방식으로 훈련 시에는 삭제할 뉴런을 선택하고 테스트 시에는 전체 뉴런에 신호를 전달하고, 각각의 뉴런의 출력에 훈련할 시에는 삭제한 비율을 곱해 전달하게 된다. 하지만, 적은 수의 뉴런들로 학습을 진행할 시에 시간이 오래 걸린다는 문제점이 있다.

---

07 다음 중 앙상블(Ensemble) 학습에 대한 내용으로 가장 옳지 않은 것은?

① 주어진 자료를 활용해서 여러 가지 분석 예측모형들을 만들고 해당 예측모형들을 결합해 최종적인 하나의 예측모형을 만드는 방법이다.

② 치우침이 있는 여러 모형의 평균을 취할 시에 균형적인 결과(평균)를 얻게 된다.

③ 서로 다른 특성을 갖는 이질적인 모형을 분류문제에 대해서 투표를 통해 예측모형을 개발하거나 평균을 내서 구축한 모형이 단일 모형을 사용하는 경우보다 훨씬 더 좋은 예측성능을 내고 있다.

④ 여러 모형의 분석 결과를 결합하면 변동성 및 과적합의 여지가 늘어나게 된다.

정답 ④

해설 앙상블(Ensemble) 학습은 여러 모형의 분석 결과를 결합하면 변동성 및 과적합의 여지가 줄어든다.

08 부스팅(Boosting)에 대한 설명으로 옳지 않은 사항은?

① Adaboost는 이진분류 문제에서 랜덤 분류기 보다 조금 더 좋은 분류기 n개에 각각의 가중치를 부여하고 n개의 분류기를 결합해 최종적인 분류기를 만드는 방법을 제안하였다.

② 훈련오차를 빠르면서도 용이하게 해결가능하다.

③ 예측력이 강한 모형을 결합해서 예측력이 약한 모형을 만드는 방식이다.

④ 배깅에 비해 많은 경우 예측오차가 올라가 Adaboost의 성능이 배깅보다 뛰어난 경우가 많다.

정답 ③

해설 부스팅(Boosting)은 예측력이 약한 모형들을 결합해 예측력이 강한 모형을 만드는 방법을 의미한다.

09 RNN 알고리즘에 활용하는 드롭아웃은?

① 초기 드롭아웃

② 심리적 드롭아웃

③ 시간적 드롭아웃

④ 공간적 드롭아웃

정답 ③

해설 시간적 드롭아웃은 노드들을 생략하는 방법이 아닌 연결선의 일부를 생략하는 방식으로서 Drop Connection 방식의 개선 기법으로 RNN 알고리즘에 활용한다.

🔍 참고 드롭아웃의 종류

종류	내용
초기 드롭아웃	• 학습의 과정에 있어 노드들을 p의 확률로서 학습 횟수마다 임의로 생략하고 남은 노드들과 연결선들만을 활용해 추론 및 학습을 수행한다. • DNN 알고리즘에 활용한다.
시간적 드롭아웃	• 노드들을 생략하는 방법이 아닌 연결선의 일부를 생략하는 방식으로서 Drop Connection 방식의 개선 기법이다. • RNN 알고리즘에 활용한다.
공간적 드롭아웃	• 합성곱 계층에서의 드롭아웃이다. • 특징 맵 내의 노드 전체에 대해서 드롭아웃의 적용 여부를 결정하는 방법이다. • CNN 알고리즘에 활용한다.

10 배깅(Bagging)의 관련한 내용 중 가장 바르지 않은 것은?

① Breiman에 의해 제안된 방법이다.

② 최적의 의사결정나무를 구축할 시에 가지치기가 가장 용이한 부분이다.

③ 배깅은 반복추출 방법을 사용하므로 동일한 데이터가 한 표본에 여러 번 추출될 수 있고, 어떤 데이터는 추출되지 않을 수도 있다.

④ 부스트랩은 주어진 자료에서 동일한 크기의 표본을 랜덤 복원추출로 뽑은 자료를 의미한다.

정답 ②

해설 최적의 의사결정나무를 구축할 시에 가지치기가 가장 힘든 부분이지만 배깅에서는 이러한 가지치기 과정을 거치지 않고 최대한으로 성장한 의사결정나무들을 활용한다.

11 랜덤 포레스트(Random Forest)의 설명 중 가장 거리가 먼 것은?

① 배깅과 부스팅보다 더욱 많은 무작위성을 제시하여 약한 학습기들을 생성한 후에 이를 선형결합해서 최종적인 학습기를 만드는 방법이다.

② 랜덤 포레스트 패키지는 랜덤 인풋에 따른 forest of tree를 활용한 분류방법이다.

③ 랜덤한 포레스트에는 많은 트리들이 형성된다.

④ 예측력이 상당히 낮다는 문제점을 지니고 있다.

정답 ④

해설 랜덤 포레스트(Random Forest)는 이론적 설명 또는 결과에 대한 해석이 어렵다는 문제점이 있는 반면에 예측력은 상당히 높다는 이점이 있다.

▓ 분석결과 해석

01 데이터 시각화의 기능이 아닌 것은?

① 표현기능

② 설명기능

③ 삭제기능

④ 탐색기능

정답 ③

해설 데이터 시각화의 기능은 다음과 같다.
  • 탐색기능
  • 표현기능
  • 설명기능

02 다음 중 데이터 시각화의 유형에 해당하지 않는 것은?

① 관계시각화

② 결과시각화

③ 시간시각화

④ 분포시각화

정답 ②

해설 데이터 시각화의 종류는 다음과 같다.
  • 분포시각화
  • 시간시각화
  • 비교시각화
  • 관계시각화
  • 공간시각화

03 분포시각화의 기법에 해당하지 않는 것은?

① 산점도

② 파이 차트

③ 도넛 차트

④ 트리맵

정답 ①

해설 분포시각화 기법으로는 도넛 차트, 파이 차트, 트리맵 등이 있으며, 산점도는 관계시각화에 해당하는 내용이다.

04 데이터에 관한 이해를 돕기 위한 도형, 그림 등의 요소를 활용해 데이터를 표현하고 묘사하는 것을 무엇이라고 하는가?

① 데이터 무형화

② 데이터 추상화

③ 데이터 공간화

④ 데이터 시각화

정답 ④

해설 데이터 시각화는 데이터에 관한 이해를 돕기 위한 도형, 그림 등의 요소를 활용해 데이터를 표현하고 묘사하는 것으로 막대, 원, 선 등의 기하 또는 도형 등을 활용해 데이터의 특징을 나타낼 수 있는 형태로 표현하거나 레이블, 색상 등의 특성을 이용해 데이터를 표현하는 것을 의미한다.

05 다음 중 비교시각화에 해당하는 것은?

① 도트맵

② 등치선도

③ 평행 좌표그래프

④ 도넛 차트

정답 ③

해설 ①, ②는 공간시각화, ④는 분포시각화에 각각 해당한다.

🔍 참고 데이터 시각화의 종류

  • **분포시각화** : 도넛 차트, 파이 차트, 트리맵 등
  • **시간시각화** : 점 그래프, 막대 그래프 등
  • **비교시각화** : 평행 좌표그래프, 히트 맵, 체르노프 페이스 등
  • **관계시각화** : 버블 차트, 산점도, 히스토그램 등
  • **공간시각화** : 도트맵, 등치선도, 카토그램 등

part
04

빅데이터 결과 해석

06 다음은 데이터 시각화 과정 중 어떠한 과정에 해당하는가?

> • 시각화 목표의 설정
> • 시각화 조건의 정의

① 시각표현
② 시각화
③ 구조화
④ 공간화

정답 ③

해설 구조화에서는 시각화를 위한 조건의 정의 후에 사용자에 따른 시나리오의 작성 및 스토리를 구성하게 되며 데이터 시각화 목표를 설정한 후에 해당 분석결과를 기반으로 데이터 표현규칙 및 패턴 등을 탐색한다.

07 다음은 데이터 시각화 과정 중 어떠한 과정에 해당하는가?

> • 그래프의 보정
> • 전달요소의 강조
> • 그래프 품질의 향상

① 표면화
② 공간화
③ 시각화
④ 시각표현

정답 ④

해설 시각표현은 시각화의 단계에서 나타난 결과물을 보정하며, 정보의 표현을 위한 그래픽적인 요소를 반영해 그래픽의 품질을 향상시킨다.

08 강의, 교육, 미디어 등의 자료 제작에 유용한 빅데이터 시각화 도구는?

① 차트 블록
② 인포그램
③ 데이터 래퍼
④ 태블로

정답 ②

해설 인포그램은 실시간으로 인포그래픽을 연동해주는 시각화 도구를 의미하는 것으로 강의, 교육, 미디어 등의 자료 제작에 유용하다.

09 다음 중 사용자의 목적에 따라 제작이 가능한 레이아웃을 제공하는 것은?

① 데이터 래퍼
② 차트 블록
③ 태블로
④ 인포그램

정답 ①

해설 데이터 래퍼는 용이하게 데이터를 업로드하고 맵 또는 차트 등으로 변환하는 시각화 도구를 의미하는 것으로 사용자의 목적에 따라 제작이 가능한 레이아웃을 제공한다.

10 빅데이터 시각화 도구 중 웹 기반의 차트를 구현하는 것은?

① 인포그램
② 차트 블록
③ 태블로
④ 데이터 래퍼

정답 ②

해설 차트 블록은 코딩 없이 스프레드시트, 데이터베이스 형태의 데이터를 용이하게 가시화하는 시각화 도구를 의미하며 웹 기반의 차트를 구현한다.

11 데이터 구분에 대한 내용 중 범주, 비율에 해당하지 않는 것은?

① 분포
② 측정
③ 교차
④ 순위

정답 ③

해설 범주, 비율은 범위 · 분포 · 순위 · 측정 등으로 구분되며 교차는 추세, 패턴의 구분에 해당하는 내용이다.

12 확인한 패턴이 중요한 신호인지 아니면 잡음인지를 파악하는 것은?

① 중요도
② 상관성
③ 분포
④ 계층관계

정답 ①

해설 중요도는 확인한 패턴이 중요한 신호인지 아니면 잡음인지를 파악한다.
② 상관성은 변수 간 연관성이 강하거나 또는 약한 상관관계의 존재를 확인한다.
③ 분포는 각 개별 변수들, 변수 조합이 지니는 분포의 형태를 파악한다.
④ 계층관계는 데이터 범주의 구성 및 분포, 관련성을 파악한다.

13 값이 지니는 중요성의 파악, 숫자 자체보다 깊이 있는 조사를 수행하는 것은?

① 추세패턴
② 예외
③ 순위
④ 측정

정답 ④

해설 측정은 값이 지니는 중요성의 파악, 숫자 자체보다 깊이 있는 조사를 수행한다.
① 추세패턴은 선형 또는 지수형 등으로 변화하는지, 변화하지 않는지 등을 확인한다.
② 예외는 이상 값과 같은 정상범위를 벗어난 변수를 파악한다.
③ 순위는 크기를 기반으로 데이터의 순서를 파악한다.

14 비즈니스 기여도 평가지표 중 프로젝트의 시작 시점에서부터 누적 현금흐름이 흑자로 돌아서는 시점까지의 기간은?

① 투자회수기간
② 투자대비효과
③ 순현재가치
④ 내부수익률

정답 ①

해설 투자회수기간(PP)은 누적 투자금액 및 매출금액의 합이 동일해지는 시간을 의미하는 것으로 프로젝트의 시작 시점에서부터 누적 현금흐름이 흑자로 돌아서는 시점까지의 기간이다.

15 예상 투자비용의 할인가치를 예상 수익의 할인가치에서 공제했을 시에 나온 값을 합한 금액은 무엇인가?

① 내부수익률
② 투자대비효과
③ 순현재가치
④ 총소유비용

정답 ③

해설 순현재가치(NPV)는 어떤 특정 시점의 투자금액 및 매출금액의 차이를 이자율을 고려해 계산한 값으로 예상 투자비용의 할인가치를 예상 수익의 할인가치에서 공제했을 시에 나온 값을 합한 금액이다.

16 비즈니스 기여도의 평가 시 검증항목으로 가장 옳지 않은 것은?

① 중복 검증

② 성능 검증

③ 효과 검증

④ 최대화 검증

정답 ④

해설 비즈니스 기여도의 평가 시 검증항목은 다음과 같다.
- 성능 검증
- 효과 검증
- 중복 검증
- 최적화 검증

17 다음 중 성능 검증의 고려사항이 아닌 것은?

① 향상도 개선

② 대기시간

③ 시뮬레이션을 통한 처리량

④ 대기행렬의 감소를 통한 성능 측면의 효과를 제시

정답 ①

해설 ①은 효과 검증의 고려사항에 해당하는 내용이다.

🔍 참고 　비즈니스 기여도의 평가 시 고려사항

- **성능 검증** : 시뮬레이션을 통한 처리량, 대기시간, 대기행렬의 감소를 통한 성능 측면의 효과를 제시
- **효과 검증** : 데이터 모델링 과정을 통한 검출율의 증가, 향상도 개선 등의 효과를 제시
- **중복 검증** : 타 모델링과의 중복에 의한 효과를 통제 및 제시 가능해야 하며 단위 프로젝트별 수익 및 비용 등으로 평가하는 것이 원칙
- **최적화 검증** : 최적화를 통해 목적함수가 증가한 만큼의 효과를 제시

▦ 분석결과 시각화

01 아래 그림에 대한 내용으로 가장 거리가 먼 것은?

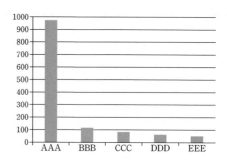

① 동일한 너비의 여러 막대를 사용하여 데이터를 표시한다.

② 각 막대의 높이는 특정 집계에 반비례한다.

③ 다양한 데이터 유형에 적용이 가능하다.

④ '0'이 아닌 다른 값으로 표현할 경우 숫자 비례를 왜곡하게 된다.

정답 ②

해설 문제에서의 그림은 막대그래프를 나타내고 있다. 막대그래프에서 각 막대의 높이는 특정 집계(나타내는 범주에 있는 값의 합계)에 비례한다.

02 아래 그래프에 대한 설명으로 가장 거리가 먼 것은?

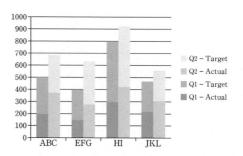

① 막대그래프와 거의 비슷하나 한 구간에 해당하는 막대가 누적되는 것이 다르다.

② 각 카테고리에 하위 카테고리가 있는 경우에 유용하다.

③ 한 구간의 세부 항목별로 색상이나 질감을 다르게 구분하여 값의 크기를 표시할 수 있다.

④ 전체 합이 의미가 없을 때 사용한다.

[정답] ④

[해설] 문제에서의 그림은 누적 막대그래프를 나타내고 있다. 이 그래프는 나열된 막대의 크기에 의해 카테고리(데이터 구분 범주)별 데이터를 비교해서 각 범주의 차이를 한 눈에 파악할 수 있게 이를 시각화한 차트를 말하는 것으로 한 구간이 몇 개의 세부 항목으로 구분되면서 전체 합이 의미가 있을 때 사용한다.

---

03 아래에 나타난 그래프의 설명으로 가장 적절하지 않은 것을 고르면?

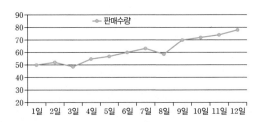

① 선분의 기울기가 급할수록 변화가 큼을 의미하며, 점을 제거하여 선분으로만 표시할 수도 있다.

② 시간 데이터를 나타내는 산점도에서 점 사이를 직선으로 연결한 경우와 동일하다.

③ 시간별 추세를 표시하는 데 부적절하다.

④ 데이터의 상대적 패턴을 보기 위한 경우 y축은 '0'에서 시작하지 않아도 된다.

[정답] ③

[해설] 문제에 제시된 그래프는 선 그래프이다. 이는 어떤 그래프의 변들을 꼭짓점으로 삼고, 원래 그래프의 변의 인접 여부를 변으로 삼는 그래프를 의미한다. 이러한 선 그래프는 시간별 추세를 표시하는 데 적합하다.

---

04 다음에 제시된 그래프에 관한 내용으로 가장 옳지 않은 것은?

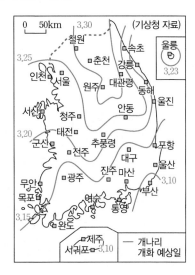

① 일정 간격으로 서로 동일하지 않은 값을 가지는 점을 이은 지도이다.

② 위 지도를 제작하는 데 있어 고려해야 하는 요소는 관측점의 수 및 관측 지점의 선정이다.

③ 통계 값의 간격을 어떻게 정하느냐에 따라 선의 조밀도가 다르게 나타나게 된다.

④ 위 지도에서 갖는 지리적 단위별로 인구밀도가 상이할 경우 데이터 왜곡을 줄 수 있는 결점을 극복하기 위해 색상의 농도를 활용하여 표현한 방법이다.

[정답] ①

[해설] 문제에서 나타낸 그림은 등치선도(Isarithmic map)이다. 등치선도는 일정 간격으로 동일한 값을 가지는 점을 등치선으로 이은 지도를 말한다.

05 등치지역도(Choropleth map)에 관한 설명으로 옳지 않은 것은?

① 음영 또는 색조 또는 패턴을 사용하여 특정 값이 특정 지리 또는 지역을 기준으로 어떻게 다른지 표시하는 것이다.

② 등치 지역도는 지리적 단위별로 인구가 균등하게 배분되지 않으면 단점이 되는데 이는 데이터가 나타내는 값에 의해서이기 때문이다.

③ 밝음에서 어둠까지 다양한 음영으로 이러한 상대적 차이를 신속하게 표시한다.

④ 시간에 따라 증가하는 값을 표현할 경우에는 색상을 더욱 더 신중히 선택해야 한다.

정답 ②

해설 등치 지역도는 지리적 단위별로 인구가 균등하게 배분되지 않으면 단점이 되는데 이는 데이터가 나타내는 값에 의해서가 아니라 지리적으로 차지하는 면적이 큰 경우 실제 값을 왜곡시킬 수 있기 때문이다.

06 다음 중 상관관계, 군집화, 이상치 패턴을 파악하기에 유용한 그래프는 무엇인가?

①

②
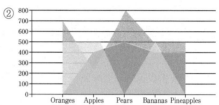

③
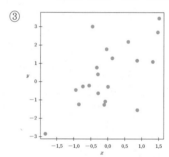

④
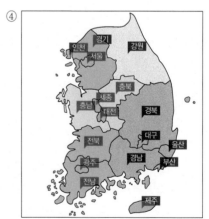

정답 ③

해설 산점도(scatter plot)는 좌표상의 점들을 표시함으로써 두 개 변수 간의 관계를 나타내는 그래프 방법으로 도표 위에 두 변수 X와 Y 값이 만나는 지점을 표시한 그림이며 상관관계, 군집화, 이상치 패턴을 파악하기에 유용한 그래프이다.

07 아래 그래프에 관한 설명으로 가장 거리가 먼 것은?

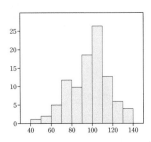

① 표로 되어 있는 도수분포를 정보 그림으로 표현한 것이다.

② 특정 변수에 대해 구간별 빈도수를 표현한다.

③ 데이터 값을 나타내는 점 또는 마크에 여러 가지 의미를 부여하여 확장된 차트이다.

④ 자료의 분포 상태를 한눈에 알아볼 수 있다.

정답 ③

해설 문제에서 제시된 그래프는 히스토그램(histogram)이다. 히스토그램은 자료 분포의 형태를 직사각형의 형태로 시각화하여 보여주는 그래프 즉, 표로 되어 있는 도수분포를 정보 그림으로 표현한 것이다. ③은 버블 차트(Bubble chart)에 관한 설명이다.

08 다음 중 히트 맵(heat-map)에 관한 설명으로 가장 옳지 않은 것은?

① 색상 코딩 시스템을 사용해 다양한 값을 나타내는 데이터의 그래픽 표현을 의미한다.

② 여러 가지 변수들을 비교해 볼 수 있는 시각화 방법 중 가장 많이 사용되는 유용한 그래프이다.

③ 적당한 색상을 선택하고, 정렬을 통해 데이터에 대한 가독성을 높일 수 있다.

④ 아이 트래킹 결과는 제시하지 못한다.

정답 ④

해설 히트 맵(heat-map) 색상으로 표현할 수 있는 다양한 정보를 일정한 이미지 위에 열 분포 형태의 비주얼한 그래픽으로 출력되는 것 즉, 색상 코딩 시스템을 사용해 다양한 값을 나타내는 데이터의 그래픽 표현을 의미하는데 사용자가 페이지를 클릭한 위치, 페이지를 아래로 내린 거리 또는 페이지 내에서 어디를 중점적으로, 어떠한 순서로 보았는지의 아이 트래킹(eye-tracking) 결과까지 나타낸다.

09 아래 제시된 그래프에 대한 내용으로 가장 옳지 않은 것은?

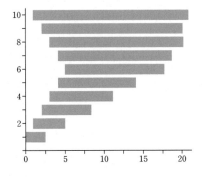

① 다른 말로 Gantt Chart라고도 한다.

② 막대가 가장 낮은 수치에서부터 가장 높은 수치까지 걸쳐 있는 것으로 표현된다.

③ 범주 간 중복 파악은 불가능하다.

④ 범주 내 값의 다양성의 파악이 가능하다.

정답 ③

해설 문제에 제시된 그림은 플로팅 바(Floating Bar) 차트이다. 플로팅 바 차트는 범주 간 중복 또는 이상치의 파악도 가능하다.

10 아래에 나타난 그래프에 관한 설명으로 가장 바르지 않은 것을 고르면?

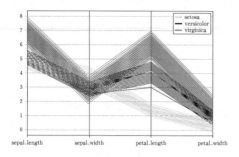

① 하나의 축이 하나의 변수를 나타낸다.
② 다변량 데이터를 3차원 입체에 표현하는 데 상당히 효율적인 방법이다.
③ 연결선 하나는 데이터 하나를 의미하며 데이터 수만큼 연결선이 생성된다.
④ 연결선들이 변수에 해당하는 각 축에서 띠는 모양을 통해 데이터의 집단적인 경향성 및 변수 간의 관련성을 파악할 수 있게 해 준다.

정답 ②

해설 문제에 제시된 그래프는 평행 좌표 그래프(=평행 좌표계 ; Parallel Coordinates)를 나타낸 것이다. 평행 좌표 그래프는 다변량 데이터를 2차원 평면에 표현하는데 매우 효율적인 방법이다.

11 다음 중 인포 그래픽에 관한 사항으로 가장 옳지 않은 것은?

① 정보를 빠르고 분명하게 표현하기 위해 정보, 자료, 지식을 그래픽 시각적으로 표현한 것이다.
② 정보를 구체적, 표면적, 실용적으로 전달한다.
③ 통상적인 그림이나 사진 등과 다르다.
④ 기호, 지도, 기술 문서 등에는 활용이 불가능하다.

정답 ④

해설 인포 그래픽은 복잡한 정보를 빠르고 명확하게 설명해야 하는 기호, 지도, 기술 문서 등에서 사용된다.

12 타임라인형 인포 그래픽에 대한 내용으로 옳지 않은 것은?

① 관련된 히스토리나 전개 양상을 타임라인 형태로 나타내는 방식의 인포 그래픽이다.
② 다수의 키워드를 산발적으로 연구한 결과를 보여주기에 적절하다.
③ 역사, 유래, 진화 등과 관련된 정보 전달에 용이하다.
④ 하나의 이미지 속에서 시선이 움직이는 경로를 어떻게 설계하는지가 관건이 된다.

정답 ②

해설 타임라인형 인포 그래픽은 한 가지 키워드를 집중적으로 연구한 결과를 보여주기에 적절하다.

13 다음 중 지도형 인포 그래픽에 관한 내용으로 바르지 않은 것은?

① 특정 국가나 지역의 지도를 메인 비주얼로 삼아 정보를 담는 방식의 인포 그래픽이다.
② 지역별로 다른 통계수치나 미디어 이용 행태 등을 보여주기에 용이하다.
③ 모든 종류의 수치 데이터의 표현이 가능하다.
④ 매장 분포도 등에 적용되는 방식이다.

정답 ③

해설 ③은 도표형 인포 그래픽에 관한 설명이다.

14 눈에 띄는 수치나 도표는 없지만 하나의 사건이나 주제에 대해 이야기를 들려주듯 구성한 인포 그래픽을 무엇이라고 하는가?

① 타임라인형 인포 그래픽
② 만화형 인포 그래픽
③ 비교분석형 인포 그래픽
④ 스토리텔링형 인포 그래픽

정답 ④

해설 스토리텔링형 인포 그래픽은 비록 눈에 띄는 수치나 도표는 없지만 하나의 사건이나 주제에 대해 이야기를 들려주듯 구성한 인포 그래픽을 의미하는데 줄거리라고 보일만한 요소들이 갖추어져 있으며 특정 인물이 등장하여 사건에 대한 이야기를 펼치기도 한다.

15 다음 중 미디어나 브랜드의 비교와 관련하여 활용하기 좋은 유형에 해당하는 것은?

① 스토리텔링형 인포 그래픽
② 도표형 인포 그래픽
③ 비교분석형 인포 그래픽
④ 타임라인형 인포 그래픽

정답 ③

해설 비교분석형 인포 그래픽은 두 개 이상의 경쟁사 또는 대척점에 있는 개념들을 비교하는 방법으로 정보를 전달하는 방식의 인포 그래픽을 의미하는 것으로 페이스 북과 트위터를 비교하거나, 코카콜라와 펩시콜라를 비교하는 등의 경쟁 관계에 있는 미디어나 브랜드의 비교와 관련하여 활용하기 좋은 유형이다.

▦ 분석결과 활용

01 빅데이터 모형의 개발 및 운영단계에서 가설 검토에 해당하는 내용은?

① 준비된 데이터를 활용해 분석모형을 도출
② 통계적으로 어떠한 유의미한 결론을 도출해 해당 결과를 어떻게 활용해 문제를 해결할 것인지에 대한 구체적인 검토를 수행
③ 변수에 대한 정의, 단위 및 수집과 측정기간에 대한 일관성의 점검, 데이터 정제 등의 데이터 전처리 과정을 수행
④ 문제해결을 위한 분석기법으로 빅데이터 모형의 적용가능성을 판단

정답 ②

해설 가설의 검토 단계에서는 통계적으로 어떠한 유의미한 결론을 도출해 해당 결과를 어떻게 활용해 문제를 해결할 것인지에 대한 구체적인 검토를 수행하는데, 분석 목적을 명확하게 한 후에 빅데이터 모형 개발을 통해 문제 해결에 적절한 가설을 수립한다.

02 다음 빅데이터 모형의 개발 및 운영단계에서 분석목적의 정의에 관련한 내용은?

① 분석목적에 부합하는 빅데이터 분석 유형 및 이에 적합한 모형을 선택해야 한다.
② 분석 목적에 맞게 도출되어진 빅데이터 분석 모형을 활용해야 한다.
③ 해당 결과를 어떻게 활용해 문제를 해결할 것인지에 대한 구체적인 검토를 수행해야 한다.
④ 문제해결을 위한 분석기법으로 빅데이터 모형의 적용가능성을 판단해야 한다.

정답 ④

해설 분석목적의 정의 단계에서는 문제해결을 위한 분석기법으로 빅데이터 모형의 적용가능성을 판단해야 하는데 분석을 위해서 문제가 무엇인지, 어떤 방식으로 분석하고 문제를 해결해야 하는지에 대해 목적을 명확하게 해야 한다.

part
04

빅데이터 결과 해석

03 빅데이터 모형의 개발 및 운영단계에서 모델링 및 분석에 해당하는 내용은 무엇인가?

① 불필요한 변수는 제거하고 변수 변환, 새로운 파생 변수를 생성하는 등의 작업을 통해서 각 변수별 분석모형에 포함하는 것이 타당한지 확인

② 도출되어진 빅데이터 분석모형에 대해 검증 데이터 셋을 활용해 분석모형의 성능을 평가

③ 분석목적, 가설의 검토 등을 구체적인 통계 질문으로 변환

④ 문제해결을 위한 분석기법으로 빅데이터 모형의 적용가능성을 판단

정답 ③

해설 모델링 및 분석 단계에서는 분석목적, 가설의 검토 등을 구체적인 통계 질문으로 변환하는 단계이며 분석목적에 부합하는 빅데이터 분석 유형 및 이에 적합한 모형을 선택한다.

04 빅데이터 모형의 개선방안에 관한 설명 중 가장 바르지 않은 것은?

① 예측 오차의 추적을 통한 예측 모형의 신뢰성을 일시적으로 확인한다.

② 예측 모형에 대한 예측 오차를 계속적으로 추적해 예측오차가 지속적으로 증가 또는 감소하는지의 확인이 필요하다.

③ 예측모형에 대한 개선방안 중 동일한 분석모형을 활용하되 새로운 데이터를 수집해서 재학습을 위한 해당 분석모형에 적용하여 수정된 분석모형을 도출한다.

④ 예측 오차의 추적은 추적 신호 값을 활용해서 지속적으로 추적하게 된다.

정답 ①

해설 예측 오차의 추적을 통한 예측 모형의 타당성을 지속적으로 확인한다.

05 빅데이터 모형의 운영 및 개선방안수립에 관한 내용으로 가장 적절하지 않은 것은?

① 예측 모형에 대한 성능을 계속적으로 추적하기 위해 매회 예측모형의 수행 시에 해당 결과 값으로 실제 값과의 차이인 예측 오차를 계산하고 기록한다.

② 예측 모형이 추적 신호의 상한 또는 하한을 벗어나서 필요할 경우에 예측 모형 개선방안을 모색해야 된다.

③ 추적 신호가 추적 신호의 상한 또는 추적 신호의 하한을 벗어나게 될 시에는 예측 모델의 성능이 향상되고 있음을 의미하는 것이므로 예측모델에 대한 점검은 필요 없다.

④ 새로 계산된 예측 오차를 지니고 추적 신호를 재계산하고 관리도를 활용해 추적 신호를 추적한다.

정답 ③

해설 추적 신호가 추적 신호의 상한 또는 추적 신호의 하한을 벗어나게 될 시에 예측 모델의 성능이 저하되고 있음을 의미하고 예측 모델에 대한 점검이 필요하다.

06 다음 중 서브퀄(SERVQUAL) 모형의 기준으로 옳지 않은 것은?

① 공감성
② 확신성
③ 신뢰성
④ 무형성

정답 ④

해설 서브퀄(SERVQUAL) 모형의 기준은 다음과 같다.
- **유형성** : 서비스를 제공하는 물리적 시설(점포, 건물, 인테리어 등), 장비, 구성원들의 외양
- **신뢰성** : 약속된 서비스를 믿을 수 있으며 정확하게 수행 가능한 구성원들의 능력
- **반응성** : 즉각적인 서비스를 제공해줄 수 있는 구성원들의 능력
- **확신성** : 구성원들의 지식, 예절 등 고객들에게 신뢰 및 자신감을 심어줄 수 있는 능력
- **공감성** : 고객 각각에 대한 개인적인 관심 및 배려

07 다음 빅데이터 비즈니스의 핵심 성공 요인 중 목적 및 참여요소의 측면에 관한 내용이 아닌 것은?

① 업무 전문가의 참여가 필수적임
② 분석 목적에 따른 분석 모형을 정의한 후에 분석 인프라 요건의 검토
③ 빅데이터 분석의 목적, 사용자, 활용의 목적에 대해 명확하게 정의
④ 데이터 볼륨보다는 가치 창출 관점에서의 검토가 필요

정답 ②

해설 ②는 빅데이터 비즈니스의 핵심 성공 요인 중 프로세스 측면에 관한 내용이다.

08 빅데이터 비즈니스의 주요 실패 요인으로 바르지 않은 것은?

① 분석모형에 대한 정의 없이 인프라 우선 도입
② 빅데이터 분석 결과를 활용할 사용자 및 활용방안의 불명확화
③ 분석 대상 데이터 품질의 저하
④ 빅데이터 분석의 목적 및 서비스 목적의 명확화

정답 ④

해설 빅데이터 분석의 목적 및 서비스 목적의 불명확화이다.

09 플랫폼의 안정성 및 품질 등을 판단해야 하는 경우에 해당하는 성능분석은?

① 주간 성능분석
② 연간 성능분석
③ 일간 성능분석
④ 월간 성능분석

정답 ③

해설 일간 성능분석은 측정 항목의 시간대별 성능의 추이 및 특성 등을 기준으로 플랫폼의 안정성 및 품질 등을 판단해야 하는 경우이다.

10 플랫폼의 용량 확장 및 개선 필요 영역을 도출해서 업무에 반영하고자 하는 경우에 해당하는 성능분석은?

① 연간 성능분석
② 일간 성능분석
③ 월간 성능분석
④ 주간 성능분석

정답 ①

해설 연간 성능분석은 연간 업무계획 및 성능현황 등을 기반으로 플랫폼의 용량 확장 및 개선 필요 영역을 도출하여 업무에 반영하고자 하는 경우이다.

part
04

빅데이터 결과 해석

11 응용 프로그램의 주요 성능측정 항목 중 측정주기가 '정기'에 해당하는 것은?

① 배치실행 환경
② 데이터베이스 처리
③ 오류 및 예외
④ 메모리 사용

정답 ④

해설 응용 프로그램의 주요 성능측정 항목은 다음과 같다.

대상	측정 항목	측정 주기
메모리 사용	• 시간 당 또는 일별 메모리 증가량 및 증가율 • 응용 프로그램 코드 및 라이브러리의 메모리 크기	정기
오류 및 예외	오류 및 예외의 발생 여부, 유형 및 패턴	실시간
데이터베이스 처리	사용된 SQL의 처리 시간	실시간
배치실행 환경	배치 프로그램 수행 시간, 선후행 작업 결과 및 자원 사용량	실시간
응답시간 및 트랜잭션 처리량	• 부하량에 의한 응용 프로그램의 초당 트랜잭션 처리 건수, 처리시간 및 처리량의 추이 • 타임아웃 발생 건수, 타임아웃 발생 시의 응답시간	실시간

12 아래 박스 안에 제시된 응용 프로그램의 주요 성능측정 항목을 대상으로 하는 것은?

> 타임아웃 발생 건수, 타임아웃 발생 시의 응답시간

① 메모리 사용
② 응답시간 및 트랜잭션 처리량
③ 배치실행 환경
④ 데이터베이스 처리

정답 ②

해설 응답시간 및 트랜잭션 처리량의 측정 항목은 다음과 같다.
• 부하량에 의한 응용 프로그램의 초당 트랜잭션 처리 건수, 처리시간 및 처리량의 추이
• 타임아웃 발생 건수, 타임아웃 발생 시의 응답시간

13 측정 항목별 영향을 미치는 요소의 연결로 바르지 않은 것은?

① 가용성 : 소프트웨어 버그, 하드웨어 장애, 장비 가용성, 운영자의 실수
② 사용률 : 네트워크 자원을 일정시간 동안에 사용하는 정도
③ 무형성 : 하드웨어 장애, 잘못된 환경설정, 데이터 이상 값
④ 응답시간 : 정보시스템 처리 성능, 정보시스템 자원 용량

정답 ③

해설 하드웨어 장애, 잘못된 환경설정, 데이터 이상 값이 영향을 미치는 측정 항목은 정확성이다.

14 측정 항목별 영향을 미치는 요소 중 서비스 장애 없이 정상적으로 계속하여 제공할 수 있는 능력을 무엇이라고 하는가?

① 가용성
② 응답시간
③ 정확성
④ 사용률

정답 ①

해설 가용성은 서비스 장애 없이 정상적으로 계속하여 제공할 수 있는 능력을 의미하며 이에 대한 영향요소는 소프트웨어 버그, 하드웨어 장애, 장비 가용성, 운영자의 실수, 전기적인 문제, 서비스 가용성 등이 있다.

🔍 참고　측정 항목별 내용

- **사용률** : 정보시스템 자원의 일정시간 동안 정상적으로 사용한 비율
- **정확성** : 정보시스템 처리 결과의 정확성에 영향을 주는 요인
- **가용성** : 서비스 장애 없이 정상적으로 계속하여 제공할 수 있는 능력
- **응답시간** : 서비스 요청 시점에서부터 사용자의 응답시점까지 걸리는 시간

15 응용 솔루션 성능 측정의 항목 및 주기에 관한 내용 중 '구간 별 수행시간'의 측정항목이 아닌 것은?

① 로드 시간
② 대기시간
③ 히트율
④ 평균응답시간

정답 ③

해설 구간 별 수행시간의 측정항목에는 대기시간, 평균응답시간, 데이터베이스 처리시간, 로드 시간 등이 있으며 히트율은 '메모리 및 버퍼'의 측정항목에 해당한다.

16 리모델링 시에 수행하는 업무 중 변수를 추가하여 학습을 다시 수행하는 기법은?

① 시뮬레이션
② 데이터베이스
③ 데이터웨어하우스
④ 데이터마이닝

정답 ④

해설 데이터마이닝은 동일 데이터를 활용해 학습을 다시 실행하거나 변수를 추가하여 학습을 다시 수행한다.

17 리모델링 시에 수행하는 업무 중 제약조건 등에 활용되는 제약 값의 변화와 추가에 대한 기법은?

① 데이터마이닝
② 데이터웨어하우스
③ 최적화
④ 시뮬레이션

정답 ③

해설 최적화는 오브젝트 함수의 계수 변경 또는 제약조건 등에 활용되는 제약 값의 변화 및 추가를 한다.

18 리모델링 시에 수행하는 업무 중 이벤트를 처리하는 리소스의 증가, 자원 할당 규칙의 변화 등을 처리하는 기법은 무엇인가?

① 최적화
② 시뮬레이션
③ 최소화
④ 데이터마이닝

정답 ②

해설 시뮬레이션은 시간 지연의 변화, 이벤트 발생 패턴의 변화, 큐잉 우선순위, 이벤트를 처리하는 리소스의 증가, 자원 할당 규칙의 변화 등을 처리한다.

part
04

빅데이터 결과 해석

19 다음 중 분석모형 리모델링의 절차로 옳은 것은?

① 분석모델의 개선 → 개선용 데이터 수집 및 처리 → 분석결과평가 및 분석모델의 등록

② 개선용 데이터 수집 및 처리 → 분석결과평가 및 분석모델의 등록 → 분석모델의 개선

③ 개선용 데이터 수집 및 처리 → 분석모델의 개선 → 분석결과평가 및 분석모델의 등록

④ 분석모델의 개선 → 분석결과평가 및 분석모델의 등록 → 개선용 데이터 수집 및 처리

정답 ③

해설 분석모형 리모델링의 절차는 다음과 같다.
개선용 데이터 수집 및 처리 → 분석모델의 개선 → 분석결과평가 및 분석모델의 등록

OX문제

제1장_분석모형 평가 및 개선

1 분석모형 평가

01 SSE(Sum Squared Error)는 실제 값과 예측 값의 차이의 제곱에 대한 평균을 취한 값이다. **정답** ×

해설 SSE(Sum Squared Error)는 실제 값과 예측 값의 차이를 제곱하여 더한 값을 의미한다.

02 랜덤 포레스트는 지도학습기법의 유형에 해당한다. **정답** ○

해설 지도 학습 기법의 유형에는 의사결정나무, 랜덤 포레스트, 로지스틱 회귀, 인공신경망 분석, 서포트 벡터 머신 등이 있다.

03 모수는 모집단의 일부 또는 모집단 분석을 위해 추출한 한 집단의 관측치이다. **정답** ×

해설 모수는 모집단을 설명하는 어떤 값 또는 모집단의 특성을 나타내는 값이다.

04 Z-검정은 귀무가설에서 검정 통계량의 분포를 정규분포로 근사할 수 있는 통계 검정이다. **정답** ○

해설 Z-검정은 정규분포를 가정하고 있으며 추출된 표본이 동일 모집단에 속하는지 가설을 검정하기 위해 활용한다.

05 일원분산분석은 하나의 독립변수의 변화가 독립변수에 미치는 영향이 타 독립변수의 수준에 의해 달라지는지 분석한다. **정답** ×

해설 일원분산분석은 하나의 독립변수의 변화가 종속변수에 미치는 영향을 분석한다.

06 정규성 검정은 가정된 확률이 정해져 있는 경우에 활용하는 기법이다. **정답** ×

해설 정규성 검정은 가정된 확률이 정해져 있지 않을 경우에 활용하는 기법이다.

07 비모수적 검정에서 자료의 관측 값은 확률변수의 실제 값을 이용하기보다는 부호나 순위 등의 형태를 이용하는 경우가 많다. **정답** ○

해설 비모수적 검정은 자료가 관측치 자체보다 부호나 순위만이 의미가 있는 경우에 자주 이용된다.

08 릴리포스 검정방법은 왜도와 첨도를 사용해 데이터가 정규분포와 일치하는지를 살펴본다. **정답** ×

해설 릴리포스 검정방법은 임계값과 비교할 수 있는 검정 통계량 T를 계산한다.

OX문제

2 | 분석모형 개선

01 과대적합방지는 학습용 데이터셋의 양이 과다한 경우에 발생한다. 　정답 ✕

해설 과대적합방지는 모델의 파라미터 수가 많거나 또는 학습용 데이터셋의 양이 부족한 경우에 발생한다.

02 과대 적합 현상이 발생할 시에 모델의 수용력을 높여 복잡도를 감소시킬 수 있다. 　정답 ✕

해설 과대 적합 현상이 발생할 시에 인공신경망의 은닉층 수를 감소시키거나 또는 모델의 수용력을 낮추어 복잡도를 감소시킬 수 있다.

03 시간적 드롭아웃은 Drop Connection 방식의 개선 기법이다. 　정답 ○

해설 시간적 드롭아웃은 노드들을 생략하는 방법이 아닌 연결선의 일부를 생략하는 방식으로서 Drop Connection 방식의 개선 기법이다.

04 드롭아웃은 예측 시에 활용한다. 　정답 ✕

해설 드롭아웃은 신경망 학습 시에만 활용하고 예측 시에는 활용하지 않는다.

05 가중치는 하나의 뉴런에 입력된 모든 값을 모두 더한 값에 더해주는 상수를 말한다. 　정답 ✕

해설 가중치는 각각의 입력 값에 각각 다르게 곱해지는 수치를 말한다.

06 초기 드롭아웃은 CNN 알고리즘에 활용한다. 　정답 ✕

해설 초기 드롭아웃은 DNN 알고리즘에 활용한다.

07 결합분석 모형은 각 결과변수에 대한 모형을 임의효과를 공유하는 형태로 결합하는 것이 가장 일반적이다. 　정답 ○

해설 결합분석 모형은 두 종류 이상의 결과변수를 동시에 분석할 수 있는 방법으로, 각 결과변수에 대한 모형을 임의효과를 공유하는 형태로 결합하는 것이 가장 일반적이다.

08 랜덤 서브스페이스는 학습 데이터를 일부만 사용한다. 　정답 ✕

해설 랜덤 서브스페이스는 학습 데이터를 모두 사용하고 특성은 샘플링하는 방식이다.

OX문제

제2장_분석결과 해석 및 활용

1 분석결과 해석

01 데이터 시각화는 이해를 돕기 위한 도형, 그림 등의 요소를 활용해 데이터를 표현하고 묘사하는 것을 말한다. **정답 ○**

> **해설** 데이터 시각화는 막대, 원, 선 등의 기하 또는 도형 등을 활용해 데이터의 특징을 나타낼 수 있는 형태로 표현하거나 레이블, 색상 등의 특성을 이용해 데이터를 표현한다.

02 분포시각화의 기법으로는 점 그래프, 막대 그래프 등이 있다. **정답 ✕**

> **해설** 분포시각화의 기법으로는 도넛 차트, 파이 차트, 트리맵 등이 있다.

03 비교시각화는 집단 간 상관관계를 확인해 타 수치의 변화를 예측한다. **정답 ✕**

> **해설** 비교시각화는 각 데이터 간 차이점 및 유사성의 관계가 확인 가능하다.

04 공간시각화 기법에는 버블 차트, 산점도, 히스토그램 등이 있다. **정답 ✕**

> **해설** 공간시각화의 기법에는 도트맵, 등치선도, 카토그램 등이 있다.

05 구조화는 적절한 시각화 도구 및 기술 등을 선택해 데이터 분석정보에 대한 시각화를 구현하는 단계이다. **정답 ✕**

> **해설** 구조화는 시각화를 위한 조건의 정의 후에 사용자에 따른 시나리오의 작성 및 스토리를 구성한다.

06 차트 블록은 웹 기반의 차트를 구현한다. **정답 ○**

> **해설** 차트 블록은 코딩 없이 스프레드시트, 데이터베이스 형태의 데이터를 용이하게 가시화하는 시각화 도구로 웹 기반의 차트를 구현한다.

07 인포그램은 용이하게 데이터를 업로드하고 맵 또는 차트 등으로 변환하는 시각화 도구를 의미한다. **정답 ✕**

> **해설** 인포그램은 실시간으로 인포그래픽을 연동해주는 시각화 도구를 의미한다.

08 성능검증은 데이터 모델링 과정을 통한 검출율의 증가, 향상도 개선 등의 효과를 제시한다. **정답 ✕**

> **해설** 성능검증은 시뮬레이션을 통한 처리량, 대기시간, 대기행렬의 감소를 통한 성능 측면의 효과를 제시한다.

빅데이터 결과 해석

OX문제

2 분석결과 시각화

01 등치선도는 음영 또는 색조 또는 패턴을 사용하여 특정 값이 특정 지리 또는 지역을 기준으로 어떻게 다른지 표시하는 것을 말한다.   정답 ✕

해설 등치선도는 일정 간격으로 동일한 값을 가지는 점을 등치선으로 이은 지도를 말한다.

02 시계열 데이터에서 주요 관심 요소는 경향성이다.   정답 ○

해설 시계열 데이터에서 주요 관심 요소는 경향성(trend)으로, 추세선 및 산점도의 경우에 시간의 흐름에 따른 추세를 파악할 수 있다.

03 버블 맵은 지도 상 위도 및 경도에 해당하는 좌표 점을 산점도와 같이 점을 찍어서 표현하는 것을 말한다.   정답 ✕

해설 버블 맵은 수치화된 데이터 값의 크기를 표현하는 서로 다른 크기의 원형으로 나타낸 것을 말한다.

04 관계 시각화는 다변량 데이터 사이에서 존재하고 있는 변수 사이의 연관성, 분포 및 패턴 등을 찾는 시각화 방법이다.   정답 ○

해설 관계 시각화는 다변량 데이터 사이에서 존재하고 있는 변수 사이의 연관성, 분포 및 패턴 등을 찾는 시각화 방법이다.

05 히스토그램은 모든 변수에 대해 구간별 빈도수를 표현한다.   정답 ✕

해설 히스토그램은 특정 변수에 대해 구간별 빈도수를 표현한다.

06 선 그래프는 그래프의 변의 인접 여부를 변으로 삼는 그래프를 말한다.   정답 ○

해설 선 그래프는 어떤 그래프의 변들을 꼭짓점으로 삼고, 원래 그래프의 변의 인접 여부를 변으로 삼는 그래프를 말한다.

07 플로팅 바(Floating Bar) 차트는 범주 내 값의 다양성의 파악이 불가능하다.   정답 ✕

해설 플로팅 바(Floating Bar) 차트는 범주 내 값의 다양성의 파악이 가능하다.

08 산점도 행렬은 데이터 탐색 과정에서 유용한 그래프이다.   정답 ○

해설 산점도 행렬은 다변량 변수를 갖는 데이터에서 가능한 모든 변수 쌍에 대한 산점도들을 행렬 형태로 표현한 그래프이며 데이터 탐색 과정에서 유용한 그래프이기도 하다.

OX문제

3 분석결과 활용

01 반응성은 서브퀄 모형의 기준에 해당한다. [정답] O

[해설] 서브퀄(SERVQUAL) 모형 기준에는 유형성, 신뢰성, 반응성, 확신성, 공감성 등이 있다.

02 서비스 모형 사용자 및 소비자가 동일한 경우 서비스를 제공받는 사용자 또는 소비자에 대해 이해관계자 분석이 필요하다. [정답] X

[해설] 서비스 모형 사용자 및 소비자가 동일한 경우 사용자 또는 소비자에게 서비스를 제공하는 대가로 수익창출이 가능하다.

03 주간 성능분석은 주간 단위의 성능 변화 추이를 분석해야 하는 경우이다. [정답] O

[해설] 주간 성능분석은 측정 항목의 주간 단위 데이터 수집 및 관리 등을 통해 주간 단위의 성능 변화 추이를 분석해야 하는 경우이다.

04 가용성이란 서비스 요청 시점에서부터 사용자의 응답시점까지 걸리는 시간이다. [정답] X

[해설] 가용성은 서비스 장애 없이 정상적으로 계속하여 제공할 수 있는 능력이다.

05 일간 성능분석은 플랫폼의 안정성 및 품질 등을 판단해야 하는 경우이다. [정답] O

[해설] 일간 성능분석은 측정 항목의 시간대별 성능의 추이 및 특성 등을 기준으로 플랫폼의 안정성 및 품질 등을 판단해야 하는 경우이다.

06 대기 큐의 측정 항목은 메모리 영역 및 버퍼 사용량, 미스율, 히트율 등이다. [정답] X

[해설] 대기 큐의 측정 항목은 대기 큐에 존재하는 평균요청개수, 대기시간 등이다.

07 분석모형 리모델링의 절차는 '분석모델의 개선→개선용 데이터 수집 및 처리→분석결과평가 및 분석모델의 등록'의 순으로 이루어진다. [정답] X

[해설] 분석모형 리모델링의 절차는 '개선용 데이터 수집 및 처리→분석모델의 개선→분석결과평가 및 분석모델의 등록'의 순으로 이루어진다.

08 연간 성능분석은 플랫폼의 용량 확장 및 개선 필요 영역을 도출해서 업무에 반영하고자 하는 경우이다. [정답] O

[해설] 연간 성능분석은 연간 업무계획 및 성능현황을 기반으로 플랫폼의 용량 확장 및 개선 필요 영역을 도출해서 업무에 반영하고자 하는 경우이다.

핵심요약

제1장 _ 분석모형 평가 및 개선

▦ **지도 학습 기법의 유형** : 의사결정나무, 랜덤 포레스트, 로지스틱 회귀, 인공신경망 분석, 서포트 벡터 머신

▦ **비지도 학습 기법의 유형** : 군집화, 차원축소 기법, 연관 관계분석, 자율학습 인공신경망(자기 조직화 지도, Self-Organizing Map, SOM)

▦ **드롭아웃**

종류	내용
초기 드롭아웃	• 학습의 과정에 있어 노드들을 p의 확률로서 학습 횟수마다 임의로 생략하고 남은 노드들과 연결선들만을 활용해 추론 및 학습을 수행한다. • DNN 알고리즘에 활용한다.
시간적 드롭아웃	• 노드들을 생략하는 방법이 아닌 연결선의 일부를 생략하는 방식으로서 Drop Connection 방식의 개선 기법이다. • RNN 알고리즘에 활용한다.
공간적 드롭아웃	• 합성곱 계층에서의 드롭아웃이다. • 특징 맵 내의 노드 전체에 대해서 드롭 아웃의 적용 여부를 결정하는 방법이다. • CNN 알고리즘에 활용한다.

제2장 _ 분석결과 해석 및 활용

▦ **빅데이터 비즈니스의 주요 실패 요인**

분류	내용
분석 대상 데이터 품질의 저하	분석 대상인 데이터의 저품질로 인해 분석결과의 신뢰도가 저하되어 효용성이 낮거나 또는 상반된 분석결과를 제시할 수 있음
빅데이터 분석의 목적 및 서비스 목적의 불명확화	빅데이터 분석의 목적 및 서비스 목적이 명확치 않은 상태에서 분석모형을 개발할 경우에 산출되어진 분석결과의 효용성은 낮으며 제공할 가치 또한 불분명해질 수 있음
빅데이터 분석 결과를 활용할 사용자 및 활용방안의 불명확화	빅데이터 분석 결과를 활용할 사용자 및 활용 방안이 명확치 않은 상태에서 분석 모형을 개발할 경우에 실제적인 비즈니스에 활용하지 않을 수 있음
분석모형에 대한 정의 없이 인프라 우선 도입	인프라를 먼저 도입할 경우, 분석 모형에서 활용할 데이터를 분석할 인프라가 없는 경우에 발생

▦ **분석모형 리모델링의 절차**

개선용 데이터 수집 및 처리 → 분석모델의 개선 → 분석결과평가 및 분석모델의 등록

PART 5

실전
모의고사
(3회분)

Big Data Analysis

제1회

빅데이터 분석기사

실전모의고사

평가 영역	문항 수	시험 시간
빅데이터 분석 기획 빅데이터 탐색 빅데이터 모델링 빅데이터 결과 해석	80문항	120분

빅데이터 분석기사 제1회 실전모의고사

정답 및 해설 338p

01

다음 중 빅데이터의 특징으로 옳지 <u>않은</u> 것은?

① 빠른 의사결정이 상대적으로 덜 요구된다.
② 정형 데이터의 비중이 높다.
③ 프로세싱의 복잡도가 높다.
④ 처리할 데이터의 양이 방대하다.

02

다음 중에서 데이터의 분류로 적합하지 <u>않은</u> 것은?

① 정형   ② 하이브리드
③ 반정형   ④ 비정형

03

클라우드 컴퓨팅의 종류 중 각종 솔루션이나 소프트웨어를 클라우드 형태로 제공하는 것은?

① SaaS   ② PaaS
③ IaaS   ④ BaaS

04

데이터 사이언티스트의 요구 역량 중 하드 스킬에 해당하는 것은?

① 분석의 통찰력   ② 커뮤니케이션 능력
③ 비주얼라이제이션   ④ 분석기술의 숙련도

05

다음 중 비정형데이터 수집에 사용되는 기술이 <u>아닌</u> 것은?

① Chukwa   ② Sqoop
③ Flume   ④ Scribe

06

빅데이터 플랫폼 구축 소프트웨어로 옳지 <u>않은</u> 것은?

① Oozie   ② Java
③ Flume   ④ Sqoop

07

개인정보처리 과정상의 정보 주체와 개인정보 처리자의 권리, 의무 등을 규정하고 있는 법규는?

① 개인정보 보호법　　② 정보통신망법
③ 신용정보법　　　　④ 위치정보법

08

개인정보 비식별 조치방법으로 옳지 않은 것은?

① 가명처리　　　　　② 총계처리
③ 데이터 범주화　　　④ 데이터 복호화

09

다음 중 데이터 거버넌스의 구성 요소가 아닌 것은?

① 원칙　　　　　　　② 활동
③ 조직　　　　　　　④ 프로세스

10

하향식 접근 방식을 이용한 과제 발굴 절차로 옳은 것은?

① 문제 정의 → 문제 탐색 → 해결방안 탐색 → 타당성 검토 → 선택
② 문제 탐색 → 문제 정의 → 타당성 검토 → 해결방안 탐색 → 선택
③ 문제 탐색 → 해결방안 탐색 → 문제 정의 → 타당성 검토 → 선택
④ 문제 탐색 → 문제 정의 → 해결방안 탐색 → 타당성 검토 → 선택

11

다음 중 분석 기획 단계에서 수행하는 내용이 아닌 것은?

① 프로젝트 위험계획 수립
② 비즈니스 이해 및 범위 설정
③ 프로젝트 정의의 명확화
④ 모델링

12

SEMMA 분석 방법론의 분석 절차로 올바른 것은?

① 샘플링 → 탐색 → 수정 → 모델링 → 검증
② 샘플링 → 탐색 → 모델링 → 수정 → 검증
③ 탐색 → 샘플링 → 수정 → 모델링 → 검증
④ 탐색 → 샘플링 → 모델링 → 수정 → 검증

13

빅데이터 분석 절차에 있어서 기초 통계의 적용부터 데이터 마이닝 기법 등이 활용되는 단계는?

① 연구조사 단계　　　② 모형화 단계
③ 자료 수집 단계　　　④ 자료 분석 단계

14

수집된 데이터의 불일치성을 교정하기 위한 방식으로 결측값이나 잡음을 처리하는 데이터 처리 기술은?

① 데이터 필터링   ② 데이터 변환
③ 데이터 정제   ④ 데이터 통합

15

데이터 웨어하우스 환경에서 정의된 접근계층으로 데이터 웨어하우스에서 데이터를 꺼내 사용자에게 제공하는 역할을 하는 것으로 데이터 웨어하우스의 부분이며, 대개 특정한 조직 혹은 팀에서 사용하는 것을 목적으로 하는 것은?

① 크롤링   ② 데이터 마트
③ 데이터 마이닝   ④ 텍스트 마이닝

16

데이터 변환 기술 중 데이터로부터 잡음을 제거하기 위해 데이터 추세에 벗어나는 값들을 변환하는 기법은?

① 평활화 기술   ② 집계 기술
③ 일반화 기술   ④ 정규화 기술

17

다음 중 빈칸에 들어갈 알맞은 용어는 무엇인가?

> 인터넷상에 공개하는 서버에 부정 접속을 방지하기 위한 침입 차단 기능으로 인터넷 측과 사내 통신망 측 사이에 (　　　)를 설치해서 침입 차단으로 여과 처리하면 월드 와이드 웹 등의 공개 서버에 부정 접속을 방지할 수 있다.

① CRM   ② ERP
③ DMZ   ④ ERD

18

"속성－값 쌍" 또는 "키－값 쌍"으로 이루어진 데이터 오브젝트를 전달하기 위해 인간이 읽을 수 있는 텍스트를 사용하는 개방형 표준 포맷으로 인터넷에서 자료를 주고받을 때 그 자료를 표현하는 방법으로 알려져 있는 것은?

① FTA   ② SAN
③ XML   ④ JSON

19

어떤 네트워크 안에서 통신 데이터를 보낼 때 최적의 경로를 선택하는 과정으로 최적의 경로는 주어진 데이터를 가장 짧은 거리로 또는 가장 적은 시간 안에 전송할 수 있는 경로를 말하는 것은?

① 맵리듀스   ② 라우팅
③ 로그스태시   ④ 플루언티드

20

다음 중 구글 파일 시스템의 구성 요소에 해당하지 <u>않</u>는 것은?

① 데이터 노드　　　② 클라이언트
③ 마스터　　　　　④ 청크 서버

21

데이터의 범위에서 많이 벗어난 아주 작은 값이나 아주 큰 값을 무엇이라 하는가?

① 결측값　　　　　② 노이즈
③ 이상값　　　　　④ 임계값

22

필수적인 데이터가 입력되지 않고 누락된 값을 무엇이라 하는가?

① 결측값　　　　　② 노이즈
③ 이상값　　　　　④ 임계값

23

데이터 이상값 검출 방법으로 관측치 주변의 밀도와 근접한 관측치 주변의 밀도의 상대적인 비교를 통해 이상값을 탐색하는 기법은?

① LOF　　　　　　② ESD
③ iForest　　　　　④ K - 평균 알고리즘

24

다른 변수로부터 영향을 받는 변수를 무엇이라 하는가?

① 독립변수　　　　② 종속변수
③ 통제변수　　　　④ 예측변수

25

다음 중 차원축소 기법의 주요 활용 분야가 <u>아닌</u> 것은?

① 텍스트 데이터에서 주제나 개념 도출
② 저차원 공간의 정보를 다차원으로 시각화
③ 기업의 판매데이터에서 상품 추천 시스템 알고리즘 구현
④ 공통 요인을 추출하여 잠재된 데이터 규칙 발견

26

기존 변수에 특정 조건 혹은 함수 등을 사용하여 새롭게 재정의한 변수는?

① 설명변수　　　　② 파생변수
③ 반응변수　　　　④ 표적변수

27

변수 변환 방법 중 데이터를 특정 구간으로 바꾸는 척도법은?

① 단순 기능 변환　② 비닝
③ 정규화　　　　　④ 표준화

28

불균형 데이터 처리 기법 중 언더 샘플링 기법에 해당하지 <u>않는</u> 것은?

① ENN
② SMOTE
③ CNN
④ OSS

29

정형 데이터에 대한 수집방식과 기술에 해당하지 <u>않는</u> 것은?

① ETL
② RSS
③ FTP
④ DBToDB

30

다음 중 상관계수(ρ)의 범위를 옳게 나타낸 것은?

① $0 \leq \rho \leq +1$
② $-1 \leq \rho \leq +1$
③ $0 \leq \rho < \infty$
④ $-\infty < \rho < +\infty$

31

200개로 구성된 표본으로부터 산술평균이 25이고 분산이 16일 때 변동계수는 얼마인가?

① 8%
② 12.5%
③ 16%
④ 64%

32

직사각형 모양의 표본공간 안에 있는 사건과 그 표본공간 내의 원형으로 표현되는 사건을 포함한 연산과 표본공간을 상징적으로 보여주는 도식은?

① 도수분포표
② 벤다이어그램
③ 상자그림
④ 히스토그램

33

시공간 데이터의 타입 중 하나의 노드로 구성되는 공간 데이터 타입은?

① 포인트 타입
② 라인 타입
③ 폴리곤 타입
④ 폴리라인 타입

34

상표 구분, 상점의 형태 구분, 상표인지 여부, 조사 대상 소비자의 성별 구분, 직업 구분 등에 이용되는 척도는?

① 명목 척도
② 서열 척도
③ 등간 척도
④ 비율 척도

35

비정형 데이터 탐색 플랫폼 중 분산 환경에서 노드 간의 정보를 공유하고 락, 이벤트 등 보조 기능을 제공하는 프레임워크는?

① Pig
② 주키퍼
③ HDFS
④ Hive

36

모분산이 알려져 있는 정규모집단의 모평균에 대한 구간 추정을 하는 경우, 표본의 수를 4배로 늘리면 신뢰구간의 길이는 어떻게 변하는가?

① 신뢰구간의 길이는 표본의 수와 관계없다.

② 2배로 늘어난다.

③ $\frac{1}{2}$로 줄어든다.

④ $\frac{1}{4}$로 줄어든다.

37

다음 중 확률표본추출 방법에 해당하는 것은?

① 할당 추출　　　② 편의 추출

③ 판단 추출　　　④ 층화 추출

38

표본의 수가 30 이하이고 모집단의 표준편차를 모른다고 할 때, 모집단 평균값의 구간추정을 위하여 주로 사용하는 분포는?

① 표준정규분포　　② $F-$분포

③ $Z-$분포　　　④ $t-$분포

39

다음 중 F분포의 특징이 아닌 것은?

① 확률변수 F는 항상 양(+)의 값만을 갖는 연속확률변수이다.

② 자유도를 2개 가지며, 2개의 자유도에 따라 분포의 모양이 변한다.

③ 오른쪽 꼬리 모양을 갖는 비대칭분포이다.

④ 평균은 분자의 자유도에 의해서만 결정되며, 분자의 자유도가 매우 크면 F분포의 평균은 1에 수렴한다.

40

올해 국가자격시험 A종목의 성적 분포는 평균이 240점, 표준편차가 40점인 정규분포를 따른다고 한다. 이 자격시험에서 360점을 맞은 학생의 표준화 점수는?

① -1.96　　　　② -3

③ 1.96　　　　　④ 3

41

다음 중 데이터 마이닝 기반 분석 모델에 해당하지 않는 것은?

① 지도학습 모델　　② 예측 모델

③ 군집화 모델　　　④ 연관규칙 모델

42

데이터 분석 모형을 정의할 때 데이터 분석을 통해 얻어지는 값이 아니라 사용자가 직접 설정해 주는 값을 무엇이라 하는가?

① 파라미터　　　　② 하이퍼 파라미터

③ 기울기　　　　　④ 편향

43

다음 중 분석모형 구축 절차 중 모델링 단계로 올바른 것은?

① 모델링 마트 설계 및 구축 → 탐색적 분석과 유의 변수 도출 → 모델링 → 모델링 성능 평가
② 모델링 마트 설계 및 구축 → 모델링 → 탐색적 분석과 유의 변수 도출 → 모델링 성능 평가
③ 모델링 → 모델링 마트 설계 및 구축 → 탐색적 분석과 유의 변수 도출 → 모델링 성능 평가
④ 탐색적 분석과 유의 변수 도출 → 모델링 마트 설계 및 구축 → 모델링 → 모델링 성능 평가

44

Python의 특징으로 옳지 <u>않은</u> 것은?

① Python은 R과 거의 같은 작업 수행이 가능한 S 언어 기반의 오프소스 프로그래밍 언어이다.
② Python은 학습, 문법, 기능, 도구, 환경 관점에서 다양한 특징을 가지고 있다.
③ Python은 다른 언어와는 다르게 들여쓰기를 이용 하여 블록을 구분하는 문법을 사용한다.
④ R과 달리 Python은 대표적인 통합 개발 환경이 없다.

45

데이터 분할 시 학습 과정에서 사용되는 데이터는?

① 학습용 데이터
② 평가용 데이터와 검증용 데이터
③ 학습용 데이터와 검증용 데이터
④ 학습용 데이터와 평가용 데이터

46

다음 중 회귀 모형의 가정으로 옳지 <u>않은</u> 것은?

① 선형성
② 독립성
③ 등분산성
④ 상관성

47

로지스틱 회귀모형에서 설명변수가 한 개인 경우 해당 회귀계수의 부호가 0보다 작을 때 표현되는 그래프의 모양은?

① 종 모양
② S자 모양
③ 역 S자 모양
④ U자 모양

48

다음 중 의사결정나무의 구성요소에 대한 설명으로 옳지 <u>않은</u> 것은?

① 끝마디는 자식 마디가 없는 마디이다.
② 중간마디는 주어진 마디의 상위 마디를 말한다.
③ 자식마디는 하나의 마디로부터 분리되어 나간 2개 이상의 마디들이다.
④ 뿌리마디는 시작되는 마디로 전체 자료를 포함한다.

49

다음 중 퍼셉트론으로는 선형 분리가 불가능하지만 다층 퍼셉트론으로 선형 분리가 가능한 연산은?

① AND ② OR
③ NOT ④ XOR

50

다음 중 서포트 벡터머신의 구성요소가 <u>아닌</u> 것은?

① 초평면 ② 슬랙변수
③ 엔트로피 지수 ④ 결정 경계

51

연관규칙의 측정 지표로써 두 품목의 상관관계를 기준으로 도출된 규칙의 예측력을 평가하는 지표는?

① 정확도 ② 지지도
③ 신뢰도 ④ 향상도

52

고차원의 데이터를 이해하기 쉬운 저차원의 뉴런으로 정렬하여 지도의 형태로 형상화한 비지도 신경망을 나타내는 것은?

① EM 알고리즘 ② k-평균 군집
③ 계층적 군집 ④ SOM

53

다음 중 교차분석의 유형에 해당하지 <u>않는</u> 것은?

① 정확 검정 ② 동질성 검정
③ 독립성 검정 ④ 적합도 검정

54

다차원 척도법에서는 스트레스 값을 이용하여 관측 대상들의 적합도 수준을 파악하는데 적합도 수준이 완벽하다고 판단되는 스트레스 값은 얼마인가?

① 0 ② 0.05
③ 0.1 ④ 0.15

55

시간이 지날수록 관측치의 평균값이 지속적으로 증가하거나 감소하는 시계열 모형은?

① 자기회귀 모형
② 이동평균 모형
③ 자기회귀누적 이동평균모형
④ 분해시계열 모형

56

우리나라 사람들 중 왼손잡이 비율은 남자가 2%, 여자가 1%라 한다. 남학생 비율이 60%인 어느 학교에서 왼손잡이 학생을 선택했을 때 이 학생이 남자일 확률은?

① 0.75
② 0.012
③ 0.25
④ 0.05

57

딥러닝 알고리즘 중 은닉층을 심층 구성한 신경망으로 학습하는 알고리즘은?

① DNN
② CNN
③ RNN
④ GAN

58

다음 중 텍스트 마이닝 절차로 올바른 것은?

① 정보 생성 → 텍스트 수집 → 텍스트 의미 추출 → 텍스트 패턴 분석
② 텍스트 패턴 분석 → 텍스트 수집 → 텍스트 의미 추출 → 정보 생성
③ 텍스트 수집 → 텍스트 패턴 분석 → 텍스트 의미 추출 → 정보 생성
④ 텍스트 수집 → 텍스트 의미 추출 → 텍스트 패턴 분석 → 정보 생성

59

다음 중 비모수 통계의 특징으로 옳지 않은 것은?

① 모집단의 분포에 무관하게 사용할 수 있다.
② 이상 값으로 인한 영향이 크다.
③ 추출된 샘플의 개수가 10개 미만으로 작을 경우에도 사용할 수 있다.
④ 모수적 방법에 비해 통계량의 계산이 간편하고 직관적으로 이해하기 쉽다.

60

다음 중 앙상블 기법의 유형으로 옳지 않은 것은?

① 배깅
② 부스팅
③ 바이어스
④ 랜덤 포레스트

61

회귀모형의 평가지표 중 회귀제곱 합계를 무엇이라 하는가?

① SSE
② SST
③ SSR
④ MAE

62

다음 중 분석모형 진단에 대한 설명으로 옳지 않은 것은?

① 데이터 분석 모형 구축시 발생할 수 있는 오류에는 일반화 오류와 학습 오류가 있다.

② 데이터 분석 모형을 검증하기 위해서 홀드아웃 교차검증, 다중 교차검증을 사용한다.

③ 데이터 시각화는 '정보 시각화 → 정보 구조화 → 정보 시각표현'의 순서로 진행한다.

④ 데이터 분석에서 분석 모형의 기본 가정에 대한 진단 없이 모형이 사용될 경우 그 결과가 오용될 수도 있다.

63

전체 데이터를 비복원추출 방법을 이용하여 랜덤하게 학습데이터와 평가데이터로 나눠 검증하는 기법은?

① 홀드아웃 교차검증   ② 랜덤 서브샘플링
③ 부트스트랩   ④ LOOCV

64

다음 중 정규분포의 특성이 아닌 것은?

① 정규분포는 종모양의 그래프를 가지며, 평균 μ를 중심으로 좌우대칭이다.

② 정규분포는 평균, 중앙값, 최빈값이 일치하는 분포이다.

③ 정규분포는 평균과 표준편차가 같은 두 개의 다른 정규분포도 존재할 수 있다.

④ 정규분포는 평균과 표준편차에 의해 그 모양이 결정된다.

65

Q − Q Plot에 대한 설명으로 옳지 않은 것은?

① Q − Q Plot은 그래프를 이용하여 독립성 가정을 시각적으로 검정하는 방법이다.

② 한쪽으로 치우치는 모습이라면 정규성 가정에 위배되었다고 볼 수 있다.

③ 결과 해석에 주관이 개입될 가능성이 있다.

④ Q − Q Plot은 보조용으로 사용하는 것이 좋다.

66

다음 중 과대적합을 방지하기 위한 기법으로 옳지 않은 것은?

① 데이터 세트의 감소   ② 모델 복잡도의 감소
③ 가중치 규제 적용   ④ 드롭아웃 방법 사용

67

분석모형에 있어서 모델이 너무 단순하여 데이터의 내재된 구조를 학습하지 못할 때 발생하는 것은?

① 과대적합   ② 과소적합
③ 모멘텀   ④ 부스팅

68

매개변수 최적화 기법에 해당하지 <u>않는</u> 것은?

① 모멘텀
② AdaBoost
③ AdaGrad
④ 확률적 경사 하강법

69

약한 모형을 순차적으로 적용해 나가는 과정에서 잘 분류된 샘플의 가중치는 낮추고 잘못 분류된 샘플의 가중치는 상대적으로 높여주면서 샘플 분포를 변화시키는 기법은?

① 배깅
② 랜덤 패치
③ 에이다 부스트
④ 그레디언트 부스트

70

병렬처리로 성능 향상을 도모할 수 있는 NoSQL에 해당하지 <u>않는</u> 것은?

① Key — Value Store
② Column — Oriented DB
③ Document — Oriented DB
④ RDBMS

71

관계 시각화 기법에 해당하지 <u>않는</u> 것은?

① 산점도
② 버블 차트
③ 히스토그램
④ 파이 차트

72

비즈니스 기여도 평가 시 고려사항으로 최적화를 통해 목적함수가 증가한 만큼의 효과를 제시하는 검증항목은?

① 효과 검증
② 성능 검증
③ 중복 검증
④ 최적화 검증

73

막대를 사용하여 전체 비율을 보여주면서 여러 가지 범주를 동시에 차트로 표현할 수 있는 시간 시각화 기법은?

① 계단식 그래프
② 막대그래프
③ 누적 막대그래프
④ 선 그래프

74

상관관계나 이상 값 패턴을 파악하기에 가장 유용한 그래프는?

① 산점도
② 버블 차트
③ 히스토그램
④ 카토그램

75

다음 중 비교 시각화의 특징으로 옳지 않은 것은?

① 체르노프 페이스는 데이터를 눈, 코, 귀, 입 등과 일대일 대응하여 얼굴 하나로 표현하는 방법이다.

② 플로팅 바 차트를 사용하면 범주 내 값의 다양성, 중복 및 이상값 파악이 가능하다.

③ 스타 차트에서 중심점은 축이 나타내는 값의 최대값을 의미한다.

④ 평행 좌표 그래프는 다변량 데이터를 2차원 평면에 표현하는 효과적인 가시화 방법이다.

76

다음 중 인포 그래픽의 유형에 해당하지 않는 것은?

① 지도형
② 도표형
③ 문자형
④ 만화형

77

빅데이터 모형 개발 및 운영 프로세스 절차로 올바른 것은?

① 분석목적 정의 → 데이터 준비 및 처리 → 가설 검토 → 모델링 및 분석 → 정확도 및 성능평가 → 운영

② 가설 검토 → 분석목적 정의 → 데이터 준비 및 처리 → 모델링 및 분석 → 정확도 및 성능평가 → 운영

③ 분석목적 정의 → 가설 검토 → 데이터 준비 및 처리 → 모델링 및 분석 → 운영 → 정확도 및 성능평가

④ 분석목적 정의 → 가설 검토 → 데이터 준비 및 처리 → 모델링 및 분석 → 정확도 및 성능평가 → 운영

78

분석 결과에 따른 활용분야 분류에 있어서 초기 아이디어 개발 관점의 분류에 해당하지 않는 것은?

① 가치사슬 방식
② 마인드맵 방식
③ 친화 도표 방식
④ 피라미드 방식

79

분석모형이 운영 시스템에 적용될 때 성능을 저하시키는 요인으로 적절하지 않은 것은?

① 서버 자원의 부족
② 데이터 이동
③ 프로그래밍 오류
④ 메모리 추가

80

다음 중 분석모형 리모델링 주기로 가장 적절하지 않은 것은?

① 데이터 마이닝은 분기별로 실시한다.

② 시뮬레이션은 반기별로 실시한다.

③ 최적화는 반기별로 실시한다.

④ 시뮬레이션은 주요 변경이 이루어지는 시점에서 실시한다.

제2회

빅데이터 분석기사

실전모의고사

평가 영역	문항 수	시험 시간
빅데이터 분석 기획 빅데이터 탐색 빅데이터 모델링 빅데이터 결과 해석	80문항	120분

빅데이터 분석기사 제2회 실전모의고사

정답 및 해설 344p

01

다음 중 빅데이터의 3V 모델의 구성 요소가 <u>아닌</u> 것은?

① 규모
② 다양성
③ 속도
④ 변동성

02

빅데이터 구현 과정에서 대규모 데이터의 분석 비용 문제를 해결해 준 것은?

① 클라우드 컴퓨팅 기술
② 하드 드라이브 가격의 하락
③ SNS의 확산
④ 텍스트 마이닝

03

다음 중 가트너가 제시한 데이터 사이언티스트가 갖추어야 할 역량으로 올바르지 <u>않은</u> 것은?

① 하드 스킬
② 분석 모델링
③ 데이터 관리
④ 비즈니스 분석

04

다음 중 빅데이터 조직 구조의 유형으로 올바르지 <u>않는</u> 것은?

① 집중 구조
② 공식 구조
③ 기능 구조
④ 분산 구조

05

다음 중 빅데이터 플랫폼의 데이터 유형으로 옳지 <u>않은</u> 것은?

① 정형 데이터
② 반정형 데이터
③ 비정형 데이터
④ 통합형 데이터

06

다음 중 빈 칸에 들어갈 용어를 순서대로 나열한 것은?

> (㉠)은 인간의 인지, 추론, 학습의 사고과정에 필요한 능력을 컴퓨터 시스템을 통해 구현함으로써 문제를 해결할 수 있는 기술을 말한다.
>
> (㉡)은 컴퓨터가 수많은 데이터를 스스로 학습하고 알고리즘을 통해 학습의 결과를 도출하는 인공지능의 한 분야의 학습법이다.
>
> (㉢)은 고도화된 신경망 알고리즘을 적용하여 보다 빠르고 인간과 유사하게 행동하는 컴퓨터 프로그램을 구현한 학습방법이다.

① ㉠ 인공지능,　㉡ 머신러닝,　㉢ 딥 러닝
② ㉠ 인공지능,　㉡ 딥 러닝,　㉢ 머신러닝
③ ㉠ 머신러닝,　㉡ 딥 러닝,　㉢ 인공지능
④ ㉠ 딥 러닝,　㉡ 머신러닝,　㉢ 인공지능

07

빅데이터 개인정보보호 가이드라인의 내용으로 옳지 않은 것은?

① 수집 시부터 개인 식별 정보에 대한 철저한 비식별화 조치
② 민감정보 및 통신비밀의 수집, 이용, 분석 등 처리 금지
③ 빅데이터 처리 사실, 목적 등의 비공개를 통한 비밀 유지
④ 수집된 정보의 저장관리시 기술적, 관리적 보호조치

08

개인정보 비식별화 절차로 올바른 것은?

① 사전검토 → 비식별 조치 → 적정성 평가 → 사후 관리
② 사전검토 → 적정성 평가 → 비식별 조치 → 사후 관리
③ 비식별 조치 → 사전검토 → 적정성 평가 → 사후 관리
④ 적정성 평가 → 사전검토 → 비식별 조치 → 사후 관리

09

데이터 조직 및 인력방안 수립에 있어서 전사적 핵심 분석이 어려우며, 부서 현황 및 실적 통계 등 과거 실적에 국한된 분석 수행 가능성이 높은 구조는?

① 집중 구조　　　　② 기능 구조
③ 분산 구조　　　　④ 병렬 구조

10

빅데이터 분석과제 추진 시 고려해야 하는 우선순위 평가기준으로 옳은 것은?

① 시급성과 유효성　　② 최적화와 난이도
③ 시급성과 난이도　　④ 최적화와 유효성

11

빅데이터 분석 방법론의 분석 절차로 올바른 것은?

① 분석 기획 → 데이터 준비 → 데이터 분석 → 시스템 구현 → 평가 및 전개

② 시스템 구현 → 분석 기획 → 데이터 준비 → 데이터 분석 → 평가 및 전개

③ 데이터 분석 → 분석 기획 → 데이터 준비 → 시스템 구현 → 평가 및 전개

④ 데이터 준비 → 분석 기획 → 데이터 분석 → 시스템 구현 → 평가 및 전개

12

데이터 확보 계획 수립 절차에 있어서 요구사항 도출에 대한 내용으로 옳지 않은 것은?

① 필요 데이터 확보 및 관리 계획

② 플랫폼 구축 여부

③ 성과 측정을 위한 지표 도출

④ 데이터 저장 형태

13

빅데이터 분석 절차에 있어서 복잡한 문제를 분리하고 단순화하는 과정은 어느 단계에서 수행하는가?

① 문제 인식 단계   ② 모형화 단계

③ 자료 분석 단계   ④ 분석결과 공유 단계

14

다음 중 데이터 변환 기술이 아닌 것은?

① 평활화   ② 범주화

③ 일반화   ④ 정규화

15

대규모로 저장된 데이터 안에서 체계적이고 자동적으로 통계적 규칙이나 패턴을 분석하여 가치 있는 정보를 추출하는 과정은?

① 크롤링   ② 데이터 필터링

③ 데이터 마이닝   ④ 텍스트 마이닝

16

데이터 변환 기술 중 특정 구간에 분포하는 값으로 스케일을 변화시키는 기법은?

① 평활화 기술   ② 속성 생성 기술

③ 일반화 기술   ④ 정규화 기술

17

데이터 비식별화 처리 기법 중 데이터 마스킹 기술에 해당하는 것은?

① 암호화   ② 라운딩

③ 속성 값 삭제   ④ 공백과 대체 방법

18

데이터 일관성의 세부 요소에 해당하지 <u>않는</u> 것은?

① 적합성   ② 정합성

③ 일치성   ④ 무결성

19

NoSQL은 CAP 이론을 기반으로 하고 있는데 다음 중 CAP의 특징이 <u>아닌</u> 것은?

① 일관성   ② 유효성

③ 타당성   ④ 분산가능

20

빅데이터 저장 기술 중 컴퓨터 네트워크를 통해 공유하는 여러 호스트 컴퓨터의 파일에 접근할 수 있게 하는 파일 시스템은?

① 분산 파일 시스템

② 데이터베이스 클러스터

③ 네트워크 구성 저장 시스템

④ 클라우드 파일 저장 시스템

21

다음 중 데이터의 일관성을 유지하기 위한 정제 기법으로 옳지 <u>않은</u> 것은?

① 파싱   ② 결측

③ 보강   ④ 변환

22

무응답을 현재 진행 중인 연구에서 비슷한 성향을 가진 응답자의 자료로 대체하는 방법은 무엇인가?

① 평균대치법   ② 핫덱 대체법

③ 콜드덱 대체법   ④ 완전 분석법

23

데이터 이상 값 처리 기법에 해당하지 <u>않는</u> 것은?

① 대체법   ② 변환

③ 삭제   ④ 분석

24

변수 선택 기법에 있어서 모델 자체에 변수 선택이 포함된 기법은?

① 필터 기법   ② 래퍼 기법

③ 임베디드 기법   ④ 주성분 분석

25

차원축소 기법 중 개체들의 상대적 위치 등을 통해 개체들 사이의 관계를 쉽게 파악하고자 하는데 목적이 있으며, 공간적 배열에 대한 주관적인 해석에 중점을 두고 있는 것은?

① 다차원척도법   ② 특이 값 분해

③ 독립성분분석   ④ 요인분석

26

파생변수를 생성하는 방법 중 하루 24시간을 12시간으로 변환하는 것은 어디에 속하는가?

① 단위변환　　　　② 표현형식 변환
③ 요약 통계량 변환　④ 변수 결합

27

소득을 5분위로 나눌 때 사용하는 변수 변환 방법은?

① 단순 기능 변환　② 비닝
③ 정규화　　　　　④ 표준화

28

불균형 데이터 처리 기법 중 오버 샘플링 기법에 해당하지 <u>않는</u> 것은?

① 랜덤 오버 샘플링
② Borderline-SMOTE
③ 토멕링크 방법
④ ADASYN

29

비정형 데이터에 대한 수집방식과 기술에 해당하지 <u>않는</u> 것은?

① 크롤링　　　　② 스쿱
③ 아파치 카프카　④ 스크래파이

30

두 변수 가족 수와 생활비간의 상관계수가 0.6이라면, 생활비 변동의 몇 %가 가족 수로 설명된다고 할 수 있는가?

① 0.36　　② 36
③ 0.6　　　④ 60

31

기존에 알려져 있는 사실에 반하여 연구자의 새로운 제안이 옳다고 주장하는 가설을 무엇이라 하는가?

① 귀무가설　② 대립가설
③ 영가설　　④ 검정가설

32

자료를 몇 개의 계급으로 나누고 각 계급에 속하는 도수를 세어서, 가로축에는 각 계급의 끝 값을, 세로축에는 대응하는 도수를 나타내어 그린 수직 막대그래프는?

① 도수분포표　② 도수다각형
③ 히스토그램　④ 줄기-잎-그림

33

시공간 데이터의 타입 중 서로 다른 두 개의 노드와 두 노드를 잇는 하나의 세그먼트로 구성되는 공간 데이터 타입은?

① 포인트 타입　② 라인 타입
③ 폴리곤 타입　④ 폴리라인 타입

34

물가지수나 생산성 지수 등의 측정에 주로 이용되는 척도는?

① 명목 척도　　　② 서열 척도

③ 등간 척도　　　④ 비율 척도

35

비정형 데이터 탐색 플랫폼 중 마스터/슬레이브 구조를 가지는 분산형 파일 시스템은?

① Pig　　　　　② Avro

③ HDFS　　　　④ Hive

36

중심극한정리(Central Limit Theorem)는 어느 분포에 관한 것인가?

① 모집단　　　　② 표본

③ 모집단의 평균　④ 표본의 평균

37

다음 (　　)안에 들어갈 알맞은 것은?

> 군집표집(cluster sampling)에서 표집된 군집들은 가능한 군집 간에는 (　A　)이고, 군집 속에 포함된 표본요소 간에는 (　B　)이어야 한다.

① (A) 동질적, (B) 동질적

② (A) 동질적, (B) 이질적

③ (A) 이질적, (B) 동질적

④ (A) 이질적, (B) 이질적

38

95%의 신뢰수준에서 대학원생들의 한 달 도서구입 비용은 20만 원에서 30만 원 사이이다. 신뢰수준을 90%로 줄인다면 신뢰구간은 어떻게 변할 것인가?

① 표본의 크기에 변화가 없으므로 신뢰구간도 변화가 없다.

② 신뢰구간의 폭이 좁아진다.

③ 신뢰구간의 폭이 넓어진다.

④ 표본의 크기가 커진다.

39

표본추출과정의 첫 번째 단계는 무엇인가?

① 표본추출 방법의 결정　② 표본프레임의 결정

③ 모집단의 확정　　　　④ 표본 크기의 결정

40

평균이 μ이고 분산이 16인 정규모집단으로부터 크기가 100인 랜덤 표본을 얻고 그 표본평균을 $\overline{X}$라 하자. 귀무가설 $H_0 : \mu = 8$과 대립가설 $H_1 : \mu = 6.416$의 검정을 위하여 기각역을 $\overline{X} < 7.2$로 둘 때 제1종 오류와 제2종 오류의 확률은?

① 제1종 오류의 확률 0.05, 제2종 오류의 확률 0.025

② 제1종 오류의 확률 0.023, 제2종 오류의 확률 0.025

③ 제1종 오류의 확률 0.023, 제2종 오류의 확률 0.05

④ 제1종 오류의 확률 0.05, 제2종 오류의 확률 0.023

41

다음 중 지도학습 유형에 해당하지 <u>않는</u> 것은?

① 로지스틱 회귀
② 랜덤 포레스트
③ 서포트 벡터 머신
④ 자기 조직화 지도

42

다음 중 파라미터의 사례로 옳지 <u>않은</u> 것은?

① 인공신경망에서의 가중치
② 로지스틱 회귀분석에서의 결정계수
③ 의사결정나무에서 나무의 깊이
④ 서포트 벡터 머신에서의 서포트 벡터

43

다음 중 분석모형 구축 절차로 올바른 것은?

① 요건 정의 → 모델링 → 검증 및 테스트 → 적용
② 요건 정의 → 모델링 → 적용 → 검증 및 테스트
③ 모델링 → 요건 정의 → 검증 및 테스트 → 적용
④ 모델링 → 요건 정의 → 적용 → 검증 및 테스트

44

R의 특징으로 옳지 <u>않은</u> 것은?

① R은 통계프로그래밍 언어인 S언어를 기반으로 만들어진 오픈소스 프로그래밍 언어이다.

② R은 기능, 도구, 환경 측면 관점에서 다양한 특징을 가지고 있다.

③ R은 사용자가 제작한 패키지를 직접 추가하여 기능을 확장할 수 있다.

④ Python과 같이 R은 대표적인 통합 개발 환경이 없다.

45

다음 중 빈칸에 들어갈 알맞은 용어를 순서대로 나열하면?

보기

기계 학습은 학습 방식에 따라 4가지로 분류하는데 (㉠)은 미리 구축된 학습용 데이터(training data)를 활용하여 모델을 학습하며, (㉡)은 학습용 데이터와 정리되지 않은 데이터를 모두 훈련에 사용하는 방법이다. (㉢)은 별도의 학습용 데이터를 구축하는 것이 아니라 데이터 자체를 분석하거나 군집(clustering)하면서 학습한다. (㉣)은 학습 수행 결과에 대해 적절한 보상을 주면서 피드백을 통해 학습한다.

① ㉠ 지도 학습, ㉡ 준지도 학습, ㉢ 비지도 학습, ㉣ 강화 학습
② ㉠ 준지도 학습, ㉡ 비지도 학습, ㉢ 강화 학습, ㉣ 지도 학습
③ ㉠ 비지도 학습, ㉡ 강화 학습, ㉢ 지도 학습, ㉣ 준지도 학습
④ ㉠ 강화 학습, ㉡ 지도 학습, ㉢ 준지도 학습, ㉣ 비지도 학습

46

다음 중 다중회귀모형에 관한 설명이 바르지 <u>못한</u> 것은?

① 다중회귀모형은 종속변수의 변동을 설명하기 위해 2개 이상의 독립변수가 동시에 사용된다.

② 다중회귀분석에서는 서로 독립적인 행태를 취하는 k개의 독립변수를 이용하여 종속변수인 y값의 변동을 알아보고자 하는 주된 목적이 있다.

③ 분석과정에서 도출되는 F값은 회귀식의 모든 계수 값들은 0이라는 가설을 검증하는 데 사용된다.

④ 독립변수의 개수가 2개 이상인 다중회귀분석은 독립변수의 수가 증가할수록 결정계수값은 감소하는 경향이 있다.

47

로지스틱 회귀모형에 대한 설명으로 옳은 것은?

① 설명변수는 모두 연속형이어야 한다.

② 설명변수가 한 개인 경우 종형 그래프를 가진다.

③ 분류의 목적으로 사용될 수 있다.

④ 연속형 반응변수에 대해서도 적용할 수 있다.

48

의사결정나무의 분석 과정으로 올바른 것은?

① 타당성 평가 → 의사결정나무 성장 → 가지치기 → 해석 및 예측

② 가지치기 → 의사결정나무 성장 → 타당성 평가 → 해석 및 예측

③ 의사결정나무 성장 → 가지치기 → 타당성 평가 → 해석 및 예측

④ 의사결정나무 성장 → 가지치기 → 해석 및 예측 → 타당성 평가

49

다음 중 다층 퍼셉트론에서 기울기 소실의 원인으로 알맞은 것은?

① 계단 함수

② 부호 함수

③ 시그모이드 함수

④ 선형 함수

50

서포트 벡터머신의 구성요소 중 결정 경계에서 서포트 벡터까지의 거리를 무엇이라 하는가?

① 마진

② 범위

③ 슬랙

④ 평면

51

연관성 분석을 위해 사용하는 개념으로 가장 거리가 <u>먼</u> 것은?

① 지지도

② 신뢰도

③ 계통도

④ 향상도

52

두 군집 사이의 거리를 각 군집에서 하나씩 관측값을 뽑았을 때 나타날 수 있는 거리의 최대값으로 측정하는 방법은?

① 최단연결법　　　　② 최장연결법
③ 중심연결법　　　　④ 평균연결법

53

독립변수는 수치형이고 종속변수는 범주형일 경우 적용되는 분석 방법은?

① 분할표 분석　　　　② 교차 분석
③ 로지스틱 회귀분석　④ 피셔의 정확 검정

54

다음 중 상관 분석에 대한 설명으로 옳지 <u>않은</u> 것은?

① 피어슨 상관계수는 등간척도나 비례척도의 데이터에서 두 변수의 공분산을 표준편차의 곱으로 나눈 값이다.
② 피어슨 상관계수는 비선형적인 상관관계는 나타내지 못한다.
③ 모 상관계수의 범위는 $0 \leq \rho \leq 1$이다.
④ 스피어만 상관계수는 두 변수간의 비선형적인 관계도 나타낼 수 있는 값이다.

55

정상성에 대한 설명으로 옳지 <u>않은</u> 것은?

① 정상성은 시점에 상관없이 시계열의 특성이 일정하다는 의미이다.
② 시계열 분석을 위해서는 정상성을 만족해야 할 필요는 없다.
③ 정상성 조건 중 하나는 평균이 일정하다는 가정이 필요하다.
④ 정상성 조건 중 하나는 분산이 시점에 의존하지 않는다는 가정이 필요하다.

56

베르누이 시행에 대한 설명 중 옳지 <u>않은</u> 것은?

① 각 시행의 결과가 두 가지만 나타난다.
② 각 시행은 상호 종속적이다.
③ 성공할 확률이 p이면 실패할 확률은 $1-p$로 표시된다.
④ 모든 시행에 대해 일정하다.

57

딥 러닝 알고리즘 중 시각적 이미지를 분석하는 데 사용되는 심층신경망으로 합성곱 신경망으로도 불리는 것은?

① DNN　　　　② CNN
③ RNN　　　　④ GAN

58

사회 연결망 분석의 주요 속성에 해당하지 <u>않는</u> 것은?

① 응집력   ② 명성
③ 배깅   ④ 중계

59

학습 데이터에서 다수의 부트스트랩 자료를 생성하고, 각 자료를 모델링한 후 결합하여 최종 예측 모형을 만드는 알고리즘은?

① 벡터   ② 배깅
③ 부스팅   ④ 랜덤 포레스트

60

비모수 통계 검정 방법 중 분산분석에 사용되는 것은?

① 부호 검정
② 런 검정
③ 윌콕슨 부호 순위 검정
④ 크루스칼—왈리스 검정

61

가로축을 혼동 행렬의 거짓 긍정률로 두고 세로축을 민감도로 두어 시각화한 그래프는?

① 이익 도표   ② ROC 곡선
③ 박스 플롯   ④ 산점도

62

분석 모형을 만들 때 주어진 데이터 집합의 특성을 지나치게 반영하여 발생하는 오류를 무엇이라 하는가?

① 제1종 오류   ② 비표본 오류
③ 일반화 오류   ④ 학습 오류

63

$K-$Fold Cross Validation 수행 시 맨 처음에 해야 하는 절차는 무엇인가?

① 동등 분할
② 학습 및 평가 데이터 구성
③ 분류기 학습
④ 분류기 성능 확인

64

다음 중 분포의 비대칭 정도를 측정하는 지수는?

① 범위   ② 분산
③ 왜도   ④ 첨도

65

다음 중 괄호 안에 들어갈 알맞은 용어를 순서대로 나열하면?

> 정규성 검정 방법으로 일반적으로 표본의 개수가 2,000개 이상으로 많을 경우에는 (   )을 사용하고, 데이터가 2,000개 이하로 적을 경우에는 (   )을 주로 사용한다.

① 카이제곱 검정, 샤피로—윌크 검정
② 콜모고로프—스미르노프 적합성 검정, 카이제곱 검정
③ 샤피로—윌크 검정, 콜모고로프—스미르노프 적합성 검정
④ 콜모고로프—스미르노프 적합성 검정, 샤피로—윌크 검정

66

다음 중 드롭아웃의 특징이 <u>아닌</u> 것은?

① 드롭아웃은 학습과정에서 신경망 일부를 사용하지 않는 방법이다.
② 드롭아웃은 신경망 학습 시에만 사용하고 예측 시에는 사용하지 않는다.
③ 서로 다른 신경망들을 앙상블 하여 사용하는 것 같은 효과를 내어 과대 적합을 방지한다.
④ 초기 드롭아웃은 CNN 알고리즘에 사용한다.

67

분석모형에 있어서 모델이 학습 데이터에 매우 적합하지만 일반화가 떨어질 경우 발생하는 것은?

① 과대적합
② 과소적합
③ 모멘텀
④ 부스팅

68

매개변수 최적화 기법 중 확률적 경사 하강법에 속도라는 개념을 적용한 알고리즘은?

① 모멘텀
② Adam
③ AdaGrad
④ 앙상블

69

약한 모형을 순차적으로 적용해 나가는 과정에서 잘못 분류된 샘플의 에러를 최적화하는 기법은?

① 배깅
② 랜덤 패치
③ 에이다 부스트
④ 그레디언트 부스트

70

최종모형 선정에 대한 설명으로 옳지 <u>않은</u> 것은?

① 빅데이터 분석모델 개발은 분석 데이터 수집 및 처리, 분석 알고리즘 수행, 분석 결과 평가 및 분석 모델 등록 순서로 진행한다.

② 최종모형 평가기준 선정 시 정확도, 재현율, 정밀도 등의 평가지표를 이용한다.

③ 최적의 분석모형 선정을 위해서는 분석 모형에 대한 평가기준과 함께 해당 모델의 실질적인 활용 가능성에 대해서도 검토한다.

④ 알고리즘별 결과 비교를 위해 분석 알고리즘별로 파라미터를 변경하지 않고 알고리즘을 수행한다.

71

공간 시각화 기법에 해당하지 <u>않는</u> 것은?

① 등치선도   ② 도트맵
③ 카토그램   ④ 트리 맵

72

다음 중 비즈니스 기여도 평가지표에 해당하지 <u>않는</u> 것은?

① AUC   ② ROI
③ NPV   ④ IRR

73

시간 시각화 기법에 해당하지 <u>않는</u> 것은?

① 막대그래프   ② 버블 맵
③ 선 그래프   ④ 영역 차트

74

관계 시각화의 유형 중 산점도에서 데이터 값을 나타내는 점 또는 마크에 여러 가지 의미를 부여하여 확장된 차트는?

① 버블 맵   ② 산점도 행렬
③ 버블 차트   ④ 히스토그램

75

여러 가지 변수를 비교할 수 있는 시각화 그래프로 칸별로 색상을 구분하여 데이터 값을 표현할 수 있는 것은?

① 히트 맵   ② 체르노프 페이스
③ 스타 차트   ④ 평행 좌표 그래프

76

인포 그래픽의 유형 중 기업이나 인물 또는 기술의 발전과정을 보여주는데 적합한 것은?

① 도표형   ② 타임 라인형
③ 만화형   ④ 비교 분석형

77

분석모형 전개 과정에서 통계적으로 어떤 유의미한 결론을 도출하며 그 결과를 어떻게 활용하여 문제를 해결할 것인지에 대한 구체적인 검토를 수행하는 단계는?

① 분석목적 정의 단계
② 가설 검토 단계
③ 데이터 준비 및 처리 단계
④ 모델링 및 분석 단계

78

SERVQUAL 모형에 있어서 서비스품질을 결정하는 5가지 차원에 해당하지 않는 것은?

① 신뢰성   ② 참신성
③ 유형성   ④ 공감성

79

분석모형 성능 모니터링 시 측정 항목과 영향 요소가 올바르게 연결되지 않은 항목은?

① 응답시간 : 정보 시스템 처리 성능
② 사용률 : 네트워크 자원을 일정 시간 사용하는 정도
③ 사용률 : 운영자의 실수
④ 정확성 : 잘못된 환경 설정

80

다음 중 분석모형 리모델링 절차로 올바른 것은?

① 분석결과 평가 및 분석모델 등록 → 개선용 데이터 수집 및 처리 → 분석모델 개선
② 분석모델 개선 → 개선용 데이터 수집 및 처리 → 분석결과 평가 및 분석모델 등록
③ 개선용 데이터 수집 및 처리 → 분석모델 개선 → 분석결과 평가 및 분석모델 등록
④ 개선용 데이터 수집 및 처리 → 분석결과 평가 및 분석모델 등록 → 분석모델 개선

제3회

빅데이터 분석기사

실전모의고사

평가 영역	문항 수	시험 시간
빅데이터 분석 기획 빅데이터 탐색 빅데이터 모델링 빅데이터 결과 해석	80문항	120분

빅데이터 분석기사 제3회 실전모의고사

정답 및 해설 351p

01

빅데이터 처리의 순환과정으로 올바른 것은?

① 추출 → 분석 → 저장 → 시각화 → 예측 → 적용
② 예측 → 추출 → 저장 → 분석 → 시각화 → 적용
③ 추출 → 저장 → 분석 → 시각화 → 예측 → 적용
④ 추출 → 저장 → 분석 → 예측 → 시각화 → 적용

02

빅데이터를 통해 얻을 수 있는 가치가 아닌 것은?

① 의사결정의 고도화
② 고객정보의 파악
③ 의미 있는 패턴의 발견
④ 미래 예측의 정확도 제고

03

빅데이터 환경 하에서 소프트웨어 분석 방법으로 옳지 않은 것은?

① 텍스트 마이닝   ② 감성 분석
③ 온라인 버즈 분석   ④ 관계형 데이터베이스

04

균형성과표의 4가지 관점에 해당하지 않는 것은?

① 고객 관점   ② 내부 프로세스 관점
③ 병목 관리 관점   ④ 학습과 성장 관점

05

다음 중 빅데이터 플랫폼의 데이터 형식으로 옳지 않은 것은?

① HTML   ② XML
③ PYTHON   ④ CSV

06

하둡 에코시스템의 기술 중 하둡 기반으로 데이터 마이닝 알고리즘을 구현한 오픈 소스에 해당하는 것은?

① 피그   ② 머하웃
③ 임팔라   ④ 주키퍼

07

개인정보 보호법에서 규정하고 있는 용어에 대한 설명으로 옳지 <u>않은</u> 것은?

① 개인정보란 살아 있는 개인에 관한 정보로서 성명, 주민등록번호 및 영상 등을 통하여 개인을 알아볼 수 있는 정보를 말한다.

② 가명처리란 개인정보의 일부를 삭제하거나 일부 또는 전부를 대체하는 등의 방법으로 추가 정보가 없이는 특정 개인을 알아볼 수 없도록 처리하는 것을 말한다.

③ 개인정보파일이란 개인정보를 쉽게 검색할 수 있도록 일정한 규칙에 따라 체계적으로 배열하거나 구성한 개인정보의 집합물을 말한다.

④ 정보주체란 업무를 목적으로 개인정보파일을 운용하기 위하여 스스로 또는 다른 사람을 통하여 개인정보를 처리하는 공공기관, 법인, 단체 및 개인 등을 말한다.

08

다음 중 개인정보를 수집하거나 이용할 수 있는 경우에 해당하지 <u>않는</u> 것은?

① 개인정보처리자의 동의를 받은 경우

② 법률에 특별한 규정이 있거나 법령상 의무를 준수하기 위하여 불가피한 경우

③ 공공기관이 법령 등에서 정하는 소관 업무의 수행을 위하여 불가피한 경우

④ 정보주체와의 계약의 체결 및 이행을 위하여 불가피하게 필요한 경우

09

데이터 조직 및 인력방안 수립에 있어서 전사 분석업무를 별도의 분석전담 조직에서 담당하며 전략적 중요도에 따라 분석조직이 우선순위를 정해서 진행하는 구조는?

① 집중 구조   ② 기능 구조

③ 분산 구조   ④ 병렬 구조

10

빅데이터 분석 기획 유형에는 분석 대상과 분석 방법에 따라 4가지 유형으로 나눌 수 있는데 분석 대상은 인지하고 있으나 분석 방법을 모르는 경우에 사용하는 유형은 무엇인가?

① 최적화 유형   ② 솔루션 유형

③ 통찰 유형   ④ 발견 유형

11

KDD 분석 방법론의 분석 절차로 올바른 것은?

① 데이터 변환 → 데이터 세트 선택 → 데이터 전처리 → 데이터 마이닝 → 데이터 마이닝 결과 평가

② 데이터 세트 선택 → 데이터 마이닝 → 데이터 전처리 → 데이터 변환 → 데이터 마이닝 결과 평가

③ 데이터 전처리 → 데이터 세트 선택 → 데이터 변환 → 데이터 마이닝 → 데이터 마이닝 결과 평가

④ 데이터 세트 선택 → 데이터 전처리 → 데이터 변환 → 데이터 마이닝 → 데이터 마이닝 결과 평가

12

데이터 확보 계획 수립 절차에 있어서 위험 및 품질관리는 어느 단계에서 수행하는가?

① 목표 정의 단계　　② 요구사항 도출 단계
③ 예산안 수립 단계　　④ 계획 수립 단계

13

데이터 분석가가 분석에 필요한 데이터들로부터 변수 후보를 탐색하고 최종적으로 도출하는 일정 수립은 어느 단계에서 수행되는가?

① 데이터 분석 과제 정의 단계
② 데이터 준비 및 탐색 단계
③ 데이터 분석 모델링 및 검증 단계
④ 산출물 정리 단계

14

사용자의 의사결정에 도움을 주기 위하여 기간 시스템의 데이터베이스에 축적된 데이터를 공통의 형식으로 변환해서 관리하는 데이터베이스는?

① 데이터 웨어하우스　　② 데이터 마트
③ 데이터 마이닝　　　　④ 텍스트 마이닝

15

다음 중 빈 칸에 들어갈 용어를 순서대로 나열한 것은?

텍스트 마이닝(text mining)의 기반 기술로는 대용량 텍스트 데이터를 저장하고 처리하는 빅데이터 기술과 텍스트 데이터 구조를 분석하고 포함된 정보를 통계 처리가 가능한 형태로 변환하는 (㉠) 기술이 있다. 이를 바탕으로 데이터 안에서 단어의 출현 빈도를 파악하는 단어 빈도 분석(frequency analysis), 유사한 단어 또는 비슷한 성격의 단어들을 묶어주는 (㉡), 단어에 나타난 긍정 혹은 부정 등의 감정적 요소를 추출하여 그 정도를 판별하는 (㉢) 그리고 서로 다른 단어가 동시에 나타날 확률에 기초하여 단어 간 연관성을 추출하는 (㉣) 등의 통계적 방법들이 사용된다.

① ㉠ 자연어 처리, ㉡ 군집 분석, ㉢ 감성 분석, ㉣ 연관 분석
② ㉠ 자연어 처리, ㉡ 연관 분석, ㉢ 군집 분석, ㉣ 감성 분석
③ ㉠ 자연어 처리, ㉡ 감성 분석, ㉢ 군집 분석, ㉣ 연관 분석
④ ㉠ 인공지능, ㉡ 군집 분석, ㉢ 연관 분석, ㉣ 감성 분석

16

정규화 기법 중 데이터들의 평균과 표준편차를 구하고 평균 대비 몇 표준편차만큼 데이터가 떨어져 있는지를 점수화하는 기법은?

① 최소-최대 정규화 기법 ② Z-스코어 정규화 기법
③ 소수 스케일링 기법　　④ 속성 생성 기법

17

데이터 비식별화 처리 기법 중 가명처리 기술에 해당하는 것은?

① 휴리스틱 익명화　　② 데이터 재배열
③ 제어 올림 방법　　④ 랜덤 올림 방법

18

데이터 품질 특성은 유효성과 활용성으로 구분할 수 있는데 다음 중 성격이 <u>다른</u> 하나는?

① 보안성　　　　　② 유용성
③ 정확성　　　　　④ 접근성

19

분산 컴퓨팅을 지원하기 위하여 개발한 구글의 소프트웨어 프레임워크로 대용량 데이터를 빠르고 안전하게 처리하기 위해서 보통의 하드웨어를 이용한 분산 프로그래밍 모델은?

① 플럼　　　　　　② 라우팅
③ 맵리듀스　　　　④ 스크라이브

20

다음 중 러스터의 구성 요소에 해당하지 <u>않는</u> 것은?

① 네임 노드　　　　② 클라이언트 파일 시스템
③ 메타데이터 서버　④ 객체 저장 서버

21

데이터 전처리 순서로 올바른 것은?

① 데이터 정제 → 이상값 처리 → 결측값 처리 → 분석변수 처리
② 데이터 정제 → 결측값 처리 → 이상값 처리 → 분석변수 처리
③ 결측값 처리 → 이상값 처리 → 데이터 정제 → 분석변수 처리
④ 이상값 처리 → 결측값 처리 → 데이터 정제 → 분석변수 처리

22

다음 중 데이터 결측값의 종류에 해당하지 <u>않는</u> 것은?

① 완전 무작위 결측　② 무작위 결측
③ 부분 무작위 결측　④ 비 무작위 결측

23

정규분포를 만족하는 단변량 자료에서 이상값을 검정하는 방법은 무엇인가?

① ESD　　　　　　② 딕슨의 Q 검정
③ 그럽스 T-검정　④ 카이제곱 검정

24

다음 중 변수 선택에 있어서 필터 기법에 해당하지 <u>않</u>는 것은?

① 카이제곱 검정   ② 피셔 스코어
③ 상관계수   ④ 라쏘

25

다음 중 차원축소 기법에 해당하지 <u>않는</u> 것은?

① 주성분 분석   ② 요인분석
③ 다차원척도법   ④ 비닝

26

파생변수를 생성하는 방법 중 매출액과 방문 횟수 데이터로 1회 평균 매출액을 추출하는 것은 어디에 속하는가?

① 단위변환   ② 표현형식 변환
③ 요약 통계량 변환   ④ 변수 결합

27

다음 중 빈 칸에 들어갈 용어를 순서대로 나열한 것은?

> (㉠)는 데이터에서 원치 않는 잡음이나 동작을 제거하는 기법을 나타내는 반면, (㉡)는 나머지 데이터와 큰 차이가 있는 데이터 점을 식별한다.

① ㉠ 데이터 평활화,   ㉡ 이상 값 감지
② ㉠ 그리디 알고리즘,   ㉡ 이상 값 감지
③ ㉠ 데이터 평활화,   ㉡ SVM
④ ㉠ 앙상블 기법,   ㉡ 임계 값 감지

28

다음 중 불균형 데이터 처리 기법에 해당하지 <u>않는</u> 것은?

① 오버 샘플링   ② 임계값 이동
③ 주성분 분석   ④ 앙상블 기법

29

반정형 데이터에 대한 수집방식과 기술에는 센싱, 스트리밍, 플럼, 스크라이브, 척와 등이 있다.

① 플럼   ② API
③ 스크라이브   ④ 척와

30

다음 중 상관계수에 관한 설명이 바르지 <u>않은</u> 것은?

① 상관계수 r은 -1과 1 사이의 값을 갖는다.
② 상관계수 r이 $+1$에 가까울수록 강한 양($+$)의 상관관계를 가진다.
③ 상관계수 r이 0에 가까울수록 강한 음($-$)의 상관관계를 가진다.
④ 모집단 상관계수 ρ가 0이라는 귀무가설의 검정은 자유도가($n-2$)인 $t-$분포를 이용한다.

31

만약 $\alpha = 0.05$ 수준에서 $p < 0.05$로 표기되는 경우 그 의미는 무엇인가?

① p로 표기된 확률수준이 0.05이하이면 귀무가설은 기각된다.

② p로 표기된 확률수준이 0.05이상이면 귀무가설은 기각된다.

③ p로 표기된 확률수준이 0.05이하이면 대립가설은 기각된다.

④ p로 표기된 확률수준이 0.05이하이면 귀무가설은 채택된다.

32

다음 중 범주적 자료를 나타내는 데 사용할 수 있는 도구인 것은?

① 막대그림표, 꺾은선그림표

② 꺾은선그림표, 원그림표

③ 막대그림표, 원그림표

④ 막대그림표, 꺾은선그림표, 원그림표

33

영역별 데이터를 표현하는 가장 보편적인 방법으로 데이터 값의 크기에 따라 지역별로 색을 다르게 표시하는 지도는?

① 카토그램　　　　　② 박스 플롯

③ 버블플롯맵　　　　④ 코로플레스 지도

34

다음 중 다변량 데이터 탐색 도구로 묶은 것은?

① 산점도 행렬, 별 그림　　② 맵리듀스, 주키퍼

③ 카토그램, 산포도　　　　④ 폴리곤 타입, 겨냥도 그림

35

SQL과 유사한 쿼리 언어를 사용하고 쌍방향으로 데이터를 검토하거나 다시 사용할 수 있는 일괄 처리 작업을 만드는 데 활용되며 배치 기반 처리를 위해 설계된 비정형 데이터 탐색 플랫폼은?

① Pig　　　　　　② HCatalog

③ Avro　　　　　　④ Hive

36

통계학을 가르치는 교수가 학생들의 점수 분포를 보니 평균(mean)이 40점, 중위값(median)이 38점, 그리고 최빈치(mode)가 36점이었다. 점수가 너무 낮아서 이 교수는 학생들에게 12점의 기본점수를 더해 주기로 하였다. 이 경우 중위 값은 얼마나 되었는가?

① 40점　　　　　　② 42점

③ 50점　　　　　　④ 52점

37

다음 (　　)안에 알맞은 것은?

> (　　) 순으로 얻어진 자료가 담고 있는 정보의 양이 많으며, 보다 정밀한 분석방법이 적용될 수 있다.

① 서열측정 > 명목측정 > 비율측정 > 등간측정

② 명목측정 > 서열측정 > 등간측정 > 비율측정

③ 등간측정 > 비율측정 > 서열측정 > 명목측정

④ 비율측정 > 등간측정 > 서열측정 > 명목측정

38

다음 중 (　　)에 들어갈 알맞은 용어는 무엇인가?

> 어떤 시행이 오직 두 가지 가능한 결과, 즉 성공과 실패 중의 하나만을 가질 때, 이런 시행을 (　A　)이라 하고, 동일한 성공의 확률을 가진 (　A　)을 독립적으로 반복하여 시행할 때 성공의 횟수에 대한 확률분포를 (　B　)라고 한다.

① (A)가우스 시행,　　(B)이항분포

② (A)베르누이 시행,　　(B)정규분포

③ (A)가우스 시행,　　(B)정규분포

④ (A)베르누이 시행,　　(B)이항분포

39

표본으로 추출된 6명의 학생이 지원했던 여름방학 아르바이트의 수는 아래와 같이 정리하였다. 피어슨의 비대칭계수(p)에 근거한 자료의 분포에 관한 설명으로 옳은 것은?

> 10,　3,　3,　6,　4,　7

① 비대칭계수의 값이 0에 근사하여 좌우대칭형 분포를 나타낸다.

② 비대칭계수의 값이 양의 값을 나타내어 왼쪽으로 꼬리를 길게 늘어뜨린 모양을 나타낸다.

③ 비대칭계수의 값이 음의 값을 나타내어 왼쪽으로 꼬리를 길게 늘어뜨린 모양을 나타낸다.

④ 관측 값들이 주로 왼쪽에 모여 있어 오른쪽으로 꼬리를 길게 늘어뜨린 모양을 나타낸다.

40

대통령선거 지지율 조사에서 특정 후보에 대한 지지율을 조사하기 위해 300명을 임의 추출하여 조사하였더니 75명이 지지하고 있었다. 후보의 실제의 지지율에 대한 95% 신뢰구간은?

① $0.726 \leq p \leq 0.786$　　② $0.136 \leq p \leq 0.184$

③ $0.025 \leq p \leq 0.029$　　④ $0.201 \leq p \leq 0.299$

41

다음 중 분류 모델의 유형에 속하지 않는 것은?

① 트리 기반 기법　　② 인공신경망

③ 최적화 기법　　④ 기계학습 모델

42

분석 모형 정의 시 고려사항에 대한 설명으로 옳지 않은 것은?

① 과소 적합은 적정 수준의 학습이 부족하여 실제 성능이 떨어지는 현상을 말한다.

② 과대 적합은 학습 데이터에 대한 성능이 좋아서 실제 데이터에 대한 성능이 높아지는 현상이다.

③ 부적합 모형 현상에는 모형 선택 오류, 변수 누락, 부적합 변수 생성 등이 있다.

④ 동시 편향은 종속 변수가 연립 방정식의 일부인 경우 발생한다.

43

다음 중 빈 칸에 들어갈 용어를 순서대로 나열한 것은?

> 데이터 마이닝에서 모델링 성능 평가 시 (㉠)은/는 실제 분류 범주를 정확하게 예측한 비율을 의미하며, (㉡)은/는 '참'으로 예측한 비율 중에서 실제로 '참'인 비율을 말한다. (㉢)은/는 실제 '참'을 '참'으로 분류한 비율을 의미하며, (㉣)은/는 항목집합 X가 주어지지 않았을 때의 항목집합 Y의 확률 대비 항목집합 X가 주어졌을 때 항목집합 Y의 확률 증가 비율을 말한다.

① 정확도, 정밀도, 재현율, 향상도
② 정밀도, 재현율, 향상도, 정확도
③ 재현율, 향상도, 정확도, 정밀도
④ 향상도, 정확도, 정밀도, 재현율

44

인공 지능(AI)의 한 분야로 컴퓨터가 여러 데이터를 이용하여 학습한 내용을 기반으로 새로운 데이터에 대한 적절한 작업을 수행할 수 있도록 하는 알고리즘과 기술을 개발하는 분야는?

① 다변량 회귀분석
② 감성 분석
③ 기계 학습
④ 유전자 알고리즘

45

기계 학습은 학습 방식에 따라 4가지로 분류되는데 이에 해당되지 <u>않는</u> 것은?

① 강화 학습
② 비지도 학습
③ 연관 학습
④ 준지도 학습

46

두 변수 X와 Y 사이의 상관계수가 0.8이다. X의 평균은 20이고 X의 표본분산은 64이고, Y의 평균은 30이고 Y의 표본분산은 625이다. 추정회귀직선을 구하면 어떻게 표시되는가?

① $\hat{y} = 0.8x - 20$
② $\hat{y} = 0.8x + 20$
③ $\hat{y} = 2.5x - 20$
④ $\hat{y} = 2.5x + 20$

47

1개 또는 1개 이상의 독립변수들과 1개의 종속변수들의 관계를 파악하는 기법으로 종속변수의 변화에 영향을 미치는 여러 개의 독립변수들을 분석하여 종속변수의 변화를 예측하는 기법은?

① 군집분석
② 분류분석
③ 회귀분석
④ 감성분석

48

다음 중 연속형 목표변수에 사용되는 분리 기준은?

① 분산 분석에서 F-통계량
② 카이제곱 통계량의 p-값
③ 지니 지수
④ 엔트로피 지수

49

다음 중 인공신경망 모형에서 활성화 함수인 시그모이드 함수의 결과 값으로 옳은 것은?

① $-1 \leq Y \leq 0$ ② $0 \leq Y \leq 1$
③ $-1 \leq Y \leq 1$ ④ $-2 \leq Y \leq 2$

50

다음 중 서포트 벡터머신의 특징으로 옳지 않은 것은?

① SVM은 공간상에서 최적의 분리 초평면을 찾아서 분류 및 회귀를 수행한다.
② SVM은 변수 속성 간의 의존성은 고려하지 않으며 모든 속성을 활용하는 기법이다.
③ SVM에는 하드 마진 SVM과 소프트 마진 SVM으로 나눌 수 있다.
④ SVM은 훈련 시간이 상대적으로 느리지만, 정확성이 뛰어나며 다른 방법보다 과대 적합의 가능성이 높은 모델이다.

51

연관성 분석의 특징으로 옳지 않은 것은?

① 목적변수가 없는 경우 적용이 불가능하다.
② 조건 반응으로 표현되어 결과를 쉽게 이해하기 쉽다.
③ 적절한 세분화로 인한 품목 결정이 장점이지만 너무 세분화된 품목은 의미 없는 결과를 도출한다.
④ 매우 간단하게 분석을 위한 계산이 가능하다.

52

연속형 변수 거리 중 수학적 거리에 해당하지 않는 것은?

① 표준화 거리   ② 유클리드 거리
③ 맨하튼 거리   ④ 민코프스키 거리

53

다음 중 적합도 검정에 대한 설명으로 옳지 않은 것은?

① 적합도 검정은 표본 집단의 분포가 주어진 특정 이론을 따르고 있는지를 검정하는 기법이다.
② 적합도 검정의 자료를 구분하는 범주가 상호 배타적이어야 한다.
③ 관찰빈도와 기대 빈도의 차이가 작을수록 귀무가설을 기각할 확률이 높아진다.
④ 적합도 검정에서의 귀무가설은 '표본 집단의 분포가 주어진 특정분포를 따른다'로 설정한다.

54

다음 중 다변량 분석기법에 해당하지 않는 것은?

① 상관 분석   ② 다차원 척도법
③ 주성분 분석   ④ 시계열 분석

55

시계열 구성요소에 있어서 고정된 주기에 따라 자료가 변화할 경우에는 어떤 요인으로 파악하는가?

① 추세요인   ② 계절요인
③ 순환요인   ④ 불규칙요인

56

월요일에 주가가 상승할 확률은 0.6으로 알려져 있다. 그리고 월요일에 상승했다는 조건 아래서 그 다음 날에도 다시 상승할 확률은 0.3이 될 때 특정한 월요일과 그 다음 이틀 동안 계속 주가가 오를 확률을 구하면 얼마인가?

① 0.12 ② 0.18
③ 0.28 ④ 0.42

57

다음 중 RNN 알고리즘의 특징으로 옳지 <u>않은</u> 것은?

① 기존 영상처리의 필터 기능과 신경망을 결합하여 성능을 발휘하도록 만든 구조이다.
② 장기 의존성 문제와 기울기 소실문제가 발생하여 학습이 이루어지지 않을 수 있다.
③ 확률적 경사 하강법, 시간 기반 오차 역전파를 사용해서 가중치를 업데이트한다.
④ 음성신호, 연속적 시계열 데이터 분석에 적합하다.

58

다음 중 비정형 데이터 분석기법에 해당하지 <u>않는</u> 것은?

① 사회 연결망 분석 ② 감성 분석
③ 텍스트 마이닝 ④ 군집분석

59

의사결정나무의 특징인 분산이 크다는 점을 고려하여 배깅과 부스팅보다 더 많은 무작위성을 주어 약한 학습기들을 생성한 후 이를 선형 결합하여 최종 학습기를 만드는 방법은?

① 웹 마이닝 ② 베이지안 기법
③ 런 검정 ④ 랜덤 포레스트

60

두 개의 값을 가지는 연속적인 측정값들이 어떤 패턴이나 경향이 없이 임의적으로 나타난 것인지를 검정하는 방법은?

① 런 검정 ② 단일 표본 부호 검정
③ 대응 표본 검정 ④ 윌콕슨 순위 합 검정

61

다음 빈 칸에 들어갈 알맞은 숫자를 순서대로 나열하면?

> AUC는 진단의 정확도를 측정할 때 사용하는 것으로 ROC 곡선 아래의 면적을 모형의 평가지표로 삼는데 AUC의 값은 항상 (   )~(   )의 값을 가지며 (   )에 가까울수록 좋은 모형이다.

① 0, 1, 1 ② −1, 1, 0
③ 0.5, 1, 1 ④ 0.5, 1, 0.5

62

잔차들의 흩어진 모양이 전체적으로 고르게 분포되었는지 확인하는 방법은 회귀모형 가정 중 무엇을 진단하기 위해서인가?

① 선형성   ② 독립성
③ 정규성   ④ 등분산성

63

데이터 집합을 무작위로 동일 크기를 갖는 k개의 부분 집합으로 나누고, 그 중 1개를 시험 집합으로 나머지 $k-1$개를 학습 집합으로 선정하여 분석모형을 평가하는 검증 기법은?

① 홀드아웃 교차검증   ② 다중 교차검증
③ 분산분석   ④ 카이제곱 검정

64

정규분포를 따르는 임의의 어느 집단에서 표본을 추출하여 모집단의 평균을 추정하려고 한다. 추정되는 모평균의 신뢰구간의 길이를 가능한 짧게 만들려고 할 때, 다음 중 그 크기가 커지면 신뢰구간의 길이를 줄일 수 있는 것은?

① 표본의 표준편차   ② 모집단의 표준편차
③ 표본평균   ④ 표본의 개수

65

두 개 이상 다수의 집단을 비교하고자 할 때 집단 내의 분산, 총 평균과 각 집단의 평균 차이에 의해 생긴 집단 간 분산의 비교를 통해 만들어진 F분포를 이용하여 가설검정을 하는 방법은?

① $Z-$검정   ② $T-$검정
③ 분산 분석   ④ 카이제곱 검정

66

적합도 검정 기법에 해당하지 <u>않는</u> 것은?

① 카이제곱 검정   ② 더빈−왓슨 검정
③ K−S 검정   ④ Q−Q Plot

67

다음 중 빈칸에 들어갈 알맞은 용어를 순서대로 나열한 것은?

> 드롭아웃의 유형으로 초기 드롭아웃은 ( ) 알고리즘에, 공간적 드롭아웃은 ( ) 알고리즘에, 시간적 드롭아웃은 ( ) 알고리즘에 사용한다.

① DNN, RNN, CNN
② CNN, DNN, RNN
③ DNN, CNN, RNN
④ RNN, DNN, CNN

68

매개변수 최적화 기법 중 모멘텀 방식과 AdaGrad
방식의 장점을 합친 알고리즘은?

① 배깅   ② 페이스팅
③ 확률적 경사 하강법   ④ Adam

69

취합 방법론 중 비복원추출 방법으로 학습 데이터를
중복하여 사용하지 않고 학습 데이터 세트를 나누는
기법은?

① 다수결   ② 페이스팅
③ 랜덤 서브스페이스   ④ 랜덤 포레스트

70

하둡 시스템의 특징으로 옳지 않은 것은?

① 하둡 분산파일 시스템은 저성능의 많은 서버를 이
   용하는 것보다 고성능의 서버로 구축하는 것이 유
   용하다.
② 하둡 분산파일 시스템도 일반적인 분산파일 시스템
   과 같이 마스터─슬레이브 구조로 구성되어 있다.
③ 하둡에서 데이터 분석을 위해 사용되는 맵리듀스는
   마스터─슬레이브 구조로 구성되어 있다.
④ 하나의 마스터 노드와 여러 대의 슬레이브 노드를
   이용해서 구축할 수 있다.

71

다음 중 빅데이터 시각화 도구가 <u>아닌</u> 것은?

① 인포그램   ② 인터페이스
③ 차트 블록   ④ 데이터 래퍼

72

비즈니스 기여도 평가 시 고려사항으로 데이터 모델링
과정을 통해 검출률 증가, 향상도 개선 등의 효과를 제
시하는 검증항목은?

① 효과 검증   ② 성능 검증
③ 중복 검증   ④ 최적화 검증

73

지역의 값을 표현하기 위해 지리적 형상 크기를 조절
하거나 재구성된 지도로 왜곡되고 삐뚤어진 화면으로
표기하는 공간 시각화 기법은?

① 등치지역도   ② 등치선도
③ 도트 플롯맵   ④ 카토그램

74

자료 분포의 형태를 직사각형 형태로 시각화하여 보여
주는 그래프로 특정 변수에 대해 구간별 빈도수를 나
타낼 수 있는 특징이 있는 그래프는?

① 산점도   ② 버블 차트
③ 히스토그램   ④ 카토그램

75

막대가 가장 낮은 수치부터 가장 높은 수치까지 걸쳐 있게 표현한 차트로 간트차트로도 불리는 것은?

① 체르노프 페이스
② 플로팅 바 차트
③ 평행 좌표 그래프
④ 스타 차트

76

인포그래픽의 유형 중 하나의 사건이나 주제에 대해 이야기를 들려주는 구성방식은?

① 지도형
② 타임라인형
③ 비교분석형
④ 스토리텔링형

77

예측 모형에 대한 성능 추적에 있어서 추적 신호는 어떻게 산출되는가?

① 추적 신호(TS)는 예측 오차들의 합을 예측오차 절대값들의 평균으로 나눈 값이다.
② 추적 신호(TS)는 예측 오차들의 곱을 예측오차 절대값들로 나눈 값이다.
③ 추적 신호(TS)는 예측 오차들의 합을 예측오차 절대값들의 평균으로 곱한 값이다.
④ 추적 신호(TS)는 예측 오차들의 합을 예측오차 절대값들로 나눈 값이다.

78

1988년 미국의 Parasuraman, Zeithaml, Berry 등 3명의 학자(PZB)에 의해 개발된 서비스 품질 측정도구로서 고객의 서비스품질에 대한 기대와 지각 간의 격차를 5가지 서비스 차원별로 분석할 수 있게 한 모형은?

① Value Chain 모형
② Mind Map 모형
③ SERVQUAL 모형
④ SERVPERF 모형

79

분석모형 성능 모니터링 시 측정 항목과 영향 요소가 올바르게 연결되지 않은 항목은?

① 정확성 : 정보 시스템 자원 용량
② 사용률 : 네트워크 자원을 일정 시간 사용하는 정도
③ 가용성 : 소프트웨어 버그
④ 정확성 : 데이터 이상 값

80

대량의 데이터에서 유용한 정보를 추출하는 것을 말하는 것으로 다양한 통계적 기법과 인공지능을 활용한 패턴인식 기술 등을 이용하여 데이터 속에서 유의미한 관계, 규칙 패턴 등에 대한 규칙을 발견하는 기술은?

① 데이터 창고
② 데이터 마이닝
③ 데이터베이스
④ 데이터 마트

빅데이터 분석기사

실전모의고사

정답 및 해설

제1회 정답 및 해설

01 ②	02 ②	03 ①	04 ④	05 ②
06 ②	07 ①	08 ④	09 ②	10 ④
11 ④	12 ①	13 ④	14 ③	15 ②
16 ①	17 ③	18 ④	19 ②	20 ①
21 ③	22 ①	23 ①	24 ④	25 ②
26 ②	27 ③	28 ②	29 ③	30 ②
31 ③	32 ②	33 ①	34 ①	35 ②
36 ③	37 ④	38 ④	39 ④	40 ④
41 ①	42 ②	43 ①	44 ①	45 ③
46 ④	47 ③	48 ②	49 ④	50 ①
51 ④	52 ④	53 ①	54 ①	55 ②
56 ①	57 ①	58 ④	59 ②	60 ③
61 ③	62 ③	63 ①	64 ③	65 ①
66 ①	67 ②	68 ②	69 ④	70 ④
71 ④	72 ④	73 ③	74 ①	75 ③
76 ③	77 ④	78 ①	79 ④	80 ③

01 ②

빅데이터는 정형, 비정형, 반정형 등의 모든 내 · 외부 데이터를 포함한다.

02 ②

① 정형 데이터(Structured data)는 미리 정해진 규칙(스키마)을 사용하여 생성된 데이터로, 일반적으로 표의 형태로 나타난다.

③ 반정형 데이터(Semi-structured data)는 완전한 정형은 아니지만 정형 데이터의 특징을 지닌 데이터이다. 즉, 정형 데이터는 데이터의 스키마 정보를 관리하는 DBMS와 데이터 내용이 저장되는 데이터 저장소로 구분되지만, 반정형 데이터는 데이터 내부에 정형 데이터의 스키마에 해당되는 메타데이터를 갖고 있다. 반정형 데이터의 대표적인 예시로는 HTML, XML이나 JSON이 있으며, 일반적으로 파일 형태로 저장된다.

④ 비정형 데이터(Unstructured data)는 특정한 규칙 없이 생성된 데이터로 텍스트, 이미지, 동영상 등 다양한 형태로 볼 수 있다. 빅데이터의 분석에서 비정형 데이터 분석이 상당한 부분을 차지한다.

03 ①

가상의 서버 환경을 이용한 데이터 공유 기술인 클라우드 컴퓨팅의 종류는 사용자 서비스의 형태에 따라 SaaS(Software as a Service), PaaS(Platform as a Service), IaaS(Infra. as a Service), BaaS(Backend as a Service), MBaaS(Mobile Backend as a Service), NaaS(Network as a Service), BPaaS(Business Process as a Service) 등으로 구분할 수 있다.

04 ④

하드 스킬에는 분석기술의 숙련도, 빅데이터 관련 이론적 지식 등이 있다.

05 ②

스쿱은 대용량 데이터 전송 솔루션으로 정형 데이터 수집에 사용하는 기술이다.

06 ②

빅데이터 플랫폼 구축을 위한 소프트웨어로는 R, Oozie, Flume, HBase, Sqoop이 있다.

07 ①

개인정보 보호법은 개인정보처리 과정상의 정보 주체와 개인 정보 처리자의 권리, 의무 등을 규정하고 있는 법규이다.

08 ④

개인정보 비식별 조치방법은 가명처리, 총계처리, 데이터 삭제, 데이터 범주화, 데이터 마스킹 등이 있다.

09 ②

데이터 거버넌스는 원칙, 조직, 프로세스로 구성된다.

10 ④

하향식 접근 방식을 이용한 과제 발굴 절차는 '문제 탐색 → 문제 정의 → 해결방안 탐색 → 타당성 검토 → 선택'을 거친다.

11 ④

모델링은 데이터 분석 단계에서 수행한다.

12 ①

SEMMA 분석 방법론의 분석 절차는 '샘플링 → 탐색 → 수정 → 모델링 → 검증' 순서로 진행된다.

13 ④

기초 통계의 적용부터 데이터 마이닝 기법 등이 활용되는 것은 자료 분석 단계에서 수행한다.

14 ③

데이터 정제는 수집된 데이터의 불일치성을 교정하기 위한 방식으로 결측값이나 잡음을 처리하는 데이터 처리 기술을 말한다.

15 ②

데이터 마트(Data Mart, DM)는 데이터 웨어하우스(Data Warehouse, DW) 환경에서 정의된 접근계층으로 데이터 웨어하우스에서 데이터를 꺼내 사용자에게 제공하는 역할을 한다. 데이터 마트는 데이터 웨어하우스의 부분이며, 대개 특정한 조직 혹은 팀에서 사용하는 것을 목적으로 한다.

16 ①

평활화 기술은 데이터로부터 잡음을 제거하기 위해 데이터 추세에 벗어나는 값들을 변환하는 기법이다.

17 ③

인터넷상에 공개하는 서버에 부정 접속을 방지하기 위한 침입 차단(firewall) 기능으로 인터넷 측과 사내 통신망 측 사이에 비무장 지대(DMZ)를 설치해서 침입 차단으로 여과 처리하면 월드 와이드 웹 등의 공개 서버에 부정 접속을 방지할 수 있다.

18 ④

JSON(JavaScript Object Notation)은 "속성−값 쌍" 또는 "키−값 쌍"으로 이루어진 데이터 오브젝트를 전달하기 위해 인간이 읽을 수 있는 텍스트를 사용하는 개방형 표준 포맷으로 인터넷에서 자료를 주고받을 때 그 자료를 표현하는 방법으로 알려져 있다.

19 ②

라우팅(Routing)은 어떤 네트워크 안에서 통신 데이터를 보낼 때 최적의 경로를 선택하는 과정으로 최적의 경로는 주어진 데이터를 가장 짧은 거리로 또는 가장 적은 시간 안에 전송할 수 있는 경로를 말한다. 라우팅은 전화 통신망, 전자 정보 통신망, 그리고 교통망 등 여러 종류의 네트워크에서 사용된다.

20 ①

구글 파일 시스템은 클라이언트, 마스터, 청크 서버로 구성되어 있다.

21 ③

이상값은 데이터의 범위에서 많이 벗어난 아주 작은 값이나 아주 큰 값을 의미한다.

22 ①

결측값은 필수적인 데이터가 입력되지 않고 누락된 값을 의미한다.

23 ①

LOF는 관측치 주변의 밀도와 근접한 관측치 주변의 밀도의 상대적인 비교를 통해 이상값을 탐색하는 기법이다.

24 ②

종속변수는 독립변수의 영향을 받아 그 값이 변할 것이라고 가정한 변수이다.

25 ②

차원축소는 분석 대상이 되는 여러 변수의 정보를 최대한 유지하면서 데이터 세트 변수의 개수를 줄이는 탐색적 분석기법으로 다차원 공간의 정보를 저차원으로 시각화할 때 활용된다.

26 ②

파생변수는 기존 변수에 특정 조건 혹은 함수 등을 사용하여 새롭게 재정의한 변수이다.

27 ③

정규화는 데이터를 특정 구간으로 바꾸는 척도법으로 최소-

최대 정규화, Z-스코어 정규화 유형이 있다.

28 ②

언더 샘플링의 대표적인 기법에는 랜덤 언더 샘플링, ENN, 토멕링크 방법, CNN, OSS 등이 있다.

29 ②

정형 데이터에 대한 수집방식과 기술에는 ETL, FTP, API, DBToDB, Rsync, Sqoop 등이 있다.

30 ②

상관계수는 -1과 1 사이의 값을 갖는다.

31 ③

변동계수는 $\dfrac{\sqrt{16}}{25} = 16\%$이다.

32 ②

벤다이어그램이란 직사각형 모양의 표본공간 안에 있는 사건과 그 표본공간 내의 원형으로 표현되는 사건을 포함한 연산과 표본공간을 상징적으로 보여주는 도식을 말한다.

33 ①

포인트 타입은 하나의 노드로 구성되는 공간 데이터 타입이다.

34 ①

명목척도는 측정 대상의 특성을 분류하거나 확인할 목적으로 숫자 등을 부여하는 척도를 말하는 것으로 상표에 부여하는 숫자나 기호는 단지 각각이 나타내는 범주를 가리킬 뿐 어떤 의미를 가질 수 없으며, 오로지 범주를 가리키는 이름으로 사용될 뿐이다. 반면, 서열척도는 측정 대상 간의 순위 관계를 밝혀주는 것으로서 측정 대상 간의 대소나 높고 낮음 등의 순위를 부여하는 척도를 말한다.

35 ②

주키퍼는 분산 환경에서 노드 간의 정보를 공유하고 락, 이벤트 등 보조 기능을 제공하는 프레임워크이다.

36 ③

표본의 수가 n이면 신뢰구간의 길이는 $\frac{1}{\sqrt{n}}$로 줄어든다. 따라서 표본의 수를 4배로 늘리면 신뢰구간의 길이는 인 $\frac{1}{2}$로 줄어든다.

37 ④

비확률 표본추출법에는 할당 추출, 편의 추출, 판단 추출이 있다.

38 ④

표본의 수가 30개 미만인 정규모집단의 모평균에 대한 신뢰구간 측정 및 가설검정에 유용한 연속확률분포는 $t-$분포이다.

39 ④

평균은 분모의 자유도에 의해서만 결정되며, 분모의 자유도가 매우 크면 $F-$분포의 평균은 1에 수렴한다.

40 ④

$$Z = \frac{(360-240)}{40} = 3$$

41 ①

데이터 마이닝 기반 분석 모델은 분류, 예측, 군집화, 연관규칙 모델이 있다.

42 ②

하이퍼 파라미터는 모델에서 외적인 요소로 데이터 분석을 통해 얻어지는 값이 아니라 사용자가 직접 설정해 주는 값이다.

43 ①

모델링 단계는 '모델링 마트 설계 및 구축 → 탐색적 분석과 유의 변수 도출 → 모델링 → 모델링 성능 평가' 단계로 수행한다.

44 ①

Python은 R과 거의 같은 작업 수행이 가능한 C언어 기반의 오프소스 프로그래밍 언어이다.

45 ③

학습용 데이터와 검증용 데이터는 학습 과정에서 사용하며, 평가용 데이터는 학습 과정에 사용되지 않고 오로지 모형의 평가를 위한 과정에만 사용된다.

46 ④

회귀 모형은 데이터가 선형성, 독립성, 등분산성, 비상관성, 정상성의 가정을 만족시킬 수 있어야 한다.

47 ③

로지스틱 회귀모형에서 설명변수가 한 개인 경우 해당 회귀계수의 부호가 0보다 작을 때에는 역 S자 모양의 그래프가 그려진다.

48 ②

의사결정나무는 뿌리마디, 자식마디, 부모마디, 끝마디, 중간마디, 가지, 깊이 등의 요소로 구성되어 있다. 중간 마디는 부모 마디와 자식 마디가 모두 있는 마디이다.

49 ④

퍼셉트론의 XOR 선형분리 문제점은 다층 퍼셉트론으로 해결하였다.

50 ③

엔트로피 지수는 의사결정나무의 불순도 척도이다.

51 ④

향상도는 규칙이 우연에 의해 발생한 것인지를 판단하기 위해 연관성의 정도를 측정하는 척도이다.

52 ④

SOM은 고차원의 데이터를 이해하기 쉬운 저차원의 뉴런으로 정렬하여 지도의 형태로 형상화한 비지도 신경망을 의미한다.

53 ①

교차분석은 적합도 검정, 독립성 검정, 동질성 검정으로 분류할 수 있다.

54 ①

스트레스 값은 '0'에 가까울수록 적합도 수준이 완벽하고 '1'에 가까울수록 나쁘다.

55 ②

이동평균 모형은 시간이 지날수록 관측치의 평균값이 지속적으로 증가하거나 감소하는 시계열 모형으로 MA모형이라고도 한다.

56 ①

조건부 확률 $\dfrac{0.6 \times 0.02}{(0.6 \times 0.02) + (0.4 \times 0.01)} = \dfrac{0.012}{0.016} = 0.75$

57 ①

DNN 알고리즘은 은닉층을 심층 구성한 신경망으로 학습하는 알고리즘이다.

58 ④

텍스트 마이닝은 '텍스트 수집 → 텍스트 의미 추출 → 텍스트 패턴 분석 → 정보 생성' 절차로 이루어진다.

59 ②

비모수 통계는 이상 값으로 인한 영향이 적다.

60 ③

앙상블 기법의 유형으로는 배깅, 부스팅, 랜덤 포레스트가 있다.

61 ③

SSR은 회귀제곱 합으로 예측값과 평균값의 차이 제곱의 합을 의미한다.

62 ③

데이터 시각화는 '정보 구조화 → 정보 시각화 → 정보 시각표현'의 순서로 진행한다.

63 ①

홀드아웃 교차검증은 전체 데이터를 비복원추출 방법을 이용하여 랜덤하게 학습데이터와 평가데이터로 나눠 검증하는 기법이다.

64 ③

정규분포는 평균과 표준편차에 의해 그 모양이 결정되는데 평균과 표준편차가 같은 두 개의 다른 정규분포는 존재할 수 없다.

65 ①

Q−Q Plot은 그래프를 이용하여 정규성 가정을 시각적으로 검정하는 방법이다.

66 ①

과대적합을 방지하기 위해 데이터 세트의 증가, 모델 복잡도의 감소, 가중치 규제 적용, 드롭아웃 방법을 적용한다.

67 ②

과소적합은 모델이 너무 단순하여 데이터의 내재된 구조를 학습하지 못할 때 발생한다.

68 ②

매개변수 최적화 기법으로는 확률적 경사 하강법, 모멘텀, AdaGrad, Adam이 있다.

69 ③

에이다 부스트는 약한 모형을 순차적으로 적용해 나가는 과정에서 잘 분류된 샘플의 가중치는 낮추고 잘못 분류된 샘플의 가중치는 상대적으로 높여주면서 샘플 분포를 변화시키는 기법이다.

70 ④

RDBMS의 성능을 높이려면 서버를 보다 고성능으로 바꾸거나, 메모리와 프로세서를 추가하여 서버의 성능을 높이는 방법을 사용하는 것이 일반적이다.

71 ④

파이 차트는 분포 시각화 기법에 해당한다.

72 ④

최적화를 통해 목적함수가 증가한 만큼의 효과를 제시하는 검증항목은 최적화 검증에 해당한다.

73 ③

누적 막대그래프는 막대를 사용하여 전체 비율을 보여주면서 여러 가지 범주를 동시에 차트로 표현할 수 있는 시간 시각화 기법이다.

74 ①

산점도는 x축과 y축 각각에 두 변수 값의 순서쌍을 한 점으로 표시하여 변수의 관계를 나타내는 그래프로 상관관계나 이상값 패턴을 파악하기에 유용한 그래프다.

75 ③

스타 차트에서 중심점은 축이 나타내는 값의 최소값을 의미하고 가장 먼 끝점은 최대값을 의미한다.

76 ③

인포 그래픽의 유형에는 지도형, 도표형, 스토리텔링형, 타임라인형, 비교분석형, 만화형이 있다.

77 ④

빅데이터 모형 개발 및 운영 프로세스는 '분석목적 정의 → 가설 검토 → 데이터 준비 및 처리 → 모델링 및 분석 → 정확도 및 성능평가 → 운영' 절차를 거친다.

78 ①

초기 아이디어 개발 관점의 분류에는 마인드맵, 친화 도표, 피라미드 구조와 같은 시각적인 방법을 이용해서 아이디어를 분류할 수 있다. 반면, 가치사슬 관점의 분류는 수평적 또는 수직적으로 통합하거나 확대해서 새로운 가치사슬을 발견할 때 유용한 방식이다.

79 ④

성능 저하의 주요 요인으로는 서버 자원의 부족, 데이터 이동, 프로그래밍 오류, 악성 코드, 버그 등을 들 수 있다.

80 ③

최적화는 1년에 한번 실시한다.

01 ④	02 ①	03 ①	04 ②	05 ④
06 ①	07 ③	08 ①	09 ②	10 ③
11 ①	12 ③	13 ②	14 ②	15 ③
16 ③	17 ④	18 ①	19 ③	20 ①
21 ②	22 ②	23 ④	24 ③	25 ①
26 ①	27 ②	28 ③	29 ②	30 ①
31 ②	32 ③	33 ②	34 ③	35 ③
36 ④	37 ③	38 ②	39 ③	40 ②
41 ④	42 ③	43 ①	44 ④	45 ①
46 ④	47 ③	48 ③	49 ③	50 ①
51 ③	52 ②	53 ③	54 ③	55 ②
56 ②	57 ②	58 ③	59 ②	60 ④
61 ②	62 ③	63 ①	64 ③	65 ④
66 ④	67 ①	68 ①	69 ③	70 ④
71 ④	72 ①	73 ②	74 ③	75 ①
76 ②	77 ②	78 ②	79 ③	80 ③

01 ④

일반적인 빅데이터의 특징은 규모, 다양성, 속도, 복잡성, 정확성, 가치로써 다양한 데이터가 급속한 속도로 증가하여 거대한 데이터 규모를 만들어 내는 특징을 가진다.

02 ①

클라우드라는 인터넷 서버에서 데이터 저장과 처리, 네트워크, 콘텐츠 사용 등 IT 관련 서비스를 한 번에 제공하는 기술이다. 인터넷 접속만 가능하면 고성능 기기가 아니어도 원격으로 작업을 수행할 수 있다. 클라우드 컴퓨팅을 도입하면 컴퓨터 시스템을 유지·보수·관리하기 위해 들어가는 비용과 서버의 구매 및 설치 비용, 업데이트 비용, 소프트웨어 구매 비용 등 많은 비용과 시간·인력을 줄일 수 있다. PC에 자료를 보관할 경우 하드디스크가 장애를 일으키면 자료가 손실될 수 있지만 클라우드 컴퓨팅 환경에서는 외부 서버에 자료들이 저장되기 때문에 안전하게 자료를 보관할 수 있다. 그러나 서버가 해킹 당할 경우 개인정보가 유출될 수 있고 서버의 데이터가 손상되면 백업하지 않은 정보는 되살리지 못한다는 단점이 있다.

03 ①

가트너는 데이터 사이언티스트가 갖추어야 할 역량으로 분석 모델링, 데이터 관리, 소프트 스킬, 비즈니스 분석을 제시하였다.

04 ②

빅데이터 조직 구조의 유형에는 집중 구조, 기능 구조, 분산 구조가 있다.

05 ④

빅데이터 플랫폼의 데이터 유형으로는 정형 데이터, 반정형 데이터, 비정형 데이터가 있다.

06 ①

⊙ 인공지능(Artificial Intelligence)은 인간의 인지, 추론, 학습의 사고과정에 필요한 능력을 컴퓨터 시스템을 통해 구현함으로써 문제를 해결할 수 있는 기술을 말한다.
ⓒ 머신러닝(Machine Learning)은 컴퓨터가 수많은 데이터를 스스로 학습하고 알고리즘을 통해 학습의 결과를 도출하는 인공지능의 한 분야의 학습법이다.
ⓒ 딥 러닝(Deep Learning)은 고도화된 신경망 알고리즘을 적용하여 보다 빠르고 인간과 유사하게 행동하는 컴퓨

터 프로그램을 구현한 학습방법이다.

07 ③

개인정보 취급방침을 통해 비식별화 조치 후 빅데이터 처리 사실, 목적, 수집 출처 및 정보 활용 거부권 행사 방법 등을 이용자에게 투명하게 공개해야 한다.

08 ①

개인정보 비식별화는 '사전검토 → 비식별 조치 → 적정성 평가 → 사후관리' 절차를 거친다.

09 ②

기능 구조는 일반적인 분석 수행 구조로 별도 분석조직이 없고 해당 업무부서에서 분석이 수행되는데 이 구조의 특징은 전사적 핵심 분석이 어려우며, 부서 현황 및 실적 통계 등 과거 실적에 국한된 분석 수행 가능성이 높은 구조이다.

10 ③

빅데이터 분석과제 추진 시 고려해야 하는 우선순위 평가기준은 시급성과 난이도가 있다.

11 ①

빅데이터 분석 방법론의 분석 절차는 '분석 기획 → 데이터 준비 → 데이터 분석 → 시스템 구현 → 평가 및 전개' 순서로 진행된다.

12 ③

성과 측정을 위한 지표 도출은 목표 정의 단계에 해당한다.

13 ②

복잡한 문제를 분리하고 단순화하는 과정은 모형화 단계에서 수행된다.

14 ②

데이터 변환 기술은 평활화, 집계, 일반화, 정규화, 속성 생성 기술 등이 있다.

15 ③

데이터 마이닝(data mining)은 대규모로 저장된 데이터 안에서 체계적이고 자동적으로 통계적 규칙이나 패턴을 분석하여 가치 있는 정보를 추출하는 과정을 말한다.

16 ③

일반화 기술은 특정 구간에 분포하는 값으로 스케일을 변화시키는 기법이다.

17 ④

데이터 마스킹 기술에는 임의 잡음 추가 방법, 공백과 대체 방법이 있다.

18 ①

데이터 일관성의 세부 요소로는 정합성, 일치성, 무결성을 들 수 있다.

19 ③

CAP는 일관성(Consistency), 유효성(Availability), 분산가능(Partition tolerance)의 특징이 있다.

20 ①

분산 파일 시스템은 컴퓨터 네트워크를 통해 공유하는 여러 호스트 컴퓨터의 파일에 접근할 수 있게 하는 파일 시스템을 말한다.

21 ②

데이터의 일관성을 유지하기 위한 정제 기법으로 변환, 파싱,

보강이 있다.

22 ②

핫덱 대체법은 무응답을 현재 진행 중인 연구에서 비슷한 성향을 가진 응답자의 자료로 대체하는 방법으로 표본조사에서 흔히 사용된다.

23 ④

데이터 이상 값 처리 기법에는 삭제, 대체법, 변환, 박스 플롯 해석을 통한 이상 값 제거 방법, 분류하여 처리가 있다.

24 ③

임베디드 기법은 모델 자체에 변수 선택이 포함된 기법이다.

25 ①

다차원 척도법은 다차원 관측 값 또는 개체들 간의 거리 또는 비유사성을 이용하여 개체들을 원래의 차원보다 낮은 차원의 공간상에 위치시켜 개체들 사이의 구조 또는 관계를 쉽게 파악하고자 하는데 목적이 있다. 즉, 차원의 축소를 통해 개체들의 상대적 위치 및 개체들 사이의 관계를 쉽게 파악하고자 하는데 목적이 있다고 할 수 있으며, 공간적 배열에 대한 주관적인 해석에 중점을 두고 있다. 차원의 축소를 위해 개체들 사이의 근접도(proximity)를 나타내는 측도로서 거리 또는 비유사성을 이용하며 오차 또는 잡음이 포함되기도 한다. 차원축소 시 가능하면 축소된 후의 개체들 사이의 근접도에 의한 개체들 사이의 순위가 축소 전의 근접도에 의한 개체들 사이의 순위와 거의 일치하도록 하는 것이 바람직하며 이를 위해 근접정도를 나타내는 측도로 STRESS를 이용한다.

26 ①

단위변환이란 주어진 변수의 단위 혹은 척도를 변환하여 새로운 단위로 표현하는 것을 말한다.

27 ②

비닝은 데이터 값을 몇 개의 빈으로 분할하여 계산하는 방법으로, 데이터 평활화 및 기존 데이터의 범주화에 사용되는 기술이다.

28 ③

오버 샘플링의 대표적인 기법에는 랜덤 오버 샘플링, SMOTE, Borderline−SMOTE, ADASYN 등이 있다.

29 ②

비정형 데이터에 대한 수집방식과 기술에는 크롤링, RSS, Open API, 스크래파이, 아파치 카프카 등이 있다.

30 ①

결정계수＝상관계수의 제곱＝$(0.6)^2 = 0.36$

31 ②

가설검정 이론에서 대립가설(H_1)은 귀무가설에 대립하는 명제이다. 이 가설은 귀무가설처럼 검정을 직접 수행하기는 불가능하며 귀무가설을 기각함으로써 받아들여지는 반증의 과정을 거쳐 받아들여질 수 있다.

32 ③

자료를 몇 개의 계급으로 나누고 각 계급에 속하는 도수를 세어서, 가로축에는 각 계급의 끝 값을, 세로축에는 대응하는 도수를 나타내 그린 수직 막대그래프를 히스토그램이라 한다.

33 ②

라인 타입은 서로 다른 두 개의 노드와 두 노드를 잇는 하나의 세그먼트로 구성되는 공간 데이터 타입이다.

34 ③

등간척도는 속성에 대한 순위를 부여하되 순위 사이의 간격이 동일한 척도를 말하는 것으로 측정 대상의 속성에 따라 각 대상을 크고 작고 또는 같은 것으로 그들의 지위를 부여할 뿐만 아니라 그 구별되는 단위의 차이, 즉 간격이 동일한 것을 말한다. 또한, 순위 사이의 비율계산은 할 수 없는데 등간 척도의 대표적인 사례라고 할 수 있는 온도계 측정치에서 섭씨 100°가 섭씨 0°보다 100배 더 뜨겁지 않은 것과 같다. 반면, 비율척도는 속성에 대한 순위를 부여하되 순위 사이의 간격이 동일할 뿐만 아니라 측정값 사이의 비율계산이 가능하여 실질적인 값을 갖는 척도를 말한다. 또한, 속성에 대한 순위의 부여와 순위와 순위 사이의 비율계산이 가능한 척도로 시장점유율, 가격, 소비자의 수, 생산원가 등 객관적으로 계량화가 가능한 변수는 비율척도로 측정할 수 있다.

35 ③

HDFS는 마스터/슬레이브 구조를 가지는 분산형 파일 시스템을 말한다.

36 ④

중심극한정리(central limit theorem)란 표본크기 n이 커지면 표본평균 $\overline{X}$의 표본분포는 모집단의 확률분포에 관계없이 정규분포에 접근한다는 의미이다.

37 ②

군집표집은 집단 간에는 동질, 집단 내에는 이질적인 성향을 가진다. 층화표집은 집단 간에는 이질, 집단 내에는 동질적인 성향을 가진다.

38 ②

95% 신뢰수준에서 신뢰수준을 90%로 줄인다면 신뢰구간의 폭이 좁아지게 된다.

39 ③

표본추출과정은 '모집단의 확정 → 표본프레임의 결정 → 표본추출 방법의 결정 → 표본 크기의 결정 → 표본추출' 순이다.

40 ②

제1종 오류의 확률＝귀무가설 하에서

$$P(\overline{X}<7.2)=P\left(Z<\frac{7.2-8}{\frac{4}{\sqrt{100}}}\right)=0.023$$

제2종 오류의 확률＝대립가설 하에서

$$P(\overline{X}>7.2)=P\left(Z<\frac{7.2-6.416}{\frac{4}{\sqrt{100}}}\right)=0.025$$

41 ④

지도학습 유형에는 로지스틱 회귀, 인공신경망 분석, 의사결정나무, 서포트 벡터 머신, 랜덤 포레스트, 감성 분석 등이 있다.

42 ③

의사결정나무에서 나무의 깊이는 하이퍼 파라미터의 사례에 해당한다.

43 ①

분석모형 구축은 '요건 정의 → 모델링 → 검증 및 테스트 → 적용' 단계로 진행된다.

44 ④

R Studio는 R을 좀 더 쉽고 편하게 사용하기 위해 개발된 통합 개발 환경이다.

45 ①

기계 학습(Machine Learning)은 학습 방식에 따라 4가지로 분류된다. ㉠ 지도 학습은 미리 구축된 학습용 데이터(training data)를 활용하여 모델을 학습하며, ㉡ 준지도

학습은 학습용 데이터와 정리되지 않은 데이터를 모두 훈련에 사용하는 방법이다. ⓒ 비지도 학습은 별도의 학습용 데이터를 구축하는 것이 아니라 데이터 자체를 분석하거나 군집(clustering)하면서 학습한다. ⓔ 강화 학습은 학습 수행 결과에 대해 적절한 보상을 주면서 피드백을 통해 학습한다.

46 ④

독립변수의 개수가 2개 이상인 다중회귀분석은 독립변수의 수가 증가할수록 결정계수 값은 증가하는 경향이 있다.

47 ③

로지스틱 회귀모형은 반응변수가 범주형인 경우에 적용되는 회귀분석 모형이다.

48 ③

의사결정 나무의 분석과정은 '의사결정나무 성장 → 가지치기 → 타당성 평가 → 해석 및 예측' 단계를 거친다.

49 ③

시그모이드 함수는 기울기 소실의 원인이었으며, ReLU 함수 또는 tanh함수를 통해 기울기 소실의 문제를 해결하였다.

50 ①

마진은 결정 경계에서 서포트 벡터까지의 거리를 말한다.

51 ③

연관성 분석의 주요 용어로는 지지도, 신뢰도, 향상도가 있다.

52 ②

최장연결법은 완전연결법이라고도 하는데 두 군집 사이의 거리를 각 군집에서 하나씩 관측값을 뽑았을 때 나타날 수 있는 거리의 최대값으로 측정하는 방법이다.

53 ③

로지스틱 회귀분석은 독립변수는 수치형이고 종속변수는 범주형일 경우 적용되는 분석 방법이다.

54 ③

모 상관계수의 범위는 $-1 \leq \rho \leq 1$이다.

55 ②

시계열 분석을 위해서는 정상성을 만족해야 한다.

56 ②

베르누이 시행은 각 시행의 결과가 성공과 실패로만 나타나고, 각 시행은 상호 독립적이며, 성공할 확률이 P이면 실패할 확률은 $1-P$로 표시되며 모든 시행에 대해 일정하다.

57 ②

CNN 알고리즘은 시각적 이미지를 분석하는 데 사용되는 심층신경망으로 합성곱 신경망이라고도 한다.

58 ③

사회 연결망 분석의 주요 속성으로는 응집력, 구조적 등위성, 명성, 범위, 중계 등이 있다.

59 ②

배깅은 학습 데이터에서 다수의 부트스트랩 자료를 생성하고, 각 자료를 모델링한 후 결합하여 최종 예측 모형을 만드는 알고리즘이다.

60 ④

분산분석에 있어서 비모수 통계에는 크루스칼-왈리스 검정이 사용되고, 모수 통계에는 ANOVA가 사용된다.

61 ②

ROC 곡선은 가로축을 혼동 행렬의 거짓 긍정률로 두고 세로축을 민감도로 두어 시각화한 그래프로 그래프가 왼쪽 꼭대기에 가깝게 그려질수록 분류 성능이 우수하다는 의미이다.

62 ③

일반화 오류는 분석 모형을 만들 때 주어진 데이터 집합의 특성을 지나치게 반영하여 발생하는 오류를 말하는 것으로 과대 적합 되었다는 의미이다.

63 ①

K-Fold Cross Validation은 '동등 분할 → 학습 및 평가 데이터 구성 → 분류기 학습 → 분류기 성능 확인' 절차로 진행한다.

64 ③

분포의 비대칭 정도를 측정하는 지수는 왜도이다.

65 ④

일반적으로 표본의 개수가 2,000개 이상으로 많을 경우에는 콜모고로프-스미르노프 적합성 검정을 사용하고, 데이터가 2,000개 이하로 적을 경우에는 샤피로-윌크 검정을 주로 사용한다.

66 ④

초기 드롭아웃은 DNN 알고리즘에 사용한다.

67 ①

과대적합은 모델이 학습 데이터에 너무 잘 맞지만 일반화가 떨어질 경우 발생한다.

68 ①

모멘텀은 기울기 방향으로 힘을 받으면 물체가 가속된다는 물리 법칙을 적용한 알고리즘인데 확률적 경사 하강법에 속도라는 개념이 더해진 개념이다.

69 ④

그레디언트 부스트는 약한 모형을 순차적으로 적용해 나가는 과정에서 잘못 분류된 샘플의 에러를 최적화하는 기법이다.

70 ④

알고리즘별 결과 비교를 위해 분석 알고리즘별로 파라미터를 변경하여 알고리즘을 수행한다.

71 ④

트리 맵은 분포 시각화 기법에 해당한다.

72 ①

비즈니스 기여도 평가지표에는 ROI, NPV, IRR, 투자 회수 기간법 등이 있다.

73 ②

버블 맵은 공간 시각화 기법에 해당한다.

74 ③

버블 차트는 산점도에서 데이터 값을 나타내는 점 또는 마크에 여러 가지 의미를 부여하여 확장된 차트이다.

75 ①

히트 맵은 여러 가지 변수를 비교할 수 있는 시각화 그래프로 칸 별로 색상을 구분하여 데이터 값을 표현할 수 있는 특징이 있다.

76 ②

타임 라인형은 주제를 선정하여 관련된 히스토리를 타임라인 형태로 나타내는 방식으로 기업이나 인물 또는 기술의 발전 과정을 보여주는데 적합하다.

77 ②

가설 검토 단계에서 통계적으로 어떤 유의미한 결론을 도출하며 그 결과를 어떻게 활용하여 문제를 해결할 것인지에 대한 구체적인 검토를 수행한다.

78 ②

SERVQUAL 모형에 있어서 서비스품질을 결정짓는 5가지 차원(RATER)으로 신뢰성, 확신성, 유형성, 공감성, 대응성이 있다.

- 신뢰성(reliability ; R) : 약속한 서비스를 믿을 수 있고 정확하게 수행할 수 있는 능력
- 확신성(assurance ; A) : 직원의 지식과 예절, 신뢰와 자신감을 전달하는 능력
- 유형성(tangibles ; T) : 물리적 시설, 장비, 직원, 커뮤니케이션 자료의 외양
- 공감성(empathy ; E) : 회사가 고객에게 제공하는 개별적 배려와 관심
- 대응성(responsiveness ; R) : 고객을 돕고 신속한 서비스를 제공하려는 태세

79 ③

가용성 측정으로 운영자의 실수를 파악할 수 있다.

80 ③

분석모형 리모델링 절차는 '개선용 데이터 수집 및 처리 → 분석모델 개선 → 분석결과 평가 및 분석모델 등록' 순서로 진행된다.

제3회 정답 및 해설

01 ③	02 ②	03 ④	04 ③	05 ③
06 ②	07 ④	08 ①	09 ①	10 ②
11 ④	12 ④	13 ②	14 ①	15 ①
16 ②	17 ①	18 ③	19 ③	20 ①
21 ②	22 ③	23 ③	24 ④	25 ④
26 ④	27 ①	28 ③	29 ③	30 ③
31 ①	32 ③	33 ④	34 ①	35 ④
36 ③	37 ④	38 ④	39 ④	40 ④
41 ②	42 ②	43 ①	44 ③	45 ③
46 ③	47 ③	48 ①	49 ②	50 ④
51 ①	52 ①	53 ③	54 ④	55 ②
56 ②	57 ①	58 ④	59 ④	60 ①
61 ③	62 ④	63 ②	64 ④	65 ③
66 ②	67 ③	68 ④	69 ②	70 ①
71 ②	72 ①	73 ④	74 ③	75 ②
76 ④	77 ①	78 ③	79 ①	80 ②

01 ③

빅데이터 처리는 '추출 → 저장 → 분석 → 시각화 → 예측 → 적용' 후 다시 추출하는 순환과정을 거쳐 처리한다.

02 ②

빅데이터는 고객의 행동을 분석해 고객 성향을 파악할 수 있다.

03 ④

관계형 DBMS는 기본 데이터베이스의 데이터를 새로운 정의에 의해 일련의 테이블로 재조직하거나 수정, 관리하는 시스템을 말한다. 새롭게 정의된 일련의 테이블 세트는 사용자의 요구사항을 처리하는 과정에서 서로 다른 경로에서 가져온 데이터들을 쉽게 재조직할 수 있게 한다. 빅데이터 환경에서는 적합하지 않다.

04 ③

균형성과표의 4가지 관점은 재무, 고객, 내부 프로세스, 학습과 성장이다.

05 ③

빅데이터 플랫폼의 데이터 형식으로는 HTML, XML, CSV, JSON이 있다.

06 ②

머하웃은 하둡 기반으로 데이터 마이닝 알고리즘을 구현한 오픈 소스이다.

07 ④

정보주체란 처리되는 정보에 의하여 알아볼 수 있는 사람으로서 그 정보의 주체가 되는 사람을 말한다. 개인정보처리자란 업무를 목적으로 개인정보파일을 운용하기 위하여 스스로 또는 다른 사람을 통하여 개인정보를 처리하는 공공기관, 법인, 단체 및 개인 등을 말한다.

08 ①

정보주체의 동의를 받은 경우 개인정보를 수집하거나 이용할 수 있다.

09 ①

집중 구조는 전사 분석업무를 별도의 분석전담 조직에서 담당하며 전략적 중요도에 따라 분석조직이 우선순위를 정해서 진행하는 구조로 현업 업무부서의 분석업무와 이원화 가능성이 높다.

10 ②

솔루션 유형은 분석 대상은 인지하고 있으나 분석 방법을 모르는 경우에 사용하는 유형이다.

11 ④

KDD 분석 방법론의 분석 절차는 '데이터 세트 선택 → 데이터 전처리 → 데이터 변환 → 데이터 마이닝 → 데이터 마이닝 결과 평가' 순서로 진행된다.

12 ④

계획 수립 단계에서 인력 투입 방안, 일정 관리, 위험 및 품질 관리 업무를 수행한다.

13 ②

데이터 분석가가 분석에 필요한 데이터들로부터 변수 후보를 탐색하고 최종적으로 도출하는 일정 수립은 데이터 준비 및 탐색 단계에서 수행한다.

14 ①

데이터 웨어하우스(data warehouse)란 사용자의 의사결정에 도움을 주기 위하여 기간 시스템의 데이터베이스에 축적된 데이터를 공통의 형식으로 변환해서 관리하는 데이터베이스를 말한다.

15 ①

텍스트 마이닝(text mining)의 기반 기술로는 대용량 텍스트 데이터를 저장하고 처리하는 빅데이터 기술과 텍스트 데이터 구조를 분석하고 포함된 정보를 통계 처리가 가능한 형태로 변환하는 자연어 처리(NLP : Natural Language Processing) 기술이 있다. 이를 바탕으로 데이터 안에서 단어의 출현 빈도를 파악하는 단어 빈도 분석(frequency analysis), 유사한 단어 또는 비슷한 성격의 단어들을 묶어 주는 군집 분석(cluster analysis), 단어에 나타난 긍정 혹은 부정 등의 감정적 요소를 추출하여 그 정도를 판별하는 감성 분석(sentiment analysis) 그리고 서로 다른 단어가 동시에 나타날 확률에 기초하여 단어 간 연관성을 추출하는 연관 분석(association analysis) 등의 통계적 방법들이 사용된다.

16 ②

Z-스코어 정규화 기법은 이상 값 문제를 피하는 데이터 정규화 전략으로 데이터들의 평균과 표준편차를 구하고 평균 대비 몇 표준편차만큼 데이터가 떨어져 있는지를 점수화하는 기법을 말한다.

17 ①

가명처리 기술에는 휴리스틱 익명화, K-익명화, 암호화, 교환방법 등이 있다.

18 ③

데이터 유효성은 정확성과 일관성으로 데이터 품질 특성을 정의하고, 데이터 활용성은 유용성, 접근성, 적시성, 보안성으로 데이터 품질 특성을 정의한다.

19 ③

맵리듀스(MapReduce)는 분산 컴퓨팅을 지원하기 위하여 개발한 구글의 소프트웨어 프레임워크로 대용량 데이터를 빠르고 안전하게 처리하기 위해서 보통의 하드웨어를 이용한 분산 프로그래밍 모델이다. 맵리듀스는 맵 단계와 리듀스 단계로 처리과정을 나누어 작업한다. 맵은 흩어져 있는 데이터를 연관성 있는 데이터끼리 분류로 묶는 작업이며, 리듀스는 맵 작업 후 중복 데이터를 제거하고 원하는 데이터를 추출하는 단계로 진행한다. 대표적 맵리듀스 프레임워크 중 가장 주목을 받는 것이 하둡(Hadoop)이다.

20 ①

러스터는 클라이언트 파일 시스템, 메타데이터 서버, 객체 저장 서버로 구성되어 있다.

21 ②

데이터 전처리는 '데이터 정제 → 결측값 처리 → 이상값 처리 → 분석변수 처리' 순서로 진행한다.

22 ③

데이터 결측값의 종류에는 완전 무작위 결측, 무작위 결측, 비무작위 결측이 있다.

23 ③

그럽스 $T-$검정은 정규분포를 만족하는 단변량 자료에서 이상값을 검정하는 방법을 말한다.

24 ④

라쏘는 임베디드 기법에 해당한다.

25 ④

차원축소 기법에는 주성분 분석, 특이값 분해, 요인분석, 독립성분분석, 다차원척도법이 있다.

26 ④

변수 결합이란 다양한 함수 등 수학적 결합을 통해 새로운 변수를 정의하는 것을 말한다.

27 ①

데이터 평활화는 데이터에서 원치 않는 잡음이나 동작을 제거하는 기법을 나타내는 반면, 이상 값 감지는 나머지 데이터와 큰 차이가 있는 데이터 점을 식별한다.

28 ③

불균형 데이터 처리 기법에는 언더 샘플링, 오버 샘플링, 임계값 이동, 앙상블 기법이 있다.

29 ②

반정형 데이터에 대한 수집방식과 기술에는 센싱, 스트리밍, 플럼, 스크라이브, 척와 등이 있다.

30 ③

상관계수 r이 -1에 가까울수록 강한 음$(-)$의 상관관계를 가진다.

31 ①

만약 $a=0.05$ 수준에서 $p<0.05$로 표기되는 경우 이것은 p로 표기된 확률수준이 0.05이하이면 귀무가설은 기각된다는 의미로 통계적으로 유의하다.

32 ③

범주적 자료를 나타내는 데 사용할 수 있는 도구인 것은 막대그림표와 원그림표이다.

33 ④

등치지역도라고도 하는 코로플레스 지도는 영역별 데이터를 표현하는 가장 보편적인 방법으로 데이터 값의 크기에 따라 지역별로 색을 다르게 표시하는 지도를 말한다.

34 ①

다변량 데이터 탐색 도구로 산점도 행렬, 별 그림 등이 있다.

35 ④

하이브(Hive)는 HiveQL(Hive Query Language)을 사용하여 데이터 요약, 쿼리 및 분석을 수행할 수 있는

Hadoop용 데이터 웨어하우스 시스템으로서 SQL과 유사한 쿼리 언어를 사용한다. 쌍방향으로 데이터를 검토하거나 다시 사용할 수 있는 일괄 처리 작업을 만드는 데 하이브를 사용할 수 있다. 하이브는 배치(batch) 기반 처리를 위해 설계되었다.

36 ③

평균, 중위값, 최빈치는 모두 대푯값으로 임의의 상수를 더하면 산포도는 변하지 않으나, 대푯값은 상수를 더한 만큼 변한다. 따라서 중위 값은 $38+12=50$이다.

37 ④

'비율측정 > 등간측정 > 서열측정 > 명목측정' 순으로 획득한 자료가 담고 있는 정보의 양이 많으며, 보다 정밀한 분석 방법을 적용할 수 있다.

38 ④

어떤 시행이 오직 두 가지 가능한 결과, 즉 성공과 실패 중의 하나만을 가질 때, 이런 시행을 베르누이 시행이라 하고, 동일한 성공의 확률을 가진 베르누이 시행을 독립적으로 반복하여 시행할 때 성공의 횟수에 대한 확률분포를 이항분포라고 한다.

39 ④

피어슨의 비대칭계수는 왜도를 측정하며 분포의 비대칭 정도를 나타낸다. 주어진 자료에서 평균은 5.5이고 최빈값은 3으로 관측 값들이 주로 왼쪽에 모여 있어 오른쪽으로 꼬리를 길게 늘어뜨린 모양을 나타낸다.

40 ④

$0.05=Pr(|Z|\leq 1.96)$,

$\sqrt{\dfrac{\overline{p}(1-\overline{p})}{n}}=\sqrt{\dfrac{0.25(1-0.25)}{300}}=0.025$

이므로 실제 지지율 p는

$0.25-1.96\times 0.025$

$=0.201\leq p\leq 0.25+1.96\times 0.025$

$=0.299$

41 ②

분류 모델로는 통계적 기법, 트리 기반 기법, 최적화 기법, 기계학습 모델이 있다.

42 ②

과대 적합은 학습 데이터에 대한 성능은 좋지만 실제 데이터에 대한 성능이 떨어지는 현상이다.

43 ①

데이터 마이닝에서는 정확도, 정밀도, 재현율, 향상도 등의 값으로 모델링 성능을 평가한다. 정확도는 실제 분류 범주를 정확하게 예측한 비율을 의미하며, 정밀도는 '참'으로 예측한 비율 중에서 실제로 '참'인 비율을 말한다. 재현율은 실제 '참'을 '참'으로 분류한 비율을 의미하며, 향상도는 항목집합 X가 주어지지 않았을 때의 항목집합 Y의 확률 대비 항목집합 X가 주어졌을 때 항목집합 Y의 확률 증가 비율을 말한다.

44 ③

기계 학습(Machine Learning)은 인공 지능(AI)의 한 분야로 컴퓨터가 여러 데이터를 이용하여 학습한 내용을 기반으로 새로운 데이터에 대한 적절한 작업을 수행할 수 있도록 하는 알고리즘과 기술을 개발하는 분야를 말한다.

45 ③

기계 학습(Machine Learning)은 학습 방식에 따라 지도 학습(supervised learning, 감독 학습), 준지도 학습(semi-supervised learning), 비지도 학습(unsupervised learning, 자율 학습), 강화 학습(reinforcement learning)으로 분류된다.

46 ③

회귀계수는 $0.8 \times \dfrac{25}{8} = 2.5$이므로 $\hat{y} - 30 = 2.5(x - 20)$가 된다. 그러므로 구하는 추정 회귀직선식은 $\hat{y} = 2.5x - 20$이다.

47 ③

회귀분석(regression analysis)은 1개 또는 1개 이상의 독립변수들과 1개의 종속변수들의 관계를 파악하는 기법으로 종속변수의 변화에 영향을 미치는 여러 개의 독립변수들을 분석하여 종속변수의 변화를 예측하는 기법을 말한다. 즉, 회귀분석은 독립변수와 종속변수 간의 상호 관련성 여부, 상호 관련성의 강도, 변수들 간 종속관계의 성격 등을 알아보기 위해 실시되는데 회귀분석에는 1개의 종속변수와 1개의 독립변수와의 관계를 파악하는 단순 회귀분석과 1개의 종속변수와 2개 이상의 독립변수와의 관계를 파악하는 다중 회귀분석이 있다.

48 ①

이산형 목표변수에 사용되는 분리 기준으로는 카이제곱 통계량의 p - 값, 지니 지수, 엔트로피 지수가 있다.

49 ②

활성함수를 시그모이드 함수로 사용하면 로지스틱 회귀모형과 작동원리가 비슷해진다.

50 ④

SVM은 훈련 시간이 상대적으로 느리지만, 정확성이 뛰어나며 다른 방법보다 과대 적합의 가능성이 낮은 모델이다.

51 ①

목적변수가 없어 분석 방향이나 목적이 없어도 적용이 가능하다.

52 ①

통계적 거리에는 표준화 거리, 마할라노비스 거리가 있다.

53 ③

관찰빈도와 기대 빈도의 차이가 클수록 귀무가설을 기각할 확률이 높아진다.

54 ④

다변량 분석 기법에는 상관분석, 다차원 척도법, 주성분 분석이 있다.

55 ②

시계열 구성요소 중 고정된 주기에 따라 자료가 변화할 경우에는 계절요인에 해당한다.

56 ②

월요일에 주가가 오른다는 사상을 A라 하고, 화요일에 주가가 오른다는 사상을 B라고 하면, $P(A \cap B) = P(A) \times P(B \mid A) = (0.6)(0.3) = 0.18$

57 ①

기존 영상처리의 필터 기능과 신경망을 결합하여 성능을 발휘하도록 만든 구조는 CNN 알고리즘이며, RNN 알고리즘은 입력층, 은닉층, 출력층으로 구성되어 은닉층에서 재귀적인 신경망을 갖는 알고리즘이다.

58 ④

군집분석은 관측된 여러 개의 변수 값들로부터 유사성에만 기초하여 n개의 군집으로 집단화하여 집단의 특성을 분석하는 다변량 분석기법이다.

59 ④

랜덤 포레스트는 의사결정나무의 특징인 분산이 크다는 점을 고려하여 배깅과 부스팅보다 더 많은 무작위성을 주어 약한 학습기들을 생성한 후 이를 선형 결합하여 최종 학습기를 만드는 방법이다.

60 ①

런 검정은 두 개의 값을 가지는 연속적인 측정값들이 어떤 패턴이나 경향이 없이 임의적으로 나타난 것인지를 검정하는 방법이다.

61 ③

AUC는 진단의 정확도를 측정할 때 사용하는 것으로 ROC 곡선 아래의 면적을 모형의 평가지표로 삼는데 AUC의 값은 항상 0.5~1의 값을 가지며 1에 가까울수록 좋은 모형이다.

62 ④

잔차들의 흩어진 모양이 전체적으로 고르게 분포되었는지 확인하는 방법은 회귀모형 가정 중 등분산성을 진단하기 위해서이다.

63 ②

다중 교차검증은 데이터 집합을 무작위로 동일 크기를 갖는 k개의 부분 집합으로 나누고, 그 중 1개를 시험 집합으로 나머지 $k-1$개를 학습 집합으로 선정하여 분석모형을 평가하는 검증 기법이다.

64 ④

신뢰도에 따른 비율을 k, 모집단의 표준편차를 σ, 표본의 크기를 n이라고 하면 신뢰구간의 길이는 $2 \times k \times \dfrac{\sigma}{\sqrt{n}}$이다.
즉, k, σ의 값이 커지면 신뢰구간의 길이가 늘어나고 n의 값이 커지면 신뢰구간의 길이는 줄어든다. 따라서, 그 값이 커지면 신뢰구간의 길이가 줄어드는 것은 표본의 개수 하나뿐이다.

65 ③

분산 분석(ANOVA)은 두 개 이상 다수의 집단을 비교하고자 할 때 집단 내의 분산, 총 평균과 각 집단의 평균 차이에 의해 생긴 집단 간 분산의 비교를 통해 만들어진 F분포를 이용하여 가설검정을 하는 방법이다.

66 ②

적합도 검정 기법으로는 카이제곱 검정, 샤피로-윌크 검정, 콜모고로프-스미르노프 적합성 검정, Q-Q Plot이 있다.

67 ③

드롭아웃의 유형으로 초기 드롭아웃은 DNN 알고리즘에, 공간적 드롭아웃은 CNN 알고리즘에, 시간적 드롭아웃은 RNN 알고리즘에 사용한다.

68 ④

Adam은 모멘텀 방식과 AdaGrad 방식의 장점을 합친 알고리즘이다.

69 ②

페이스팅은 비복원추출 방법으로 학습 데이터를 중복하여 사용하지 않고 학습 데이터 세트를 나누는 기법이다.

70 ①

하둡 분산파일 시스템은 저성능의 많은 서버를 이용하여 구축할 수 있고 높은 수준의 고장방지기능을 이용할 수 있다.

71 ②

빅데이터 시각화 도구로는 태블로, 인포그램, 차트 블록, 데이터 래퍼가 있다.

72 ①

데이터 모델링 과정을 통해 검출률 증가, 향상도 개선 등의 효과를 제시하는 검증항목은 효과 검증에 해당한다.

73 ④

카토그램은 지역의 값을 표현하기 위해 지리적 형상 크기를 조절하거나 재구성된 지도로 왜곡되고 삐뚤어진 화면으로 표기하는 공간 시각화 기법이다.

74 ③

히스토그램은 자료 분포의 형태를 직사각형 형태로 시각화하여 보여주는 그래프로 특정 변수에 대해 구간별 빈도수를 나타낼 수 있는 특징이 있는 그래프이다.

75 ②

플로팅 바 차트는 막대가 가장 낮은 수치부터 가장 높은 수치까지 걸쳐있게 표현한 차트로 간트 차트로도 불린다.

76 ④

스토리텔링형은 하나의 사건이나 주제에 대해 이야기를 들려주는 구성방식을 말한다.

77 ①

추적 신호(TS)는 예측 오차들의 합을 예측오차 절대값의 평균으로 나눈 값이다.

78 ③

SERVQUAL 모형은 1988년 미국의 Parasuraman, Zeithaml, Berry 등 3명의 학자(PZB)에 의해 개발된 서비스품질 측정도구로서 고객의 서비스품질에 대한 기대와 지각 간의 격차를 5개 차원 22개 항목으로 구성하여 제시한 다항척도로써 서비스 차원별로 분석할 수 있게 한 모형이다.

79 ①

응답시간 측정으로 정보 시스템 자원 용량을 파악할 수 있다.

80 ②

데이터 마이닝(data mining)은 대용량 데이터에서 의미 있는 통계적 패턴이나 규칙, 관계를 찾아내 분석하여 유용하고 활용할 수 있는 정보를 추출하는 기술을 말한다. 기술적으로 데이터 마이닝에는 대용량 데이터를 효율적으로 저장하고 관리하는 기법인 데이터베이스, 데이터 창고(DW : Data Warehouse), 데이터 마트(data mart) 등과 방대한 규모의 데이터를 분석하는 분산 처리 기술 등이 사용된다. 데이터 마이닝 분석 방법으로는 목표변수에 따라 진행되는 정형 데이터 마이닝 기법과 비정형 데이터 마이닝 기법이 있다.

좋은 결과 있길 SISCOM이 응원합니다.

부록

통계학용어

▼ 통계학용어[1]

BIG DATA ANALYSIS

1 자료와 통계

● **통계학(Statistics)**

자료를 수집, 분석, 표현 및 해석하는 기술(art)이자 과학

● **자료(Data)**

표현과 해석을 위해 수집, 분석 그리고 요약된 사실(fact)과 숫자(figure)

● **자료집합(Data set)**

특정 연구에서 수집된 모든 자료

● **요소(Elements)**

자료 수집의 대상이 되는 객체

● **변수(Variable)**

관심의 대상이 되는 요소들의 속성

● **관찰값(Observation)**

특정 요소에 대하여 수집된 측정의 집합

● **명목척도(Nominal scale)**

어떤 자료가 요소의 속성을 나타내기 위해 레이블이나 이름을 사용할 때, 그 변수에 대한 측정척도

● **서열척도(Ordinal scale)**

어떤 자료가 명목자료의 속성을 가지고, 순서와 계급이 의미가 있을 때 그 변수에 대한 측정척도

---

1) 출처 : 핵심경영경제통계학 6판, 정무권 · 권영훈 · 성지미 · 이병헌 · 장태구 · 최향미, 2014년, 한티미디어

● **등간척도(Interval scale)**

자료가 서열 자료의 속성을 가지며 두 값 사이가 일정한 측정 단위로 표현될 때 그 변수에 대한 측정척도

● **비율척도(Ratio scale)**

자료가 등간척도의 속성을 모두 가지며 두 값 사이의 비율이 의미가 있을 때 그 변수에 대한 측정척도를 말하며, 비율 척도는 언제나 수치형식임

● **범주형 자료(Categorical data)**

각 요소의 속성을 확인하기 위해 사용하는 레이블로 범주형 자료는 명목척도와 서열척도 둘 중 하나를 사용하며 숫자, 문자, 기호로 표현함

● **정량적 자료(Quantitative data)**

어떤 실체에 대한 수와 양을 재기 위한 수치로 정량적 자료는 등간 혹은 비율척도를 사용하여 얻음

● **범주형 변수(Categorical variable)**

범주형 자료를 가지는 변수

● **정량적 변수(Quantitative variable)**

정량적 자료를 가지는 변수

● **횡단면 자료(Cross-sectional data)**

시간상으로 같은 시점이나 비슷한 시점에서 수집된 자료

● **시계열 자료(Time series data)**

여러 차례 시간 주기를 두고 수집된 자료

● **기술통계(Descriptive statistics)**

표 형식, 도표 형식 혹은 수치 형식으로 된 자료의 요약

● **모집단(Population)**

특정 연구에서 관심의 대상이 되는 모든 요소의 집합

● **표본(Sample)**

모집단의 부분집합

● **전수조사 또는 인구조사(Census)**

전체 모집단의 자료를 수집하는 조사

● **표본조사(Sample survey)**

표본의 자료를 수집하는 조사

● **통계적 추론(Statistical inference)**

모수의 특성을 표본추출하여 추정하거나 가설을 검정하는 절차

● **데이터 마이닝(Data mining)**

엄청난 규모의 데이터베이스에서 유용한 정보를 추출하고자 통계와 컴퓨터 공학의 절차를 사용하는 프로세스

2 기술통계 : 표와 그래프로 나타내기

● **범주형 자료(Categorical data)**

항목의 유형을 구분하기 위해 표식 또는 이름을 사용

● **정량적 자료(Quantitative data)**

수와 양이 얼마나 되는지 나타내는 수적인 값

● **도수분포(Frequency distribution)**

겹치지 않게 계급을 여럿으로 나누어 각 계급별 항목의 빈도를 표로 요약해서 보여줌

● **상대도수분포(Relative frequency distribution)**

겹치지 않는 여러 계급의 각 자료값에 대한 비율을 요약표로 보여줌

● **백분율 도수분포(Percent frequency distribution)**

겹치지 않는 여러 계급의 각 자료값에 대한 백분율을 요약표로 보여줌

● **막대그래프(Bar chart)**

    범주형 자료의 도수분포, 상대도수분포, 백분율 도수분포 등을 요약해서 설명하는 그래픽 도구

● **파이차트(Pie chart)**

    각 계급의 상대도수에 대응하도록 원을 부분으로 나누어서 자료를 나타내는 그래픽 기법

● **계급 중간점(Class midpoint)**

    계급상한과 계급하한의 중간값으로 구할 수 있음

● **점그림(Dot plot)**

    수평축에 있는 각 자료값 위에 찍힌 점의 수로 자료를 요약하는 그래픽 기법

● **히스토그램(Histogram)**

    수평축에 계급 구간을 놓고 수직축에는 도수, 상대도수, 백분율도수를 놓아서 범주형 자료의 도수분포, 상대도
수분포, 백분율 도수분포를 나타내는 그래픽 기법

● **누적도수분포(Cumulative frequency distribution)**

    각 계급의 상한값과 같거나 그보다 작은 값을 가지는 자료값의 수를 보여주는 정량적 자료의 표 요약

● **누적 상대도수분포(Cumulative relative frequency distribution)**

    각 계급의 상한값과 같거나 그보다 작은 값을 가지는 자료값의 면적 또는 부분을 보여주는 정량적 자료의 표
요약

● **누적백분율 도수분포(Cumulative percent frequency distribution)**

    각 계급의 상한값과 같거나 그보다 작은 값을 가지는 자료값의 백분율을 보여주는 정량적 자료의 표 요약

● **누적분포 그래프 또는 오자이브(Ogive)**

    누적분포에 대한 그래프

● **탐색적 자료 분석(Exploratory data analysis)**

    이 기법은 자료를 빠르게 요약하기 위해서 간단한 산수와 쉽게 그릴 수 있는 그림을 활용함

● 줄기-잎 그림(Stem-and-leaf display)

탐색적 자료 분석 기법과 유사하게 정량적 자료의 순위와 분포 모양에 대해 시사점을 제시

● 교차제표(Crosstabulation)

- 두 변수에 대한 자료를 표 형식으로 요약한 것
- 한 변수는 행을 대표하는 계급이고, 다른 한 변수는 열을 대표하는 계급임

● 심슨의 역설(Simpson's paradox)

각각의 교차제표에서 이끌어낸 결론과 자료를 하나의 교차제표로 통합해서 나타내었을 때의 결론이 정반대 되는 경우

● 산점도(Scatter diagram)

- 두 정량적 변수 사이의 관계를 그래프로 표현한 것
- 한 변수는 수평축을 나타내고 다른 한 변수는 수직축을 나타냄

● 추세선(Trendline)

두 변수 사이의 근사값을 보여주는 선

3   기술통계 : 수치척도

● 표본통계량(Sample statistic)

표본자료에서 도출된 척도로 사용된 산술값
㉑ 표본평균 $\bar{x}$, 표본분산 s^2, 표본표준편차 s

● 모집단 모수(Population parameter)

모집단에서 도출된 척도로 사용된 산술값
㉑ 모집단 평균 μ, 모집단 분산 σ^2, 모집단 표준편차 σ

● 점추정치(Point estimator)

모수 파라미터와 일치하는 값을 추정하기 위해 사용된 $\bar{x}$와 s^2, s와 같은 표본통계량 평균(Mean) 자료값을 합한 값을 관측치의 수로 나누어 계산한 중심 위치척도

● **중앙값(Median)**

자료가 크기 순서대로 배열되었을 때 중앙에 있는 값으로써 중심 위치척도

● **최빈값(Mode)**

가장 높은 빈도로 나타나는 값으로서 위치척도

● **백분위수(Percentile)**

관측치의 최소 p퍼센트가 이 값과 같거나 작고, 관측치의 (100-p)퍼센트가 이 값과 크거나 같은 경우, 제50백분위수는 중앙값과 같음

● **사분위수(Quartiles)**

- 제25백분위수와 제50백분위수, 제75백분위수는 제1사분위수, 제2사분위수(중앙값), 제3사분위수와 같음
- 사분위수는 자료를 네 부분으로 나누는 데 사용할 수 있는데, 이 때 각 부분은 자료의 약 25%를 포함함

● **범위(Range)**

변동성의 척도이며 최댓값에서 최솟값을 뺀 값

● **사분위수 범위(Interquartile range; IQR)**

변동성의 척도, 제3사분위수와 제1사분위수의 차이

● **분산(Variance)**

평균과 각 자료와의 편차를 제곱한 값의 평균, 변동성의 척도

● **표준편차(Standard deviation)**

분산에 제곱근을 취해 도출해 낸 변동성척도

● **변동계수(Coefficient of variation)**

평균을 표준편차로 나눈 값에 100을 곱하여 구한 상대적 변동성의 척도

● **왜도(Skewness)**

- 자료의 분포형태 척도
- 왼쪽으로 기울어진 분포를 가진 자료는 (-)값의 왜도를 가지고 정대칭 분포를 보이는 경우 왜도는 0이며, 자료가 오른쪽으로 기울어져 분포되어 있으면 (+)왜도를 가짐

● z-값(z-Score)
- $(x_i - \overline{x})$값을 표준편차 s로 나눈 값
- $z-$값은 표준화된 값이라고도 하며 평균으로부터 x_i까지의 표준편차값이라고도 함

● 체비셰프 정리(Chebyshev's theorem)
평균에서 특정 표준편차 수의 범위 내에 있어야 하는 자료값들의 비율을 구하는 정리

● 경험법칙(Empirical rule)
종형 분포를 가지는 자료에서 평균으로부터 1 표준편차, 2 표준편차, 3 표준편차만큼 떨어진 범위 안에 있어야 하는 자료값의 비율을 계산할 때 사용하는 방법

● 극단값(Outlier)
특출나게 작거나 큰 자료값

● 다섯수치요약(Five-number summary)
- 자료를 요약하는 다섯 가지 수치로 탐색적 자료 분석 기술
- 최솟값, 제1사분위수, 중앙값, 제3사분위수, 최댓값

● 상자그림(Box plot)
다섯수치요약에 기초하여 자료를 도식화한 것

● 공분산(Covariance)
두 변수 간의 선형 관련성을 측정하는 도구이며 (+)값은 양의 관계를, (−)값은 음의 관계를 의미함

● 상관계수(Correlation coefficient)
- −1에서 +1 사이의 값을 가지는 두 변수간의 선형 관련성을 측정하는 척도이며 그 값이 +1에 가까울수록 강한 양(+)적 관계를 의미하고, −1에 가까울수록 강한 음(−)적 관계를 의미함
- 그 값이 0에 가까우면 두 변수 간의 선형 관련성이 약함을 의미함

● 가중평균(Weighted mean)
각 관측치의 중요도를 반영하여 가중치를 부여한 후 얻은 평균

● 그룹화된 자료(Grouped data)
도수분포에서 나타나는 계급 내의 자료로 원래의 개별 자료를 사용할 수 없을 경우 사용함

4 확률이론

● **확률**(Probability)

어떤 사건이 발생할 가능성을 측정하는 수치

● **실험**(Experiment)

명확히 정의된 결과를 생성하는 과정

● **표본공간**(Sample space)

모든 실험 결과의 집합

● **표본점**(Sample point)

표본공간의 한 요소로, 표본점은 하나의 실험 결과를 나타냄

● **계통도**(Tree diagram)

다단계 실험을 시각적으로 보여 주는 그림

● **확률 부여에 관한 기본 요구조건**(Basic requirements for assigning probabilities)

확률을 부여할 때 다음의 두 가지 요구조건이 필요함
- 각각의 실험 결과를 E_i라 할 때 $0 \leq P(E_i) \leq 1$이어야 함
- $P(E_1) + P(E_2) + \cdots + P(E_n) = 1.0$이어야 함

● **고전적 방법**(Classical method)

모든 실험 결과가 동일하게 발생할 가능성이 있을 때 적절한 확률 부여 방법

● **상대도수 방법**(Relative frequency method)

실험을 무수히 반복했을 때 실험 결과가 발생할 비율을 추정하는 데 필요한 자료가 있는 경우에 적합한 확률 부여 방법

● **주관적 방법**(Subjective method)

확률을 구하는 데 있어 경험이나 직관에 기초하는 방법

부록

● **사건(Event)**

표본점들의 집합

● **A의 여집합(Complement of A)**

A에 속하지 않는 모든 표본점들로 구성된 집합

● **벤다이어그램(Venn diagram)**

직사각형 모양의 표본공간 안에 있는 사건과 그 표본공간 내의 원형으로 표현되는 사건을 포함한 연산과 표본공간을 상징적으로 보여주는 도식

● **A와 B의 합집합(Union of A and B)**

A, B 또는 둘 모두가 속해 있는 모든 표본점들을 포함하는 사건으로, $A \cup B$로 표현

● **A와 B의 교집합(Intersection of A and B)**

A, B 모두가 속해 있는 표본점들을 포함하는 사건으로, $A \cap B$로 표현

● **덧셈법칙(Addition law)**

- 두 사건의 합집합의 확률을 계산하는 데 사용되는 확률 법칙
- 식으로 표현하면 $P(A \cup B) = P(A) + P(B) - P(A \cap B)$
- 상호 배타적 사건에서는 $P(A \cap B) = 0$이 되고 이 경우 덧셈법칙에 의해 $P(A \cup B) = P(A) + P(B)$가 됨

● **상호 배타적 사건(Mutually exclusive events)**

- 공통적으로 가진 표본점이 없는 사건
- 교집합이 없어서 $P(A \cap B) = 0$이 됨

● **조건부확률(Conditional probability)**

- 다른 사건이 이미 일어난 경우에 어떤 사건이 일어날 확률
- B가 일어났을 경우 A가 일어날 확률은 $P(A|B) = \dfrac{P(A \cap B)}{P(B)}$

● **결합확률(Joint probability)**

- 두 사건이 함께 일어날 확률
- 두 사건 간의 교집합 확률

● **한계확률(Marginal probability)**

결합확률의 가장자리에 나타나는 확률값으로 각 사건에 대한 확률이 분리되어 주어짐

● **독립사건(Independent events)**

- 두 사건 A, B가 $P(A|B)=P(A)$ 또는 $P(B|A)=P(B)$를 만족하는 경우
- 두 사건이 상호 아무런 연관이 없는 경우

● **곱셈법칙(Multiplication law)**

- 두 사건의 교집합의 확률을 구하기 위해 사용되는 확률 법칙
- $P(A \cap B)=P(B)P(A|B)$ 또는 $P(A \cap B)=P(A)P(B|A)$으로 표현할 수 있음
- 독립사건일 경우에는 $P(A \cap B)=P(A)P(B)$로 표현

● **사전확률(Prior probabilities)**

처음에 추정한 사건의 확률

● **사후확률(Posterior probabilities)**

부가적 정보에 기초하여 개정된 사건의 확률

● **베이즈 정리(Bayes' Theorem)**

사후확률을 구하는 데 사용되는 방법

5 이산확률분포

● **확률변수(Random variables)**

실험 결과를 수로 나타낸 것

● **이산확률변수(Discrete random variable)**

유한한 수의 값 또는 무한한 수열의 값을 취하는 확률변수

● **연속확률변수(Continuous random variable)**

한 구간 또는 구간들의 집합에 속하는 어떤 수라도 취할 수 있는 확률변수

● **확률분포(Probability distributions)**

확률변수가 취하는 값에 대한 확률분포를 나타내는 체계

● **확률함수(Probability function)**

이산확률변수 x가 특정값을 취할 확률을 나타내는 함수 f(x)

● **이산균일 확률분포(Discrete uniform probability distribution)**

확률변수가 취할 수 있는 각 값이 모두 동일한 확률을 갖는 확률분포

● **기대값(Expected value)**

확률변수의 중앙값의 측도

● **분산(Variance)**

확률변수의 변동성, 이산성의 측도

● **표준편차(Standard deviation)**

분산의 양의 근

● **이항실험(Binomial experiment)**

네 개의 속성을 갖는 실험을 말하는 것으로, 이항실험의 속성 네 가지는 다음과 같음
- 실험은 n개의 연속된 동일한 시행으로 구성됨
- 각 시행에서 두 개의 결과가 가능함
- 결과 중 하나는 성공(success), 다른 하나는 실패(failure)라고 부름
- 성공 확률을 p로 표시하는데 이 확률은 시행에 따라 변하지 않으므로 실패 확률 1-p 역시 시행에 따라 변하지 않으며 각 시행은 독립적임

● **이항확률분포(Binomial probability distribution)**

n회 시행하는 이항실험 중 x회 성공할 확률을 보여주는 확률분포

● **이항확률함수(Binomial probability function)**

이항확률을 계산하는 데 사용되는 함수

● **포아송 확률분포(Poisson probability distribution)**

특정한 시간 또는 공간구간에서 어떤 사건이 x회 발생할 확률을 나타내는 확률분포

● **포아송 확률함수(Poisson probability function)**

포아송확률을 계산하는 데 사용되는 함수

● **초기하 확률분포(Hypergeometric probability distribution)**

r개의 성공과 N−r개의 실패로 구성된 모집단으로부터 n회 시행 중 x회 성공할 확률을 나타내는 확률분포

● **초기하 확률함수(Hypergeometric probability function)**

초기하확률 계산에 사용되는 함수

6 연속확률분포

● **확률밀도함수(Probability density function)**

연속확률변수의 확률을 계산하는데 이용되는 함수로 이의 곡선 아래 영역이 확률을 표시함

● **균일확률분포(Uniform probability distribution)**

확률변수가 어떤 한 구간에서 값을 취할 확률이 동일한 길이를 가지는 각 구간에서 동일한 연속확률분포

● **정규확률분포(Normal probability distribution)**

연속확률분포로 확률밀도함수가 종형이며 평균 μ과 표준편차 σ에 의해 결정

● **표준 정규확률분포(Standard normal probability distribution)**

평균이 0이고 표준편차가 1인 정규분포

● **연속성 수정계수(Continuity correction factor)**

연속확률분포가 이산확률(이항)분포를 근사하기 위하여 x의 값에 더하거나 빼주는 0.5

● **지수확률분포(Exponential probability distribution)**

하나의 임무를 수행하는 데 걸리는 시간에 대한 확률을 계산하는 데 유용한 연속확률분포

7 표본추출과 표본분포

● **표본이 되는 모집단(Sampled population)**

표본을 추출한 모집단

● **프레임(Frame)**

표본을 선택하게 되는 요소의 리스트

● **모수(Parameter)**

모집단 평균 μ, 모집단 표준편차 σ, 모집단 비중 p등과 같은 모집단의 수리적 특성

● **단순 무작위 표본(Simple random sample)**

크기 N인 유한 모집단에서 표본 n개를 단순무작위로 추출한다는 것은 표본 n개 각각이 선택될 확률이 동일하다는 것

● **비복원추출(Sampling without replacement)**

일단 한 요소가 표본에 포함되면 이 요소는 모집단에서 제거되어 또 다시 선택될 수 없도록 하는 표본추출

● **복원추출(Sampling with replacement)**

- 일단 한 요소가 표본에 포함되고 나서 다시 모집단으로 돌아가도록 하는 표본추출
- 이미 선택된 요소들은 다시 선택될 수 있고 따라서 표본에 두 번 이상 나타날 수 있음

● **무작위 표본(Random sample)**

무한 모집단에서 추출한 무작위 표본은 다음과 같은 조건을 만족하는 선택된 표본임

- 선택된 각 요소는 동일한 모집단으로부터 나옴
- 각 요소는 독립적으로 선택됨

● **표본통계량(Sample statistic)**

- 표본평균 $\bar{x}$, 표본표준편차 s, 표본비율 $\hat{p}$과 같은 표본특성
- 표본통계량의 값은 해당하는 모집단 모수의 값을 추정하는 데 사용됨

● **점추정량(Point estimator)**

모집단 모수의 점추정치를 제공하는 $\bar{x}$, s, $\hat{p}$와 같은 표본통계량

● **점추정치(Point estimate)**

　모집단 모수의 추정과 같은 특정한 경우에 사용되는 점추정량의 값

● **표적 모집단(Target population)**

- 점추정치와 같은 통계적 추론을 위한 모집단
- 표적 모집단은 표본이 되는 모집단과 가능한 비슷하게 일치하는 것이 중요함

● **표본분포(Sampling distribution)**

　표본통계량의 가능한 모든 값들로 구성된 확률분포

● **편의가 없다(Unbiased)**

　점추정량의 기대값이 점추정량이 추정하려는 모집단 모수와 같은 점추정량의 특성 중 하나

● **유한 모집단 수정계수(Finite population correction factor)**

- $\sqrt{(N-n)/(N-1)}$
- 무한 모집단보다는 유한 모집단이 표본추출될 때 $\sigma_{\bar{x}}$나 $\sigma_{\hat{p}}$의 공식에서 사용되는 항
- 일반적으로 유한 모집단 수정계수를 무시할 수 있는 재량은 $\frac{n}{N} \le 0.05$일 때임

● **표준오차(Standard error)**

　점추정량의 표준편차

● **중심극한정리(Central limit theorem)**

　표본규모가 클 때 정규확률분포로 $\bar{x}$의 표본분포를 근사하여 사용가능하도록 하는 정리

● **층화 무작위 추출(Stratified random sampling)**

　먼저 모집단을 층으로 나눈 후 각 층에서 단순 무작위 표본을 시행하는 확률표본추출 방법

● **클러스터 추출(Cluster sampling)**

　먼저 모집단을 클러스터로 나눈 후 클러스터의 단순 무작위 표본을 행하는 확률표본추출 방법

● **체계적 추출(Systematic sampling)**

　첫 k개 요소 중 하나를 선택한 후 매 k번째 요소를 선택하는 확률표본추출 방법

● **편의추출(Convenience sampling)**

요소들이 편의를 바탕으로 표본으로 선택되는 비확률표본추출 방법

● **판단 추출(Judgment sampling)**

요소들이 연구수행자의 판단을 바탕으로 표본으로 선택되는 비확률표본추출 방법

8 구간추정

● **구간추정값(치)(Interval estimate)**

- 모수값을 포함할 것으로 여겨지는 구간을 나타내는 모집단의 모수 추정치의 일종
- 구간추정값은 '점추정치±오차한계'로 표현됨

● **오차한계(Margin of error)**

신뢰구간을 계산하기 위해 점추정치에 더하거나 빼는 ±값

● **σ가 알려져 있는 경우(σ known)**

표본을 취하기 전에 과거의 자료 혹은 다른 정보가 모집단 표준편차에 대한 양질의 값을 제공하는 상황

● **신뢰수준(Confidence level)**

- 구간추정에 대해 신뢰하는 정도
- 만일 동일한 구간추정 방법을 사용해서 계산되는 구간 중 95%가 모집단을 포함하는 구간으로 추정된다면 구간추정은 95% 신뢰수준에서 계산되었다고 함

● **신뢰계수(Confidence coefficient)**

신뢰계수는 10진수로 표현함
예 0.95는 95% 신뢰수준에 대한 신뢰계수

● **신뢰구간(Confidence interval)**

구간 추정에 대한 동의어

● **σ가 알려져 있지 않은 경우(σ unknown)**

표본을 정하기 전에 모집단 표준편차를 추정할 수 없는, 더 일반적인 경우로 구간추정 과정에서 오차한계를 계산할 때 표본표준편차 s를 이용함

● t분포(t distribution)

모집단 표준편차 σ가 알려져 있지 않고 표본표준편차 s에 의해 추정될 때의 모집단 평균의 구간추정을 계산하기 위해 사용하는 확률분포

● 자유도(Degrees of freedom)

• t분포의 형태를 결정하는 모수
• 모집단 평균의 구간추정에서 t분포가 사용될 때 적당한 분포는 n-1의 자유도를 가지며 이 때 n은 단순 무작위 추출 표본규모임

9 가설검정

● 귀무가설(Null hypothesis)

가설검정 단계에서 임시로 참이라고 설정된 가설

● 대립가설(Alternative hypothesis)

만약 귀무가설이 기각되면 참이라고 결론하는 가설

● 제1종 오류(Type I error)

참인 데도 불구하고 H_0를 거짓이라고 판단할 오류

● 제2종 오류(Type II error)

거짓인 데도 불구하고 H_0를 참이라고 판단할 오류

● 유의수준(Level of significance)

귀무가설이 참인데 제1종 오류를 범할 확률

● 단측검정(One-tailed tests)

검정통계량을 통한 귀무가설의 기각이 표본분포의 좌, 우측 한 면에서만 일어나는 가설검정

● 검정통계량(Test statistic)

귀무가설의 기각 여부를 결정하는 데 도움이 되는 통계 수치

● p값(p-value)

- 귀무가설의 지지 여부를 판단하기 위해 검정통계량을 이용하여 계산된 확률
- 좌측 단측검정의 경우에 표본으로부터 제시된 수치 이하의 검정통계량이 나타날 확률
- 우측 단측검정의 경우에 표본으로부터 제시된 수치 이상의 검정통계량이 나타날 확률
- 양측검정의 경우에 p값은 표본으로부터 제시된 수치와 다른 검정통계량이 나타날 확률

● 임계값(Critical value)

검정통계량과 비교되어 귀무가설의 기각 여부를 결정하는 데 활용되는 수치

● 양측검정(Two-tailed test)

표본분포의 양 측면에 위치한 검정통계량을 바탕으로 귀무가설의 기각 여부를 결정하는 가설검정

10 평균에 대한 비교, 실험계획법, 분산분석

● 독립 무작위 표본(Independent random samples)

두 모집단 간에서 각 모집단에서 표본이 추출되는 것이 다른 모집단에서 표본이 추출되는 것과 독립적일 때 추출된 표본

● 짝표본(Matched samples)

한 표본자료에 대하여 대응하는 다른 자료가 존재하는 경우의 표본

● 요인(Factor)

독립변수의 다른 용어

● 처리(Treatment)

요인의 상이한 수준

● 단일요인실험(Single factor experiment)

k개의 모집단이나 처리에 대해 오직 하나의 요인을 대상으로 실시되는 실험

● 대응변수(Response variables)

종속변수의 다른 용어

● 실험 단위(Experimental units)

실험의 대상이 되는 요소

● 완전 무작위 설계(Completely randomized design)

처리가 무작위로 실험 단위에 할당되는 실험 설계

● F분포 (F distribution)

- 정규 모집단의 분산에 대한 두 개의 독립적인 추정치 간의 비율에 기초한 분포
- 이 분포는 k개의 모집단 평균의 동일성을 검정하는 데 사용됨

● 분할(Partitioning)

총제곱합과 자유도를 각 분산요소에 분할하는 과정

11 비율 비교 및 독립성 검정

● p에 대한 공동추정량(Pooled estimator of p)

독립된 두 개의 표본으로부터 파악된 표본비율의 가중평균을 통해 계산된 모집단 비율의 추정량

● 다항 모집단(Multinomial population)

- 다수의 카테고리에서 어느 한 카테고리에만 각 자료가 할당되는 모집단
- 다항 모집단 분포는 둘에서 셋 이상의 카테고리가 있으므로 이산분포를 확장한 것

● 적합도 검정(Goodness of fit test)

모집단에 대한 가설화된 확률분포를 기각할 것인가에 대한 통계 조사

● 분할표(Contingency table)

독립성 검정을 위해 관찰빈도와 기대빈도를 요약하기 위하여 사용하는 표

12 단순선형회귀

● **종속변수(Dependent variable)**

예측되거나 설명되어질 변수로 y로 표기함

● **독립변수(Independent variable)**

종속변수의 값을 예측하고 설명하는데 활용되는 변수로 x로 표기함

● **단순선형회귀 분석(Simple linear regression)**

하나의 독립변수와 하나의 종속변수가 있는 회귀분석으로 두 변수 간의 관계가 직선으로 추정됨

● **회귀모형(Regression model)**

y가 x 및 오차항과 어떤 관계가 있는지를 표현하는 식이고, 단순선형회귀 분석에서 회귀모형은 $y = \beta_0 + \beta_1 + \varepsilon$

● **회귀식(Regression equation)**

종속변수의 평균 혹은 기대값이 독립변수와 어떤 관계가 있는지를 표현하는 식이고, 단순선형회귀 분석에서 $E(y) = \beta_0 + \beta_1 x$

● **추정회귀식(Estimated regression equation)**

최소자승법을 활용하여 표본자료에서 추출한 회귀식의 추정이고, 단순선형회귀 분석에서 추정회귀식은 $\hat{y} = b_0 + b_1 x$

● **최소자승법(Least squares method)**

표본 자료를 활용하여 추정회귀식을 도출하기 위한 절차로, 목적은 $\sum (y_i - \hat{y}_i)^2$을 최소화하는 것

● **산점도(Scatter diagram)**

두 가지 자료의 그래프로서 독립변수를 수평축에, 종속변수를 수직축에 표기

● **결정계수(Coefficient of determination)**

추정회귀식의 적합도 측정치로서 종속변수 y의 변동 가운데 추정회귀식에 의해 설명된 비율을 의미

● **i번째 잔차(ith residual)**

종속변수의 관찰값과 추정회귀식을 활용하여 예측한 값의 차이로써 i번째 관측치에 대한 i번째 잔차는 $y_i - \hat{y}_i$임

● **상관계수(Correlation coefficient)**

두 변수 간 선형관계의 강도 측정치

● **오차평균제곱(Mean square error)**

오차항의 분산 σ^2의 불편추정치로 MSE 혹은 s^2으로 표기

● **추정표준오차(Standard error of the estimate)**

- 평균제곱오차의 제곱근으로 s로 표기
- 이는 σ의 추정치이며, 오차항 ε의 표준편차

● **ANOVA표(ANOVA table)**

유의성에 대한 F검증과 관련된 계산을 요약하는 데 활용되는 분산 분석표

● **신뢰구간(Confidence interval)**

주어진 x값에 대한 y 평균값의 구간추정치

● **예측구간(Prediction interval)**

주어진 x값에 대한 개별 y값의 구간추정치

● **잔차분석(Residual analysis)**

가정된 회귀모형의 타당성을 판단하기 위한 기본도구

● **잔차그림(Residual plot)**

회귀모형에 대해 설정된 가정의 타당성 여부를 판단하기 위해 활용될 수 있는 잔차의 그래프 형식의 표현

부록

13 다중회귀분석

● **다중회귀분석(Multiple regression analysis)**

두 개 이상의 독립변수가 있는 회귀분석

● **다중회귀모형(Multiple regression model)**

종속변수 y가 $x_1, x_2, \cdots, x_p$ 및 오차항과 어떤 관계가 있는지를 표현하는 수학적 방정식

● **다중회귀식(Multiple regression equation)**

종속변수 y의 평균 혹은 기대값이 독립변수들의 값과 어떤 관계가 있는지를 표현하는 수학적 방정식으로, $E(y) = \beta_0 + \beta_1 x_1 + \beta_2 x_2 + \cdots + \beta_p x_p$

● **추정 다중회귀식(Estimated multiple regression equation)**

표본자료와 최소자승법을 활용하여 추출한 다중회귀식의 추정으로, $\hat{y} = b_0 + b_1 x_1 + b_2 x_2 + \cdots + b_p x_p$

● **최소자승법(Least squares method)**

추정회귀식을 도출하기 위해 활용하는 방법으로, 잔차(종속변수 y_i의 관찰값과 종속변수의 추정값 $\hat{y}$의 차이)의 제곱합을 최소화

● **다중결정계수(Multiple coefficient of determination)**

추정회귀식의 적합도 측정치로서, 추정회귀식에 의해 설명되는 종속변수 변동비율을 의미

● **수정다중결정 계수(Adjusted multiple coefficient of determination)**

추정 다중회귀식의 적합도 측정치로서, 모형에서 독립변수의 수에 의한 영향을 조절하여 추가 독립변수의 영향이 과대평가되는 것을 피할 수 있게 해줌

● **다중공선성(Multicollinearity)**

독립변수들 간의 상관관계를 기술하기 위해 활용되는 용어

● **범주형 독립변수(Qualitative independent variable)**

질적자료를 갖는 독립변수

● **더미변수(Dummy variable)**

모형에서 범주형 독립변수의 영향을 분석하기 위해 활용되는 변수